透視
蘇俄傳媒
轉型變局

胡逢瑛、吳非　著

推薦序

張駿德

　　欣聞暨南大學新聞與傳播學院副教授吳非和胡逢瑛合著的力作《透視蘇俄傳媒轉型變局》一書完稿付梓，充實了我國在蘇聯解體之後對俄羅斯大眾傳媒研究的某些薄弱環節。這部力作，可看作是當代俄羅斯新聞事業簡史、當代俄羅斯廣播電視簡史與當代俄羅斯媒體改革綜述。

　　吳非是俄羅斯莫斯科國立大學社會新聞傳播學博士、復旦大學新聞學院博士後；胡逢瑛為俄羅斯外交部莫斯科國立國際關係學院國際新聞系政治傳播學博士。他們都是研究俄羅斯問題的學者、專家。當我們長期來只能在國內查看俄羅斯《新聞工作者》雜誌與一些俄文報紙的資訊時，他們曾在俄羅斯進行了大量的資料搜集與實地調查。因此，本著作呈現在我們面前的是：充分的論據、翔實的資料，獨到的見解與精闢的分析。

　　例如有分析家認為，戈巴契夫執政六年的改革失敗與蘇聯的解體，是因為戈氏的「公開性」改革對媒體的過度開放，媒體成為國家發展中的不穩定因素，導致維繫蘇聯一體化的意識型態遭到破壞，亦即將蘇聯解體相當一部分責任歸咎於蘇聯媒體。這種觀點曾影響到我國新聞界。而本著作在第三、四章部分，用事實駁斥了這種說法。

　　又如作者用在莫斯科大學讀書時的親身經歷告訴讀者：在戈氏執政期間，蘇聯新聞理論並沒有太大的發展，整個國家對於馬列主義新聞理論的研究基本處於停滯期，其中最重要的原因在於，莫大新聞系的理論研究者並不贊同戈氏簡化馬列主義的新聞觀，也不贊

同政府的新聞報導以近似戲劇式的方式進行，最後導致蘇聯讀者對政治、政府失去信心。

　　本著作重點還在於：對於 1991 年 12 月 26 日蘇聯解體以後，在葉利欽、普京先後兩任俄羅斯總統執政期間，隨著政治轉軌俄羅斯傳播體系的形成與發展的系統描述；對俄羅斯《大眾傳播媒體法》的分析與評價；對俄羅斯廣播電視體制與產業發展的總結；對俄羅斯媒體形態轉變的分析；對俄羅斯寡頭媒體興衰的總結；以及在俄羅斯人質事件中電視媒體與總統電視演說的互動模式的研究等等方面，展開了全方位的深入的探討。很顯然，這樣全方位多角度地從各種互動關係中較深入地研究俄羅斯傳媒轉型，當前我國新聞傳播學術界還是罕見的，也是彌足珍貴的。

　　《透視蘇俄傳媒轉型變局》是一部史論結合的著作，有相當的學術性與系統性，可以作為外國新聞事業史的補充教材。

　　本人過去學過俄語，也一直堅持閱讀一些俄文版的報刊，瞭解接觸一手資料的必要性。但俄原文書籍較少傳入中國，在俄羅斯有關該國傳媒轉型書籍的單本印刷量僅有三百至五百冊左右，這些書籍從發行量本身而言已經很難滿足俄羅斯本國讀者的需求，國外的讀者能得到這樣的資料更是困難，兩位作者在俄國求學跨八個年度的光景，基本上得以對一手資料進行長時間的搜集與印證。兩位作者撰寫的《透視蘇俄傳媒轉型變局》一書對於加強我國在蘇俄新聞傳播史論的研究領域做出了一定的努力與貢獻，作為導師的我，也甚感欣慰。同時作為本書的第一讀者，我得益匪淺，應作者之邀匆匆呈上一些讀後感想，以表達我的衷心祝賀！

2004 年 11 月 22 日于上海華理苑居室

張駿德

復旦大學新聞學院教授、
博導，信息與傳播研究中心副主任

自序

胡逢瑛、吳非

　　在時光進入二十一世紀之際，俄羅斯傳媒進入快速轉型與發展階段。此時，政府與傳媒的互動關係和自身角色轉換成為主要的問題。危機處理能力成為檢驗政府高效與否的主要標誌。俄羅斯媒體始終在整個危機傳播的處理過程當中扮演政府傳聲筒的角色。從葉利欽執政末期到普京主政期間，俄羅斯政府要如何在尊重傳媒專業化運作的基礎之上向民眾與世界各國傳達俄國政府的聲音？這一直是俄羅斯智庫與媒體人多年以來研究的主要課題。俄羅斯媒體在上個世紀末整個十年的發展過程中面臨了轉型的迷惑與探索，因此俄羅斯媒體人與政府官員不斷地在尋求媒體永續經營與國家有序發展之間的平衡原理。

　　俄羅斯媒體在經過十餘年的發展之後，媒體事業開始在國家化的基礎之上進行多元化與專業化的發展，這與當初前總統葉利欽的構想是有所不同的。1992 年，葉利欽對於媒體改革的主要構想是希望俄羅斯媒體的營運機制主要以商業化為主，國家化為輔。商業化主要指的是原本在前蘇聯體制之下的國有媒體所有權轉變成私人與民營企業主所有經營，以及政府放寬非政府單位創辦媒體的申請資格。這樣存在的商業化與國家化雙軌運行的媒體環境，可以全面使俄國與美國以及歐洲國家進行無障礙的交往。但在 1996 年之後，商業化媒體在俄羅斯遭遇到前所未有的困難，因為寡頭媒體開始全面干預俄羅斯政府的運行。最後，在葉利欽執政的後期與普京執政的這五年時間內，俄羅斯媒體開始在國有資本的進駐之下，進入了一個全新的重組與發展的整合階段，俄政府尤其著重全面發展國家電

視台，並且兼併主要商業電視台，使媒體在現代化科技的包裝之下，繼續成為政府引導輿論的有利宣傳工具。

　　至於有關俄羅斯傳媒的研究方向，前蘇聯新聞學研究主要集中在新聞與社會的互動上，相對缺乏對新聞與政府之間的互動研究。1991年，蘇聯解體之後，俄羅斯媒體與政治權威者之間的互動問題被提上討論的議事日程當中。俄羅斯聯邦共和國從蘇聯版圖獨立建國之後，俄羅斯新聞理論開始全面汲取西方理論。俄羅斯傳媒在轉型期間基本上可分為三個方向：一是主張全面接受美國的新聞自由理論，讓私人媒體得以全面商業化發展，這主要是以後來成為媒體寡頭的別列佐夫斯基和古辛斯基為代表；其次，堅持主張英國的公共傳播體系才是俄羅斯媒體順利轉型的榜樣，強調公共化體制應當保障國家政府、國有大企業或私人公司都可成為媒體的股份持有者，但媒體新聞的編輯製作應當由專業媒體人操作，這主要是以莫斯科國立大學新聞系主任扎蘇爾斯基為代表；另外，在九十年代中期以後，法國國有媒體模式又成為研究的焦點，莫斯科國立大學新聞系教授普羅霍羅夫認為，法國在媒體的發展過程當中由於保持了國有媒體的特色，而使得法蘭西文化得以保留。最後，九十年代的這三股媒體發展模式經過實踐以後，在普京執政期間得以確定一個結合俄羅斯國情的模式，亦即國有媒體最終成為俄羅斯媒體整合發展的主要方向，這個特徵是：商業媒體在活絡產業市場、提升節目製作水準以及監督政府政策方面可以補充國有媒體的不足，形成一種市場競爭與合作的關係。當前俄羅斯媒體不但延續了蘇聯時期媒體的三大新聞職能─直接組織、思想塑造和文化娛樂職能，而且在政府致力於打擊恐怖主義的任務之下，再加入了國家利益的保護問題而直接面對俄羅斯民眾。

　　關於本書內容的撰寫，許多觀點是兩位作者在俄羅斯留學期間已經形成，回國之後再重新整理一部份主題出來。本書寫作主要參

考的原始資料直接來自於俄羅斯，但網絡的資料搜尋工作同樣在寫
稿期間扮演相當重要的角色，使作者隨時可以得知俄羅斯新聞傳播
界和學界最新的動態，保持了本書觀點的延伸性。例如別斯蘭事件
與傳媒的互動關係在俄羅斯尚未形成一個系統的研究，但作者認為
它將成為俄國今年重要的研究課題。在今年 2 月至 3 月期間，由俄
政府支持的媒體聯盟將舉辦一場關於媒體與反恐的學術高峰研討
會，而由歐美國家資金資助的記者協會就對俄政府藉反恐名義限制
新聞自由的做法表示不滿。屆時關於媒體如何在對抗恐怖主義的過
程中扮演維護國家安全的主題研究將會受到重視。而作者也已經藉
由網絡的使用，初步對政府與媒體在反恐行動中的互動關係做出探
討。總體而言，本書內容的原創性相當高，但由於兩位作者留俄多
年，深受俄羅斯教育與社會的影響，也因此會出現一些俄式思維和
語言在裡面，因此撰寫的內容與觀點若出現偏差也由作者自行承
擔。本書的撰寫工作主要是兩位作者在任教期間逐步完成的，其中
有許多論點已經在國內外學術與報刊上公開發表過，相關論文也在
幾次學術研討會上與國內外學者進行交流。兩位作者希望藉此次出
書機會能夠促進與同業之間進行更多有益的交流，達到拋磚引玉的
一點作用。順便一提的是，兩岸的譯名也有所不同，例如台灣將斯
大林譯為史達林、赫魯曉夫譯為赫魯雪夫、布里茲涅夫譯為勃列日
涅夫、戈爾巴喬夫譯為戈巴契夫等，由於本書在台灣出版，還是以
台灣讀者熟悉的譯名為準較好。

　　對於出版這本專著，兩位作者要感謝的人很多，本書是在許多
關切前蘇聯研究暨俄羅斯媒體發展問題的前輩們的諄諄敦促和指導
之下完成的。在此，作者要特別感謝在復旦大學博士後研究期間的
導師張俊德教授、復旦大學博士後站長童兵教授，以及復旦大學李
良榮教授和臺灣國立政治大學教授李瞻老師對轉型中的俄羅斯媒體
與政治論文的肯定。在此作者也要特別感謝暨南大學社科處對俄羅

斯項目資金申請的支持，以及中國大陸教育部留學歸國人員基金項目資助作者出版本書。最後，兩位作者同時要感謝莫斯科國立大學新聞系教授、高級研究員、博士生導師拉莉莎‧尼卡拉耶夫娜‧費多多娃以及俄羅斯外交部莫斯科國立國際關係學院國際新聞系教授、博士生導師、歷史學院士弗拉吉米爾‧李沃維奇‧阿爾丘莫夫，感謝兩位俄羅斯長者對我們於九十年代在俄羅斯留學攻讀博士學位期間的專業指導和生活關懷。

於廣州暨南大學蘇州苑

2005 年 1 月 20 日

目次

第一章
俄羅斯媒體的轉型與定位

　　蘇聯解體後，俄羅斯媒體的發展狀況是比較複雜、多變、甚至是混亂的，整個國家的傳媒發展方向基本上是處在新舊思想交融與管理方式夾雜的狀態之下震盪，所以要明確定位俄羅斯媒體的發展現況較為困難。為了爭取控制發言渠道資源，普京總統與媒體寡頭[1]競爭兩大聯邦級[2]無線電視臺的經營權長達兩年之久。最初，俄羅斯傳媒法對於經營權規範的疏漏，間接造成了媒體寡頭的產生。對一部充滿西方自由與民主理想色彩的傳媒法而言，政府機構與媒體人普遍存在對傳播自由的認知差距，這種認知差距造成雙方衝突不斷，這也成為西方國家關注俄羅斯民主發展進程中目光投注的焦點。

　　俄羅斯媒體經過十餘年的發展，基本上已經形成兩大媒體人派別：親西方「自由民主派」和斯拉夫為主體的「國家政府派」。親西自由派媒體人希望快速改變現狀，而國家派媒體人則希望穩定求發展，兩者之間的矛盾在九十年代相互激盪出令人瞠目結舌的火

---

[1] 俄羅斯寡頭是指在前蘇聯到俄羅斯在走向市場經濟轉型的過程中，由前蘇聯企業經理人、個體經營者及銀行家所組成的特殊利益壟斷團體，他們勢力涉及政治、金融、工業、媒體等領域。

[2] 俄羅斯聯邦級的電視臺主要指的是俄羅斯國家電視臺、原社會電視臺的第一頻道電視臺和獨立電視臺，它們分別被政府完全所有、政府機關與其他金融工業集團分別持股所有以及國營能源公司主要持股所有。三家電視臺主要是利用中央奧斯坦基諾發射塔發射信號，前兩者覆蓋範圍遍及全俄地區；獨立電視臺主要收視群是在歐俄地區，目前獨立電視臺正逐步向西伯利亞地區與遠東地區發展事業。奧斯坦基諾發射塔屬於全俄羅斯國家電視廣播公司集團所控管。

花。不論是俄羅斯政府或是媒體人都在尋找一條有利於自身發展的道路，而這條道路攸關俄羅斯國家生存的發展方向。然而兩者走起這條道路來都不是非常順利與平整，因為兩者都在擴大爭取決定國家未來發展方向的優先發言平臺。俄羅斯傳媒發展過程取決於兩者之間的相互制衡、相互角力或相互協作的互動關係。俄媒體人的獨立自主性在第一部傳媒法出檯之後已經逐步實踐發展出來，俄政府認識到無法完全以威權長者的姿態駕馭媒體，而必須以戰略夥伴的關係處之。

也就是在二十一世紀的初期，俄羅斯政府與媒體之間的互動關係更多地取決於相互之間的溝通合作，但可以確定的是，普京政府已經成功地擁有相對高度權威的優先發言資源。而對於如何規範媒體公平競爭的市場條件，「股權比例分散原則」將是俄政府規範以及避免商業媒體集團產生寡頭壟斷傳媒市場結構的法律壁壘。俄媒體的新聞報導必須在為政府服務與企業主服務之間，拓展為公眾服務的「公民公共新聞」空間，這是未來俄羅斯媒體與政府都應該要致力關注發展的方向。

第一節　俄媒體轉型與定位的基本定義

作者首先想在這裏簡單地定義「轉型」的意思，以便於閱讀本書的讀者掌握這個主題的基本框架與核心概念，這樣作者與讀者之間可以搭建一座進行交流的基本平臺，以便聯繫探討俄羅斯媒體發展過程的初步共識。俄羅斯媒體轉型基本上指的是，在 1991 年蘇聯解體之後的九十年代這一段時期內，俄羅斯各類大眾傳播媒體的屬性職能與經營管理等型態，隨著政治體制的不斷轉軌與市場經濟的全面運作而產生了全方位的變化，包括了支撐與構成媒體活動的新

聞理論、傳媒立法、媒介組織、經營管理、報導取向、受眾定位等
等方面，都發生了有別於前蘇聯時期的巨大改變，這一媒體型態的
轉變時期主要發生在葉利欽執政時代。在葉利欽時代，整個傳播體
系的自由化與商業化是最為明顯的特徵之一。二十一世紀初期，俄
羅斯傳媒事業則跨入了普京執政的紀元，媒體發展相對蟄伏與穩
定，而如何振興與調製媒體事業被普京政府當局放在首要的議事日
程當中。因此，媒體與政府的互動軌跡是我們長期關注的內容與方
向，這樣可以為俄羅斯傳媒研究領域找出一條脈絡可循。

　　關於俄羅斯媒體發展方向的「定位」，可以新聞出版部長列辛的
講話作為一個重要的權威標誌之一。2003 年 1 月，由互動新聞媒體研
究組織在莫斯科舉辦了一場名為「成功邏輯之二」的傳媒研究高峰論
壇，會中最引人注目的一名出席者就是新聞出版部長列辛（Михаил
Лесин），根據他的發言，在俄羅斯境內的傳播活動中存在著一些有
待解決的問題，列辛也表示，俄政府對傳媒產業的發展將會在俄羅斯
聯邦的《大眾傳播媒體法》（或簡稱傳媒法）中做出明確的規定。列
辛認為，近年來俄羅斯媒體發展形成史可以分為兩大進程：第一個傳
媒發展階段的特徵在於自由化，政府在此過程中並沒有什麼媒體戰略
可言，除了有一部象徵新聞傳播自由的俄羅斯聯邦傳播媒體法的頒佈
施行；而現階段政府要做的努力就是積極致力於發展媒體生存所需的
經濟基礎[3]。

　　俄羅斯政府相當注重國家媒體與商業媒體的區別，原因就在於
兼顧媒體事業的傳統繼承性和創新發展性。全俄羅斯國家電視廣播

---

[3]　《國家將會走出媒體市場》（Государство уходит с рынка СМИ），《電
　　視與廣播雙月刊》2003 年第一期。（Телевидение и радиовещание, №1
　　（29）январь-февраль 2003）

公司（ВГТРК）總裁杜伯羅傑夫（Добродеев）認為[4]，今天俄羅斯的生活進入了一個空前的時刻，社會利益與國家利益重疊在一起，這可以解釋為聯邦中央級的俄羅斯國家電視臺的節目擁有長期穩定的高收視率。他表示，兩年前，獨立電視臺（НТВ）可以說是資訊王國的領先者，而現在這個現象已經不存在了，資訊機構可以站在比較平等的基礎上競爭。每家電視臺的新聞報導各有特色，例如社會電視臺[5]（ОРТ）在解釋報導事件中允許使用假設法。第六電視臺（ТВ-6）以負面新聞居多，他們似乎沒有別的選擇。獨立電視臺（НТВ）的報導立場較難下定論，因為尚未形成一套獨特的模式，不過可以肯定的是，大體上報導的新聞都很文明，屬於好新聞。杜伯羅傑夫說：我以國家廣電集團領導人的身分說出我個人的品味，俄羅斯電視臺（РТР）新聞欄目「消息」（Вести）是新聞報導最正確[6]的節目，在俄羅斯如果不看「消息」的新聞報導，就無法完全瞭解俄羅斯和世界正在發生事件的全貌。由於俄羅斯電視臺是國家頻道，所以擁有更多的可能性取得權威的資訊，但是我儘量不濫用自身的優勢與新聞同業們競爭。

　　杜伯羅傑夫的講話顯示俄政府堅定國家電視臺穩定社會秩序的作用，這也就能解釋俄政府為何在發展商業化媒體時還堅持保留一個國家電視臺。有關杜伯羅傑夫對俄羅斯國家電視臺發展戰略的功

[4]　Инга Угольникова, Нина Нечаева, "Друг государства", Итоги, No48, 2003.4.2.（烏格爾尼可娃，尼恰耶娃，《國家的朋友》，《總結》周刊，2003 年 4 月 2 日，第 48 期。）

[5]　現已更名為「第一電視臺」。

[6]　杜伯羅傑夫指的最正確新聞，主要指俄羅斯國家電視臺可以直接得到政府的第一手消息，由於它擁有官方公開消息來源的絕對優勢，所以它無須向其他電視臺一樣去揣測或推論政府可能的政策，這樣就避免了俄羅斯國家電視臺消息新聞發生報道錯誤資訊的可能性。不過這也可能是杜伯羅傑夫自己一廂情願的看法，因為他站在國家電視資源的高度上來講這段話。

績，以及三家聯邦級別的電視臺新聞收視率上的競爭關係，可以通過 2004 年 9 月 1 日的別斯蘭人質事件看出端倪。我們在書中有一個章節專門探討了在緊急事件中（特別是反恐中）的俄媒體立場與原則，還有這場災難發生當天三家電視臺晚間新聞收視率的比較分析。而到目前為止，從列辛與杜伯羅傑夫的談話可以看到，俄政府對媒體的發展自有一套審視的標準。從俄羅斯新聞發展過程來看，國家媒體和專業媒體人之間總有一段協作、對立、相互平衡的互動關係。從俄羅斯當代媒體與帝俄時期的鏈結這一章節中我們特地回顧了這一段發展。此外，蘇聯媒體與蘇聯解體的關聯性我們也專門開闢一章來探討。

　　從二十世紀的九十年代至二十一世紀初期，俄羅斯媒介環境的特徵在於媒體政治化傳播體系的形成，政府有計劃地強化在資訊空間中的領導地位以及大量泛政治化資金投入媒體市場版塊。從葉利欽總統執政末期到普京總統執政初期，功能學派中的自由多元主義者[7]與衝突批判學派的馬克思主義者[8]對大眾媒體和政權結構之間的

---

[7]　自由多元主義論（pluralism）乃是結構功能學派之下的重要理論觀點，它認為社會務求不同的利益共同體同時存在，並且取得權力的相互制衡。所以自由多元主義者主張新聞媒體應該具有相當程度的自主性，並且構成獨立於政府、政黨與壓力團體或是行政、立法、司法之外相當於「第四權力」的部門，為達到這些目的，媒體必須要擁有相當程度的自主權。只有當新聞媒體擁有專業的自由權，各個不同的利益群體之間才能藉以相互制衡，來維持社會的動態平衡發展。

[8]　西方學者認為的衝突理論可追溯於馬克思（Marx），馬克思主義的媒體理論觀點直接挑戰了自由多元主義者對社會權力的看法，認為媒體並非是一個真正自主性的組織體系，而是統治階級用來控制意識型態的工具，它們所表現出來的所有權、法律規範、專業價值都是對主流意義的屈服，專業理念和工作實踐都是由政治經濟力量所決定。根據馬克思的意識型態理論，語言符號決定了該社群的意識型態，只要掌握建構意識型態符號的管道，例如大眾傳播媒體，也就是一旦控制媒體的所有權就能控制媒體所製造出來的意識型態，然後就能調控塑造人們的意識型態。

互動關係持有他們各自主張的理論觀點，但俄羅斯政府逐漸完成媒體國家化的過程，專業派媒體人在普京政權控制媒體所有權的情況下，仍繼續爭取新聞媒體自主權和獨立性的發揮空間。在二十一世紀初期，俄羅斯政府仍將在建立媒體公平競爭機制的傳播遊戲規則中扮演制高點的宏觀調控者角色。

第二節　俄政府對轉型中媒體角色政治化的影響

自從放棄蘇聯時代國營媒體公有制之後，俄國政府就試圖建立一種結合國家資本、商業經營與公共管理服務制的混合型媒體經營制度，國有電視公共化這個概念的發展大體上經過幾個階段，這一電視公共化概念在葉利欽執政十年期間打下了基礎，普京則負責清除金融寡頭勢力深厚的自由派電視臺，它的趨勢特色基本可歸納如下幾點：

1. 政策限制鬆綁，開放媒體市場：大眾傳媒經營的所有權從一黨獨大的壟斷型走向多黨化、多元化和私有化以及金融工業集團的媒體寡頭和國營媒體集團壟斷的方向上來。

2. 國有廣電集團壟斷媒體市場與所有權集中化：俄羅斯政府以新聞主管機關－俄羅斯聯邦廣播電視服務處、俄羅斯聯邦廣播電視委員會和俄羅斯聯邦出版委員會合併為後來的出版、廣播電視與大眾傳播事務部（МПТР），以及國營媒體事業領導集團－全俄羅斯國家電視廣播公司（ВГТРК）把所有中央暨地方國營廣播電視公司、新聞資訊社（РИА 《Новости》）和電視技術中心奧斯坦基諾（ТТЦ《Остан -кино》）同時納入全俄羅斯國家電視廣播公司中統一整合調度管理，來強化政府在資訊空間中的主導地位。

3. 記者角色的轉變：記者角色從恪遵黨意到監督政府，從監督政府到相互制衡，從相互制衡到受政府制約。從蘇聯過渡到俄羅斯政體轉變至今這段期間，記者角色從關心社會與黨的發展到協助政府穩定社會，再從協助政府穩定社會過渡到保衛俄羅斯的國家利益，最近俄羅斯媒體記者還肩負起反恐方面的任務。

4. 輿情看待媒體與其他政治機構對社會的影響：九十年代末期，民調顯示民眾對行政、立法、司法的表現不滿意，但對大眾媒體的表現還是持較為正面的態度，也體現出媒體在自由民主進程中與民眾的互動較為積極與正面。寡頭媒體不能成為限制民主與自由的擋箭牌。

一、限制鬆綁，開放媒體市場

1990 年 2 月，蘇共中央全會取消共產黨對國家的法定地位，並實行總統制和多黨制；1990 年 6 月 12 日，最高蘇維埃通過了《出版與其他大眾傳播媒體法》，取消新聞檢查制度與創辦者資格限制；1991 年 12 月 27 日，即蘇聯解體的第二天，俄羅斯聯邦總統葉利欽立刻簽署生效執第一部行俄羅斯聯邦法《大眾傳播媒體法》。

在蘇聯時期，俄共是唯一合法的媒體創辦者，蘇聯體制下的國家政府機關和各級黨組織專營主辦報刊和經營媒體，媒體經費來自政府預算的分配補助，而從蘇聯到俄羅斯政治體制轉軌過程中，所帶來經營方式的改變是在於當局解除了媒體創辦者的資格限制。媒體經營的模式也從過去共黨和政府機關辦報集中管理的垂直模式轉變成為國家投資、政黨投資、私人資本、外企合資的多元股份制模式，政府功能也正式由過去的「審批辦理媒體」向「專業管理媒體」方向轉變，以促進媒體面向市場，充分利用地域及行業的市場資源，形成獨立法人的治理結構。

　　大眾傳播自由的確定與所有權的限制鬆綁[9]帶來了媒體市場化與多元化，但限制性條款的模糊空間存在仍造成政府權力機關與記者的關係緊張，例如傳媒法第四條禁止濫用新聞自由中規定，不允許媒體宣傳犯罪行為，像是號召變更領土、主張國土分裂、煽動種族憎恨、主張色情與其他引起對立憎恨情緒的猥褻言論等，以及傳媒法第十六條停止傳播活動，賦予媒體所有權者或發行人有權停止媒體活動。傳媒法對媒體限制性的條款尚包括第八條申請註冊大眾媒體、第九條不允許重復註冊、第十三條拒絕登記註冊、第三十一條播出執照、第三十二條撤銷執照等等。不論中央或地方政府機關經常就以媒體內容具有貶損和危害政府形象與利益為由，撤換電視節目或刊物刊登的內容以及解除記者職務或者減少經濟補助來威嚇記者的報導取向。

　　後蘇聯時期的地方政權與媒體的關係反映在媒體仍然相當依賴來自於政府的資金補助上，90%以上地區媒體的報導仍表達某個政府權威或媒體經營者的觀點[10]。一部分失去金元支援的媒體又多在各級政權機關的庇護之下，有的媒體則是尋求廠商贊助，有些則是宣告破產，並把自己的地盤轉讓給廣告主。在政體轉軌與媒體轉型初期，當時國家出版部只照顧民主派的刊物，反對派的刊物只能自尋生路[11]。

---

[9]　傳媒法第七條創辦人，媒體申請者可為公民、公民團體、企業、機構、組織、政府機關。

[10]　Российские средства массовой информации, власть и капитал: к вопросу о концентрации и прозрачности СМИ в России, М.: Центр «Право и СМИ», 1999. с. 80（Журналистика и право; Вып.18）.（《俄羅斯大眾傳播資訊、政權與資金：俄羅斯媒體康采恩與透明化》，莫斯科：立法與媒體中心，1999 年，第 80 頁。同時刊載於《新聞學與立法》期刊第十八期。）

[11]　Грабельников А. А.（1995）. Средства массовой информации в современном обществе: тенденции развития, подгатовка кадров, М.:

　　俄羅斯媒體從國有化快速轉型至私有化與市場化的結果，政府不再有責任完全負擔補助媒體，除了國家通訊社伊塔-塔斯社（ИТАР-ТАСС）與中央政府機關報《俄羅斯報》（Российская газета）由中央預算補助之外，其他媒體都需自負盈虧，這直接衝擊了大眾傳媒的生存，沒有官股與財團支援的媒體，反而失去了生存的空間。紙張與印刷機器的昂貴都迫使出版品價格大幅提升，導致民眾購買能力降低，變相剝奪了俄國人在公眾場所隨處可見的閱報習慣和享受。

二、國有廣電集團壟斷媒體市場，所有權集中化

　　1991 年 12 月 26 日，蘇聯解體，俄羅斯新的政治體系開始發展形成，俄羅斯政治學者伊爾欣（Ирхин Ю. В.）認為，任何政治體系中的社會關係都包含著政府權威部門的決策[12]。俄羅斯莫斯科國立大學新聞系教授施金（Шкондин М.В）認為，由社會各個成員組成的資訊關係應該形成一個統一整體的資訊空間體系[13]。

　　俄羅斯執政當局創辦媒體、建立媒體事業領導集團並且持續加強新聞宣傳主管單位統合、分配和管理的功能，這是中央政府在媒體轉型過渡期間逐步摸索出控制媒體的方式。而在這個整體的資訊空間中，俄羅斯政府以新聞主管機關－俄羅斯聯邦廣播電視服務處、俄羅斯聯邦廣播電視委員會和俄羅斯聯邦出版委員會合併為後來的出版、廣播電視與大眾傳播事務部（МПТР）以及國營媒體事

Изд-во РУДН, с. 3-4.（葛拉貝裏尼柯夫，《當代社會的大眾媒體：發展趨勢，人才養成》，莫斯科：亞非民族友誼大學，1995 年，第 3-4 頁。）

[12] Ирхин Ю. В.（1996）. Политология, М.:РУДН, стр. 228.（伊爾欣，《政治學》，莫斯科：亞非民族友誼大學出版社，1996 年，第 228 頁。）

[13] см. Шкондин М.В.（1999）. Система средств массовой информации, М.:МГУ, стр. 5-6.（施匡金，《大眾傳播媒體》，莫斯科：莫斯科國立大學出版社，1999 年，第 5-6 頁。）

業領導集團－全俄羅斯國家電視廣播公司（ВГТРК）來強化政府在資訊空間中的主導地位。

（一）廣電管理主管機關的整合（МПТР）

蘇聯解體之後，原屬於前蘇聯的中央電視臺與廣播電臺則分別歸屬於聯邦政府與各地方政府或共和國，在俄羅斯聯邦剛成立的初期，就已經形成大約 75 個電視中心，然而地方政府對於電視中心的管理卻遠遠落後於前蘇聯中央政府的統一管理。這其中關鍵的因素就是地方政府無法籌集到用於電視中心發展的資金，同時電視中心的新聞從業人員對於電視媒體的管理也缺乏必要的經驗[14]。

這種地方媒體讓中央鞭長莫及的各自為政現象一直持續到 1993 年底，當俄羅斯政體確定了總統權力集中制的雙首長混合式的行政體系之後，強化政府廣播電視主管機關在電子傳播領域中的主導地位，就成為葉利欽乃至普京總統重新對媒體進行有效控管的最佳策略。就如同哈伯馬斯（Habermas）於 1989 年在著作《公共領域的轉型結構》（The Structure of transformation of the public sphere）中提及的問題：國家總是試圖將政治性問題轉化為技術性問題。

1993 年底，葉利欽總統簽署總統令成立俄羅斯聯邦廣播電視服務處（ФСТР），與此同時，俄羅斯廣播電視委員會（Федеральная комиссия по телерадиовещанию）也宣佈正式成立，後者屬於聯邦政府體制外的服務單位，直接向總統本人負責。廣電服務處成立的目的在於協調並處理整個聯邦內傳播活動中出現的爭議性問題，而廣電委員會的功能則在於負責廣播電視臺中具體的技術性問題與頻道使用的政策研議工作，這樣政府體制內外組成的結構在當時其實

---

[14] Ворошлов В. В.（1999）. Журналистика, СПБ.: изд. Махайлова В. А., c.53--55.（瓦拉什洛夫，《新聞學》，聖彼得堡：米哈伊洛夫出版社，1999 年，第 53-56 頁。）

就是一種總統為控制媒體所做出的政治性考量。這是 1993 年 10 月
政府與議會衝突武力化，當時的人民議會堂－白宮（現成為俄羅斯
聯邦政府所在地）遭到葉利欽調動軍隊炮轟後，葉利欽為消除政治
繼續動盪的後遺症以及避免反對派人士擔任廣電單位職務而決定進
行的特殊組合。

　　按照俄羅斯大眾傳播媒體法第三十條規定，廣電委員會其中一
項最重要的任務就是檢查廣播電視節目是否符合傳媒法的規定，然
後再根據各家廣播電視臺的具體情況發給節目播出許可證照。此
外，如果廣播電視臺之間產生任何糾紛，委員會還會介入其間解決
糾紛，委員會決定是否幫助廣播電視臺在最高法院中的資訊爭議廳
進行協定調停，或是有些媒體糾紛還會透過民間機構－捍衛公開性
媒體保護基金會（ФЗГ）進行調停。

　　傳媒法第三十一條播出執照中提及，廣電委員會可以因為申請
者不符合要求拒絕節目營運的申請與執照的發放，申請者以參加頻
道競爭的方式來爭取播出許可執照，廣電委員會具有評鑒申請資格
的權力。這一點為普京執政後制訂《部分形式活動登記註冊法》、
選擇親政府的電視公司經營頻道以及收回國家電視頻道的舉措種
下因數。媒體經營者在頻道資源稀少與發射塔國有的情形之下，只
有選擇媒體服務於政府或是退出媒體經營範圍。

　　1999 年 7 月 6 日，葉利欽頒佈命令《完善國家管理大眾資訊》，
將俄羅斯聯邦廣播電視服務處與俄羅斯聯邦廣播電視委員會以及俄
羅斯聯邦出版委員會（Роскомпечать）合併組成一個單一的新聞宣
傳主管機關－出版、廣電和大眾傳播事務部（統稱新聞出版部）
（МПТР）[15]。俄國家媒體主管機關以國家行政與技術資源掌控者與
分配者的身份在傳播體系中準備逐步收編和整頓媒體的活動。

---

[15] Российская газета　（1999.7.6）.（《俄羅斯報》，1999 年 7 月 6 日）

　　根據總統《完善國家管理大眾資訊》的命令，新聞出版部的主
要任務是研議與落實國家資訊政策，大體包括了大眾傳播資訊的傳
播與交換，刊物的登記註冊與執照發放，廣告的製作與媒體托播，
技術基礎設備的發展建設與頻波規範使用以及協調聯邦各級政府行
政機關對廣播電視設備的使用問題等等[16]。

　　葉利欽總是習慣於以頒發總統令的方式來進行媒體改革，這樣
可以避免俄共在國會中的制肘，或是因利益團體的爭鬥而延宕葉利
欽所希望推動的政策。他的性情總是急躁而又想做事情的個人獨斷
風格，這點經常為人所詬病。然而他不尊重議會，任意頒發總統令
搞體制外運行機制，卻造成長期政府與議會衝突而延誤國家改革的
進行，這開啟了決議案延宕與總統繞過國會直接頒佈命令行事的惡
性循環。自 1993 年十月事件之後，葉利欽威脅解散國會、俄共揚言
彈劾總統的政治對立、衝突、妥協的戲碼在媒體的關注之下就年年
上演，讓民眾對國家政權機構感到非常失望。

（二）全俄羅斯國家電視廣播公司（ВГТРК）成為媒體事業的領
導機構

　　媒體是葉利欽登上權力高峰的主要工具。1991 年 5 月，葉利欽向
蘇共中央黨書記戈巴契夫爭取到開播第二頻道俄羅斯廣播電視臺
（РТР）的權利，頓時扭轉了蘇聯時期只有奧斯坦基諾蘇聯中央廣播電
視公司一家獨大的電視媒體頻道壟斷的局面[17]。俄羅斯境內遂形成兩家

---

[16] Указ «О совершенствовании государственного управления в сфере
массовой информации». Правовая защита прессы и книгоиздания, М.:
НОРМА с 390-392. （可參閱《新聞與圖書出版法律保護》，莫斯科：法
規出版社，2000 年，第 390-490 頁。）

[17] Засурский И. Я.（1999）. Масс-медиа второй республики, М.:МГУ, с.142.
（伊凡‧扎蘇爾斯基《第二共和的大眾媒體》，莫斯科：莫斯科國立大
學出版社，1999 年，第 142 頁。）

國營的中央級電視臺互別苗頭的情況，對俄羅斯新政府而言，奧斯坦基諾是蘇聯舊時代的產物，如何提升俄羅斯廣播電視臺的節目水準與壯大全俄羅斯國家電視廣播公司集團一直是葉利欽鞏固政權和控制媒體資源的重要目標。

俄羅斯廣播電視臺從播出開始，節目涉及了社會、政治、資訊、文化等相關領域，節目播出使用了衛星、地面轉播站等相關設備，全俄羅斯有 98.7%的大眾可收看到該電視頻道，同時衛星轉播該電視臺的廣播版一晝夜達 17.3 小時，俄羅斯節目還可以在阿塞拜疆、亞美尼亞、格魯吉亞、吉爾吉斯、烏茲別克、塔吉克、白俄羅斯完全觀看，但在哈薩克斯坦與烏克蘭只能收看部分時段的俄羅斯國家廣播電視臺節目[18]。

俄羅斯政府在九十年代一共規劃出六個無線電視頻道，奧斯坦基諾（政府釋股後改為俄羅斯社會電視臺與俄羅斯廣播電視臺都利用中央政府的奧斯坦基諾發射塔與俄上空衛星傳輸覆蓋全俄面積約99%地區。1999 年，在葉利欽宣導俄羅斯文化季與慶祝莫斯科建城850 周年之際，原屬於聖彼得堡電視臺的第五頻道後來被割歸給剛成立的文化電視臺完全使用，該電視臺通過衛星每天轉播 12.8 個小時的節目，[19]文化電視臺是俄政府成立公共電視臺、落實國有公共服務制的重要一步，文化電視臺完全沒有商業廣告，主要經由政府赤字經營該電視臺，目的是將它發展成為一個以文化藝術為主的高品質公共服務性質型態的專門電視頻道。普京上任後逐漸迫使寡頭退出電視媒體經營，以推動俄國電視的公共化進程。

---

[18]　Ворошлов В. В.(1999). Журналистика, СПБ.: изд. Махайлова В. А., с.55.
（瓦拉什洛夫，《新聞學》，聖彼得堡：米哈伊洛夫出版社，1999 年，第 55 頁。）

[19]　Ворошлов В. В.(1999). Журналистика, СПБ.: изд. Махайлова В. А., с.56.
（瓦拉什洛夫，《新聞學》，聖彼得堡：米哈伊洛夫出版社，1999 年，第 56 頁。）

葉利欽為了讓國家主管機關在參與組織媒體活動的過程中扮演執行調控媒體事業主導者的角色,遂於 1997 年 8 月 25 日頒佈總統令《全俄國營電視廣播公司的問題》,1998 年 5 月 8 日,葉利欽又簽署總統令《關於完善國營電子媒體的工作》,正式將所有中央暨地方國營廣播電視公司、新聞資訊社(РИА «Новости»)和電視技術中心奧斯坦基諾(ТТЦ«Остан-кино»)同時納入全俄羅斯國家電視廣播公司中統一整合調度管理,國營的中央電視臺俄羅斯社會電視臺(ОРТ)與當時最大的商業電視臺-古辛斯基(Гусинский)「橋媒體」集團所屬、使用政府規劃出第三頻道的獨立電視臺(НТВ)都使用電視技術中心的設備資源,媒體寡頭都立刻感受到全俄羅斯國家電視廣播公司的技術牽制[20]。

白宮政府在遵循克宮的命令下,負責執行繼續強化在資訊領域中控制電子媒體活動的政策,遂於 1998 年 7 月 27 日通過了一項行政決議《關於形成國營電子媒體生產-技術一體化》。該項政府決議是延續 1997 年 8 月 25 日總統令《全俄國營電視廣播公司的問題》與 1998 年 5 月 8 日葉利欽簽署的總統令《關於完善國營電子媒體的工作》的實施細則,正式確定了全俄羅斯國家電視廣播公司(ВГТРК)作為國營媒體集團生產技術的最高領導級單位[21]。從葉利欽總統執政的末期到普京當權期間,主政者以立法的方式逐步建立起一個以中央政府的媒體主管機關-新聞出版部(МПТР)為中樞控制中心和以媒體事業領導集團全俄羅斯國家電視廣播公司(ВГТРК)為媒體

---

[20] Два в одном канале. ОРТ и НТВ теперь зависит от ВГТРК // Коммерсантъ.(1998. 5. 12)(《二合一頻道,社會電視臺與獨立電視臺現在依賴全俄羅斯國家電視廣播公司》,《生意人》雜誌,1998 年 5 月 12 日。)

[21] Полукаров В. Л.(1999). Реклама, общество, право, приложение 4, М.: Знак, с123.(波陸卡若夫,《廣告、社會、法律》,莫斯科:標誌出版社,1999 年,第 123 頁。)

資源分配者的方式，不斷加強政府在傳播領域中的主導地位，使俄
羅斯媒體在一個統一完整的傳播體系下運作。

　　俄羅斯前總統葉利欽執政初期的傳媒立法專家、前新聞出版部
長米哈伊爾‧費德洛夫指出，政府在俄羅斯傳播法建立總體設想當
中的地位，在於俄羅斯政府應當大力發展服務於社會的媒體，它的
形成必須仰賴於聯邦、地區和自治共和國政府三種領導勢力的整
合，只有這三種政府勢力將本以分散的傳播資源整合之後，俄羅斯
傳媒才可能在全俄羅斯國家電視廣播公司集團統合資源分配的領導
下，完成俄羅斯媒體公共化的目的[22]。這一電視公共化概念在葉利欽
執政十年期間奠定了基礎，普京則負責清除金融寡頭勢力深根的自
由派電視臺。

　　普京於 2000 年就任後的第一件重大的舉動就是重新整頓規劃
媒體版圖，讓媒體成為推動國家政策的有利宣傳機制。俄羅斯政府
加強傳播領域一體化的做法就是：一方面制訂相應整合的資訊傳播
政策，另一方面消弱九十年代中期以後形成的金融寡頭或媒體財閥
的媒體經營勢力，同時讓國營天然氣和石油等國家最大的工業集團
資金大量介入媒體事業，特別是兼併俄兩大媒體金融寡頭古辛斯基
和別列佐夫斯基的電視與電影產業公司。在普京總統執政期間，媒
體經營權與頻道使用權在司法與金錢的運用下，逐漸演變成為一場
電視媒體經營執照權的媒體資源壟斷爭奪戰。

三、記者角色的轉變

　　從蘇聯過渡到俄羅斯政體轉變至今這段期間，記者角色從關心
社會與黨的發展到協助政府穩定社會，再從協助政府穩定社會過渡

---

[22] Московские Новости （2002.6.11）.（《莫斯科新聞報》，2002 年 6 月
11 日）。

到保衛俄羅斯的國家利益，最近俄羅斯媒體記者還肩負起反恐方面的任務。

　　事實上，自由化是俄羅斯媒體人在蘇聯黨營媒體時期渴望獲得的權力。自從十七世紀彼得大帝開始實行西化政策以來，俄羅斯各個領域的思維始終都出現西方派與俄本土派之爭。在戈巴契夫時期俄共出現了激烈的民主派與俄共派之爭，最後葉利欽的民主派獲勝，促使蘇聯瓦解。解體後的政府與主張第四權的民主派和自由派媒體可以算是理念接近，但是畢竟葉利欽第二任期內政府的績效不振，讓金融工業集團的寡頭凌駕在政府的頭上，社會貧富差距逐漸擴大。因此，普京就任總統之後，便直接追溯以彼得大帝為尊[23]，高唱以恢復俄羅斯國家光榮為己任，普京執政的手法就是一種大斯拉夫帝國主義的國家化：國家利益優先，個人利益次之；政府政策優先，企業利益次之的一種思考模式。

　　自二十世紀九十年代初起，俄媒體事業逐漸轉型成為扮演相當於監督行政、立法、司法三個國家權威機關「第四權」的社會公器機制，俄羅斯媒體職能從附屬政府機關的宣傳機構轉換成為一個資訊流通且守望環境的獨立階層。所以普京上臺後，媒體國家化絕對要高於媒體自由化。

　　自由多元主義論（pluralism）乃是結構功能學派之下的重要理論觀點，它認為社會務求不同的利益體同時存在，並且取得權力的相互制衡。所以自由多元主義者主張新聞媒體應該具有相當程度的自主性，並且構成獨立於政府、政黨與壓力團體或是行政、立法、司法之外相當於「第四權力」的部門，為達到這些目的，媒體必須要擁有相當程度的自主權，只有當新聞媒體擁有專業的自由權，各

---

[23] 普京總統辦公室內懸挂著一幅彼得大帝的肖像油畫，普京是聖彼得堡人，他曾說過自己最崇拜和欣賞的人就是聖彼得堡建城者－彼得大帝。

個不同的利益群體之間才能藉以相互制衡，來維持社會的動態平衡發展[24]。

　　而馬克思主義的媒體理論觀點直接挑戰了自由多元主義者對社會權力的看法，認為媒體並非是一個真正自主性的組織體系，而是統治階級用來控制意識形態的工具，它們所表現出來的所有權、法律規範、專業價值都是對主流意義的屈服，其專業理念和工作實踐都是受到政治經濟力量所決定。根據馬克思的意識形態理論，語言符號決定了該社群的意識形態，只要掌握建構意識形態符號的管道－例如大眾播媒體，也就是一旦控制媒體的所有權就能控制媒體所製造出來的意識形態，然後就能調控塑造人們的意識型態[25]。普京實行媒體服務於國家概念首先必須重新控制大部分媒體的所有權，這使得自由派的媒體寡頭與專業化記者都對於普京的做法感到憤怒與憂慮。

　　現任俄羅斯莫斯科國立大學新聞系主任亞欣·扎蘇爾斯基，他的孫子也是俄傳播研究者伊凡·扎蘇爾斯基（Засурский）就強調媒體在公民社會中的作用，他認為媒體在理想的公民社會中對國家發生任何突發事件都能處之泰然，並不斷與政府進行有效的互動溝通，使國家推動的改革能夠一直順利進行下去[26]。基本上，「公民社會」與「民主法治」這兩個概念是俄羅斯在蘇聯解體之後新聞界追求的兩項理念指導原則。

　　雖然前總統葉利欽在爭取國家獨立與政策鬆綁的過程中，曾與民主派媒體是同一戰線，但是執政者與媒體經營者的利益取向畢竟不同，記者也必須監督政府濫權與揭發政府弊案來滿足閱聽眾知情權益或甚至是好奇心。這樣自由的媒體遇上國家發生重大政治事

---

[24] 林東泰。《大眾傳播理論》，臺北市：師大書苑，1999 年，第 11-14 頁。
[25] 同上，第 16 頁。
[26] http://www.russ.ru/journal/media/98-01-06/zasurs.htm

件、戰爭或緊急災難時，例如炮轟白宮、車臣戰爭，政體轉軌後的
政府與媒體都缺乏在自由時期的合作經驗以及對資訊政策的實踐
經驗，例如反政府與反戰的輿論都讓新政府對自由媒體產一種無可
奈何的憎恨感，所以在普京時期，整合媒體資源是恢復國力的第一
步驟。

　　俄媒體事業在俄羅斯時期的發展牽繫於政權與媒體間的互動關
係，甚至是雙方的默契，彼此經歷了蜜月與對立時期，兩股勢力不
斷相互消長，論述基本如下：

(一) 1990年到1993年，政府解除媒體禁令，媒體得到自由，因此支
　　 援民主派政府繼續進行改革的道路；

(二) 1993年政府與議會爭奪國家最高行政權白熱化之際，「國家政府
　　 派」媒體持不批評政府的支援立場，以及「自由民主派」媒體持
　　 批評但支持政府改革的立場，但在這段期間，政府成立了國家緊
　　 急狀態委員會，經常控制記者言論，並下令禁止共產黨媒體的活
　　 動，這引起媒體人強烈的反彈；

(三) 1994年到1996年主流媒體反戰，只有俄共和斯拉夫民族主義者
　　 的微弱媒體勢力支援捍衛國家主權的戰爭行動，這時政府與「自
　　 由民主派」媒體人的關係很對立，而大規模的車臣戰爭消弱了
　　 俄羅斯的經濟實力和國際形象。

(四) 1996年與2000年兩次總統大選期間，媒體與政權之間的關係良
　　 好，「國家政府派」與「自由民主派」媒體支援俄羅斯繼續走民主
　　 法治以及市場經濟的道路，媒體經營者可繼續發展做大，記者可
　　 以自由報導。由於俄羅斯前總統葉利欽是無黨無派，在他執政期
　　 間，政府有賴金融工業集團的支援，與俄共舊勢力抗衡，國會是
　　 左派政黨主導，葉利欽以總統令發展媒體，政權和金融工業集團
　　 已經形成魚幫水、水幫魚的自然利益共同體，媒體會因為利益替
　　 政府政策護航。

(五) 2000年以後，普京上任初期，政策多由國會第二大黨團結黨護航，其他黨如右翼聯盟、自民黨與無黨籍議員也大都支持普京的政府。2002年前夕，團結黨與中間偏左派的第三大黨俄羅斯祖國黨結盟合併，更確定了今後國會將更順暢地執行總統的政策。普京登上權力高峰當選總統後，立刻展開對兩大私營媒體壟斷集團進行打擊，結束了九十年代媒體群雄割據的局面，確立國有資本獨大控股的新壟斷形勢。媒體與政府關係也從百花齊放的自由浪漫階段進入國家威權體制時期，這時媒體以國家資本獨大形式逐漸成為政府的宣傳機器，在大部分情形下俄媒體將扮演政府引導輿論民情的喉舌，也就是今後媒體必須服務政府，以政府主導的國家整體利益優先，企業與個人利益居次。此時，媒體記者將逐漸持不批評政府政策的態度，以求媒體與政府保持友好互動，迫使「自由民主派」的專業記者面臨新聞自由受限的窘境。

第三節　泛政治化資金投入媒體市場版塊

媒體與政治的關係自從在第二次世界大戰後歐洲已經面臨再定位的問題。對此都有西方學者率先投入的研究，媒體傳播政治經濟學的起源主要歸功於威廉斯（Williams）、崗漢（Garnham）、勾丁（Golding）和梅鐸（Murdock）等人長期在歐洲的播種耕耘，再加上史麥賽（Symthe）和許樂（Schiller）兩人在北美的擴散，而以默思可（Mosco）近年的發揚更為顯著。梅鐸與勾丁於 1974 年的文章中，即以英國報業、廣播電視、電影和唱片業所有權結盟的情形，提出媒介所有權集中的現象。所有權集中化是全球化媒介生態在二十世紀末的發展趨勢，它帶來一連串政治、經濟和傳播之間錯綜複

雜的新權力關係，不論是透過垂直整合與水平整合形成資本集中、權力集中的巨大跨國企業，形成傳播事業、影視工業和電訊傳播工業的全球集團化趨勢[27]。

　　八十年代以降，各國議會和學者都大聲疾呼政策鬆綁、私有化和去中央化。國家機器縮手之後，取而代之的是財團涉入媒體的跨國界大集團，這種現象被默思可（Mosco）稱為空間化。而國家在面對空間化趨勢，一方面棄守市場干預的角色放手讓國營企業民營化的同時，另一方面則改以建立市場公平競爭遊戲規則的制訂者自居，最後甚至只得鼓勵跨國企業，藉以策略聯盟為國家謀取最大利益[28]。關於媒體與政權的關係，Sparks（1998:21－23）認為，大眾傳播體系的自由程度取決於權力的分配。例如蘇聯模式政經一體化的機制讓媒體自由意見消失，而不論是在俄羅斯或是美國，傳媒總是表達某些利益團體的聲音。但是總體而言商業性媒體還是比蘇聯宣傳機器要多元化，因為在資本主義社會權力中心的數量正在增加，不過媒體多少都是傾向站在自己的領域立場來進行輿論導向。[29]

　　九十年代葉利欽總統執政期間到兩千年普京就任總統後，俄羅斯媒體發展的進程可劃分為「多元發展期」、「政府、金融寡頭瓜分期」和「政府獨大期」，其反應了俄羅斯政府、媒體與金融工業集團在傳媒體系轉型與形成過程中之中的互動關係。俄羅斯媒介環境在蘇聯解體後經歷了巨大的變遷，媒體經營結構從蘇共中央統一管理的模式轉變為多黨化、私有化、多元化、市場化、集團化、專業化與國家化，於此轉型期間，俄羅斯媒體不斷進行資本重組及集團兼併。

---

[27] 林東泰，《大眾傳播理論》，臺北：師大書苑，1997年，第483-484頁。
[28] 同上，第489-491頁。
[29] Sparks C. and Reading A.（1998）. Communication, Capitalism and the Mass Media, London: Sage, pp.21-28.

　　兩千年至今，俄羅斯國有事業急速兼併銀行寡頭的媒體事業，顯示出總統普京仍希望媒體在市場機制下繼續扮演政府喉舌，發揮引導輿論和監督政治環境的職能。然而，在多元化的社會結構中，俄羅斯專業媒體人則希望有足夠採訪、寫作與報導的空間，讓媒體機制能夠成為獨立人格的社會機構，發揮監督政府施政的「第四權」的角色。而媒體經營者則希望在憲法保障多元化與自由籌設媒體的環境下，積極將自己的媒體事業擴大成為跨國多媒體的大集團，以此作為攻佔國內外電訊、資訊網路與金融市場的基礎。總體而言，俄羅斯媒體人在追求實踐「第四權」理念的過程中，無論是葉利欽或是普京總統都不忘積極將控制媒體當作執政成功的首要關鍵要素。遺憾的是，俄羅斯民眾資訊的反饋途徑在整個俄羅斯媒介環境中仍不夠受到重視，社會建築上層的政治角力似乎都還停留在政府、媒體經營者與專業媒體記者之間對於經營執照與報導方向的爭鬥。

　　縱觀在蘇聯解體後的俄羅斯，媒體的發展基本上經歷了一段從無序到有序，從傳媒銀行化、金融工業集團寡頭化到國家化與專業化的幾個階段。蘇聯解體之後的俄羅斯媒體發展基本上可以總統葉利欽兩期任內與普京擔任總統之後劃分為三個階段。

一、多元發展期

　　第一個階段為 1991 年到 1996 年，政權與媒體互動關係的特點為相互依存、互為利用、相互拉抬聲勢的關係。在幾次政治權力爭奪的事件中，媒體都表現出明顯的政治立場。當政局穩定之後，葉利欽遂以開放媒體市場的態度，尋求更多的金融工業財團來支援自己的政府，包括政府將國營中央電視臺大量釋股、開放頻道以及容許跨媒體集團的形成都是政府向財團合作的表現。當俄羅斯電視臺經過十年的發展與閱聽眾的培養以及全俄羅斯國家電視廣播公司完

成全國資源整合之後，葉利欽政府與媒體都歷經了 1996 年和 2000 年總統大選的競選歷練。因此普京執政之後不但消滅媒體寡頭，而且還收回第六頻道的使用權，俄羅斯媒體市場結構又經歷了一次重組變革。

（一）媒體選擇政治立場（side-taking）

俄羅斯聯邦政府於 1991 年 5 月向蘇聯最高當局爭取到開播第二頻道俄羅斯廣播電視臺，它於是成為葉利欽歷次政治鬥爭中最有利的宣傳機器。1991 年聯邦政府對媒體政策鬆綁，一方面發展了「自由民主派」與「國家政府派」的媒體，另一方卻擠壓了俄共媒體的生存發展空間。

葉利欽在此一階段任內，自身的政治實力還不是十分強大穩固，究其原因首先是葉利欽並沒有屬於自己的政黨，無黨籍總統葉利欽對於國內出現的問題經常採取一種合縱連橫的做法，他確信憑藉著自己個人的強勢作風與家長式領導就可以解決這些問題。但在 1993 年炮打白宮的事件當中，在葉利欽與議會議長哈斯布拉托夫和副總統魯茨尼科夫在國會場外三天緊張的武力對峙僵持中，最後葉利欽僅僅依靠軍隊才扭轉了局勢。

俄羅斯學者索格林（Согрин B.）認為，1993 年葉利欽取得 4 月全民公投與 10 月事件的成功有賴於媒體的大量宣傳，因為在這場憲政危機之下的民主派媒體支援了總統，且原屬於蘇聯俄共宣傳機制的中央廣播電視臺奧斯坦基諾也在葉利欽的掌控之下[30]。大多數媒體在這次政爭中選擇了支援葉利欽政府的政治立場。

---

[30] Согрин B.（1994）. Политическая история современной России 1985 - 1994: от Горбачёва до Ельцина, М.: Прогресс-Академия, C. 157-158.（索格林，《1985 到 1994 年俄羅斯當代政治史：從戈巴契夫到葉利欽》，莫斯科：成果－科學院，1994 年，第 157-158 頁。）

　　葉利欽於 1992 年至 1993 年期間下令禁止俄共黨務與經營媒體的活動，例如禁止當時屬於議會最高蘇維埃機關報的《俄羅斯報》（Российская газета），以及俄羅斯電視臺的「國會」（Парламент）欄目，廣播節目「國會時刻」（Парламентский час）； 1993 年 10 月 4 日，葉利欽炮轟白宮人民議會大廈，並且簽署命令，再度暫停《真理報》（Правда）、《蘇俄報》（Советская Россия）、《公開性》（Гласность）、《工人論壇報》（Рабочая трибуна）、《人民真理報》（Народная правда）等十多種共產黨的輿論報刊[31]。《俄羅斯報》在十月事件之後成為政府的戰利品，轉而變成聯邦中央政府的機關報。

　　然而葉利欽強勢獨斷的行為，曾令向往自由的媒體錯愕與指責。葉利欽開放媒體最主要的目的在於擠壓俄共的生存空間，但俄共在主席久加諾夫的領導下開始從群眾基層做起，獲得許多懷念共黨民眾的支持，使俄共迅速恢復了元氣。1993 年十月事件之後，葉利欽解散了人民代表大會與最高蘇維埃。在年底國會改選時，俄共仍是國會第一大黨。此時，葉利欽已意識到，要想改變俄羅斯人存在已經七十多年的老觀念，只有依靠俄羅斯傳媒的壯大，以媒體傳播的力量來逐步改變人們頭腦中舊有的觀念。由於從計劃經濟向市場經濟轉型過渡的俄羅斯經濟還沒有得到復甦，葉利欽發展媒體的最初構想是依靠銀行界大老提供周轉媒體運作所需要的龐大資金，但銀行的投資是需要高額的回報，銀行無法通過正常的商業途徑來獲得回報，政府就放任寡頭參與克宮的政治決策，如此一來便種下了銀行寡頭干預政治的禍根。

---

[31] Грабельников А. А. （1995）.Средства массовой информации в современном обществе: тенденции развития, подгатовка кадров, М.: Изд-во РУДН, с. 9. .（萬拉貝裏尼柯夫，《當代社會的大眾媒體：發展趨勢，人才養成》，莫斯科：亞非民族友誼大學出版社，1995 年，第 9 頁。）

（二）資訊市場開始集團化（conglomerate）

俄羅斯媒體集團化始於政府大量釋放國營電視臺的股權。1993 年，葉利欽總統下令，將前蘇聯的中央廣播電視臺奧斯坦基諾改變為國家與社會共同持有股份的控股公司，同時電視臺更名為俄羅斯社會電視臺，1994 年 12 月 30 日，俄羅斯政府進一步釋股，政府僅保留 51％的股份在手上，其中有 36％為政府單位的國家資產委員會所有，奧斯坦基諾公司則持有 9％，電視技術中心與國家通訊社塔斯社則分別持有 3％，因此政府操控 51％的股權，剩下 49％的股份分別由國營企業俄羅斯大公司共同持股：天然氣工業集團公司、羅格瓦斯汽車公司、首都銀行、帝國銀行、梅納捷普銀行[32]、民族信用銀行（後兩個銀行於 1999 年宣佈破產）[33]。

---

[32] 猶太裔俄羅斯首富、尤科斯石油公司總裁霍多爾科夫斯基於 2003 年 10 月 25 日被俄當局以逃漏稅為由拘捕入獄。1992 年，隨著前蘇聯的解體，俄羅斯開始大規模地實行私有化，這為「資本向少數人手裏集中」提供依據。之後國家採取的「全權委託銀行制度」使寡頭在金融領域中迅速膨脹。1995 年在現金私有化中實施的抵押拍賣，使得金融寡頭完成了資本集中的最後過程。1995 年，在國營尤科斯石油公司的拍賣中，霍氏旗下的梅納捷普銀行投資銀行以 3.5 億美元買下 78％的股份，完成國營尤科斯石油公司私有化程式。兩年後尤科斯石油公司上市，市值達 90 億美元，現在的市值更是高達 200 億美元。這是俄羅斯寡頭是大規模私有化的結果，由於其崛起的特殊方式而被俄羅斯媒體稱為「投機資本和大規模掠奪時代的象徵物」。2003 年 8 月，俄反壟斷政策部批准尤科斯石油公司與俄排名第五的西伯利亞石油公司合併。合併後的尤科斯-西伯利亞石油公司成為俄第一大、世界第四大私營石油公司，去年兩公司的石油開採量達 7.5 億桶，占俄羅斯全國石油總開採量的 29％。福布斯 2002 年評選霍多爾科夫斯基為全球十大最有影響力的富翁。霍多爾科夫斯基是中俄遠東安大線石油管道建設中的關鍵人物。以前由他掌控的尤科斯石油公司一直以來都支援修建一條從西伯利亞安加爾斯克通往中國原油重鎮大慶的石油管道。2004 年底，霍多爾科夫斯基退出尤科斯石油的主要運作班底。在尤科斯石油拍賣的過程中，將由兩大國營能源公司—俄羅斯石油和天然氣工業集團問鼎經營權。

　　自 1993 年末至 1995 年中期，俄羅斯的資訊市場開始有明顯的商業集團開始進行分割佔領，例如以銀行家古辛斯基（Гусинский）為首的橋媒體集團（Медиа-Мост），小亞科夫列夫（Яковлев-младший）的商業出版社《Коммерсанть》的報業集團等等[34]。俄羅斯第一批經理人閱讀的財經性報紙和雜誌－《生意人》（Коммерсанть），是英國《經濟學人》（Economist）雜誌協助辦理的報紙，此外俄羅斯的《機關報》（Ведомости）是與美國的《金融時報》（Finacial Times）與《華爾街日報》（Wall Street Journal）合資創辦的報紙，它們是俄羅斯白領階層喜愛的財經類報紙。藉由這些歐美報刊的協助或參與制作，使得俄羅斯財經專業性報刊直接學習了西方報紙在傳播理念與實務上的經驗，有利於加速實現俄羅斯在轉向私有化市場型經濟之後，中產階級至傳播界希望完成西化過程與融入歐洲的願望[35]。

二、政府、金融寡頭瓜分期

　　1995 年 10 月 1 日的《關於完善俄羅斯境內廣播電視法》與同年 12 月 1 日的《俄羅斯聯邦國家支援大眾媒體與出版法》進一步放寬了金融工業集團投資媒體的資金專案與經營範圍，分別為 1996 年俄羅斯總統大選的媒體運作鋪平道路。

[33] Российские СМИ на старте предвыборной кампании,Среда, 1995, No 3, с. 13-18.（《俄羅斯媒體在競選的起跑點上》《環境》，1995 年，第 13-18 頁。）

[34] Засурский И. Я.（1999）. Масс-медиа второй республики., М.: МГУ, с.86.（伊凡‧扎蘇爾斯基，《第二共和國的大眾媒體》，莫斯科：莫斯科大學出版社，1999，第 86 頁。）

[35] Засурский Я. Н.（2001）. Средства Массовой Информации России , М.: Аспект Пресс , с. 5.（亞辛‧扎蘇爾斯基，《俄羅斯大眾傳播媒體》，莫斯科：新聞領域出版社，2001 年，第 5 頁。注：亞辛‧扎蘇爾斯基為莫斯科國立大學新聞系系主任，伊凡‧扎蘇爾斯基是其孫子。）

政府與金融工業集團瓜分俄羅斯無線電視一共六個頻道，作者整理如下：

無線頻道	電視臺名稱	電視臺所有權歸屬
第一頻道	第一頻道電視臺	原名奧斯坦基諾，1993 年更為俄羅斯社會電視臺，由政府與企業共同持股所有，2002 年，普京政府認為該名稱與公司結構不符，而目前仍是俄羅斯電視公共化的過渡階段，因此將其更名為第一頻道電視臺。
第二頻道	俄羅斯國家電視臺	于 1991 年葉利欽向戈巴契夫爭取開播，完全由聯邦政府的媒體事業領導集團全俄羅斯國家電視廣播公司所有。
第三頻道	獨立電視臺	原屬於媒體寡頭古辛斯基所有，2000 年被天然氣工業集團－媒體兼併。
第四頻道	莫斯科中心電視臺	莫斯科市政府所有。
第五頻道	文化電視臺	原屬於聖彼得堡電視臺，1999 年，在葉利欽宣導俄羅斯文化季與慶祝莫斯科建城 850 周年之際，被劃歸文化電視臺完全使用，是俄政府成立公共電視臺、落實國有公共服務制的重要第一步，文化電視臺完全沒有商業廣告。
第六頻道	第六電視臺	原屬於媒體寡頭別列在夫斯基，2000 年後由魯克石油集團兼併，2002 年 6 月，頻道被政府收回，預定作為體育台的備用頻道。

（一）政府強化國營電子媒體全俄覆蓋力

《關於完善俄羅斯境內廣播電視法》中提及，為了提升政府對支持電子媒體的效率，賦予俄羅斯社會電視臺、全俄羅斯國家電視廣播公司、國家電視臺彼得堡－第五頻道（後第五頻道規劃給國家

公視文化電視臺）、廣播電臺廣播一台、燈塔、青年等電視臺和廣播電臺享有「全俄羅斯」性質的覆蓋能力。這為加強國家電子媒體壟斷全俄受眾市場做好準備。同時在政府控股 51% 的股權下，繼續釋出奧斯坦基諾廣播電視公司的俄羅斯社會電視臺以及燈塔、青年廣播電臺的股份，以換取必要資金來發展廣電的的基礎技術設備[36]。第一頻道電視臺是被政府用來全力發展俄羅斯國電視臺的犧牲品，不過也國營廣電事業商業化的重要試點，目前第一電視臺已經面臨嚴重的財務危機，因此，新聞出版部有釋出政府股份的意圖，未來入股第一電視臺的股東情況仍可能是俄羅斯國營能源事業資金投入的物件。

　　在此一俄聯邦法的基礎之上，1996 年 9 月 20 日，葉利欽頒佈總統令，同意銀行家古辛斯基所屬的橋媒體集團旗下的獨立電視臺可在第三頻道 24 小時播出自己的節目，這使得獨立電視臺在俄羅斯社會電視臺與俄羅斯國家電視臺兩大國營電視公司之外佔有第三名的地位。[37] 這兩道命令為政府和金融工業集團全方位涉入媒體且壟斷所有權奠定基礎。跨媒體集團與所有權集中的媒體市場壟斷版圖於是形成。

（二）金融工業集團形成跨媒體集團

　　1996 年至 2000 年則是俄羅斯媒體發展的另一個階段，它的顯著的特徵就是：俄羅斯金融工業機構廣泛參與媒體事業的運作，形成跨媒體壟斷集團，而這些金融寡頭的商業運作已深深地影響到俄

---

[36] Правовое поле журналиста. Настольная справочная книга, М.: Славянский диалог, 1997, с. 355-356 .（請參閱《記者法律總覽》，莫斯科：斯拉夫對話出版社，1997 年，第 355-356 頁。）

[37] Российские СМИ на старте предвыборной кампании// Среда, 1995, No 3, с. 13-18。（《俄羅斯媒體在競選的起跑點上》，《環境》，1995 年，第 13-18 頁。）

羅斯的政治改革。1998 年俄羅斯爆發金融危機之後，銀行體系遭受重創，葉利欽遂正式開始逐步擺脫金融寡頭對國家政治的干預，發展國營企業及增加參股媒體事業。

　　1999 年 7 月 6 日，葉利欽總統頒佈了命令《完善國家管理大眾資訊》以及 1999 年 9 月 10 日由總理普京簽署頒佈的《俄羅斯聯邦部會處理出版品、廣播電視與大眾傳播媒體的問題》[38]。在新聞出版部經過整合而重建後，各界都看出葉利欽與普京準備運用主管機關控制國家媒體來操控 1999 年國家杜馬選舉與 2000 年總統大選，同時也為俄政府當局發動第二次車臣戰爭與加速政府控制輿情埋下伏筆。

　　媒體泛政治化的原因是因為當權者往往利用新聞機構可操作的屬性，來獲取政治上的利益，因此，在研究政治與媒體之間的關係時，需顧及媒體和當權者之間的互動。近年來，許多研究者就把焦點放在媒體和當權者的合作關係和互相勾結的程度上來[39]。觀察俄羅斯媒體在這個階段的發展，就是政府與媒體互動的特徵在於媒體所有權集中在少數集團的手中，泛政治化的金融工業集團與國家的資金投入電子媒體與平面媒體以及電影產業交叉持股所有的跨媒體市場，分別形成幾大塊的媒體版圖，它勢力範圍可劃分如下：

1. 橋媒體集團：具有猶太人血統的銀行家、媒體寡頭古辛斯基自 1996 年到 2000 年為止，以建立一個圍繞在克里姆林宮政治中心的媒體帝國為目標，這樣一來就會使得總統及國家政權結構與社會大眾之間的聯繫被古辛斯基的媒體所隔開與控制，這是古辛斯基夢寐以求的目標，因為只要維持媒體的優

---

[38] Правовая защита прессы и книгоиздания, М.: НОРМА с 390-490.（《新聞與圖書出版法律保護》，莫斯科：法規出版社，2000 年，第 390-490 頁。）

[39] 蔡明燁譯，《媒體與政治》，臺北市：木棉，2001 年，第 8 頁。（原書 Ralph Negrine. Politics and the mass media in Britain. London: Routledge 1974．)

勢，無論誰當總統或誰想當總統，古辛斯基的話就會起一言九鼎的作用。

到 2000 年為止，古辛斯基是克宮的常客，他已建立了一個涵蓋電視、電影、廣播、報紙、雜誌與網際網路的橋媒體帝國，在他的媒體帝國中，電視以獨立電視臺、獨立衛星電視臺為主，雖然其信號發射涵蓋率不如兩家國營電視臺俄羅斯國家電視臺及俄羅斯社會電視臺遍及全俄偏遠地帶，但獨立電視臺以精采的電視節目吸引了將近 2000 萬的觀眾，這些觀眾遍佈各階層。旗下的莫斯科回聲電臺是一個莫斯科市民必收聽的政論廣播台，政論性的《總結》雜誌與綜合性日報《今日報》也得到俄羅斯白領階層的青睞[40]。跨媒體與跨產業的媒體集團成為普京執政後首先打擊和兼併的物件。

2000 年以後，普京的政府開始對橋媒體集團進行查帳、逮捕、起訴、撤銷經營執照等具有政治壓迫舉動，橋媒體集團為融資發展媒體事業，把獨立電視臺 30％的股權讓給國營企業天然氣工業集團[41]，開產普京執政後利用天然氣工業集團強大的國家資本進行媒體兼併的動作，進而達到政府操控媒體所有權，讓媒體替國家政策服務的目標。

2. 羅戈瓦斯汽車集團：同樣是猶太裔的別列佐夫斯基是另一名金融工業集團寡頭，在 1996 年葉利欽總統為尋求連任之路的競選前夕，別列佐夫斯基銀行與汽車集團公司的資本已經大量進入國家控股公司社會電視臺，股份從 8％激增至 16％，同時也掌

[40] 吳非，《俄羅斯媒體大亨古辛斯基年關難過》，《聯合早報》（新加坡），社論言論天下事版，2000 月 12 月 28 日。

[41] Засурский И. Я.（1999）. Масс-медиа второй республики, М.: МГУ, с.190.（伊凡·扎蘇爾斯基，《第二共和國的大眾媒體》，莫斯科：莫斯科大學出版社，1999 年，第 190 頁。）

握第六頻道的第六電視臺的大部分股權，基本上別列佐夫斯基在此期間已經佔領全俄 26％的市場版圖，此外，他還擁有具有社會公信力大報《獨立報》與《星火》雜誌的部分股權[42]。

　　別列佐夫斯基擔任獨聯體的秘書總長期間，替葉利欽穿梭於獨聯體各國之間擔任政治資訊的特使，是葉利欽眼前的紅人，1996 年是他獲取政治利益的高峰階段，但在 1998 年金融風暴後，他的經濟勢力萎縮，加上葉利欽也很擔憂他與莫斯科市長盧日科夫之間的鬥爭會引起俄羅斯政經的動盪。在普裏馬科夫從外交部長升任政府總理後，與西方國家金融界和外交界關係良好的普裏馬科夫進一步削弱別列佐夫斯基在政壇上的影響力。別列佐夫斯基的媒體經營與政治權力的結合，都反應葉利欽在爭取執政權時必須仰賴企業界大亨這種政商結合的現實情況。別列佐夫斯基與古辛斯基被視為媒體帝國的兩大金融寡頭。

　　原屬於別列佐夫斯基的第六電視臺現已於 2002 年 1 月22 日被新聞出版部收回頻道使用執照，於是部長列辛舉辦媒體競賽，把執照頒發給獲勝的記者團隊－由前獨立電視臺專業經理人基辛廖夫領導的第六電視臺合作夥伴社會智慧電視臺，社會智慧電視臺於 3 月 23 日取得第六電視臺原本使用第六頻道的播出執照。之後由於政府又釋放消息要把第六頻道規劃為體育台的計劃，使得股東們拒絕投入資金，三個月未領工資的社會智慧電視臺終於 6 月 22 日結束節目播出。前獨立電視臺、社會智慧電視臺的專業經理人基辛廖夫也因經營權轉讓和撤銷電視營運執照的因素被迫退出電視臺經營與製作的媒體舞臺。

---

[42] Век（1997.8.12）.（《世紀報》1997 年 8 月 12 日第一版。）

3. 天然氣工業集團：在媒體版圖上，天然氣工業集團是媒體資金大戶，參與媒體的股權涉及媒體寡頭古辛斯基橋媒體集團的獨立電視臺與橋電影、國營俄羅斯社會電視臺、別列佐夫斯基的第六電視臺，以及論壇報、勞動報等最暢銷和最具有影響力的媒體[43]。

　　由前總理切爾諾梅爾金領導的天然氣工業集團，是俄羅斯資產最賺錢的國營企業。1992 年，總理蓋達爾推動名為「震撼療法」的私有化經濟改革方案，結果讓俄羅斯貨幣盧布貶值幾百倍，1993 年，總理蓋達遭到革職，成為經濟改革失敗的替罪羔羊。因此葉利欽找來有經營能力與資金背景的天然氣工業集團總裁切爾諾梅爾金入主白宮擔任閣揆。公司的職缺由集團董事之一的韋辛列夫接替，領導天然氣工業集團的經營團隊。因此，普京 2000 年執政後，直接利用天然氣工業集團與魯克石油集團在媒體投資上的雄厚基礎，兼併媒體寡頭古辛斯基與別列佐夫斯基的跨媒體產業。

4. 莫斯科市府媒體集團：就是以莫斯科市長盧日科夫為首的媒體版圖，包括市府控股的第四頻道電視中心和報紙《莫斯科真理報》、《鐘聲報》等媒體。盧日科夫與葉利欽握手的廣告看板，在 1995 至 1996 年期間，掛滿了莫斯科街頭的大街小巷，令人相當印象深刻。它透露出一項重要的政治資訊，即 1993 年以 93％高票當選的莫斯科市長盧日科夫與葉利欽是合作的好夥伴，市民對市長的支持要轉移給葉利欽。這一勸服傳播對莫斯科市民具有直接投射的魔彈效果，因為俄羅斯人在第一次接觸政治廣告的情形之下，雖然不相信廣告本身，但卻信任其傳遞出的政治資訊，俄羅斯人長期在計劃經

---

[43] 同上。

濟共產觀念的影響下，不信任商業性廣告，但卻信任領袖的
魅力和領袖的意見。

4. 莫斯科市長盧日科夫於 1999 年以前一直是葉利欽總統的政
治夥伴。自 1998 年普裏馬科夫擔任總理後，追查政府貪污腐
敗且直指克宮總統家庭後，使得葉利欽不可能選擇普里馬科
夫作為自己的接班人選。1999 年盧日科夫與普里馬科夫準備
連袂參選總統，才與葉利欽的關係漸行漸遠。普裏馬科夫和
盧日科夫的「俄羅斯祖國黨」與政府派的「團結黨」合併後，
盧日科夫準備協助該政黨利用莫斯科電信公司的設備，發展
該政黨在莫斯科專屬的有線電視頻道。電視再度政黨化開始
在有線電視頻道萌芽。

5. 魯克石油集團：其媒體經營版圖包括 REN TV 衛星電視臺、
TSN 電視製作公司，並且與波塔寧的波羅夫媒體集團分別控
制《消息報》的主要股權，2000 年後魯克媒體版圖勢力繼續
向別列佐夫斯基的第六電視臺擴張，是另一股國營事業深入
媒體營運控制所有權的泛政治化資金力量。魯克石油集團是
普京執政中期後實現媒體國家化主要運用的國營資本勢力。
此後在政府兼併集團媒體的行動中，媒體經營者僅存在政府
與親政府媒體，自由派媒體退出媒體競爭的舞臺。

6. 波塔寧的波羅夫媒體集團：由奧涅克辛姆銀行投資而成：其
媒體經營版圖包括歐洲－plus 電臺、《消息報》（與魯克石油
公司共同持股）、《共青團真理報》（與俄羅斯電信公司共同持
股）、《天線報》、《快訊報》、《專家周刊》、帕萊姆通訊社。波
塔寧也是以銀行家與媒體人身分第一個進入政府擔任副總理
職務的人，這種錢與權的結合在俄羅斯政治轉軌期間越陷越
深，媒體也不避諱探討深究，因此全俄羅斯人都知道。這種
現象累積了民怨，是普京將能源企業與媒體事業逐漸國有化

的重要原一之一，而普京非常堅決地認定這是國家宏觀調控而非政治干預。

三、政府獨大期

第三個階段可以 2000 年普京執政之後作為跨時代的劃分，它具有「國家化媒體 v.s 專業化媒體」與「國家派理論 v.s 自由派理論」的特色，基本論述如下兩點：

1. 普京讓媒體國家化的方式就是利用國營的天然氣、石油金融工業集團的龐大資本兼併媒體事業，以及根據媒體登記註冊法關於公司營運財務方面的規定，以司法程式對媒體公司進行財務查帳來打擊媒體寡頭，使其陷入官司纏訟的痛苦中，然後政府再以經營不善為由撤銷電視臺的營運執照，最後政府再以維護記者生存考量的姿態，收編知名的專業記者與團隊繼續來為政府經營的電視公司服務。

2. 普京上任後，打擊媒體的舉措也使得俄羅斯媒體僅存在親普京的金融工業寡頭與專業媒體人的界線。親普京的金融工業集團以魯克石油集團老闆阿列克佩羅夫（Вагит Алекперов）為代表，而專業媒體人則以前獨立電視臺總經理基辛廖夫為首，基辛廖夫與普京並沒有基本上的矛盾，只是基辛廖夫強調媒體人對於新聞自由的基本要求，要求普京在媒體國家化的過程當中，要兼顧適當保持新聞的自主性和獨立性。

普京上任後，便對與美國資本有直接關係的媒體集團大亨古辛斯基與別列佐夫進行了金融整肅與逮捕。2000 年 5 月 11 日，普京就任俄羅斯總統後的第三天，俄羅斯國家稅務警察以偷稅漏稅為名，對古辛斯基所擁有的俄最大媒體壟斷集團之一的橋媒體總部的四個機構進行了搜查，並於 5 月 13 日逮捕了擔任總裁的古辛斯基，這是普京打擊媒體寡頭計劃的開始，具有投石問路的味道。6 月 12

日，俄最高檢察院還扣留了古辛斯基，此舉在俄羅斯引起了強烈反
對。儘管不久之後古辛斯基被釋放，但對橋媒體涉嫌經濟違法的指
控並沒有撤銷。檢警單位對古辛斯基的違法行為舉出三個理由，第
一，橋媒體沒有按時全部向俄政府上繳稅款；第二，橋媒體下屬的
獨立電視臺無法按時歸還國家俄羅斯天然氣工業公司的 2 億 6000 萬
美元的債務；第三，古辛斯基非法取得以色列護照[44]。

　　俄羅斯觀察網站（Monitoring.ru）於 2001 年底做了一項調查，
調查的題目為：俄羅斯目前是否存在完全獨立的電視媒體？63％的
俄羅斯人認為完全獨立的電視媒體是不存在的，19％的受訪人則與
此持相反意見，18％的俄羅斯人拒絕作出判斷，該項調查自 2001
年 12 月 3 日至 13 日，歷時 10 天，有 1600 人接受了調查，受訪俄
羅斯人來自 7 個州。該項調查專家表示，六成的俄羅斯人不相信有
獨立媒體的反應是受到發生在獨立電視臺與第六電視臺醜聞案的
影響。

　　《機關報》（Ведомости）於 2001 年 12 月 24 日的報導中揭開
了第三頻道的獨立電視臺（HTB）和第六頻道的第六電視臺（TB-6）
被撤銷執照的一些內幕消息[45]。

（一）清查獨立電視臺的帳務

　　首先，根據天然氣工業集團的要求委託清查橋媒體帳目之際，
橋媒體正處在被撤銷執照的階段，此時也揭露了古辛斯基掌握的獨
立電視臺－利益（HTB-Профит）與橋電影（Киномост）兩家公司
所屬的影片版權已經於 2001 年 5 月時被賣出，估計那是在獨立電視

---

[44] 吳非，《俄羅斯媒體大亨古辛斯基年關難過》，《聯合早報》（新加坡），
　　社論言論天下事版，2000 月 12 月 28 日。
[45] Ведомости，（2002,12,24）.（《機關報》，2002 年 12 月 24 日，該報是
　　與美國《華爾街日報》合資的報紙。）

臺的總經理基辛廖夫（Евгений Киселев）剛跳槽之後，天然氣工業集團在夏天進駐完全控股獨立電視臺-利益與橋電影公司之前。

為什麼天然氣集團會對橋電影公司如此感興趣呢？其實橋電影旗下製作的節目在電視臺具有很好的經濟效益。例如其中之一就是該電影公司製作的一部系列政治諷刺木偶劇，叫「木偶人」（Куклы），該節目在俄羅斯家喻戶曉，「木偶人」是以真人戴上木偶道具演戲，節目的內容主要都是以一星期以來發生的政治發燒事件為主題，木偶飾演的主角就是扮演模仿前後任總統葉利欽、普京、俄共領袖久加諾夫、議會主席謝立茲諾夫、前總理切爾諾梅爾金、普裏馬科夫、莫斯科市長盧日科夫與其他政壇領袖等等。該節目的攝製工作就在過去莫斯科電影製片廠的攝影棚內，攝製人員的陣容相當龐大。在葉利欽時代還有一些雅量容忍該節目存在多年，但該節目的存在對於保守的俄羅斯人來講，確實對官員的形象有極大的傷害，使官員平日裏無法建立自己的威信。

當然，該節目與若干節目隨著獨立電視臺總經理基辛廖夫退出電視臺的運作而終止。2001 年春天，獨立電視臺總經理基辛廖夫完全退出電視臺的運作，轉而將該台重要業務與人才帶入第六電視臺，許多這些橋媒體的影片卻在第六電視臺放映，正是這些影片為第六電視臺創造了 12%～15%的收視率。

2001 年夏天，俄羅斯天然氣工業集團開始正式進入橋媒體做主當家，直接掌管橋電影公司，橋電影公司是在近幾年俄羅斯不景氣的電影業中也還具有盈利能力的電影公司之一，且橋電影公司所自製的紀錄片在俄羅斯影響力深遠。當時橋電影的前任經理阿爾謝涅夫（Владилен Арсеньев）就表示，天然氣工業集團其實早在 2000 年時就已經介入橋電影的運作。自 2000 年秋天始，形勢已經明朗顯示，橋媒體集團總裁古辛斯基正在失去對橋媒體的控制，橋媒體開始在內部施壓，影片版權遂約於 2001 年 5 月時被轉售給古辛斯基旗

下子公司的 INTER TV 與家庭銀幕（Домшний экран）兩家公司 9
至 11 年。

　　天然氣工業集團高層和專家均認為，公司整個影片版權被低於
市場價格售出，有些買主甚至還尚未付清款項。對此，與 INTER TV
有交易的 RenTV 俄羅斯電影放映編輯亞歷山大‧史巴金
（Александр Шпагин）認為，影片版權市值已經有 6-8 百萬美金，
放映一小時的版權值 3 萬美元，每一部影集都被壓縮至少 2 倍以上
價格出售。天然氣工業集團－媒體代表阿列克‧薩巴什尼科夫（Олег
Сапожников）就告訴《機關報》的記者，他們有理由合理懷疑影片
版權以低於市場價格被轉售給 INTER TV 與家庭銀幕，因為這有利
於失去掌控橋媒體公司能力的股東們。

　　一些媒體人懷疑天然氣工業集團有互換資本的嫌疑，德盛
（Dresdner）銀行[46]近年來對俄羅斯進行大規模的投資，引資銀行歐
洲區媒體事業的負責人馬克‧拉波維奇（Марк Лабович）就表示：
我們非常高興能與天然氣工業集團合作，我們之間有許多共同的利
益與長遠的合作計劃。

　　天然氣工業集團與德盛（Dresdner）銀行已有近八年的合作時
間，俄羅斯集團現在如果要想獨自依靠本身的力量來兼併橋媒體，
基本上是不太可能的，因為俄羅斯要面臨來自國際組織對於俄羅斯
一系列等級評價的降低，這樣會使本已來自國外少量投資於俄羅斯

---

[46] 德盛投信公司的母體——德國德利銀行集團，1872 年，在德國德列斯登
　　（Dresden）古城裏，德利銀行的招牌被高高地掛起，正式對外宣佈德利
　　銀行的誕生，成立至今已邁入 132 個年頭，德盛銀行策略性地以國際主
　　要金融中心為據點向全球各個角落幅射，德利銀行集團已在日本、香港
　　及東南亞等地擁有經營研究據點，並為投資人締造許多高成長空間的投
　　資前景；而為更深入新興市場（例如改革開放中的中國），開發退休金
　　管理、資產管理，以及共同基金等業務，已與中國北京首屆一指的證券
　　公司結盟。

的資金會進一步減少，最後俄羅斯又會回到閉關自守的尷尬境地，這同樣是普京政權不願意看到的結果，這是因小失大的做法。

　　那麼，由天然氣工業集團牽頭引入歐洲的資本進入橋媒體運作基本上是一舉兩得的做法，一方面減少美國希望通過媒體來干涉俄羅斯政治的可能性，保證了俄羅斯的國家安全與改革步調的自主性，另外歐洲資本的注入將使普京上臺之後的親歐洲政策得到進一步的落實與執行。普京認為，只有將俄羅斯有限的資本與歐洲的資本相結合，才會將俄羅斯媒體壯大做強。

　　俄政府打擊橋媒體的行動首先進入了司法階段，天然氣工業集團結合俄羅斯總檢察長對橋媒體進行司法調查。前橋媒體金融管理負責人安東・季托夫被俄羅斯總檢察長依照民法指控為侵佔 50 億盧布、洗錢、偽造文書等三項罪名。總檢察長認為安東・季托夫是根據古辛斯基的指示把錢運到國外，其中也包括了天然氣工業集團投資的信貸與債券在內，莫斯科切列姆施金斯基法院（Черемушкинский суд Москвы）對前橋媒體金融管理負責人安東・季托夫進行偵查審訊，結果沒有成立對他的指控罪名。原橋媒體金融管理負責人安東季托夫對此就表示，現在天然氣工業集團的侵吞策略基本上已經損害了許多債權人的利益，季托夫聲明俄羅斯公檢員在辦案時使用來路不明的證件，並進行不法扣押，同時還收受賄賂。然而，根據《機關報》報導，安東・季托夫就是前文所提及買橋電影影片版權 INTER TV 公司的創辦人，他本人前後大約為古辛斯基操作運送 6850 萬美元的貸款到國外。2001 年 12 月 26 日，莫斯科市法院（Московский городской суд）滿足了總檢察長格里賓尤琴科（Сергей Грибинюченко）的抗議，撤銷了莫斯科撒列姆施金法院於 2001 年 11 月 12 日所做出的指控罪證不足的決議，並決定重新審查季托夫的案件。

（二）撤銷第六電視臺的執照

這些官司纏訟鬥爭一直自 2001 年持續到 2002 年 4 月，俄羅斯民眾對政府整肅媒體行動的注意力已經從古辛斯基的獨立電視臺轉移到別列佐夫斯基的第六電視臺的存亡上來。

2001 年 9 月 27 日，莫斯科仲裁法院滿足了魯克石油－保人（ЛУКОЙЛ-Гарант）關於撤銷莫斯科獨立廣播股份有限公司（ЗАО「Московская независимая вещательная корпорация」，МНВК）的申訴，魯克石油公司是以 15%股權持有者和第六電視臺電視頻道播出執照持有者的身分提出訴訟。2001 年 12 月 29 日，莫斯科州的聯邦仲裁法庭（Федеральный арбитражный суд Московского округа）審議第六電視臺的上訴，關於 2001 年 9 月 27 日首都仲裁法庭的訴訟決議撤銷電視臺的播出執照。第六電視臺律師布林諾夫（Анатолий Блинов）認為，第六電視臺將不會有機會贏得勝利，因為這正是行政推手力量的介入，所以，這不是魯克石油公司獲勝，而是媒體專業經理人基辛廖夫必定失敗。

第六電視臺總經理基辛廖夫在橋媒體集團旗下的回聲電臺對於法院改期的決定表示，這絕對是政治勢力的干涉，審議時間是由原定的 2002 年 1 月 16 日被魯克石油公司提前至 2001 年 12 月 29 日，因為 2002 年 1 月份將開始生效《股份公司法》（Об акционерных обществах）新的施行規則，規定屆時兩年營運不佳的公司將不會被撤銷營運執照，所以，魯克石油公司希望縮短審議時間的過程。基辛廖夫認為普京政府還沒有做好準備完全接收別列佐夫斯基與古辛斯基留下來的股權空檔。基辛廖夫在訪談中也證實，自 2002 年 1 月 1 日，魯克石油將提高其在第六電視臺的股份持有量，由基辛廖夫領導的媒體傳播合作機構將釋放出部分股份給魯克石油公司，第六電視臺的律師格拉裏娜－柳帕爾斯卡婭（Гералина Любарска）當時

就表示從法律的角度考慮，第六電視臺並不佔有任何的優勢，第六電視臺要想利用獨立媒體的思維來爭取同情是非常困難的。

俄羅斯國家網站（Страна.Ру）對電視執照的爭鬥做出了評論，認為俄羅斯媒體在國家化與專業化的抉擇是俄羅斯媒體重新開始發展的關鍵，也只有當俄羅斯媒體在確定了自己的發展目標之後，金融資本才能以正確的方向進入媒體。專業媒體人與普京政府再這樣爭鬥下去，結果將是兩敗俱傷，只會對流亡海外的別列佐夫斯基有利，甚至是西方資本的趁機介入，造成鷸蚌相爭而漁翁得利。

魯克石油公司與別列佐夫斯基為爭奪第六電視臺的經營權曾發生了一段恩怨的債務糾紛。魯克石油向新聞資訊社透漏，1994 年，別列佐夫斯基進入第六電視臺，使得原本控有 30%股權的魯克石油被告知只剩下了 1%的股權，魯克石油遂投資了 1 千萬至 1 千 5 百萬美元創立電視新聞服務處公司（Телевизионная служба новостей，「ТСН」）。魯克石油公司利用投資電視新聞服務處公司與莫斯科獨立廣播股份有限公司簽約合作製作第六電視臺的節目，對此，別列佐夫斯基深感不滿。1999 年杜馬選舉之際，克宮班底建議魯克石油把資訊頻道的控制權讓給別列佐夫斯基，電視新聞服務處公司要求賠償 500 萬美元，遂與別列佐夫斯基完成買賣交易，電視新聞服務處瓦解，別列左夫斯於 1999 年成為第六電視臺的主人。因此，2001 年魯克石油申訴要求莫斯科獨立廣播股份有限公司償還 745 億盧布，獲得了莫斯科仲裁法庭的裁決支援。

前天然氣工業集團-媒體（Газпром-Медиа）負責人科赫（Кох）認為，這根本是一場爭奪媒體執照的鬥爭，而且可能是按照克宮的指示，魯克石油應該是想早一點於 2003 至 2004 年總統大選競選期間取得最佳狀態為普京服務。大多數的媒體專家認為，若普京政府拒發第六電視臺營業製造執照，這會對於克宮造成極大的傷害，俄羅斯媒體專家格列勃‧巴甫洛夫斯基（Глеб Павловский）就指出，

這次媒體兼併行動是過於激進了一些，可能是魯克石油公司又想借新年之際，將兼併媒體行動當作向政府獻媚的一種手段。但從整體效果來看，還不是十分成功，因為此次行動不但引起專業媒體人的強烈反彈，而且還招致美國駐俄羅斯大使亞歷山大‧威爾士波夫（Александр Вершбоу）的關注。巴甫洛夫斯基擔心，一旦俄羅斯專業媒體人與美國進行完全的合作，那將會是俄羅斯媒體與政府的不幸。

　　從現今普京所採取的策略來看，基本上保證了媒體不會成為國家經濟的負擔。自從俄羅斯國家天然氣工業總公司接手獨立電視臺之後，沒有派駐大量的公司內部的人員進入電視臺，與此相反，進入電視臺的都是俄羅斯國家電視臺的業務骨幹及從獨立電視臺離隊的記者與主持人。

　　這場頻道爭執的另外一個焦點就是基辛廖夫所掌控的第六電視臺，幾乎集中了俄羅斯電視界所有重要的新聞精英人才，造成新聞出版部長列辛（Лесин）在執行國家宣傳計劃時總有一種力不從心的感覺。第六電視臺在普京執政後主要由兩部分的資金組成，一部分是由俄羅斯最大的石油公司魯克石油總裁阿列克佩羅夫牢牢地控制它的 40% 左右股份，該電視臺的股東包括了電力能源公司的總裁丘拜斯、前克宮辦公室主任瓦洛申[47]和右翼聯盟的聶姆佐夫等；另一部分就是由基辛廖夫成立的媒體－社會智慧非盈利性組織掌握，媒體－社會智慧儘管在第六電視臺所佔有的股份非常少，但它卻牢牢地團結了第六電視臺的大部分記者。在這場媒體鬥爭中阿列克佩羅夫基本上持旁觀的態度。 新聞出版部長列辛迫使第六電視臺的一個小股東（占 7.8% 股份）國際統一機械工廠退出股份以及媒體－社會智慧退出第六電視臺。

---

[47] 前克宮辦公室主任瓦洛申擔任前後兩任總統葉利欽和普京的辦公室主任，是葉利欽信任的紅人，瓦洛申於 2003 年 10 月份離職，被視為政權交替完畢，葉利欽時代的結束與普京時代的來臨。

　　但是從 2002 年第六電視臺的第六頻道的營業執照權力輾轉至社會智慧電視臺手中之後，在政府釋放建立體育台的消息下，迫使股東們停止投資，全體員工由於三個月未領薪水，社會智慧電視臺僅僅維持三個月播出的生命，第六頻道重新回到了政府手中等待規劃。新聞出版部長列辛對第六電視臺所採取的強勢行動同時也反映出在俄羅斯媒體發展存在已久的問題：「自由派」與「國家派」在傳播理念和媒體經營發展上的爭鬥，「自由派」強調媒體作為第四權的職能作用，「國家派」則更加注重國家領導的施政方針。[48]因此從 2002 年 6 月 22 日被新聞出版部二次收回第六頻道使用執照的情形來看，再度顯示普京政府執行媒體「國家化」方針的決心。所謂媒體「國家化」指的是普京總統已經將國營事業的部分資金注入商業媒體集團當中，掌握了商業媒體集團的絕對經營權，這是商業化媒體事業重新轉變為國家化的過程。

第四節　俄國家電視與公共電視的發展前景和困境

　　俄羅斯電視產業在轉型過程中遭遇困難，電視公共化的目標一時之間也無法完成。俄羅斯政府目前仍會堅持保留一個全聯邦的國家電視臺，由全俄羅斯國家電視廣播公司集團負責管理境內國營與商營的廣電媒體事業，以期對內維護中央與地方資訊一體化與完整性的整合空間，對外可保持中央政府政策處於一個有利於國家利益輿論導向的制高點，政府成為市場競爭中的參與者與調控者。有鑒於俄羅斯欠缺傳媒事業發展所需的資金，電視公共化一時還無法達

---

[48] 吳非，《俄羅斯傳媒國家化與專業化》《聯合早報》（新加坡），社論言論天下事版，2002 年 5 月 21 日。

成，目前俄羅斯政府將會促使國商合營的社會電視臺（第一電視臺）私有化，並且減少地方媒體對政府的依賴程度。現在政府要做的努力就是積極致力於發展媒體生存所需的經濟基礎，第一步就是要讓傳播體系法制化，例如要規範傳媒證照的發放，減少廣告市場效益的分散，以及規劃頻道使用的專業化，以期滿足受眾接受各種意見與資訊的知情權利。

一、歐洲公共電視受到挑戰

自從在第二次世界大戰後，歐洲已經面臨了媒體與政權關係的再定位問題，因此，放鬆或管制－市場自由論（market liberalism）與公共管理說（public regulation）成為二戰後媒體在實務上觸及的問題。就歐洲自由主義以論的傳統或美國發展出來的社會責任媒體理論而言，大眾傳播媒介必須是社會的公器，應為公眾所有，且應以為公共利益服務而為目的。大眾傳播媒介不只不應受到國家機器的控制，同時媒體的所有權也不應該集中在少數人或企業集團的手中，然而英國傳播政治學者 Ralph Negrine 認為，但今天的問題是，不僅媒體所有權集中化的趨勢已經是不可抹煞的事實，而且大多數媒體都有其政治立場，這個現象連同經濟與其他壓力，使我們認為一般媒體不會自動負起對社會的責任和義務，除非它們受到牽制而不得不然。[49]換言之，傳媒的公共性受到嚴重的威脅，歐洲的公共電視體制受到商業化的空前挑戰。

媒體國家化或商業化都有致命的缺點，因為服務公眾的理念在服務政府或服務企業主之間經常被忽略掉了，導致了公眾利益在國家利益與企業利益面前黯淡無光。二戰後，歐洲國家機器對媒體工

---

[49] 蔡明燁譯，《媒體與政治》，臺北市：木棉，（原書 Ralph Negrine ,Politics and the mass media in Britain. London: Routledge,1974.），2001 年，第 36-40 頁。

作的政治利益維生的影響有二：第一，國家機器掌握了行政資訊，
媒體往往無法自動取得這些資訊，這妨礙了公眾資訊的流通；第二，
行政系統企圖統籌資訊策略，對不利於政府的資訊加以反駁，政府
與行政官員是有目的、有計劃地主導輿論方向。這樣一來，如果國
家機器操弄的是違法的事件，公共事務資訊的壟斷將不利於真相的
昭示與人民的判斷。此外，在媒體協助政治社會成型的過程之中，
獲得企業傳播自由的媒體經常會為了商業利益而凌駕於媒體被期
望承擔的社會責任之上，就如同約翰・金恩（John Keane）指出：
「報業自由的呼聲，始終是現代民主革命的一個重要方向，促使我
們在歐美的現代國家中，尋找一種世俗都更能接受的新的民主方
式。[50]⋯⋯傳播自由與市場無限制之自由間，有結構上的矛盾，⋯⋯
市場自由論所篤信的是個體在意見市場中做選擇的自由，事實上卻
成為企業言論受到優惠的待遇，以及投資者而非市民獲得更多選擇
的最佳藉口。」

　　因此，公眾利益在政府機器強調的國家利益或財團壟斷市場所
謀求的商業利益之間並沒有取得一個平衡的位置。歐洲所建立的公
共電視被視為介於國家電視和商業電視之間的一種最能夠代表公眾
利益的媒體經營體制，但是媒體機構為了使受眾能夠有更好的收視
服務，必然會在提升產業技術水平的過程當中，面臨資金來源匱乏
的最大難題。此時媒體不是選擇進一步擴大組織經營的商業化範
圍，要不然就是向政府伸手要更多的預算補貼，或者再考慮提高受
眾支付收視的所有費用，這時受眾會希望要求製作更優質的節目。
而傳播學者經常發現，三者之間的平衡點通常處於失焦狀態，因為
媒體與政府各自掌握話語權的優勢，而公眾接近與使用媒體的權利
卻缺乏完整法律的保障，有時候縱然有法律的規範，但是為了避免

---

[50] Keane, J.（1991）. The Media and Democracy, Polity Press, Oxford, p.23.

媒體的寒蟬效應，政府又不能過多強制媒體行為，客觀的現實環境
是：媒體的所有權者、經營管理者與編輯記者仍掌握媒體公共空間
分配的同意權，公眾還是需要政府的主動立法協助，才有機會參與
社會的公共事務，那麼，一種民主政治所追求的公民社會才有可能
建立成型。

　　歐洲國家相繼在七十年代以後逐步放寬公共電視機構或傳播體
系進行商業化改革，政府機器在面對傳媒機構與市場環境商業化的
情形之下，主要是以建立市場公平競爭機制的宏觀調控者自居。八
十年代以降，各國議會和學者都大聲疾呼政策鬆綁（deregulation）、
私有化（privatization）和去中央化（decetralization），國家機器縮
手之後，取而代之的是財團涉入媒體的跨國界大集團
（conglomerate），這種現象被 Mosco 稱為空間化（spactialization）。
國家機器在面對空間化趨勢，一方面棄守市場干預的角色放手讓國
營企業民營化的同時，另一方面則改以建立市場公平競爭遊戲規則
的制訂者自居，最後甚至只得鼓勵跨國企業，藉以策略聯盟以為國
家謀取最大利益[51]。Ralph Negrine 認為，所有權集中化是全球化媒
介生態在二十世紀末的發展趨勢，它帶來一連串政治、經濟和傳播
之間錯綜複雜的新權力關係，不論是透過垂直整合與水平整合成為資
本集中、權力集中的巨大跨國企業，形成傳播事業、影視工業和電訊
傳播工業的全球集團化趨勢。[52]

　　俄羅斯傳媒也加入了這一波傳媒改革開放的浪潮。在蘇聯解體
後的俄羅斯，媒體的發展基本上經歷了一段從無序到有序，從傳媒
銀行化、金融工業集團寡頭化到國家化與專業化的幾個階段。關於
媒體與政權的關係，司帕爾克斯（Sparks）與李丁（Reading）在《傳

---

[51] 林東泰，《大眾傳播理論》，臺北：師大書苑，1999 年，第 489-491 頁。
[52] 同上，第 483-484 頁。

播、資本與大眾媒體》一書中寫到，大眾傳播體系的自由程度取決
於權力的分配，蘇聯模式政經一體化的機制讓媒體自由意見消失，
而不論是在俄羅斯或是美國，傳媒總是表達某些利益團體的聲音，
但是總體而言，商業性媒體還是比蘇聯宣傳機器要多元化，因為在
資本主義社會權力中心的數量正在增加，不過媒體多少都是傾向站
在自己的領域立場來進行輿論導向[53]。不過，當前的普京政府卻認
為，國家電視臺比商業電視臺更能保證一個多元言論的空間，國家
電視臺不需要被商業利益所左右，但是普京也面臨著如何進一步發
展好俄羅斯的國家廣播電視事業。

二、俄中央仍堅持保留一個國家電視臺

　　俄羅斯媒體自由化理念在葉利欽執政時期得到實踐，傳媒法是
保障大眾傳播自由的標誌。葉利欽時代制訂的傳媒法有其時代的背
景與歷史的因素，俄羅斯政府當初完全開放媒體市場，主要是希
望刺激媒體產業市場的快速活絡與成長，結果幾年內便造成了金
融寡頭壟斷媒體市場與外資介入過多而操控媒體意識型態的後
果。當時葉利欽自然想先市場化，再考慮意識型態的問題，不過，
俄羅斯經過十年媒介自由市場的實踐之後，藉著 1998 年金融風暴
導致私有企業資本萎縮之際，再加上俄羅斯車臣分裂勢力的高
漲，俄羅斯當局才決定該是政府整頓收網的時機了，並逐步擴大對
媒體管理加強的舉措。當然這也直接造成政府財政再度無法因應傳
媒產業高速發展的資本需求，同時，政府還想保留媒體政治上的宣
傳功能，在未來還要在俄羅斯國家電視臺的基礎上，逐步落實電視
公共化的構想，當然，在俄羅斯經濟體質孱弱與籌措資金困難的情

---

[53] Sparks C. and Reading A.（1998）. Communication, Capitalism and the Mass Media, London: Sage, pp.21-28.

況之下，離電視公共化這個理想還有很長的路要走。當前在俄羅斯如此政治、經濟複雜的情形下，新聞出版部才會有只保留一家國家電視臺，而私有化國商合營的社會電視臺的構想。

　　國家媒體在市場經濟與政府宣傳之間的角色是普京當局的難題。普京處理媒體資金與操弄選舉的手段常被西方媒體詬病為「不民主」與「專制」的行為。2002 年，俄羅斯「團結黨」議員、國家議會下院杜馬的資訊政策委員會的「記者與媒體保護專門委員會」委員代表科瓦連科（Павел Коваленко）認為，《俄羅斯國家電視公司》（PTP）私有化未必是可行的[54]。科瓦連科主要是回應新聞出版部長列辛（Михаил Лесин）表示未來不排除國營媒體私有化的可能性。這句話出自俄最大黨團的媒體專門委員會代表之口，多少可以透露出普京當局對國營媒體發展陷入兩難膠著狀態的情況。

三、股權比例分散原則解除寡頭產生癮患

　　不過根據科瓦連科在接受《獨立報》（НГ）記者羅金專訪中的說法，可以確定的是，俄羅斯必須保留一個聯邦中央級的國營電視臺，可以鼓勵政府釋出官商合營的社會電視臺（第一電視臺）所有股權，以及釋放地區性國營電視臺的經營管理權，但是仍必須繼續由全俄羅斯國家電視廣播公司集團（ВГТРК）對地區發射台與技術設備資源進行控制，並且對地方國家電視臺實行政府預算分配和財務監督，以減少政府整體財政上的負擔，增加地區性國營電視臺在市場經營中的競爭性，並且維護國家政策公佈施行的資訊完整性與空間一體化。

---

[54] Иван Родин，ОДИН ГОСУДАРСТВЕННЫЙ ТЕЛЕКАНАЛ В СТРАНЕ ОСТАНЕТСЯ. Независимая газета, 26.04.02 г. http://www.ruj.ru/index _74.htm（羅金，《只需留一個國家電視頻道在國內》，《獨立報》，2002 年 4 月 26 日。）

　　科瓦連科認為，列辛私有化的看法其來有自，因為全俄羅斯國家電視廣播公司集團（ВГТРК）受政府預算支撐的資金不夠用，光是 2002 年全俄羅斯國家電視廣播公司集團對地區國家廣電公司就撥出了 9 千萬美元的政府預算，這些單位已經為國家帶來嚴重的財政負擔。所以國家電視臺必須不斷積極拓展廣告的業務量，並與其他非國營電視頻道對現有的廣告市場進行激烈競爭。科瓦連科又說到，現在社會電視臺（ОРТ）國商控股的法人結構相當不正常，目前財務狀況也是債臺高築，連國家最大的銀行聯邦儲蓄銀行都拒絕繼續借貸給社會電視臺。總之，俄羅斯國營電視臺面臨了財務上的困境[55]。

　　顯然，科瓦連科與列辛已經道出了普京當局想保留國營電視臺的實力產生了難題，未來要如何在驅逐媒體寡頭之後能再夠強化俄羅斯國營媒體的體質呢？

　　科瓦連科認為，列辛部長表示不排除用私有化來解決國營廣電集團－全俄廣電公司與俄國家電視臺以及國營廣電事業公司－社會電視臺的財務危磯的處理可以分開。也就是僅保留俄羅斯國家電視臺一家國營電視在國內，可主張對社會電視臺產權結構完全民營化，政府可主動釋出社會電視臺（第一電視臺）手中 51%的股權，讓現有國商合營控股的局面瓦解，但最好參照第六電視臺小股東共營的經營結構，同時建議由新聞出版部主導進行各種專門節目的招標工作，讓國家電視臺與其他電視臺一起對節目訂購同台競標。現在是俄羅斯唯一公共電視的文化電視臺則被認為太費錢，經營成本太高，而將來應該讓出頻波，再打造一個俄羅斯聯邦級的商業電視臺。[56]文化電視臺的財務瓶頸從該台與國際影視公司的簽約消息傳

---

[55] 同上。
[56] 同上。

出，對此全俄羅斯國家電視廣播公司總裁杜伯羅傑夫（Добродеев）
提到，文化電視臺未來會考慮在節目之間播出廣告，他說：我希望
俄羅斯民族的芭蕾、歌劇和戲劇能夠在文化頻道上天天播出[57]。

如此一來，不但社會電視臺完全商業化可以減少政府財政支
出，並且形成如同第六電視臺由「股權比例分散」的小股東合營的
情況，政府也不必擔心害怕金融寡頭壟斷媒體市場的情形出現，同
時可以解決該電視臺負債過多的經營問題。不過，目前俄羅斯傳媒
法仍存在對經營權規範的法律空白，因為政府若反對單一商業集團
壟斷股權，就必須彌補傳媒法當中缺乏對股權經營壟斷問題規範的
漏洞，必須修補傳媒法，促使傳媒體系更進一步法制化。

四、俄政府規劃未來傳媒發展方向

2003 年 1 月，由「互動新聞」（Интерньюс）媒體研究組織在
莫斯科舉辦了一場「成功邏輯之二」的傳媒研究高峰論壇，其中最
引人注目的一名出席者就是新聞出版部長列辛（Михаил Лесин），
根據他的發言，在俄羅斯境內的傳播活動中存在了一些有待解決的
問題，政府基本上對傳媒產業的發展將會在傳媒法中做出明確的規
定。[58]作者基本上將其劃分為三個方向。

（一）規範傳媒證照的發放

列辛認為近年來俄羅斯媒體發展形成史可以分為幾個進程，第
一個傳媒發展階段的特徵在於自由化，政府在這個媒體發展的過程

---

[57] Инга Угольникова, Нина Нечаева, "Друг государства", Итоги, No48,
　　2003.4.2.（烏格爾尼可娃，尼恰耶娃，《國家的朋友》，《總結》周刊，
　　2003 年 4 月 2 日，第 48 期。）

[58] Государство уходит с рынка СМИ, Телевидение и радиовещание, №1
　　（29）январь-февраль 2003（《國家來會走出媒體市場》《電視與廣播
　　雙月刊》2003 年第一期。）

中並沒有什麼媒體戰略可言，除了一部象徵新聞傳播自由的俄羅斯聯邦傳播媒體法的頒佈施行。而現在政府要做的努力就是積極致力於發展媒體生存所需的經濟基礎，對此俄政政府與議會制訂傳媒發展所需的相應法規。

目前俄羅斯尚未形成媒體有效利潤的市場經濟環境，因此政府與議會以限制證照發放的方式，遏止媒體快速的成長。俄羅斯目前已經登記註冊了 3 萬 7 千多個印刷媒體，許多地區電視公司 90%的股權都轉讓出去，讓企業持股或者受控於地方政府機關，這個現象在地方上很普遍。鑒於缺乏競爭力的媒體只會倒閉，因為這是市場的必然規律，受眾有自己的節目選擇權，估計再過 5-7 年缺乏競爭力的媒體會自動消失離開市場，但是政府不宜介入媒體內部的專業化管理，也不宜制訂出限制媒體發展的政策，所以，政府認為只有在證照發放的技術層面做出限制，避免過多缺乏競爭性的媒體瓜分了有限的廣告市場，或者佔用有限的頻波資源。俄羅斯媒體的另一收入就是廣告，當然廣告經常會觸怒觀眾，因為干擾了他們完整連續接收資訊時的情緒。不過在俄羅斯經濟條件尚未完全改善時，廣告的收入還是對媒體收入有益的補充。

頻波資源在有限的情況之下，限制頻道使用執照的發放可以避免多頻道節目同質化的現象。此外，有線廣播電視的證照發放情形並不太成功，主要是互動式網路的鋪設沒有整頓完善。未來《傳媒法》會對系統經營者與節目頻道供應者對頻波資源的使用做出具體規範。將來會縮短籌設許可證與經營播放許可證之間發放的時間差，這裏必須由通訊部與新聞出版部之間共同協調負責。

（二）減少地方媒體對政府的依賴

政府的立場就是要作為遵守市場遊戲規則的競賽者，在未來要逐步離開媒體市場，減少對媒體市場運作的直接干預，而以市場整

頓者與政策宏觀調控者的身分，建構俄羅斯良好的媒體發展市場與投資環境，以期媒體不僅要發揮社會性功能，還要發揮創造市場產品效益的媒體經濟功能。因此《新聞出版部媒體產業委員會》正在研擬《傳媒法》的修正版本，以期解決傳媒法在中央與地方規定的衝突性，並且改善資訊傳播上的斷層與地方媒體產業的違法現象。

政府還要減少傳媒對政府補助的依賴性，尤其是地方政府。地方政府通常控制著地方媒體的所有權或是新聞發佈權，地方政政府與議會優先給予補助特定政府機關的媒體，或與特定商業媒體簽訂新聞供給的合約，使親政府的媒體享有政府獨家消息來源的權威性，這樣媒體之間就處於一種不公平的市場競爭環境，不利於媒體產業的升級與民眾的資訊需求。地方政府借著讓特定媒體享有政府補助優先權與新發佈權來控制新聞輿論。這樣一來，媒體就缺乏了政治與經濟的獨立性，長期的依賴性與媒體的機關化，導致地方型媒體不但不懂得市場競爭機制，造成經濟效益低、政府支出多，以及媒體工作人員形成被動、缺乏創造冒險精神、吃大鍋飯的情形。地方政府只曉得讓媒體扮演傳聲筒，媒體沒有辦法發揮替民眾監督政府政策的第四權功能，喪失了媒體事業的社會功能，也無法發揮經濟功能，這樣的媒介環境是不符合俄羅斯全民利益的。

（三）規劃專業性頻道

為媒體產業創造環境必須改善傳媒技術與設備，互動式的傳播環境取代單向直播是俄羅斯未來 50 年內必須全面達到的目標。列辛表示，我們希望頻道要專業化，節目要定位，以區隔與滿足各種受眾的資訊需求市場。傳媒法必須提供傳媒產業發展的健全法制環境，確定媒體在接受閱聽大眾付費收視時提供最佳的視訊與內容服務。電視公共化是俄羅斯未來的理想，現在還沒有經濟實力可以完成，因為一年政府至少預算要編列投入 3 億 5 千萬美元，平均每天

花費 1 百萬美元。況且目前聯邦政府不願意把全俄羅斯國家電視集團直接公共化，若要另外建立一個全國性質的完全公共電視臺，至少要 10 億美元，也要同時增加發射傳輸的裝置，目前俄政府沒有籌措資金的來源。

（四）加強全俄羅斯電視廣播公司統籌能力

全俄羅斯廣播電視公司集團是俄中央管理廣電事業的領導單位，目前把地方國家廣播電視公司納入全俄羅斯廣播電視公司集團（ВГТРК），主要為了控制地方廣播電視公司，防止其不會有預算外的額外支出從事私人商業性目的的活動，政府的補助在媒體改革的轉型期間，又必須要提升地方國家廣播電視滿足地方受眾資訊需求的社會性功能。1998-1999 年之間，加強全俄羅斯電視廣播公司集團在全俄境內技術資源與預算分配的統籌功能，就是為了適應俄羅斯政治經濟發展所建構的特殊產物。全俄羅斯廣播電視公司集團是唯一由政府預算長期固定支出的國有國營公司，集團旗下包括全國收視與收聽的俄羅斯國家電視臺、文化電視臺（沒有商業廣告）、俄羅斯廣播電臺、燈塔廣播電臺。

第五節 歸結俄羅斯傳媒轉型與定位的基本特徵

二十世紀的九十年代至二十一世紀初期，俄羅斯媒體生態環境與傳播體系經歷了外部與內部的巨大變遷，媒體經營結構也從蘇共壟斷的垂直控管模式轉變為多黨化、多元化、私有化、集團化、專業化、國家化的型態趨勢。在媒體結構轉型期間，各方媒體勢力不斷進行資本重組與集團兼併。普京執政之後的這段期間，可以看做

是媒體轉型經過衝突、對立、整合辯證過程之後的定型，以及又一個新的權威分配關係的政治傳播體系形成的開始。

　　在俄羅斯媒體與政府共同經歷政治體制轉軌的過程中，關於媒體事業與傳播活動的「轉型」與「定位」的研究基本上可視為一個陌生、全新、且從無序到有序的摸索，俄羅斯政府與媒體互動關係的發展基本上可解讀為一種「開放媒體經營市場＆倡議言論自由－佔領媒體市場版塊＆言論無限自由－建立結合本國國情、政府主導經營管理的傳播秩序＆政府可以容忍的有限度言論自由」的模式。大體上來說，政府與媒體互動模式逐步成型。作者這裏將「轉型」與「定位」的發展過程大抵歸納為以下幾點。

一、媒體職能理論方面：「國家派理論 v.s 自由派理論」

　　公眾利益在政府機器強調的國家利益或財團強調自由市場所謀求的商業利益之間並沒有取得一個平衡的位置。傳播學者經常發現，三者之間的平衡點通常處於失焦狀態，因為媒體與政府各自掌握話語權的優勢，而公眾接近與使用媒體的權利卻缺乏完整法律的保障，有時候縱然有法律的規範，但是為了避免媒體的寒蟬效應，政府又不能過多強制媒體行為，客觀的現實環境是：媒體的所有權者、經營管理者與編輯記者仍掌握媒體公共空間分配的同意權，公眾還是需要政府的主動立法協助，才有機會參與社會的公共事務，那麼，一種民主政治所追求的公民社會才有可能建立成型。而俄羅斯還處於國家利益與自由市場之間的爭執。

　　持「國家派媒體理論」的俄羅斯政權認為，媒體不是一個獨立自主的組織，它仍受制於所有權、政策法令以及主流意識型態的操控，所以只有讓國家資本壟斷媒體的所有權，才能使媒體在國家化過程中替國家利益服務，同時政府也能夠考量讓媒體集團在全球化與集團化的潮流中繼續經營賺錢，又可以擺脫私營媒體經營者為了

自身商業利益而做出干涉政府政策或影響國家利益的事情，所以普京總統讓媒體國家化對政府而言是一舉三得的做法。

持「自由多元派理論」的主張者則強調，新聞媒體應該是具有相當程度自主性的專業機構，它的競爭力與制約力應來自於閱聽眾的自由市場機制和社會大眾對它的制約監督所決定它的生存與否，它的社會責任是扮演獨立於政府、政黨與壓力團體或是行政、立法、司法之外相當於「第四權力」的公器部門，為達到這些目的，媒體必須要擁有相當程度的自主權，只有當新聞媒體擁有專業的自由權，各個不同的利益群體之間才能藉以相互制衡，來維持社會的動態平衡發展。在這場俄羅斯「國家化媒體 v.s 專業化媒體」與「國家派理論 v.s 自由派理論」的爭鬥中，專業媒體人是強調對於新聞自由的基本訴求，要求普京在媒體國家化的過程當中，要兼顧適當保持新聞的自主性和獨立性。

媒體國家化與專業化爭鬥將繼續進行。普京總統讓媒體國有化的方式就是利用國營的天然氣、石油金融工業集團的龐大資本來兼併寡頭的媒體事業，以及利用司法程式對媒體集團進行財務查帳，讓私營或與政府立場相異的媒體寡頭陷入遭受官司纏訟的痛苦之中，然後政府再以經營不善為由撤銷電視臺的播出執照，而政府最後仍會收編知名的專業記者與團隊，繼續來為政府的電視公司進行專業化的經營與管理，並且要求記者報導要以不傷害國家形象以及為政府政策服務為優先的考量點。因此，由普京上任後打擊媒體寡頭的舉措來看，儘管已使得目前俄羅斯媒體現在僅存在親普京總統的國營金融工業集團國家派和自由派專業媒體人的界線更趨明顯，親普京的金融工業集團以魯克石油集團總裁阿列克佩羅夫（Вагит Алекперов）為國家派的代表，而自由派專業媒體人則以前獨立電視臺的總經理基辛廖夫（Евгений Киселев）為首。基辛廖夫從獨立電視臺轉移陣地到第六電視臺，從第六電視臺營運結束到率領記者團

體競賽取得第六頻道的營運執照，他的社會智慧電視臺營運三個月就被迫結束，所使用的第六頻道被政府重新收回，基辛廖夫終究不敵普京的國家化政策，黯然退出電視節目的經營與製作，等待東山再起的機會。

二、媒體經營管理方面：
全俄羅斯國家電視廣播公司是領導集團

九十年代末開始，主要由政府所屬的媒體控股集團公司－全俄羅斯國家電視廣播公司（ВГТРК）持續主導媒體事業的經營，逐步取代前蘇聯中央電視臺奧斯坦基諾（後由政府釋股更名為俄羅斯社會電視臺與第頻道一電視臺）佔據全俄的地位與職能，重新以技術、資金和頻波資源整合的控管方式壟斷全俄廣播電視的受眾市場。而新聞主管機關－新聞出版部（МПТР）則負責操控媒介環境的發展秩序與資訊政策的制訂機制。俄中央政府積極參與媒體一體化的形成，泛政治化的國家資金已大量投入媒體市場版塊，所有權集中的媒體整合行動仍會隨著時代潮流的趨勢繼續發展下去，成為政府獨大的新壟斷形式。

而「股權比例分散原則」將是政府避免商業媒體集團產生寡頭壟斷結構的法律壁壘。目前俄羅斯尚未形成媒體有效利潤的市場經濟環境，因此俄政府與議會以限制證照發放的方式，遏止媒體快速的成長。政府還要減少傳媒對政府補助的依賴性，尤其是地方政府，但是主要加強國家中央媒體集團－全俄羅斯電視廣播公司集團在全俄境內技術資源與預算分配的統籌功能。俄政府的立場就是要作為遵守市場遊戲規則的競賽者，在未來要減少對媒體市場運作的直接干預，而改以市場整頓者與政策宏觀調控者的身分，建構俄羅斯良好的媒體發展市場與投資環境，以期媒體不僅要發揮社會性功能，還要發揮創造市場產品效益的媒體經濟功能。

　　國家電視臺是維護國家利益的重要宣傳機器，俄政府相當重視國家媒體與商業媒體的區隔性，公共媒體是未來發展發向。俄政府保留國家電視臺的想法是：媒體必須做到保障人民的公平近用權，尤其是在選舉期間，通常有經濟實力的候選人就有機會增加自己在媒體中的曝光度與宣傳力，因此，政府必須在選舉期間對媒體使用做出規範，使各個政黨的候選人能夠在政府的規範下，公平利用媒體競選，以滿足受眾接受各種意見與資訊的知情權利。不過，國家媒體有責任報導國家機關的行為活動，關於這些規定由《國家媒體報導國家政權行為秩序法》中規範，這是保障國家媒體的優勢法規。換句話說，在選舉期間，執政黨的候選人本來就擁有較多的媒體曝光率，限制候選人與競選政黨的媒體使用率難免給人一種競選環境不公與執政當局操控媒體的感覺，顯出國家機器行政的優勢造成資訊的壟斷和輿論的偏向，因此，公平近用權落實的真正出發點，是歐美國家檢驗俄羅斯民主媒體發展現況的一個關鍵點。

三、傳媒立法方面：中央政府將扮演制高點的角色

　　目前俄羅斯政府與媒體經營者以及政府和記者的互動關係是：政府已經掌握制訂傳播公平競爭遊戲規則的主導權優勢，政府一手握著立法保障新聞自由的橄欖枝，另一手握著停止媒體事業的殺手鐧，根據俄羅斯聯邦立法《大眾傳播媒體法》的規定，政府主管機關具有停止媒體經營事業的權力[59]，政府兩手之上還有個掌管神經中

---

[59] 最讓媒體忐忑不安的就是《大眾傳播媒體法》十六條停止傳播活動規定：創辦發行人有權決定停止傳播活動，媒體全體員工與總編輯可以獲同一媒體名稱創辦的優先權。此外，若媒體在十二個月內屢次違反傳媒法第四條濫用新聞自由的規定，其意指禁止利用大眾傳播媒體泄漏國家機密和受法律保護的其他機密，禁止號召用暴力推翻或改變憲政體制制度，禁止宣傳戰爭、法西斯或極端主義，禁止宣傳種族、宗族和宗教狂熱和偏見，禁止傳播色情、暴力和殘忍。禁止利用大眾傳播媒體干涉公民私

樞、設定遊戲規則的大腦－新聞出版部，2001 年 8 月 8 日，由普京總統簽署生效了關於媒體《部分形式活動的登記註冊法》，其中引進了媒體公平競爭機制，擴大與實現了傳媒法原本賦予廣播電視委員會的評鑒權力，也就是自此以後將由政府來確實執行裁決媒體申辦的獲勝者。由於這樣頻道使用期限沒有保障的媒體限制，使得在未來的媒體競賽中，政府將是最終的協調者與裁決者，尤其在普京政府獨大期間，在國會中將難有利益集團遊說的空間，而媒體經營者必須與政府靠攏。2002 年，第六頻道營運執照的輾轉規劃，就是普京執政後具體落實媒體國家化與政府扮演至高角色這個概念的實際行動。

　　上個世紀的九十年代，也就是俄羅斯媒體轉型的關鍵時期，新聞出版部長列辛認為媒體自由化是最大的特徵，但是缺乏媒體戰略可言，其實列辛指的是政府如何運用媒體來進行復甦俄羅斯國力的宣傳作用。由於俄羅斯傳媒法禁止新聞檢查與開放媒體經營者的政策鬆綁，在某種意義上等於放鬆政府對媒體直接政策指導與組織的功能，這讓列辛在執行在政府政策時有一種力不從心的感覺。對一部充滿西方自由與民主思想的傳媒法而言，政府機構與媒體人普遍存在對傳播自由的認知差距，這種認知差距造成雙方衝突不斷，這也成為西方國家關注俄羅斯民主進程的焦點。

　　當時在俄傳媒法賦予傳播自由的權利之下，在俄羅斯境內普遍存在著政府權威機關對媒體專業行為進行經濟與行政上的影響，甚至以各種行政和經濟的手段干涉媒體專業的採訪報導行為，這種干

生活，侵犯公民的榮譽、尊嚴和健康。政府指導單位若用書面警告無效，可利用公權力終止媒體傳播行為，媒體不服可以向法院上訴，由法院裁決主管機關決議。俄新聞界認為這是政府為對媒體施壓所保留的條款。（可參考請參閱《記者法律總覽》，莫斯科：斯拉夫對話出版社，1997年，第 111 頁。）

涉主要是建立在政府已經失去了對於媒體的控制權之後，政府與媒體之間的衝突陡然上升，當時俄羅斯杜馬一直在籌劃出檯第二部的傳媒法，俄羅斯政府高層希望通過法律來化解政府與記者之間的矛盾，但當普京執政期間第二部傳媒法出檯之後，俄羅斯高層發現政府與記者之間建立的潛在規則似乎比新聞法規更為有效，由此可見，在社會的公民意識還沒有發展到一定程度時，新聞法基本不能發揮它基本的效力，然而，既然新聞法無法達到它基本的效力，那為何俄羅斯還要制訂新聞法，而且是還制訂了兩部，作者在經過幾年的觀察之後發現，俄羅斯制訂新聞法的目的主要是給歐洲各國看，作為歐洲的成員，俄羅斯的政策更多的是關注歐洲國家的觀感與反映。

四、媒體報導與受眾取向方面：
　市民的公共新聞是未來應發展的方向

　　俄羅斯傳媒發展轉型的過程取決於政府和媒體兩者之間的相互制衡、相互角力或相互協作的互動關係，媒體人的獨立性已經被培養出來，政府無法完全以長者的姿態駕馭媒體，而必須以戰略夥伴的角色處之。也就是在二十一世紀，俄羅斯政府與媒體之間的互動關係更多地取決於相互之間的溝通合作，但可以確定的是，普京政府已經成功地擁有相對權威的優先發言權。

　　記者報導尺度和政府容忍範圍的互動關係，在普京執政後又重新在培養默契與逐步形成當中。目前俄羅斯媒體在受政府以立法規範和司法介入的情形之下，政府對媒體角色已經逐漸形成一種概念：西方自由主義與前蘇聯社會主義媒體都強調媒體服務民眾與提供資訊的社會機制。但是兩者之間實際上仍存在對「資訊接收者」認定的差異性。自由媒體強調的民主責任是以社會大眾為依歸，媒體是民眾的喉舌，負責傳達輿情與監督政府施政，因此政府、媒體、社會大眾三者之間的關係是一種呈現接近資訊平衡的政治參與行

為；而前蘇聯社會主義的媒體則強調媒體作為黨與政府的宣傳機器，擔任政府的喉舌，替政府監督、控制與引導社會輿論為前提。經過十餘年的摸索期之後，俄羅斯政府是希望當權者能夠在自由主義和前蘇聯社會主義的結合機制中扮演至高點的角色，媒體要成為俄羅斯在國際競爭中的先鋒隊與開路者，媒體的宣傳機制不可偏廢，俄羅斯還要保留一家國家電視臺，以維繫俄羅斯境內有一個資訊完整的資訊空間。從蘇聯過渡到俄羅斯政體轉變至今這段期間，記者角色從關心社會與黨的發展到協助政府穩定社會，再從協助政府穩定社會過渡到保衛俄羅斯的國家利益，最近俄羅斯媒體記者還肩負起反恐方面的任務。

俄羅斯媒體報導自由化與公眾化的初步實踐顯示，各級政府權威機關、媒體經營者與專業媒體人之間對於新聞自由的理解、傳播內容的取向以及採訪範圍的界定等都存在著一定的落差與鴻溝，媒體的所有者寡頭與所謂的媒體人在執行新聞自由的過程當中加入了過多的個人因素，這樣俄羅斯民眾看到的新聞自由就是犯罪新聞與眾人事鬥爭需要的高官醜聞成為新聞的主角，甚至後來莫斯科還出版了以報導高官醜聞為主要內容的報紙，媒體的商業利益凌駕在社會的公共利益之上。公共事務的內涵在媒體報導方式娛樂化的處理之下沒有得到重視，媒體沒有扮演好聯繫的角色，疏離了社會成員對公眾事物的參與感和責任心。

俄羅斯新聞出版部長列辛就表示，我們希望頻道要專業化，節目要定位，以區隔與滿足各種受眾的資訊需求市場。傳媒法必須提供傳媒產業發展的健全法制環境，確定媒體在接受閱聽眾付費收視時提供最佳的視訊與內容服務。然而，由於傳媒法當中缺乏對媒體事業做出合理股份比例的限制規定，這使得媒體市場變得相當不公平，政府和銀行家與企業主成為媒體的所有者，小的媒體經營者沒有生存的空間，媒體「公共領域」的「自由意見的市場」無法形成。

轉型中的俄羅斯傳媒法是一部充滿自由化理想的法律，它並沒有真正使人民的自由意見得以完整體現，反倒是政治人物、媒體精英與媒體寡頭意見最為集中體現與爭執的地方，傳播自由使得這些人首先得到發言的話語權，並且讓他們影響著俄羅斯政局發展的輿論走向。俄媒體必須在為政府服務與企業主服務之間，拓展為公眾服務的「公民公共新聞」空間，這將是未來俄羅斯媒體與政府都應該要致力關注發展的方向。

第二章
俄羅斯廣播電視體制與產業發展

　　現在世界廣播電視的體制大致粗分為三種：私營商業制、公共服務制和公共國營制。當前蘇聯解體之後，俄羅斯聯邦的媒體經過七年的自由發展，最終在葉利欽執政的末期與普京執政的前兩年，即 1999 年至 2002 年期間，俄羅斯聯邦媒體最終以符合自身國情的「國家部分所有公共服務體制」的新型管理形式出現。

　　俄羅斯國家部分所有公共服務體制的具體特點是國家政府的管理團隊不進入廣播電視機構，而以國家資本進入廣播電視，並以廣播電視公司的最大股東身份出現，國家政府人員及政黨人士基本不會參與廣播電視公司的具體管理，廣播電視公司所執行的管理原則是尊重專業人士進行專業管理。這種管理形式的優點就在於當俄羅斯經濟還沒有很快地發展時，不但可以減少俄羅斯的金融寡頭壟斷媒體，干涉國家政府政策制定的機會，而且會使得廣播電視公司形成機構管理與資本累積形成兩股相互監督、共同發展的良性互動關係，而國家也不會對媒體的盈利與虧損擔負過多的責任。俄羅斯的國有公共服務制基本上結合了美國的商業模式、英國的公共電視、前蘇聯暨歐洲戰時狀態中特有的的國營媒體的特色，然後融合自身國情而形成的俄羅斯媒體制度。對於歐美的主要廣電媒體制度本文也要先加以闡述，再進一步探討俄羅斯媒體在前蘇聯時期與解體之後轉型期間廣電產業發展狀況與面臨的困難。

第一節　歐美廣播電視體制的基本特徵

　　西方國家的廣播在發展的初期都經歷了短暫的無政府狀態，這是由於業餘的無線電愛好者在這項新媒介的發明和發展過程中所起到的不可忽視的作用，在第一、第二次世界大戰之後，廣播電視的發展就同報紙一樣被納入國家總體的發展規劃當中。

一、私營商業制在美國成功發展

　　基於自由主義的思想和理論基礎，美國的媒介頻道資源雖然為公共所有，但媒體的設備財產卻屬於私人所有。美國廣播電視實行典型的商業經營方式，廣播電視臺提供節目並獲取社會利潤與資本。商業廣播電視是以娛樂為主，通過吸引大量受眾為廣告客戶提供商業宣傳機會的方式，從而賺取高額廣告費。廣播電視是美國市場利潤豐厚的商業經營行為，它同時還是美國社會中影響巨大的一股力量。

　　美國自由主義的思想理論來源於資本主義正處於上升狀態的英國，自由主義是一種崇尚個人自由的意識型態。該理論認為，個人不是受他人主宰的附屬品，而是能夠在矛盾的事實面前分辨真偽、選擇好壞的有理性的動物。正如人人都有追求財富的權力一樣，追求真理同樣也是人類不能放棄的天賦權力之一。大眾傳播媒介被視為人們在追求真理道路上的夥伴，是傳播消息、事實、觀點、思想的自由市場。美國自由思想與英國自由思想最大的不同是：英國的自由思想是建立在資產階級與女王、貴族利益調和的基礎之上，因此英國自由思想的發展更注重穩定性與持續發展性，而美國自由思想的發展則完全以維護美國資產階級利益與重商主義的結合而成。

　　美國廣播電視業者的發展要在法律允許的範圍活動，廣播電視業者在獲得商業執照運用頻道資源時，媒體必須承諾公共服務的義務，並接受法律的監督、保護和裁判，聯邦通訊委員會（FCC）依法對廣播電視及其他電子傳播媒體實行行業管理，但這種管理屬於可鬆可緊式的管理，平常 FCC 並無權力對於一些重要節目進行干涉，只有當美國發生像 911 恐怖事件威脅到國家安全時，FCC 可以對一些不適當的言論進行管理。

二、公共服務制與商業體制的結合

　　英國首先創立了以英國廣播公司（BBC）為楷模的公共服務廣播電視體制，並在六十年代後期開創了公共服務與商業經營並舉的經營模式，而法國電視體制建立的主要目的在於以維護國家利益，在不干預新聞自由的前提之下，政府同媒體進行良性互動。

　　公共廣播電視體制在歐洲的普及基本上是建立在英國與法國廣播電視的良性發展的基礎之上。歐洲國家基於兩次世界大戰的影響，大力提高公民的整體知識水平與對事實的認知與解析能力，避免像第一次、第二次世界大戰的發生，一直是歐洲各國力求實現的願望。例如在美國的商業電視臺如果開始播出《達拉斯》肥皂劇，那麼，在歐洲的公共服務性質的電視臺就要既播出《達拉斯》，又要播出帕瓦羅蒂的歌劇，因為電視臺的財政支援來自於全民的稅收，所以它必須為全民服務。英國人稱 BBC 為「保姆」，法國人稱廣播電視為「法國人的聲音」，而義大利廣播電視公司則被人們稱為「媽媽」。英國BBC 的一位前總經理說：「公共廣播電視必須使熱門的變為有價值的；同時，使有價值的變為熱門的。」由於俄羅斯對英國的廣播電視體制相當景仰，因此本文對這一部分也多做一些描述。

（一）英國電視媒體的發展

英國是廣播電視產業的發祥地。1928 年，英國就已經開始進行靜止圖像的電視廣播試驗，1929 年在倫敦開始試播無聲電視圖像，1930 年英國廣播電視公司在考文垂試播有聲電視圖像，公司播出了世界上第一部電視劇。1934 年，英國成立了專門的委員會，研究在全國開辦電視的問題，該委員會關於由英國廣播公司經營電視的建議獲得了批准。1936 年 11 月 2 日，英國廣播公司（BBC）在亞歷山大建立了世界上第一座電視臺，定時播出黑白電視節目，成為世界上最早進行電視廣播的公司。主管英國廣播電視事業的英國廣播電視公司作為世界上第一家公共廣播機構，它所確立的公共廣播基本原則得到了許多國家的認同和接受。

1937 年 5 月 12 日，英國廣播電視公司首次進行了戶外電視實況轉播，轉播了喬治六世的加冕典禮實況。此後，每周播出時間增至 24 小時。第二次世界大戰期間，英國停辦電視，直至 1946 年 6 月 7 日才恢復播出。英國的電視事業在戰後得到了迅猛發展，到 1957 年底，英國已在全國建立 23 座高、中、低功率的電視發射台，覆蓋率為 97%。1952 年英國廣播公司進行了對學校的電視實驗廣播。1967 年，英國的彩色電視誕生，採用了原聯邦德國的帕爾制式在英國廣播公司的第二套節目中首播。

英國商業電視的起步始於 1954 年，該年英國政府通過了《電視法》改變了由英國廣播公司獨家經營電視的政策，英國開始出現獨立的電視，商業電視開始正式發展，1955 年第一家商業電視公司開播。1984 年，英國制定了《有線電視法》，1992 年政府對《有線電視法》進行了修訂，進一步放寬了對有線電視業的限制。至此，英國發展廣播電視事業的指導方針也隨之發生了重大的改變，政府由主張壟斷保證型轉變為向消費者至上的高級市場機制邁進，廣播電視企業間的競爭機制開始正式進入廣電領域。

　　在全球電視私營化與市場化的潮流之下，全球公共電視機構近幾年的收益呈明顯下降趨勢。但是在英國，公共廣播電視體制依然實力雄厚，並和商業廣播電視兩大體系平分秋色，英國廣播電視業的良性發展成為世界媒體發展的楷模，公共電視的英國廣播公司依然是位於世界前列的廣播電視機構。

　　實際上商業與公共電視這兩大體系，在節目的質量、編排報導原則等方面並無明顯的區別，其主要的差異在於經費來源的不同。公視的英國廣播公司是非營利性機構，不播出廣告，經費來源以政府徵收的廣播、電視接收機執照費為主，每年由議會撥給。商業廣播電視公司都是盈利機構，經費來源是廣告收入。

　　由此我們可以看出英國的公營電視臺與商業電視臺的共同點就是都需求用高科技來改變電視臺的形態與利潤，公視的英國廣播公司可以通過電視傳播技術的改進、節目的多樣性及教育節目的全球化普及來獲得利潤，商業電視臺則主要以高科技來改變節目的吸引程度、周邊產品的開發及兼併後的集體有效管理獲得利潤。

　　自二十世紀五十年代至九十年代，嚴格的立法體制保證了英國電視機構製作的有豐富資金資助和高質量的電視節目，同時也因此導致電視業的依賴情緒，國際競爭力受到衝擊並日益下降。九十年代媒體的這種變局主要是基於三個原因，首先，英國獨立電視網開始允許它旗下的商業化的電視製作公司開發國外電視市場，擴大國家影響；其次，英國廣播電視公司收費的不足，促使該公司採取更為靈活和有商業化傾向的操作思路；再次，獨立電視製作公司為了避免對國內廣播電視機構的過分依賴和擴大利潤空間，開始進軍國際市場。

　　英國政府在 1994 年的白皮書中提出大力發展國際電視業的新政策，該政策的目的在於確立英國在世界媒體發展中的領先地位，鼓勵英國的電視機構進入國際市場。一方面，英國廣播電視在申請

播出商業廣告的權利，另一方面，包括英國廣播公司在內的電視機構紛紛開發海外市場、海外辦台或輸出電視節目，當時盈利還不錯。以英國廣播公司為例，它在美國開辦的 BBC 美國電視頻道就是一個十足的商業頻道，電視臺在節目中插播大量的廣告。該公司美國頻道的網站更是宣稱其與英國本土的電視機構不同，它需要廣告。同時，它不斷提高收費的教育節目的質量，以期在這一獨特領域獨佔鰲頭。

（二）英國廣播公司的發展

英國廣播公司 BBC（British Broadcasting Corporation）成立於 1927 年 1 月 1 日，英國廣播公司前身是由英國 6 家大無線電廣播公司和電器公司聯合組成，1927 年，英國政府將其收歸國有，成為一家公營的國家廣播公司，政府對其有很大的管理許可權，但同時又對英國廣播公司的日常業務包括廣播電視節目在內，採取一貫承認廣播電視臺獨立性運作的原則。英國廣播公司的經營發展大約經歷了四個階段。

1. 起步時期（1927 年～1955 年）：以廣播起家，廣電兼營，從壟斷走向市場競爭。
2. 成長時期（1955 年～1987 年）：以電視產業為基礎鞏固本國市場。
3. 發展時期（1987 年～1995 年）：內容為王，以節目取勝國際電視市場。
4. 成熟時期（1995 年至今）：以技術參與新一輪的媒體市場的競爭。

BBC 自九十年代以來開始了機構精簡、有效管理與財務管理專業化的改革。BBC 機構精簡的目的在於減少管理的費用，節約下來的金錢用於節目的製作當中，強化 BBC 節目內容的生產和服務。在

2000 年的機構精簡中，BBC 的管理階層主要採取了簡化機構、簡化內部交易、取消管理中心三項舉措來落實內部的精簡行動。

　　BBC 的內部管理結構也發生了巨大的變化。近年來，由於英國政府對於 BBC 的財政支援有所減弱，英國政府要求 BBC 在未來 7 年內自籌 11 億英鎊的財政資金，在面臨壓力的情況之下，BBC 內部的管理機制正在由「階梯式管理結構」向「一元化向心管理結構」過渡。「階梯式管理結構」就是以總經理為管理的最高層，然後下設分局，分散管理的階梯式結構，而各個分局分別擁有自己的人事、財務、宣傳和戰略計劃制定的職能，該管理結構的缺點在於各部門相對獨立，利益分散協調較為困難。「一元化向心管理結構」則更加強調在媒體單位中的各個部門都直接受到總經理的領導，人事、財務、宣傳和戰略計劃制定等部門直接對總經理負責，實行一元化領導。

　　BBC 自 1997 年 3 月開始將財務管理系統委託給外部的公司負責管理，而受委託的是世界上最大的 IT（資訊技術）公司——美國的 EDS 和英國的會計事務公司共同設立的「媒介會計服務」新公司，雙方的約期為 10 年，年合同金額為 4000 萬～5000 萬英鎊，BBC 相關部門中的 90 人先入駐這一新公司，BBC 計劃入駐人數最終達到 700～800 人。BBC 財務的專業化管理使得媒體整體效率提高、節目製作的資金來源更加透明化。

三、公有國營廣播制

　　在歷史上，公有國營的廣播電視制度是以前蘇聯為代表而具體表現。西方學者常常將蘇聯社會主義的集體主義與歷史上英國等君主國家實行的集權主義相提並論。這是因為，君主專制的國家利益由君主和貴族階級所把持，國家利益常常建立在犧牲人民利益但卻保障統治者利益之上，也就是由君主和貴族利益為代表的集體主義

將團體利益置於民眾的個人利益之上，也就是說集體價值高於個人
價值，這樣更加有利於社會的穩定，因為某些觀點認為社會穩定比
個人自由更加重要。

　　集體主義價值觀使記者開始使用國家意識來捍衛領土完整，
1870 年德意志帝國的統一就是屬於集體主義的最佳體現。同樣是歐
洲哲學文明的一枝，蘇聯社會主義的社會責任理論被認為是傳統自
由主義與集體主義理論的結合，這主要是由於近代歐洲一直處於動
盪當中，特別是十九世紀末德國崛起之後，歐洲大陸就接連發生兩
次世界大戰，特別在二次世界大戰期間，納粹德國有效利用本國宣
傳機器集中發炮的優勢，整個納粹德國在宣傳部長戈培爾的領導下
利用國家機器進行完全造謠、蠱惑人心的異教思想的宣傳，假資訊
造成當時整個歐洲價值觀的混淆，因此英法兩國採用「綏靖政策」
是同樣可以理解的。第二次世界大戰結束後，媒體公營就成為歐洲
各國保護自己戰略利益計劃的一部分。特別是德國在制定新聞法
時，就嚴格執行保護觀點自由發表的權力要遠高於新聞事實的報
導，因為按照現在德國人的思維，德國人認為事實可以被扭曲的，
觀點的多樣性卻可還原事實的真相。

　　德國就曾經對「意見發表」和「事實陳述」的言論自由權在客
觀法上和主觀法上作了區隔解釋。根據德國聯邦憲法法院之意見：
受言論自由基本權保障之「意見」之構成要件，乃在意識之爭辯範
圍內含有觀點、贊同或意見成分者；與該陳述之價值、正確性，以
及是否理智無關，而「事實陳述」則因缺乏上述成分，嚴格說來並
非「意見」之發表[1]。

---

[1]　張永明，《新聞傳播之自由與界限》，臺北市：永然文化，2000 年，第
22 頁。

　　蘇聯公有國營的廣播電視制度基本上是歐洲思想體系與俄羅斯歷史發展一貫性的結合，而蘇聯在勃列日涅夫執政的整個七十年代所展現的擴張性基本上是俄羅斯帝俄思想的繼承，其中最為明顯的是蘇聯在七十年代末期對於阿富汗的侵略，這與列寧後期所倡導的和平思想基本上是背道而馳的。儘管列寧曾在流亡期間與蘇維埃執政前期倡導世界革命，但在二十年代曾倡導社會主義市場經濟與和平的政策，儘管這段時間非常短暫，但這段時間的思想是列寧和平與社會主義價值觀的最佳體現。現在俄羅斯的政治、經濟、媒體等方面的學者都開始認識這期間蘇聯政策的具體變化。

　　公有國營的廣播電視制度規定，廣播電視事業為國家所有，由政府部門經營。社會主義國家與許多第三世界的發展國家多採取這種制度。採用公有國營制的國家認為，廣播電視是民族國家的宣傳工具，旨在推行政府的政令，並對民族進行思想教育和行為引導。廣播電視等大眾媒體的主要任務是促進社會主義建設和國家發展。實行這種制度的國家以較為嚴格的意識型態尺度對廣播電視事業實行比公共服務體制的間接干預，更為直接和十分有效的政治控制和政治干預。

　　長期以來，蘇聯主管廣播電視的機構是蘇聯國家廣播電視委員會，這個委員會領導全蘇廣播電臺，其職能許可權相當於政府的「部」。該委員會領導全蘇廣播電臺、中央電視臺，同時領導對外廣播的莫斯科廣播電臺和全國的廣播電視事業。蘇聯國家廣播電視委員會向國內外派駐記者，統管全國廣播電視事業的對外聯絡事宜，並領導全國地方廣播和電視委員會。北歐國家媒體長期以來實行的，也是類似於社會主義國家集中制的媒體制度。

第二節　俄羅斯國家部分所有公共服務體制

當時光進入九十年代時，前蘇聯最高蘇維埃在通過《傳媒法》，前蘇聯解體之後，俄羅斯聯邦繼續執行 1991 年所通過的《傳媒法》，《傳媒法》基本上將原有的「公有國營廣播電視制度」在法律形式上做了徹底的改變。

當時葉利欽理想的媒體模式屬於美國的商業化模式，但俄羅斯聯邦繼承了前蘇聯的債務，而俄羅斯並沒有從西方國家獲得經濟改革所必需的資金，金融寡頭此時趁虛而入媒體，並開始干預政府政策的制定，《傳媒法》並沒有得到很好的執行。葉利欽在執政的後半期，就已經認清寡頭控制媒體後對國家的影響，2000 年，普京當選總統之後，普京就開始進行整肅媒體的行動，而俄羅斯廣播電視媒體的管理形式開始轉型為兼具英國的形式與法國管理內涵並適合於俄羅斯國情的「國家部分所有公共服務體制」。

「國家部分所有公共服務體制」的具體的特點是國家資本進入廣播電視，並以廣播電視公司的最大股東身份出現，而廣播電視公司的具體管理概念是國家政府人員及政黨人士絕不參與進來，廣播電視公司所執行的管理原則是以專業人士進行專業管理，這種管理形式的優點就在於當俄羅斯經濟還沒有很快地發展時，能夠儘量減少俄羅斯的金融寡頭干預國家政府政策制定的機會，而國家也不會對媒體的盈利與虧損擔負過多的責任。

在此，俄羅斯聯邦於 1992 年成立的印刷委員會與廣播電視委員會同時展開對印刷媒體及廣播電視媒體的管理工作。但後來當媒體的「國有公共服務體制」基本確定以後，接著 1999 年 7 月 6 日葉利欽頒佈命令「完善國家管理大眾資訊」，出版委員會與廣播電視委員會

開始合併升格為新聞出版部出版、廣電和大眾傳播事務部（МПТР）[2]。全俄羅斯廣播電視公司成為國家媒體的專業領導集團，同時也是各大電視公司資源的調整分配者，全俄羅斯廣播電視公司真正成為廣播電視整合管理的專業機構。

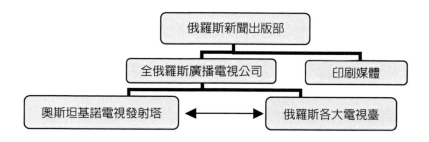

俄羅斯媒體管理結構

　　當代俄羅斯政府在國內不平等經濟條件以及不完全市場競爭的環境中，經常扮演的是媒體資本運作之宏觀調控者的角色。俄政府首先會從制定符合國有企業參與媒體發展的政策著手，以調整國家媒體所處的競爭位置，減少媒體市場的商業性質，以及增加國有媒體的資金補助。因此，俄羅斯商業機構與國有公司仍是處於不平等競爭的基礎點上。俄羅斯媒體在面臨市場缺乏促進因素的情況之下，政府會為了提高媒體機構整體經濟運作的效益而採取如下的措施：加強國家政府對於媒體補助經費開支的調控，例如針對有決定意義的製作攝影棚所拍攝的節目，增加政府採購預算、過渡性的政府預算以及具有刺激節目播出的預算支出；或是慢性破產策略，在個人電視臺的競爭條件逐漸惡劣時，增加電視臺對於政府財政支援的依賴性，然後再進行資產收購，使其成為親政府的媒體。

---

[2]　〔俄〕《俄羅斯報》（莫斯科），1999 年 7 月 6 日。

　　目前在總體俄羅斯廣告市場沒有顯著變化的前提之下，俄羅斯媒體正在走上國家壟斷化與集團化整合的道路上來，俄羅斯媒體相當重視對於職業媒體經理人的培養，這裏最主要的原因在於，自1992年至1998年期間，俄羅斯媒體發展儘管經歷了媒體寡頭參與媒體的經營，但這些寡頭只是參與媒體的資本運作，而對於媒體的管理，則主要依靠職業媒體人與經理人，因此寡頭媒體所遺留下來的資本空缺，國家政府必然會在媒體資本運作與媒體發展的外部環境上面進行宏觀與微觀的調控，而媒體內部職業化的發展必然還要依靠職業媒體人與經理人，這些職業媒體人與經理人主要還是由原來的前蘇聯所遺留下的黨政幹部所組成，客觀上來講，他們對於普京所奉行的媒體應維護國家利益的原則必有所幫助。

　　2003年，普京在與美國哥倫比亞大學的學生和教授座談時講到：「如果新聞受控於兩三個錢袋子，那麼，新聞媒體本身就不會存在任何的自由，媒體反而會成為利益集團的保護者，新聞媒體只有在確定自己的基礎之後，才能實現新聞自由。所謂自由就是公民可以表達自己的意見，於此同時，公民同樣要受到民主方式通過的法律限制，否則歷史就會重演，自由會被當成為所欲為處於失控狀態的無政府主義[3]。」由此可見，俄羅斯媒體有維護國家利益的義務，而這只有在國有公共服務體制下才能建立媒介權力與利益的正常管理與發展秩序。

---

[3]　《普京與美國哥倫比亞大學學生談新聞自由》，http://www.kremlin.ru/

第三節　蘇聯大眾媒體的發展進程

　　1917 年，蘇維埃政府成立之後，列寧對於無線電事業寄予了很大的希望，列寧曾指出：無線電是不要紙張、沒有距離的報紙。1921 年，蘇維埃政府下屬的郵電委員會負責管理蘇維埃俄羅斯的無線電和廣播媒介。1922 年，蘇維埃政府開始採用世界上功率最強大的發射機，該發射機的功率達 1.2 千瓦，但由於國內戰爭的破壞，蘇維埃的無線電事業當時並沒有太大的發展，因而後來政府主要發展供集體收聽的擴音器和設在工作單位的有線廣播。

一、蘇聯廣電媒體的早期發展

　　列寧早年曾向黨員做過兩點關於界定新聞自由的指示，首先，西方新聞自由只不過是資產階級政治組織的內部自由，如果把這一武器交給這些人，這無異是去幫敵人的忙；其次，在資本主義世界裏，新聞自由所代表的是購買報紙和收買那些編寫報紙的人的自由[4]。

　　二十世紀二十年代和三十年代，蘇聯廣播電視先後誕生以來，至 1991 年蘇聯解體，前蘇聯一直實行國家經營管理廣播電視的集中統一管理體制。前蘇聯廣播電視一般分為三級管理體制：中央級、加盟共和國級和地方級，每一級廣播電臺和電視部門都接受廣播電視部門的領導，每一級廣播電視部門又都接受同級黨和政府的領導。

　　廣播電視被政府視為推行各項政策的重要宣傳鼓動的工具，是對勞動人民進行教育的強大武器。長期以來，前蘇聯廣播電視節目

---

[4]　《The Press in Authoritaeian Countries》,International Press Institute。

存在著內容單調化，但教育性與藝術性強；同時存在新聞報導時效性差、內容平淡等問題。

　　1919 年，蘇聯利用無線電呼籲「法國、英國和義大利的勞工組織」，並敦促各國政府放棄對蘇聯的封鎖，和蘇聯建立起正常的外交關係。大規模的國際廣播活動始於 1927 年。荷蘭被認為是第一個建立連續國際廣播活動的國家，而蘇聯則被認為是第一個利用廣播從事「政治意識型態」活動的國家[5]。蘇聯在慶祝布爾什維克革命勝利十周年時進行外語廣播，在廣播播送時首先利用長波，然後改為短波。

　　1927 年之前，蘇聯也進行過零星的無線電廣播，但大部分的廣播採用莫爾斯電碼播出，1925 年 11 月蘇聯電臺開始以英語、法語和德語報導十月革命紀念日的消息，從 1929 年開始，蘇聯開始連續播出外語節目，不久蘇聯成立了莫斯科電臺，提供德語、法語和英語節目，到 1930 年，蘇聯成為唯一真正瞭解外語在國際廣播中意義並加以運作的國家[6]。

　　由於國土廣大，因此蘇聯很早就開始利用短波進行國內的廣播，很快政府就將短波應用並擴展到國際傳播的領域。後來很多的發展中國家發現，在廣大的領土進行短波廣播是非常廉價的辦法。

　　此時蘇聯的廣播與前沙皇所展開的個別廣播設備的研究有著本質性的區別，前沙皇時期廣播的研究基本上是以專業性研究為主，在蘇聯時期，政府一面加強廣播事業的推廣，一面大力宣傳自己取得的政治成就，這使得蘇聯媒體在最初的發展當中已經以政治性取代了媒體的專業化特色。

---

[5]　《 International Radio Broadcasting: The Limits if the Limitless Medium 》,International Radio Broadcasting, Browne. D.R New York : Praeger.

[6]　《Communication and Society》，Vol 14：Seventy Years of International Broadcasting. Bumpus . B. , Pairs: UNESCO.

　　二十世紀三十年代，私人國際廣播電臺在美國的合法化使得美國的私人廣播電臺可以名正言順地反對美國政府的國際廣播計劃，當歐洲大國忙於第二次世界大戰前所謂的「廣播大戰」的時候，美國的國際廣播卻遲遲未能出現，這基本上反映了國際廣播的花費不匪的特性，在商業的操作面上是不可行的。

　　蘇聯的廣播傳播一味的強調其政治性的一面，這使得國家將媒體進行任何的市場化運作都會對電視報導的方式產生巨大的改變，這是在美蘇冷戰期間不可想像的。如蘇聯在 60 年代的電影中開始出現了史詩性的電影，這種電影的拍攝方式馬上就進入到電視紀錄片當中，在蘇聯這被稱為「藝術類電影電視」，但這種節目製作周期長，不符合資訊流通快的原則，卻符合蘇聯提高人民整體素質的要求。

　　二次世界大戰之後，1945 年 5 月，蘇聯恢復了廣播電視的工作。1949 年 6 月，經過改進的電視臺開始播放節目，掃描線從 420 行變為 625 行。1951 年 3 月，莫斯科電視臺開始正式播出，1955 年 3 月 22 日，莫斯科電視臺改名為蘇聯中央電視臺。蘇聯中央電視臺主要播放四套節目，一、二套節目面向全國、在不同時區多次播放，還有一套向莫斯科及附近地區的節目和一套教學節目。

二、蘇聯重建時期的其他媒體概況

　　二十世紀 80 年代，前蘇共中央總書記戈巴契夫將重組、公開性或成為開放型引入到蘇聯社會，這使得蘇聯與中歐與東歐業已存在的矛盾開始顯露無疑。重組與公開性導致各國開始擴充自己的勢力範圍，東歐各國開始思考自己的國家在二次世界大戰開始之前所擁有的輝煌歷史。

　　蘇聯在進行國際傳播時，一般採用自己在圖書印刷方面的優勢向各國輸出自己的思想，1987 年，蘇聯圖書的出口情況如下：價值 1，480 萬盧布的圖書出口到波蘭；價值 150 萬盧布的圖書出口到印

度；價值 130 萬盧布的圖書出口到美國；價值 90 萬盧布的圖書出口
到西德。

　　1987 年，全蘇聯境內已經存在 7500 種報刊，而中央、加盟共
和國、行政區的報紙大約有千餘種，雜誌超過 2500 種，屬於政黨的
出版社大約有 114 個，《真理報》的發行量達到 1100 萬份，《勞動
報》則達到了 1800 萬份，《消息報》1000 萬份，《先鋒真理報》
發行量為 1700 萬份[7]。

　　1989 年，蘇聯媒體總共有 8800 種報刊，發行量同時也上升 2
億 3 千萬份，而雜誌的種類上升了 1629 種，發行量也上升為 2 億 2
千萬份，一年後，報紙的發行量上升了 4.6%，雜誌的發行量也上升
了 4.3%[8]。

　　1990 年 7 月蘇聯最高蘇維埃通過《有關於印刷媒體與其他大眾
傳播法》（О печати и других средствах массовой информации），
按照該法律規定，媒體新聞檢查機構被正式撤銷，而新的新聞媒體
的設立等同於財團機構看待，因此新的媒體機構的註冊變得相當簡
單，該命令同時還准許其他政黨和社會團體開辦印刷、廣播和電視
媒體[9]。

　　截至 1991 年 3 月 15 日，蘇聯境內共有 1800 份報紙與雜誌登記
註冊，其中近 850 份報紙為全新的報紙，233 份為出版社或編輯部
出的子報，291 份為社會組織所有，124 份為聯合會所出版，55 份
為合資形式，25 份為社會辦報。截至 1991 年 3 月中旬為止，俄羅

---

[7]　《工作報告》,《全蘇記者聯盟第六屆全會》（VI съезд Союза Журналистов
　　　СССР），1987 年，第 40 頁。

[8]　《工作報告》,《全蘇記者聯盟第六屆全會》（VI съезд Союза Журналистов
　　　СССР），1987 年，第 40 頁。

[9]　《有關於印刷媒體與其他大眾傳播法》《О печати и других средствах
　　　массовой информации》，《закон Союз Советских Социалистических
　　　Республик》，1990 年 7 月 12 日。

斯聯邦印刷及大眾傳播部統計在俄羅斯聯邦境內共登記有 600 份新媒體進行登記，而在莫斯科市共有 2600 份報紙與雜誌出版。

同樣蘇聯的國際新聞通訊社塔斯社為 115 個國家中的 1000 餘名客戶提供新聞稿和圖片，塔斯社社長克拉夫琴科在一次訪談中提到：資訊是我們的主要產品，它影響著蘇聯國內數百萬人和世界上數十億人，我們應該對資訊的種類及其存在的問題進行公開的討論，然而也有這樣的說法：塔斯社是國家的眼睛和耳朵，同時也是官方的發言人[10]。1992 年 1 月，塔斯社宣佈，俄羅斯共和國將建立新的新聞通訊社，稱為俄羅斯國際電信通訊社（Russian International Telegraphy Agency, RITA, РИА），並將塔斯社和新聞社合併。塔斯社主要負責俄羅斯境內的新聞通訊，而俄羅斯國際電信通訊社則主要負責國際部分。Interfax 即國際文傳電訊社，是二十世紀 80 年代中期在戈巴契夫公開化時期所建立的通訊機構。這三個通訊社擔任俄羅斯最重要的資訊提供者。

第四節　俄羅斯廣播電視業的發展現況

俄羅斯的廣播電視業在一連串命令與法規出臺後開始發生變化。政治體制的轉軌帶動了廣電媒體的快速發展。1989 年 7 月 14 日，蘇共總書記戈巴契夫發佈《關於電視廣播民主化的命令》，1990 年 7 月，俄羅斯國家電視廣播公司宣佈成立。1991 年 2 月 8 日，戈巴契夫發佈命令，成立全蘇國家電視廣播公司，以此來取代原國家電視廣播委員會。1991 年 8 月，蘇聯解體，同年 12 月，俄羅斯聯邦通過《大眾傳播媒體法》。

---

[10] 《BBC Mornitoring Service》, 1989.

　　自蘇聯解體之後，俄羅斯境內出現了大約 75 個電視中心與獨立攝影棚，之前這些電視中心與獨立攝影棚基本上都與前蘇聯的國家電視一台有著密切或繼承的關係。前蘇聯的國家電視一台的部分資產主要分佈在烏克蘭、白俄羅斯、哈薩克等加盟共和國，其他的獨聯體國家及波羅的海三國只得到其中的一小部分，俄羅斯聯邦的 89 個行政區及共和國並不是都有自己的電視中心。俄羅斯境內媒體的發展還經歷了東、西不平衡發展的階段，據公開基金會統計顯示，1993 年在俄羅斯境內已經出現了近千家電視攝影棚及組織，這其中近百分之七十在莫斯科及聖彼得堡地區。

一、私有商業電視臺相繼出現

　　俄羅斯第一批私有商業電視頻道是從 1991 年發展起來的，由於私有電視臺缺少控制及外國資金的投入，使得私有電視臺開始了蓬勃發展的階段，特別是在有線及衛星電視方面私有電視臺都有不錯的表現。

　　1994 年之後，私有頻道如第六電視臺和 2 × 2 電視臺都在不同程度上受到了特定觀眾的歡迎，尤其是年輕族群。第六電視臺是 1993 年 1 月 1 日由美國媒體人特德・特納與其俄羅斯合作夥伴金融寡頭別列佐夫斯基共同建立起來的，該電視臺通過衛星和有線系統播放有線新聞快報、兒童節目和故事片。2 × 2 電視臺是俄羅斯最早實行商業化的電視頻道，它是與超級頻道合作建立的，主要播放美國哥倫比亞廣播公司提供的配有英語新聞的音樂電視節目，BBC 也向該電視臺提供俄語新聞快報，後來莫斯科市政府對該電視臺進行投資並進行內部的重組。

　　俄羅斯聯邦是整個歐洲地區擁有有線電視和衛星接收碟形天線安裝率最低的國家之一。1995 年俄羅斯歐洲部分有不超過 16% 的家庭安裝了有線或者是衛星電視接收碟形天線。儘管如此，有線電視

已經開始蓬勃發展，在一些城市，每天收看有線電視的觀眾占 30%
～40%（這裏主要是指莫斯科市），這與主要國家級電視臺的市場
佔有率相近[11]。在衛星電視方面，德國各州廣播電視聯播、法國 TF1
台和美國有線新聞網等頻道通過歐洲通訊衛星、太空衛星和國際通
訊衛星全天播放節目，基本上歐洲的衛星電視開始進行全面的融
合，因此歐洲整體的廣告市場也有了較大的發展，1994 年，歐洲各
國在俄羅斯電視臺的廣告市場投放了 10 億多美金。

　　1993 年莫斯科第六電視臺與獨立電視臺正式開播，這為俄羅斯當
時的電視媒體帶來了多元化的新氣象。莫大新聞系曾參加衛國戰爭的
元老級教 АЯ·尤洛夫斯基認為，這兩大電視臺為非國家性、新形式
性、獨立性的電視臺，但這兩大電視臺的立台風格卻截然不同。第六
電視臺以娛樂性的節目取勝，其中最著名的是由一些著名笑星組成的
娛樂性節目，還有一個以各地觀眾提供的錄影素材而形成的《我的攝
影機》節目，在當時興起一股家庭攝像的風潮，同時帶動了攝影機銷
售的業務。獨立電視臺的新聞做得很出色，依賴《總結周評》與《今
日新聞》兩大強檔新聞節目來吸引觀眾，到 1997 年，《今日新聞》
已經網羅住全俄羅斯最好的新聞記者。據莫大新聞系教授庫茲尼佐夫
介紹獨立電視臺的新聞記者的薪資已經達到一千五百美元左右，當然
俄羅斯在 1998 年經濟危機之後新聞記者的薪資有所下降。報紙記者
的薪資與電視記者相比差距很大，因為俄羅斯很多的報紙在宣傳手法
上及記者的寫作方式都比較老舊，其中最重要的因素之一是，在總統
大選期間電視的助選效果要遠遠高於平面媒體，如在 1996 年的總統
大選期間，親葉利欽的獨立電視臺與社會電視臺曾經在短短的三個月
期間，連續播送前蘇聯在史達林統治階段的肅反鏡頭，這確實對於當

---

[11] 《轉變》（華盛頓），開放媒體研究所公共民意調查部，1996 年 4 月 19
日，第 16 頁。

時的中間選民有著相當的震撼效果。儘管當時各行各業的中間選民對
於俄羅斯聯邦的建設感到不滿，但更多的是對如果葉利欽政權被取代
後的不確定感，因而多數的中間選民只好選擇葉利欽繼續執政。

　　1995 年 4 月 1 日俄羅斯第一電視臺奧斯坦基諾電視臺進行了人
員及股份的重組，電視臺的名字也變為社會電視臺，但在俄語來講
都是 OPT（ORTV），同時在莫斯科市還比較有影響力的有線電視
臺有林－電視臺，該電視臺由莫大新聞系畢業生林斯涅夫斯基創
辦，電視特快－31 電視臺、CTC（電視臺網路的縮寫）、首都電視
臺，具有都會電視臺性質的中心電視臺，該電視臺與北京電視臺有
著密切聯繫。一直在莫斯科與聖彼得堡同步播出的第五電視臺於
1997 年開始進行重組，同時葉利欽為促進斯拉夫民族的文化而特別
成立的文化電視臺佔據了第五電視臺的轉播頻率，新組成的文化電
視臺主要的節目是以法國的藝術電影、前蘇聯抒情詩式的電影及現
場音樂會為主。

二、跨媒體國家電視廣播集團逆勢上升

　　俄羅斯政府對於 21 世紀媒介環境的總體設想反映在媒體國有公
共服務體制的形成，這個概念始於俄羅斯前總統葉利欽執政的後半階
段，1997 年 8 月 25 日，葉利欽頒佈總統令《全俄國營電視廣播公司
的問題》，1998 年 5 月 8 日，葉利欽又簽署總統令《關於完善國營電
子媒體的工作》，葉利欽以總統令的方式宣佈以俄羅斯國家電視臺為
基礎，成立以國家股份為基礎的跨媒體國家壟斷集團全俄羅斯廣播電
視公司，在原有的全俄羅斯廣播電視公司的名義之下擴大規模，這一
國家媒體的勢力範圍包括俄羅斯國家電視臺、俄羅斯通訊社新聞及遍
及八十八個行政區、自治共和國的地方電視、技術轉播中心。這一總
統令的頒佈表示，俄羅斯聯邦政府已經開始逐漸收回自前蘇聯解體之
後各大電視臺獲得新聞自由權，同時中央與地方共同建設新聞媒體的

構想已經逐漸形成，至於其他商業型電視臺的如：獨立電視臺、第六電視臺等等那只是對於國家媒體的有益補充。

俄羅斯向市場經濟轉型的過程中，電視行業的變化最引人注目。按照俄羅斯傳媒法的規定，電視播出所必需的許可證必須由全俄羅斯廣播電視委員會頒發，電視許可證是每一年都需要審核一次，如果電視臺沒來得及申請的話，許可證會自動延長一年。自葉利欽執政之後各大電視臺對於許可證的審核過程都持懷疑的態度，認為傳媒法對於許可證的要求過於寬泛，而使得該項法律都需要依靠全俄羅斯廣播電視委員會來進行具體的解釋與操作。1996 年該項法案的修正案提交到議會下議院杜馬，但該項法案至今還在杜馬中討論，爭論的焦點就在於：電視節目在轉播過程中會用到屬於國家財產的電視塔，因而公營與私營的電視臺應當保證國家的機密不被泄露，電視臺經營許可證只是一種手段。全俄羅斯廣播電視公司就控制著電視塔的發射權力，也等於間接影響電視許可證的發放或延續。這個權力在普京 2000 年執政之後被更加實際地控制住。

俄羅斯後期形成的電視臺都採取主持人至上的經營策略，但在各大電視臺都有一條不成文的規定就是：主持人有必要在節目播出的前一段時間內將自己講話的書面文字向全俄廣播電視公司提交，這樣國家或各黨派就自然形成了一個無形的新聞檢查屏障，但全俄廣播電視公司對於合資、個人、國家的電視臺有著不同的要求，對於合資與個人電視臺中側重提高電視收視率的節目一般都會放鬆要求，這是為了照顧這些電視臺自身的商業性，但對於俄羅斯國家電視臺卻有著獨特要求，如俄羅斯國家電視臺必須在每個星期下午定時播出一個小時的《國會》節目，國家政府對此有一定的補助款。但自普京執政以來，俄羅斯電視業的發展基本上以國家媒體居主導地位，個人電視臺或莫斯科市政府電視臺則以豐富社會生活為主，而炒作政府丑聞為賣點的新聞製作方式一般會被禁止。

三、俄羅斯電視臺運作轉向多元

俄羅斯電視臺在整個九十年代的轉型期間主要表現在多元化，基本有四個特點：

第一，播送方式的多元化。重要新聞的直播方式的採用，當時獨立電視臺首先採用了 SNG（衛星直播轉播車）的播送方式，並且莫大新聞系也採用很多的方式來培養學生在現場新聞採寫直播中的各種應變能力，如俄羅斯國家電視臺中《黑與白》的攝影棚就設在新聞系二樓，學生可以在下課之後直接參加節目的錄製，筆者就曾經以觀眾的身份觀看了該節目，當時節目內容主要是採訪新聞系的系主任扎蘇爾斯基。衛星電視臺的出現也為俄羅斯帶來了多元化的生活，俄羅斯與美國成立宇宙電視臺這樣的合資媒體，該電視臺主要是轉播西方的新聞台與電影台的節目，1996 年獨立電視臺還開設了四個衛星電視臺，它們分別為：電影台、俄羅斯老電影台、體育台、新聞台，其中新聞台的開設影響面最大，因為該台可以在美國、以色列及西歐各國同步收看。

第二，製作節目形式的多元化。這時在俄羅斯電視中開始出現電視直銷的節目。俄羅斯各大電視臺普遍採用了製片人制度，整個節目的製作與發行都掌握在製片人手中。這樣節目製作可以有更大的生存發展空間，電視臺也有靈活的節目安排政策。在俄羅斯媒體多元化的發展當中還有一些另類的發展模式，如莫斯科電影製片廠的部分精英組成的鬆散合作組織「錄影電影」就獨立為獨立電視臺提供已在俄羅斯家喻戶曉的政治諷刺性節目《木偶人》，以製作人為中心成立的「莫斯科風格」為電視臺提供《真實時刻》、《面具脫口秀》、《紳士脫口秀》等節目，俄羅

斯杜馬議員瓦列里‧科米薩洛夫就親自主持獨立的家庭
節目《男人與女人的故事》、《我的家庭》，科米薩洛
夫主持節目的攝影棚就在俄羅斯國家電視臺的大院內。

第三，電視觀眾分佈的多元化。俄羅斯的電視觀眾主要是分為
整體意義上的觀眾、特別地方的觀眾（如靠近高加索的
觀眾，這一地區的觀眾所收看的節目基本上有一定的特
殊性）、地方觀眾（這批觀眾主要是以有線電視為主）。
一般而言，聯邦級電視臺會在幾項重要的節目上進行歐
洲區和遠東區的兩檔內容區隔，以當地觀眾的需求為節
目的收視定位。

第四，電視臺所有制形式的多元化。國家、非國家的電視臺同
步存在，非國家性的電視臺主要包括：私營、社會合資
的有限公司及無限公司形式、非政府具有社會責任感的
社會組織媒體（如綠色和平組織媒體在俄羅斯的合法註
冊）、以研究性質為主的媒體組織（如公開基金會，該
基金會以研究政治走向與媒體所有制、報導形式為主）。

據全俄廣播電視公司的技術專家在電視訪談節目中透露，俄羅
斯現在可免費收看超過一百個衛星電視臺的電視節目，這包括：由
Intersat 衛星轉播的五套義大利衛星電視臺、四套挪威電視臺，Astra
衛星九套來自德國、英國、美國的電視節目，Turksat 轉播九套土耳
其電視臺，新衛星 Hot Bird 可以轉播十六套電視節目。

社會電視臺（現為第一電視臺）中國家占股份的 51%，其他股
份主要由各大商業銀行及公司佔有，社會電視臺共有員工一千三百
人，電視臺在全俄羅斯共有 31 個記者站，全俄羅斯共分為五個轉播
區，99％的人可以收看到社會電視臺的節目，同時社會電視臺可以
通過莫斯科－環球衛星轉播將電視節目發射到各大洲尤其是東、西
歐及中東各國。社會電視臺主要有新聞、新聞分析及各節目部門製

作的節目（如在每年新年的時候電視臺一定會轉播自己主辦的新年
晚會，俄羅斯最大的廣告節目製作公司《俄羅斯規劃》），該電視
臺的製作《前景》、《A 電視》、《階層》也是家喻戶曉，《前景》
一般會比較關注中國的歷史及現今的發展情況。

　　根據蓋洛普媒體中心與莫斯科電視調查中心 2001 年與 2002 年
3 個月的調查顯示，社會電視臺穩居收視率第一名的寶座，而俄羅
斯國家電視臺也由原來老三的地位上升為第二位。該調查以 1200 名
觀眾為調查對象。

		2001 年 9 月 1-22 日	2002 年 8 月	2002 年 9 月 1-22 日
07:00 – 01:00 （到凌晨 1 點）	社會電視臺	19.3	18.4	18.5
	俄羅斯國家電視臺	16.1	15.5	17.1
	獨立電視臺	14.6	16.5	15.8
	CTC	6.1	6.6	7.5
	第六電視臺	15.0	8.7	7.4
	中心電視臺	6.1	6.7	5.5
	M1	3.9	4,4	4.4
	林電視臺	4.1	4.3	4.4
	THT	2.2	3.9	4.5
20:00 - 23:00	社會電視臺	18.1	18.6	17.6
	俄羅斯國家電視臺	14.2	18.1	20.6
	獨立電視臺	15.0	15.3	14.9
	CTC	7.1	6.9	8.1
	第六電視臺	19.0	8.8	6.6
	中心電視臺	6.6	8.1	6.5
	M1	3.7	4.4	4.9
	林電視臺	3.9	3.7	4.4
	THT	2.2	4.2	5.5

俄羅斯電視觀眾組成，2001年第一季度，對100,000名觀眾進
行抽樣調查

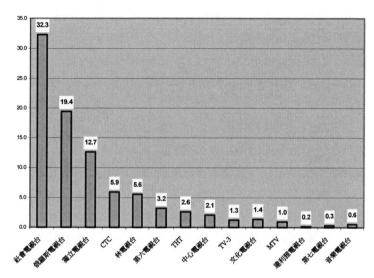

資料來源：蓋洛普媒體中心與莫斯科電視調查中心（2002年）

　　俄羅斯國家電視媒體集中了過半的收視率，國家媒體包括：國
家與社會共同持股的第一電視臺、全俄聯邦政府的俄羅斯國家電視
臺、以文化藝術節目為主且沒有商業廣告的公共電視臺——文化電
視臺以及主要由莫斯科市政府控制的中心電視臺，但中心電視臺在
莫斯科市長盧日科夫所屬的政黨「祖國全俄羅斯」與支援普京的「團
結統一黨」合併之後，中心電視臺才成為真正意義上的國家媒體。
　　非完全國有媒體儘管僅擁有 28.8%的收視率，但非完全國有媒
體的數量卻是非常龐大的，這其中包括：獨立電視臺、CTC、第六
電視臺、林電視臺、THT、音樂電視臺、MTV，非國有媒體的現在
正在向專業頻道上發展，如娛樂、電影、紀錄片、音樂、體育等等，
其中各專業化頻道都對觀眾進行了非常細緻的劃分。

　　今天各種資料顯示，俄羅斯各地方總共存在約 700 多個地方電視臺，這其中有一些是通過自己的通訊網絡或節目特色而成為能與中央級媒體相抗衡的地方電視臺，如第六電視臺就以節目多元化與娛樂性而贏得俄羅斯歐洲區大部分觀眾的收視，林電視臺則以最新的電影播放而在莫斯科地區佔有一席之地。

　　俄羅斯媒體儘管經歷了十餘年的變革歷程，但俄羅斯新聞記者階層是由眾多的知識份子所組成的這一基本結構並沒有太多的變化[12]，因此俄羅斯的記者及新聞主播對任何的社會事件都有自己的見解。國家精英分子是由不同種類優秀代表組成，但這些優秀代表是否從內心理維護國家安全與發展，令政府擔憂。尤其在商業領域，在商業利益的驅使之下，商人有各種各樣的選擇，在不違反大原則的基礎之上，政府不應干預商業運行的基本發展規律，此時政府擁有屬於自己的媒體是相當必要的，國家政府需要媒體來進行政策宣導，使國家政策與公共議題始終處於資訊流通的狀態。現在俄羅斯的媒體市場經濟還處於資本運作的基本階段，有時候甚至是所謂「菜市場經濟」，電視臺的運作還停留在提高新聞人的工資水平上。

　　1994 年，俄羅斯媒體人為了提高電視節目的質量而宣佈成立了俄羅斯電視發展基金會，後來基金會同電視科學院共同協作成立了「待飛」（ТЭФИ）電視獎，「待飛」電視獎共設有十二個獎項，而當時在美國的「艾美」獎已經設有一百一十項大獎。1998 年「待飛」籌委會將地方電視臺製作的節目納入評選當中，當年就有三百個地方電視節目參加評選，諸如下洛夫格勒、薩哈羅夫、別爾姆、瓦倫涅日、新西伯利亞、克拉斯納亞爾斯克等地方電視臺的節目製作水平有了大幅的提高，電視臺的收視率每年以百分之四至八的速

---

[12]　（俄）《國會報》（莫斯科），《無序的媒體市場》，2002 年 5 月 7 日。

度增長，儘管地方電視臺的實力與國家電視臺相比相去甚遠，但這也為一切以莫斯科為中心的媒體發展形勢形成了有益的補充。

據莫斯科社會心理研究學院（НИСПИ）的研究表明，俄羅斯的城市人口中每天大約會花費 3 個小時在電視上，星期天或年節假日為 3‧5 個小時，俄羅斯人對於藝術電影包括本土出產的抒情與戰爭影片情有獨鍾，收視率為第一位，第二位是新聞類節目，以下依次為：娛樂性節目、政論性節目、文化轉播。

莫大新聞系教授尤洛夫斯基認為：「據此判斷俄羅斯晚間最受歡迎的節目應當是各種電影，如果獨立電視臺希望以新聞及政論節目獲得觀眾的青睞的話，那就意味著俄羅斯人的收視習慣將會改變，那麼，這些新聞一定充斥著各種政府醜聞、社會暴力，這對於俄羅斯整體的良性發展是極為不利的，至少像美國 CNN 電視臺的出現應當在俄羅斯經濟步入正軌之後才應開始這樣的操作。」

此時的俄羅斯媒體開始由三級管理變為三級獨立操作、各自為政的局面，這主要是由於此時俄羅斯經濟處在嚴重「休克」狀態，每一年政府所制定的財政預算都無法及時在國家杜馬進行通過，即使預算在最後關頭強行通過，此時的預算也無法在中央與各地媒體進行有效的操作。此時總統葉利欽為了維護其民主自由的形象，在業已混亂發展的媒體中成立全俄羅斯廣播電視公司，該單位為國家所有的局級單位，具體負責電視臺新聞製作、電視臺節目的發射，而俄羅斯宣傳部則主要負責印刷媒體與全俄羅斯廣播電視公司的工作，這樣使得俄羅斯媒體進入專業化管理階段。2000 年，當普京執政之後，俄羅斯媒體管理混亂的局面開始有所好轉，全俄羅斯廣播電視公司開始具體管理各加盟共和國及地方的媒體，而俄羅斯中央政府主要是通過預算的落實來實現管理。

第五節　結論：俄羅斯媒體面臨舊的困境

　　蘇聯的大眾傳播媒介常被稱為「大眾新聞和宣傳體系」，這種體系的特徵是權力過於集中、紀律嚴明、步調一致、活動一致。蘇聯廣播電視的特徵主要體現在所有制、領導形式、經濟來源、媒介宣傳方式及管理機制的獨特之處，當前蘇聯解體之後，媒體的這五大特徵並沒有完全消失，反而俄羅斯媒體基本繼承了前蘇聯媒體在當時發展遇到的所有問題。

(一) 所有制形式。蘇聯媒體一般都為國家所有，黨和政府控制媒體的具體運作，私人不准創辦報紙，但在蘇聯發展的後期由於經濟進一步衰落，使得國有媒體無法擺脫工具化、報導公式化、言論僵硬的模式。在俄羅斯聯邦成立之後，葉利欽開始倡導媒體所有制的多元化，儘管當時媒體的言論開始逐漸走向自由，但人民並不能夠判斷這些支持不同利益團體的言論，這使得人民並不能夠很好的利用自己手中的各項投票權利。

(二) 領導形式。蘇聯廣播電視是整個黨和國家機構的一個重要組成部分，蘇聯媒體的基本職能是「集體的宣傳員、集體的鼓動員和集體的組織者」，它必須忠實地為黨的路線方針服務，為提高勞動人民的思想覺悟服務，這是新聞的根本任務，但此時的媒體缺乏相對的獨立性，它對於社會生活、特別是對黨的活動進行監督批評的功能大為減弱。不同的歷史時期，黨中央對新聞宣傳進行思想方面的領導，領導方式的具體體現是制定新聞宣傳方針、政策和任務，並以黨的文件的形式下發給各新聞宣傳單位，一般統稱為「指導性」的領導；在組織方面，各級黨委會確定自己的領導新聞的方向、任務，選擇配備和培養新聞幹

　　部，並定期進行檢查監督，這就是「督導性領導」。指導性領導與督導性領導是實現媒體本身社會職責與進行內部人才培養的重要手段，但在葉利欽執政期間，政府對於媒體的具體指導一般無法貫徹到各個具體的媒體單位，媒體自身人才的培養工作也由於資金無法到位，而使媒體人才處於青黃不接的窘境。這時西方尤其是美國的新聞單位及基金會定期拿出金錢來培養有前途的俄羅斯新聞人才，這些人才在美國接受培養之後，此時媒體的具體領導方式與思維已經有了非常大的改變，而媒體此時是否還以維護國家利益為己任的思想，同樣也有了非常大的改變，國家媒體及私營媒體的管理層出現了難以彌平的漏洞。

(三) 經濟來源形式。蘇聯廣播電視的資金幾乎全部來自國家財政的劃撥，廣播電視均是國有國營機構。在計劃經濟時代，媒體並不存在商業廣告市場，蘇聯廣播電視節目中基本不存在商業廣告，媒體基本不以追求利潤為主要目的，媒體間同樣不存在經濟競爭現象。蘇聯解體前後兩年的時間內，俄羅斯媒體完全有機會仿照英國廣播公司運作模式建立一個收看付費的模式，以此來彌補電視媒體在運作中出現的財政赤字，當時俄羅斯許多的媒體人還對此進行長時間的討論，部分俄羅斯媒體人認為俄羅斯媒體應當採用法國的國家領導媒體的模式，另一部分媒體人認為建立付費機制的媒體可以帶來媒體的良性發展，但按當時俄羅斯經濟發展的狀況，人民並沒有太多的意願來對自己所看到的有限的電視節目進行付費。此後俄羅斯的市場經濟在蓋達爾的休克療法失敗之後陷入低迷，人民開始相信表面性的市場經濟改革並不是拯救俄羅斯經濟的萬靈丹。1993年底，地下性的市場經濟即影子經濟成為經濟發展的主角之一，而盧布與美元的匯差起伏不定，使電視媒體完全不能通過人民的付費來維持正常的運作。

(四) 媒介報導方式。前蘇聯新聞媒體最基本最重要的原則是黨性原則。新聞宣傳機構的首要任務不是提供新聞資訊，而是進行政治宣傳和思想教育。選擇新聞的原則，基本上摒棄新聞的時效性、人情味等基本的新聞價值觀，而是否符合黨的利益和政治需要成為選擇新聞的首要原則。在整個八十年代蘇聯的新聞基本走向史詩式或紀錄片式的新聞，提高觀眾的審美感覺與畫面的美觀成為新聞追求的主要內容，這使得新聞宣傳機構很少報導國內生活中的消極面。對於事故或災難等一切不利於鼓舞人民士氣的消息，一般都會採用避而不提或輕描淡寫的處理方式。對於西方國家的陰暗面的宣傳及對西方高科技的成就諱莫如深的報導方式，使得人民對於西方各國的基本發展狀況沒有任何消息來源。這樣美國及西方各國的媒體成為介紹西方各國狀況的特殊消息來源，如「美國之音」在俄羅斯擁有其他媒體無可比擬的聽眾，

(五) 管理機制。蘇聯的廣播電視是以高度集權的行政命令方式與手段進行管理。蘇聯政府採用封閉式的傳播管理方法，政府禁止外國報刊在蘇聯發行，禁止人民收聽、收看國外的廣播電視節目，尤其是嚴格禁止人民收聽、收看具有敵對性的廣播電視節目，這裏主要是指「美國之音」、「自由廣播電臺」等來自美國的節目。這使得蘇聯在二十世紀七十年代經濟取得巨大成功之後，人民的日常娛樂生活並沒有融合進先進的電子媒體，人們所需的資訊與先前一樣靠有線廣播、中央台獲得，文化娛樂則主要靠劇院、群眾娛樂等戶外的活動來取得，這間接造成蘇聯無法大規模地採用先進的電子技術來獲得資訊。封閉的最大後果是造成人民盲目相信來自於西方的新聞資訊，包括在蘇聯解體的前夕，戈巴契夫的消息來源竟然是「自由電臺」。只有採用開放包容並有效管理的態度，才能在不失去國家和民

　　族利益的前提之下，發展自己國家的媒體，並使之繁榮昌盛。

　　蘇聯的媒體常被西方新聞和傳播理論稱為集權主義。西方媒體人指出，文化娛樂節目在蘇聯的廣播電視中雖然佔有較多的時間，但卻沒有正當的地位。廣播電視的功能是狹隘的，是高度功利性的，廣播電視是為改造社會而工作的，是為解釋共產主義的教義和慶祝社會主義的勝利而運作的。它必須保持黨的理想和保證革命事業的成功。為此，它要讓群眾理解，為了社會主義的現實，必須奉獻個人利益，並做出很大犧牲，包括忍受經濟上的貧窮和對個人自由的限制。蘇聯廣播電視在面對許多社會問題時，如酗酒、吸毒、犯罪等，新聞報導的方式是在問題得到解決之後才給予報導。基本上，蘇聯的廣播電視傳播效果不佳，並未達到預期的效果，總體上來講是不成功的[13]。

　　西方的新聞理論及新聞報導對於前蘇聯媒體的評價基本是切中要害的，蘇聯媒體人的思維及新聞現狀同樣也是西方新聞理論者難以理解的。首先，蘇聯人口的高文化素質造成在新聞枯燥的情況之下，人們開始可以選擇其他獲得消息及娛樂的方式，如前面提到的劇場娛樂，話劇、芭蕾舞、歌劇等等高檔文化在蘇聯非常的發達及普及，且消費的費用也不是很高，這與西方完全不同。這造成人民對於新聞需求迫切性不是很高，只是當遇到緊急事件時，新聞的需求才會馬上提高，但此時報紙、廣播、電視還採取平常的處理態度，自然會引起大眾普遍的不滿。其次，政府不思進取，使得一直走在科技前沿的媒體得不到最好的武器，當時蘇聯媒體內部的管理相當僵化，報紙編輯比政府官員還享有特權，因而在制度與法律僵硬的狀態之下，蘇聯媒體的新聞處理及內部的管理則變為人治大於

---

[13] Smith・Anthony,《Television: An international History》, New York, Oxford University press, 1995, P 73-76

法制，很多的決策不是按法制與體制的規定，而是領導的決定做出，尤其是在戈巴契夫後期的「新思維」的改革當中，媒體基本成為政治鬥爭的工具，媒體對於蘇聯整體發展的歷史採用了一種非理性的處理方式，致使蘇聯讀者在解體前夕的 1991 年間的訂報量大為減少。

時至今日，俄羅斯的新聞學者仍然認為，「大眾傳播事業如果沒有國家的統一領導是行不通的，或者說，儘管媒體不應由國家壟斷，但不能不由國家統一進行一些基本的調控，這種集中調控的體制是可行的。因此大眾傳播媒介在俄羅斯仍是國家進行一些基本的統一領導和調控下的系統，這個系統應根據統一的原則和任務展開活動，而對於整個系統實行領導的根本原則，應該是根據憲法制定的大眾傳播媒體法。廣播電視應該是多功能的，大眾傳播系統要大力發揮的最主要功能就是整合功能[14]」。

應該說此時俄羅斯傳播學者已經基本認清，俄羅斯媒體現在發展過程中所遇到的問題。直至現今，俄羅斯媒體在發展過程中並沒有擺脫人治大於法制的這一怪圈，在葉利欽執政期間，他經常以總統令的形式，對某些媒體進行改革或改變《傳媒法》的具體規定，強調媒體在國家統一領導和調控下展開工作是媒體維護國家利益的前提條件。2000 年，普京執政之後，普京對於媒體的管理更加強調法治化與規範化，但如何為在俄羅斯媒體內部形成積極有效的管理結構並創造外部條件是擺在政府面前的具體問題。

---

[14]　《論大眾傳播系統中的當代廣播》，洪沫編譯，《世界廣播電視參考》，1998 年第 6 期，第 35-40 頁。

第三章
蘇共政治方針決定媒體發展方向

　　在俄羅斯政治改革的歷史進程中，歐洲化與斯拉夫化化總是兩個永遠爭辯不停的問題。蘇聯的國家發展主要依靠兩個支柱：一個是吸引人的意識型態學說，另一個就是國家強制力。傳媒就在這兩個支柱下進行運作，所以說蘇聯的傳媒史基本上反映蘇維埃政權在意識形態與國家發展方向上的變遷。關於兩種意識型態學說的比較，社會主義國家強調達到比資本主義國家更高的勞動生產率且達到更高的生活水平，列寧則比較傾向於和具體的國家進行比較，而不是與廣義上的資本主義，這在 1921 年列寧的《論新經濟政策》中有著具體的解釋。如果社會主義國家在與廣義上的資本主義國家進行比較的過程當中必然陷入腹背受敵的尷尬境地，那麼，社會主義國家就難以吸收資本主義國家的成功經驗。在蘇共七十年的發展過程當中，基本上一直在是否遵循列寧所強調的國家發展方向的問題上反覆。傳媒發展也受到這種發展的影響。

第一節　蘇維埃政權短暫的多黨報業時期

　　1917 年 10 月 25〜26 日（俄曆 11 月 7−8 日），俄羅斯戰時臨時政府被推翻，彼得格勒無線電臺傳來《給俄羅斯公民》的宣言以及一些文件命令之類的講話，這是俄羅斯電臺首次不僅扮演通

訊聯繫的角色，而且還是擔任全面傳遞政治資訊的角色[1]。十月革命之後，布爾什維克黨形成一黨專政的政治體制，媒體成為黨鞏固意識型態與組織功能的工具，這是蘇聯媒體最主要的特色。

十月革命勝利後的第二天，臨時革命委員會查封 10 個最大的資產階級報刊包括《語言報》、《俄文字》、《俄羅斯意志》、《新時代》、《交易所公報》、《戈比》等等報刊。俄共（布）報刊包括《真理報》、《消息報》、《士兵真理報》、《農村貧困報》等分別進駐了這些被關閉的資產階級報刊的印刷場所。俄羅斯資產階級報業當然不同意臨時革命委員會違反出版自由的做法。對此，蘇維埃政府第三天立即出檯了一道出版命令，說明根據列寧的聲明必須在布爾什維克黨執政之後禁止資產階級報刊，授予無產階級出版自由的權利，強調取消不同思想的異議報刊是短暫的措施[2]。

一直到 1918 年初，各種社會主義報刊物仍陸續出版，包括 52 種孟什維克黨人刊物、31 種社會革命黨人和 6 種無政府主義者報刊[3]，不過仍持續遭到中央政府的壓制。1918 年 1 月，社會革命黨人之間出現了對德國合約簽訂的分歧意見，報紙成為社會革命黨人之間的爭論戰場。

左派社會革命黨人的報紙《人民政權報》刊登了與德國簽和就是卑躬屈膝，以及會損害俄羅斯領土與財富的言論，布哈林是其中

---

[1] Основы радиожурналистики / Под ред. Э. багирова и Ружникова М., 1984 Гл. I. （巴各羅夫和魯日尼柯夫主編，《廣播新聞學基礎》第一章，1984 年。）

[2] Овсепян Р. История новейшей отечественной журналистики. М., МГУ,1999.C.39-40.（奧夫塞班，《最新祖國新聞學史》，1999 年，第 39-40 頁。）

[3] Овсепян Р. История советской журналистики. Первое деоятилетие оветсктй власти. М.,1991. C.75.（奧夫塞班，《蘇聯新聞學史》，蘇維埃政權第一個十年，1991 年，第 75 頁。）

的一名。列寧稱這些人為「左派的共產黨人」和「冒險主義者」，並在《真理報》上發表《關於革命談話》、《關於痔瘡》、《不幸的世界》、《奇怪的人與怪物》等文章，表達必須與德國簽訂停戰合約的想法。1918 年 2 月 22 日，彼得格勒廣播電臺發佈了一道蘇維埃政府題為《社會主義祖國陷入險境》的命令，強調簽訂和約換取和平的緊迫性。1918 年 3 月 3 日，俄德終於簽署停戰協定，《真理報》報導了這一消息，並且批評「左派的共產黨人」攻擊布爾什維克黨的錯誤行為。同年 3 月 18 日，蘇維埃人民委員會頒佈命令壓制資產階級報刊。3 月 20 日，俄共中央查封了《共產黨人報》，這一動作加深了布爾什維克黨和左派的社會革命黨人之間的敵對情緒。《真理報》、《消息報》以及其他俄共（布）黨報開始出現一系列批判孟什維克黨和社會革命黨人的言論[4]。

　　1918 年 3 月，蘇維埃政權將政府遷到莫斯科市之後開始強化報刊的整頓舉措。在列寧的指示之下，俄共中央執委會確定了《真理報》的新編輯團隊，列寧原本要解除布哈林的編輯職務，但沒有獲得俄共中央執委會的支持，史達林此時進入了《真理報》的編輯團隊；《工人和農民臨時政府報》被停刊；《消息報》成為完全的中央機關報；《士兵真理報》、《農村真理報》、《農村貧困報》被合併成為《貧農報》，內容主要刊登與農村有關的事情，《貧農報》服務的讀者是教育程度很低的農民，因此，報導內容力求簡單且字體很大，這吸引了大量的農民讀者，發行量自 1918 年11 月的 35 萬份上升到 1920 年時的 75 萬份[5]。

---

[4]　Овсепян Р. История новейшей отечественной журналистики. М., МГУ,1999.C.45-47.（奧夫塞班，《最新祖國新聞學史》，1999 年，第 45-47 頁。）

[5]　Овсепян Р. История новейшей отечественной журналистики. М., МГУ,1999. C.42-43.（奧夫塞班，《最新祖國新聞學史》，1999 年，第 42-43 頁。）

從 1917 年至 1918 年，報刊是社會各黨派之間的政策論戰角力場，對德政策的不一致引發了各黨之間的激烈思想論戰，最終由於執政黨布爾什維克黨堅持無產階級專政的態度，不容許其他社會主義革命黨人異議思想的爭辯，最終俄共（布）以查封反對黨報業的強制手段結束了蘇維埃政權短暫的多黨報業存在狀態。為了組成蘇維埃政權的聯盟國家，俄共（布）決定採取能夠貫徹領導決策的傳媒體系，二十年代的蘇聯媒體由原本多民族、多黨特色區隔的傳媒體系被建構成總體統一型態的思想組織。

第二節　內戰期間一黨化傳媒體系的建構

1918 年 7 月，由外國政府支援的白軍發動了公民戰爭，當時布爾什維克黨報刊的首要任務就是組織群眾對抗敵人。此間，在中央持續壓制資產階級報業的勢頭之下，右派社會革命黨人的報刊逐漸倒戈，逐步形成了俄羅斯蘇維埃報業的結構。

1918 年初，全國一共有 154 家孟什維克黨、左派和右派社會革命黨人以及無政府主義者的報刊，到了 9 月剩下了 50 家，最後到了 1919 年總共僅存 3 家，反對布爾什維克黨的報刊消失殆盡。布爾什維克黨遂於 1918 年開始積極在全國發展，布爾什維克黨報刊的類型有黨報、蘇維埃機關報、軍事報、農民報、青年報、經濟報等等，各類報刊都要負責執行布爾什維克黨政權推行的各項政策。1918 年 11 月 6 日出刊的《經濟生活》日報被視為中央執行經濟政策的最有力的宣傳工具。1918 年 11 月 9 日出刊的《民族生活》周報，則負責報導蘇維埃政權關於民族政策的文件。自 1918 年至 1920 年期間，

布爾什維克黨開始建立地方性蘇維埃報刊，最終形成的蘇維埃政權報刊網路取代了資產階級報刊留下的空間[6]。

在內戰期間，國際宣傳工作是布爾什維克黨報刊最重要的任務。1918 年 11 月出刊的《公社報》在彼得格勒發行，一直到 1919 年底《公社報》都以多種國際語言在各地方發行，從 1918 年到 1920 年期間，大約有 100 種刊物以 13 種語言和小冊子的形式發行。在內戰期間蘇維埃政權的報業持續成長。

此外，廣播電臺在內戰期間負擔了戰情報導以及聯繫中央政府與地方政府進行政策通告的重要任務。1918 年 7 月 19 日，蘇維埃人民委員會通過一項決議——關於廣播技術事務中央化的命令，根據這項命令，政府開始建立國家廣播技術網路的工作，由人民郵政與電信部負責執行這項工作。1920 年 3 月 1 日，根據工農國防委員會特別命令，在莫斯科沙伯羅夫斯基大街設立了莫斯科電臺，這加強了中央與地方以及和國外政府之間的資訊聯繫[7]。

另外，在俄羅斯蘇維埃政權的傳媒體系中扮演相當重要角色的就是俄羅斯通訊社[8]，它是根據 1918 年 9 月 7 日的最高中央執行委員會主席團命令，在彼得格勒通訊社和俄羅斯蘇維埃聯邦社會主義共和國出版局的基礎之上創建，俄羅斯通訊社執行的任務包括保障定期刊物出版、保障報導前線和後方勞動人民的英雄事跡以及傳達黨和政府的命令等。俄羅斯通訊社作為中央資訊機關與最大的出版

---

[6] Овсепян Р. История новейшей отечественной журналистики. М., МГУ,1999. С.48-50.（奧夫塞班，《最新祖國新聞學史》，1999 年，第 48-50 頁。）

[7] 同上，1999 年，第 52-53 頁。

[8] О Российском телеграфном агентстве (РОСТА). Постановление Президиума ВЦИК. 7 сентября 1918г. // О партий и советской печати, радиовещвнии и телевидении. М., 1972. С.62-63.（關於俄羅斯通訊社，最高中央執行委員會主席團命令，1918 年 9 月 7 日。//《關於黨和蘇維埃出版、廣播與電視》，1972 年，第 62-63 頁。）

機關，出版了各種新形式的刊物，形成了蘇維埃政權在各地宣傳與組織的出版網路[9]。

1918 年 3 月，《消息報》總部隨著蘇維埃政府遷到莫斯科，在內戰期間，《消息報》刊登了一系列振奮紅軍士氣和攻擊白軍對抗列寧政府的文章，例如題為《紅軍前線》、《糧產》、《工人生活》、《國外》等，《消息報》有一個專門的部門叫做「政府命令與行為」，負責在報紙上解釋政府的最新政策，此外，消息報也報導和解釋蘇維埃政府與外國政府的外交政策，所以，《消息報》在內戰期間扮演了相當重要的政府喉舌的角色[10]。

自 1918 年 7 月至 1920 年期間，由於紅軍政府對抗白軍反叛的內戰關係，蘇維埃政權逐漸將傳媒體系的組織網路從中央建立到地方。不論是中央的《真理報》、《消息報》，還是莫斯科廣播電臺與俄羅斯通訊社，都發揮了它們戰時傳達政令、強化意識型態和激勵士氣的作用。俄共（布）在 1918 年至 1920 年間三屆的蘇維埃新聞記者大會上都確立了蘇維埃政黨傳媒系統的方針，隨著內戰結束蘇聯傳媒發展從此進入一黨化時期。

第三節　列寧新經濟政策時期的傳媒發展

第一次危機發生在 1921 年。自 1918 年至 1920 年的內戰徹底改變了俄共（布）在俄羅斯政權結構中的整體面貌，反對黨與多黨體系被消滅了，形成俄共（布）一黨專政的政治結構，所有政府機關、大

---

[9] Овсепян Р. История новейшей отечественной журналистики. М., МГУ,1999. С.53-54.（奧夫塞班，《最新祖國新聞學史》，1999 年，第 53-54 頁。）

[10] 同上，1999 年，第 55 頁。

眾社會團體、工會、公司組織都歸俄共（布）管轄，形成了所謂的戰時的「軍事共產主義」垂直管理系統。但是這個俄羅斯蘇維埃政權在內戰期間實行的「軍事共產主義」系統卻在 1920 年底陷入了政治、經濟與社會的全面性危機[11]。

　　另一方面俄羅斯蘇維埃政權最大的社會危機主要是伴隨著「軍事共產主義」體制之下所實行的餘糧收集制。緊急委員會機關對農村強制性徵收餘糧造成了民怨沸騰，尤其是各地緊急委員會對農民施以暴力恐怖手段都是當時社會爆發危機的原因。關於緊急委員會暴力的描述在許多刊物中都有報導。例如 1920 年 10 月《真理報》當中一期的報導寫著：「伏爾加格勒區的尼古拉耶夫緊急委員會強制徵收農民的餘糧，用拳頭鎮壓反抗的農民，……把農民關進冷冰冰的倉庫，脫光衣服並且用鞭條抽打……。」同樣的報導也出現在 1921 年的其他刊物中，像是《俄羅斯意志》、《公共事務》、《最新消息》等報刊[12]。

　　俄共報刊對餘糧收集制所引發的暴動多有報導，這引起了列寧的注意，決定解除「軍事共產主義」，向新的經濟政策轉軌，以振興農村經濟的復甦，新經濟政策的方針首先在 1921 年 3 月黨的第十屆會議上提出。當然這引起了黨內對手的強烈反對，列寧的主張被對方視為背棄革命的理想，不過也有如《真理報》等發出冷靜的聲音，支持列寧新經濟政策中以自然稅收的方式取代餘糧徵收制，促使農村經濟從戰時的破壞當中逐步恢復[13]。

---

[11] Наше Отечество. Опыт политичекой истории. Т.2. М., 1991.С. 164-209.（《我們的祖國，政治史經驗》第二冊，1991 年，第 164-209 頁。）

[12] Овсепян Р. История новейшей отечественной журналистики. М., МГУ,1999. С.59.（奧夫塞班，《最新祖國新聞學史》，1999 年，第 59 頁。）

[13] 同上，1999 年，第 59-60 頁。

　　列寧自 1921 年起開始實施新經濟政策並修改了自己的學說，此後，黨的威信提高了，國家政權也得到了鞏固。1921 年 10 月 17 日下午，列寧在全俄羅斯政治教育委員會第二次代表大會做出會議報告，出席大會的共有 307 名代表，其中有表決權的代表 193 名，有發言權的代表有 114 名。列寧當選為大會的名譽主席，代表大會的主要任務是批准 1922 年的工作計劃，制定在新經濟政策條件下展開群眾鼓動工作的方式和方法。

　　在大會上列寧提出蘇維埃政權在建立的過程中共產黨的角色已經開始轉變，共產黨人在奪取政權之後如何保衛蘇維埃政權成為首要任務，俄羅斯共產黨應當儘快利用當前的有利形勢實施新政策。所謂新經濟政策就是以實物稅代替餘糧收集制，這在很大程度上是部分恢復資本主義的市場經濟。例如同外國資本家簽訂租讓合同，把企業租給私人資本家，這些都是直接恢復資本主義，是重新自經濟政策的根萌發出來的[14]。

　　列寧在報告中提出是資本家還是蘇維埃政權取得勝利的問題，但他並沒有給出答案，他只是提出讓國家經濟發展來說明問題。俄羅斯共產黨同時還要採取新的方法加強政治教育，共產黨員自己最大的敵人主要有三個：（一）共產黨員的狂妄自大，（二）文盲，（三）貪污受賄。蘇共中央在發展中最大的敵人是自己，而不是其他人。直到現在俄羅斯的新聞學者還懷念當時列寧對現實進行的實事求是的分析，列寧的新經濟政策是在蘇聯解體之後莫斯科國立大學新聞系許多教授研究的重點，主要側重在蘇聯媒體如何協調軍事鬥爭和經濟、文化發展而保衛蘇維埃政權。

---

[14]　《列寧論新經濟政策》，中共中央著作編譯局編，人民出版社，第 96-116 頁，2001 年 3 月第 3 版。

　　十月革命勝利後，列寧不僅是俄國共產黨（布），而且是第一個新生的社會主義國家的主要領導人，從社會主義建設的需要出發，他十分重視報刊工作和廣播電臺的創辦，把這些工作作為一項國家的重大事業。這是他在 1918 年 3 月《蘇維埃政權的當前任務》中集中論證，並在後來的幾年裏反覆闡述的一個觀念：「報刊應該成為社會主義建設的工具[15]」。

　　1918 年 9 月列寧在《論我們報紙的性質》中提到，現在我們老一套的政治鼓動，即政治空談，所占的篇幅太多了，而新生活的建設，建設中的種種事實，所占的篇幅太少了。報紙現在應當少談些政治，因為政治已經完全明朗化了，它已歸結為兩個陣營的鬥爭，即無產階級和一小撮奴隸主資本家的鬥爭；多談一些經濟，這裏的經濟不只是泛泛議論、學究式的評論、書生式的計劃以及諸如此類的空話，我們需要的經濟是指搜集並周密地審核和研究新生活的實際建設中的各種事實[16]。看來列寧在十月革命之後就已經意識到蘇聯媒體在發展過程中已經呈現出過度政治化的傾向。少談政治，多談些經濟，這是列寧為使黨和蘇維埃報刊成為社會主義建設的工具而最早向全國和報刊工作者提出的要求。

　　二十世紀初，世界各主要國家都在研製用於通訊和廣播的無線電技術。關於無線電廣播的任務，列寧在多封信件中論述過。1921 年 9 月 2 日，他致信俄羅斯聯邦郵電人民委員，他寫道，「此事對我們來說（特別是對於東部的宣傳工作）是非常重要的。在這件事情上拖延或怠惰就是犯罪。」1922 年 1 月 2 日，他在無線電實驗室申請撥款的報告上寫道：「要注意到它已經做出的巨大貢獻和它在最近的將來在軍事和宣傳方面能給我們帶來的巨大好處。」1922 年

---

[15]　《列寧全集》中文第二版 34 卷 172 頁，人民出版社 1985 年版。

[16]　《列寧全集》第 35 卷，人民出版社，1985 年第二版，轉引自童兵《馬克思主義新聞經典教程》，復旦大學出版社，2002 年第一版。

5 月 11 日，他在給俄羅斯聯邦郵電人民委員的信中，再次重覆了無線電廣播對宣傳的意義，他寫道：「這項工作對我們具有極其重要的意義，因為如果試製成功，將會給宣傳鼓動工作帶來極大好處。」八天後，列寧致信當時主持黨務的總書記史達林：「我想，無論是宣傳和鼓動，特別是對沒有文化的居民群眾進行宣傳和鼓動，還是就轉播講座來說，實行這個計劃都是絕對必要的[17]。」

　　1921 年 2 月《勞動報》就是在這樣經濟轉軌的過程中誕生，《勞動報》鎖定的對象是廣大農村的勞動人民，《勞動報》不但要切實反映農村真實的問題給上層領導，還要為新經濟政策的實施向廣大農村的勞動人民做出宣傳與解釋。因此內戰後媒體的發展受到政府的高度關注。1921 年 10 月在莫斯科就為此創辦了莫斯科國立新聞學院，負責培養新聞幹部，以解決新聞人才短缺和素質不齊的狀況。但是到了 1922 年媒體運作的危機並沒有解除，因為關於新經濟政策的報導材料嚴重短缺，造成了報導內容經常重覆以前舊聞的情況，報刊報導政策宣導的時效性嚴重滯後，有時記者還不願意反映真實的狀況，再加上新聞記者不瞭解新經濟政策的真正涵義，就這樣，媒體這種上下脫節的窘境使得媒體自身的威信大大地降低[18]。

　　對於政權危機與新經濟改革政策的困境，列寧在 1922 年 3 月俄共（布）黨的 11 屆大會上提出批判社會革命黨人並且處死孟什維克黨人等反革命的恐怖分子。報刊上出現了相關標語「消滅工人階級叛徒」、「處死革命的敵人」、「處死投機主義者」等等。因此法院做出了一系列處決判刑的名單。這引起了世界文壇與科學界人士

---

[17] 陳力丹，《再論列寧十月革命後的新聞思想》，
http://ruanzixiao.myrice.com/zllnsygmhdxwsx.htm。
[18] Овсепян Р. История новейшей отечественной журналистики. М.,
МГУ,1999. C.60-61. （奧夫塞班，《最新祖國新聞學史》，1999 年，第 60-61
頁。）

的抗議，高爾基也是其中一名反對者。此外，200 名無黨籍的知識份子紛紛發表抗議聲明，包括了哲學家、詩人貝爾加耶夫[19]、社會學家索羅金、作家奧索爾金與其他知名的社會人士。其中標誌性的事件就是高爾基因抗議還被流放[20]。黨內的鬥爭氣氛讓蘇維埃報業的惡化現象一直到新經濟政策中開放部分私有媒體產業時才得到一些緩和。新經濟政策推動的一年間，在莫斯科有 220 家私人報刊媒體註冊登記，在彼得格勒則有 99 家[21]。

　　這時期的報業發展有幾股方向。其一就是懷念君主主義制度的保守主義報刊，它以斯圖維的雜誌《俄羅斯思維》為代表，還有《雙頭鷹》與《即將來臨的俄羅斯》刊物。其二就是溫和的實際主義派，代表人物是米留柯夫，主張結合社會革命黨人中的左派和右派從白軍失敗中站起來，其中代表報刊為《最新新聞》日報和《日子》周刊，這成為了俄羅斯海外移民表達意見的平臺。其三就是循規蹈矩派，代表人物是烏斯特寥羅夫，表達了報業在時代當中轉變的思想，其中代表報刊為《生活新聞》、《道路》、《新道路》、《里程碑轉變》、《前夕》等等。這一派新聞人又各自結合俄羅斯精神和蘇維埃精神中的愛國主義信仰[22]。

　　1924 年 1 月 1 日，為配合戒嚴體制的軍事改革，出版了《紅星報》。1924 年的報業的經濟來源普遍出了問題，因此俄共（布）在 1924 年 3 月的第 13 屆大會上通過一道命令，就是每一位共產黨員都要訂黨報，每十戶農家需要訂一份黨報。到了 1925 年，589 種報

[19] Бердяев Н. Судьбы России. // Литературная газета. 1990,12,5. （貝爾加耶夫，《俄羅斯的命運》，文學報，1990 年 12 月 5 日。）

[20] Незвисимая газета 1992,8,4. 獨立報，1992 年 8 月 4 日。

[21] Овсепян Р. История новейшей отечественной журналистики. М., МГУ,1999. C.62. （奧夫塞班，《最新祖國新聞學史》，1999 年，第 62 頁。）

[22] 同上，1999 年，第 63 頁。

刊中農村報刊仍是重點，全國蘇維埃報刊大約有 300 萬訂戶，141
種農民報刊，76 種工人報刊，72 種共青團報刊，17 種軍事報刊等
等[23]。

　　在蘇維埃報刊發展的第一個十年當中，從短暫的多黨報刊、俄
共極力發展一黨報刊到列寧新經濟政策短暫放寬的私有化報刊過程
中，蘇維埃黨報刊體系最終仍發展成為具有社會主義特色的報刊制
度，這不得不說與它處在政治改革大環境之下有關。在這裏我們看
見蘇共報刊的演變，可以說蘇維埃報刊的發展重點反映當時貫徹黨
的政策思想的歷史進程。

第四節　　史達林時期戰國期間的傳媒發展

　　第二次危機是從 1928 年的政治改革開始的，持續了 5 年。此時
富農又開始被當作「階級」而遭到草率的消滅，剩餘的農民被迫聯
合成立集體農莊，這個工作是在黨和國家的嚴格監督下執行的。在
集體化過程當中，政治動機是主要的，經濟動機則被完全忽略，這
是與列寧的新經濟政策最大的不同。那些反對集體化的部分貧苦農
民也遭到了鎮壓。最後幾年恐怖擴大到黨本身、軍隊和國家幹部。
黨內禁止任何派別活動，意識型態學說在 30 年代重新做出了修改，
當時意識型態學說希望建立在改善生活的許諾基礎之上，最後演變
成為史達林建立個人崇拜的工具。當時大多數的蘇聯公民都支持了
這樣的意識型態。當時政權的主要支柱是在國家官僚的特權階層、
鐵的紀律和完全服從上級的原則上組織起來的官僚體系。這基本上
具有一個極權社會的特徵，但它在更大的程度上是依附在社會主義

---

[23] 同上，1999 年，第 65-68 頁。

的標誌下，成為社會主義和黨的負擔，衛國戰爭的勝利只是更加鞏固了這一制度，它一直延續到蘇聯解體。

此外，這個時期的傳媒發展可以分為幾個階段來看，第一個階段是二十年代末到三十年代階段，第二個階段是 1939 年到 1945 年，第三個階段是 1946 年 1956 年。對於二十年代末到三十年代傳媒發展的評價比較莫衷一是[24]，主要原因可能是對史達林個人集權的看法不一。

在第一個階段，如果單從報刊的專業類型而言，這個時期中央經濟類報刊加強在地方上的分支發展是最重要的發展趨勢，新發刊的報紙有：《農業報》、《社會主義耕作報》、《發展食品工業報》。30 年代國內報刊著重在發行工人與工業類型的報刊，包括《貿易工業報》、《建築報》、《輕工業報》、《林業報》等等。在許多刊物中經常出現如下的標題：《專業生活》、《追求高勞動生產》、《技術革新》、《勞動與紀律》、《工人日常習慣》、《經驗交換》、《編輯信箱》、《讀者談自己的報紙》等等。到了 1937 年，蘇聯國內已經出版了 8521 種報刊，訂戶達到 9620 萬，在全蘇聯加盟共和國內同時發行的有 2500 種報刊[25]。

---

[24] Ингулов С. Реконструктивный период и задачи печати. М., 1930. Иванов Р. Партийная и советская печать в годы второй пятилетки. М., 1961. Исмагилов М. Печать и производственна пропаганда: исторический опыт, традиции проблемы перестроечного периода(Формирование и развитие экономической прессы в годы первых пятилеток), 1991 и другие.(印古洛夫，《重建時期與報刊任務》，1930。伊凡諾夫，《第二個五年時期的黨與蘇維埃報刊》，1961 年。伊斯馬革洛夫，《報刊與生產宣傳：歷史經驗、重建時期的傳統問題（形成與發展第一個五年經濟報業）》。)

[25] Овсепян Р. История новейшей отечественной журналистики. М., МГУ,1999. C.84-111. (奧夫塞班，《最新祖國新聞學史》，1999 年，第 84-111 頁。)

　　第二個階段是 1939 年到 1945 年。這個時期的傳媒發展與納粹德國的入侵有關。在戰前蘇聯媒體開始對工人、農民與知識份子進行大量的思想動員。1939 年到 1940 年期間，中央報刊包括《真理報》、《紅星報》、《共青真理報》等都進行了內部編輯部的整頓，出現了許多新的組織，其中最重要的就是宣傳組的增設[26]。

　　1940 年的報刊數量比 1937 年增加了接近 300 種，達到了 8806 種報刊，零售報數量則由 3620 萬增加到 3840 萬份[27]。中央廣播電臺兩檔節目在 1940 年時每天平均要播放 64.3 個小時，其中一台 23 個小時針對國外聽眾播放的節目[28]。1941 年 6 月 22 日中午 12 點，中央廣播電臺報導了德國攻擊蘇聯的消息，電臺首先要播報 45 分鐘政府所發表的聲明，然後開始播報前線戰況。從此蘇聯人民便開始從早到晚關注廣播電臺所傳回來的最新戰情。1941 年 6 月 24 日，蘇聯資訊局創設，蘇聯資訊局每天要做 2000 次戰情彙報[29]。在前線採訪的特派記者是來自中央與塔斯社的報刊，可以在前線採訪的媒體有蘇聯資訊局、《塔斯社》、《真理報》、《消息報》、《紅星報》、《紅色前線》、《共青團真理報》等[30]。

---

[26] Овсепян Р. История новейшей отечественной журналистики. М., МГУ,1999. С.113-114.（奧夫塞班，《最新祖國新聞學史》，1999 年，第113-114 頁。）

[27] Печать СССР за 50 лет. Статистические очерки. М.,1967. С.190.（蘇聯報刊 50 年，統計概要，1967，第 190 頁。）

[28] Глейзер М. Радио и телевдение в СССР. Даты и факты (1917-1986).М., 1989.С.54-55.（格列則爾，《蘇聯廣播電視》，日期與事實（1917-1986），1989 年，第 54-55 頁。）

[29] Овсепян Р. История новейшей отечественной журналистики. М., МГУ,1999. С.114-117.（奧夫塞班，《最新祖國新聞學史》，1999 年，第114-117 頁。）

[30] Бурков Б. "Комсомолка"в шинели. М.,1975.（布林柯夫，《穿上軍衣的女共青團員》，1975 年。）

僅僅在 1942 年當中，軍中就發行了 22 種以蘇聯加盟共和國主要民族語言印製的報刊，在衛國戰爭中一共發行了 64 種報刊，以團結蘇聯軍隊與提升士氣。此外，在衛國戰爭中蘇聯軍方一共發行了 20 種雜誌，包括《紅軍鼓動者與宣傳者》、《鼓動者活頁本》、《文藝雜誌》、《紅軍》、《前線圖解》、《炮兵雜誌》、《裝甲車隊雜誌》、《軍事工程雜誌》、《紅軍通訊》等等[31]。

總體而言，衛國戰爭期間媒體的報導方向主要集中在蘇聯軍隊的戰況、前線作戰與後方抗敵的英雄事跡、蘇聯軍隊在歐洲領土作戰以及對抗德國入侵獲的光榮勝利等等。蘇聯人民為了保衛祖國而在報刊上發表各種愛國文章與評論，表達了捍衛祖國的勇氣與決心，這一部分媒體發展時期極大地豐富了這一時期蘇聯報刊的內容形式[32]。

第三個階段是 1946 年～1956 年。戰後史達林政權繼續強化傳媒的意識型態宣傳功能，將人民的注意力轉往戰後經濟復甦的建設工作上去。戰後蘇聯媒體又進入了一個重建發展的時期。

蘇聯媒體在戰後首先面臨的是生產設備的匱乏、紙張的短缺和新聞人員的不足等等問題。地方報紙在戰後陷入壓縮版面的窘境，例如《真理報》的城市版與社區版兩版縮減為半個版面。與此同時，新一批的報業得到創建，地方報業為因應宣傳戰後經濟復甦工作的需求又新發行一些報刊雜誌，比如《建築材料工業報》、《水運報》、《文化與生活》、《追求永久和平報》、《追求人民民主報》、《和平與社會主義的問題》雜誌等。此外民族語言報刊也有發展，例如

---

[31] Овсепян Р. История новейшей отечественной журналистики. М., МГУ,1999. С.119.（奧夫塞班，《最新祖國新聞學史》，1999 年，第 119 頁。）

[32] Овсепян Р. История новейшей отечественной журналистики. М., МГУ,1999.С.138.（奧夫塞班，《最新祖國新聞學史》，1999 年，第 138 頁。）

薩哈林的朝鮮文報《根據列寧的道路》、在摩爾多瓦共和國以摩爾多瓦與出版的《鄉村生活》等等。其中蘇聯報業中最重要意識型態宣傳的工作，是由全俄共（布）中央執行委員會宣傳鼓動部發行的《文化與生活》擔任，該報刊登的相關命令是報刊機關與其他意識型態機構所必須要知道與執行的[33]。

　　戰後電視發展成為蘇聯媒體發展的重點。1949 年 6 月 29 日，蘇聯電視第一次在戶外轉播了迪納摩體育館舉辦的一場足球賽。1951 年 3 月 22 日，蘇聯部級委員會頒佈一項製作莫斯科每日播放電視節目的命令，為此，1954 年夏天，在中央電視臺攝影棚內舉行了好幾次編輯會議，這裏首度出現了一批專業的電視記者。他們的首要任務就是製作第一批蘇聯紀錄片[34]。

　　蘇聯傳媒參與國際事務是蘇聯戰後重建最重要的任務。此時蘇聯國家通訊社－塔斯社就扮演舉足輕重的角色。不論遠東、歐洲、亞洲之一都有塔斯社的通訊網絡，負責報導這些地方戰後政治與經濟改革的情況，擔任蘇聯在外重要的情報耳目。與此同時，《真理報》、《消息報》以及中央其他報刊也都將國際議題擺上報導的議事日程當中。國際議題成為蘇聯媒體關注戰後經濟復甦以外的另一個重要方向[35]。

---

[33]　同上，1999 年，第 140-141 頁。

[34]　Глейзер М. Радио и телевдение в СССР. Даты и факты （1917-1986）.М., 1989.C.70.（格列則爾，《蘇聯廣播電視》，日期與事實（1917-1986），1989 年，第 70 頁。）

[35]　Овсепян Р. История новейшей отечественной журналистики. М., МГУ,1999.C.158.（奧夫塞班，《最新祖國新聞學史》，1999 年，第 158 頁。）

第五節　赫魯雪夫的新憲法革新與傳媒角色

　　第三次政治改革開始於 1953 年史達林死後，也持續了 5 年。這次危機是依靠對農民、工人、職員和知識份子的許多讓步來解決的。在二十世紀五十年代人民的生活狀況明顯改善，經濟高速發展，以至某些經濟學家認為 50 年代是蘇聯國民經濟史上最成功的年代，蘇聯的國民生產總值在 1951 年～1960 年間增長了 1.5 倍。蘇共的意識型態學說的實質性變化是在黨的第二十次和第二十二次代表大會上。

　　代表大會認為蘇聯國家生活已經開始出現社會主義的特點，並且提出了蘇聯建設共產主義社會的方針。六十年代，政府只對這個方針做出一小部分的修正，七十年代當蘇聯的經濟發展開始明顯放緩時，蘇聯的意識型態指導政策未能及時做出相應的改變，同時國家未能有效地利用已經出現的科技革命契機，導致蘇聯與發達資本主義國家差距擴大，同時政府不適當地增加軍費開支，掏空了經濟。此時，廣大群眾的物質狀況並不樂觀，不滿情緒增長了。當政府機關試圖通過壓力與鎮壓來抑制這些不滿，儘管這些鎮壓並不是大規模的。而真正的問題是意識型態學說研究的停滯已經破壞了蘇共官員的威信，特權繼續被當作社會主義的一部分被保留下來，危機並沒有得到有效的解決。

　　1956 年，赫魯雪夫當權後宣佈了黨的新政治方針。與此同時，國際舞臺上也瀰漫著蘇聯倡議大和解的氣氛，這反映在蘇聯媒體的社政報導上。五十年代蘇聯傳媒體系已經樣板化與教條化，必須繼續媒體改革工作。八十年代中期以後，戈巴契夫所執行的「公開性」改革其實並非空穴來風，戈巴契夫所倡導的「公開性」其實早在赫

魯雪夫執政的後期就曾經被試圖短暫地實行過，但那只是曇花一現，其中標誌性的事件就是 1964 年的「新憲法事件」。

蘇共第二十二次大會後，赫魯雪夫便著手開始進行起草新憲法的工作。當時蘇聯還在執行 1936 年所通過的「史達林憲法」，赫魯雪夫認為，這部憲法存在非常多的缺陷，它已經不能適應新的形勢，對此蘇聯必須根據蘇共新綱領的精神重新加以制定。1962 年 6 月 15 日，赫魯雪夫為此成立了由 97 人組成的新憲法起草委員會，該委員會下設 9 個分委員會。其工作程式為：先由這些分委員會按不同的問題準備材料，提出建議，然後集中討論，綜合彙集，按照赫魯雪夫的意見，該憲法的起草工作應在 1963 年完成。

當時新憲法起草分委員會提出的許多建議已經涉及國家民主化、聯盟共和國的主權、公民所擁有的權利等方面，對此委員會都有比較新的做法，如選舉產生國家和地方領導人、聯盟共和國成為主權國家、對國家的重大問題進行全民公決等等政治性問題。當然這些都是建立在以共產主義思想為基礎的框架之下。1964 年，在赫魯雪夫下臺之後，這部新憲法也最終沒有面世，1977 年勃列日涅夫制定的蘇聯新憲法在許多地方上都沒有再出現當年的諸多建議，但這些建議幾乎不約而同地在「公開性」改革中出現。

1962 年 6 月 15 日，赫魯雪夫在第一次全體會議上表示他曾考慮起草一份制定新憲法的基本思想和方針。他在委員會上與大家交流過後認為，這樣會對委員會成員有所束縛，因此委員會制定新憲法的方法就是分委員會開會、討論。每個委員會在相對獨立的情況之下提出自己的意見與觀點，最後再做集中，把這些意見匯總成為一個統一的文件，然後再發給委員會的全體成員。屆時，每個成員要就他所負責的工作表示自己的意見，而對整個憲法條文一定要向委員會提出自己的看法。儘管這樣做會費一些時間，但憲法總委員會不會規定分委員會工作的硬性空間。

　　憲法委員的分委員會共分為九個，分別是憲法一般問題和理論問題分委員會；社會制度和國家制度問題分委員會；國家管理、蘇維埃和社會團體活動問題分委員會；經濟問題和國民經濟管理問題分委員會；民族政策和民族國家建設問題分委員會；科學、文化、國民教育和保育問題分委員會；對外政策和國際關係問題分委員會；人民監督和社會主義法制問題分委員會；編輯委員會。

　　在這裏我們大致看以下四個委員會的成員：

　　一般問題和理論問題分委員會的成員主要包括：赫魯雪夫、勃列日涅夫、沃羅諾夫（蘇共中央俄羅斯聯邦局副主席）、基里連科（蘇共斯維爾德羅夫州委第一書記）、蘇斯洛夫（蘇共中央主席團委員、中央書記）、柯西金、庫西寧（蘇共中央主席團委員、中央書記）、米高揚、勃德戈爾內（蘇共中央主席團委員、烏克蘭共產黨中央第一書記，後來調任蘇共中央書記）、波利揚斯基（蘇共中央主席團委員、俄羅斯聯邦部長會議主席）、什維爾尼克（蘇共中央主席團委員、中央監察委員會主席）。

　　社會制度和國家制度問題分委員會的成員包括：阿布拉莫夫（蘇共莫斯科州委第一書記）、鮑玖爾（摩爾達維亞共產黨中央第一書記）、德佐尼采德澤（格魯吉亞共和國最高蘇維埃主席團主席）、伊斯坎德羅夫（亞塞拜然共和國部長會議主席）、卡恩別爾金（拉脫維亞共和國最高蘇維埃主席團主席）、柯羅欽可（烏克蘭最高蘇維埃主席團主席）、凱賓（愛沙尼亞共產黨第一書記）、奧維佐夫（土庫曼共產黨第一書記）、佩爾謝（拉脫維亞共產黨第一書記）、謝爾比茨基（烏克蘭共和國部長會議主席）。

　　國家管理、蘇維埃和社會團體活動問題分委員會的成員包括：拜拉莫夫（土庫曼共和國最高蘇維埃主席）、格奧爾加澤（蘇聯最高蘇維埃主席團秘書）、耶匹謝夫（蘇聯陸軍和海軍政治工作負責人）、卡文（文尼察州集體農莊主席）、柯季查（摩爾達維亞共和

國中央第一書記）、馬祖洛夫（俄羅斯聯邦共產黨中央第一書記）、
米利謝普（愛沙尼亞共和國中央第一書記）、帕夫洛夫（蘇聯共青
團中央第一書記）、波利揚基思（俄羅斯聯邦部長會議主席）、拉
蘇洛夫（塔吉克共產黨中央第一書記）、斯米爾諾夫（列寧格勒的
一名工人）、斯涅奇庫奇（立陶宛共產黨中央第一書記）、季托夫
（蘇共中央黨機關的領導）。

　　編輯委員會的成員包括：阿朱別伊（《消息報》主編、赫魯雪
夫的女婿）、阿爾祖馬尼揚（院士）、羅馬什金（法學家、蘇聯科
學院院士）、薩丘科夫（《真理報》主編）、斯捷潘諾夫（《真理
報》副主編）、費多謝耶夫（院士）。

　　在一般問題和理論問題分委員會的成員更表示出中央對於這次
修改憲法的重視，中央的一些重要成員都加入其中，但在社會制度
和國家制度問題分委員會和國家管理、蘇維埃和社會團體活動問題
分委員會這兩個重要的委員會中我們看到更多各共和國領導的身
影，其中還有工人代表的成員，這表示赫魯雪夫已經看到蘇聯已經
到了新舊領導人需要交替的時候。蘇聯社會各界新出現的精英階層
對於前期的國家管理表示出自己獨特的意見，他們希望得到國家與
社會的重視，但如何平穩地解決社會穩定和變革的問題成為關鍵。

　　這樣分委員會的成員一定會提出與社會非常貼近的觀點與建
議，但問題是如何協調個別成員提出的尖銳建議與社會大眾的慣性
呢？也就是說，民眾對於分委員會的成員提出的問題並不一定有深
刻的理解，但民眾對於自己的生活困難關心的程度要大於一切。從
政策的後期結果上來講，分委員的成員並沒有注意到這些民生問
題。因此，如果處理不好民眾現實生活與國家未來發展相互的關係，
這可能會引起東歐各國與蘇聯內部的不穩定。

　　馬克思在《政治經濟學批判》序言中有一段經典論述：「人們
在自己生活的社會中發生一定的、必要的、不以他們的意志為轉移

的關係，即同他們的物質生產力的一定發展階段相符合的生產關係。這些生產關係的總和構成社會的經濟結構，即有法律的和政治的上層建築豎立其上並有一定的社會意識形式與之相適應的現實基礎[36]。」馬克思主義經典作家把社會結構分為經濟基礎（生產力及生產關係）、國家機器和社會意識型態三大板塊。國家機器在制約和促進經濟基礎與社會意識型態協調發展中具有至關重要的作用。

　　1964 年 6 月 16 日，赫魯雪夫在憲法會議第二次全體會議開幕式時表示，憲法委員會不斷收到勞動人民的大量來信，來信談到的是關於未來基本法的具體內容很具有可行性。有的人起草並寄來了憲法呈文，這已經被送到憲法分委員會。新憲法必須反映蘇維埃社會和國家發展的現狀，必須反映社會主義民主提高到一個更高的水平，為勞動人民的民主權利和自由建立更加牢固的保障，新憲法將是一部史無前例的社會主義民主憲法。新憲法應當為國家公民遵守社會主義法制提供保障，為過渡到社會的共產主義自治準備條件。在起草新法草案時，我們必須以對我國政治建設和國家建設具有國際意義的重大經驗為指南，以列寧的思想遺產中關於憲法建設問題的指示為指南，以在我們的黨綱中得到反映和進一步發展的列寧主義的社會主義國家組織原則和活動原則為指南。新憲法應當是一個具有國際意義的文件，是鼓舞各民族爭取自己光明未來的典範和榜樣。

　　這次會議中，赫魯雪夫提到新憲法的幾個總原則：首先，新憲法不能侷限於闡述國家建設的基礎和國家機構，在社會主義社會，在管理社會事務方面，除社會主義的國家機器外，共產黨和社會團體也起著重要的作用。共產黨的領導作用、社會生活中的作用和經

---

[36] 馬克思：《〈政治經濟學批判〉序言》，《馬克思恩格斯選集》第 2 卷，人民出版社 1995 年第 2 版，第 22 頁。

濟建設的領導問題，在憲法中應當得到廣泛的反映。總之，新憲法應當是國家和社會的基本法。

　　其次，應當在黨的綱領中寫進一條重要原則：一切為了人，為了人的幸福。這是一條基本的原則，是馬列主義的根本基礎。必須使這一條共產主義的原則在新憲法草案中得到充分反映。也許我們應當在新憲法中專設一章：社會、個人和國家，在這一章中必須給予蘇聯人民已經享有但是沒有寫進現行憲法的權利以及現在農民已經被保留下來的權利正式的肯定。比如，經過多年發展現在實際上已經存在的權利和民主自由，包括勞動保護、健康保護權、享有文化財富權、科學和藝術創作權等等。

　　最後關於蘇維埃的名稱。這應當體現出整個蘇維埃活動的活躍性，在新憲法中應當有所體現，問題還涉及到蘇維埃常設委員會以及蘇維埃代表作用是否應當得到提高。比如將蘇維埃改為「人民蘇維埃」是否更加準確。當時在會上有的同志認為，這樣的名稱能更好地反映我們社會新的社會結構、我們社會的社會統一和思想政治統一。另外一些同志認為，基於同樣的考慮，把蘇維埃叫做「勞動人民蘇維埃」更加準確。

　　赫魯雪夫的新憲法改革在中央遭遇了失敗。蘇共中央主席團在1964年10月13日《關於主席團內部發生的問題和在蘇共中央活動中恢復列寧主義集體領導原則的措施的決議》中提出：赫魯雪夫同志身居蘇共中央第一書記和蘇聯部長會議主席，集大權於一身，在某些情況下不受蘇共中央的監督，不再考慮中央主席團委員和蘇共中央委員們的意見，許多決定未經應有的集體討論就開始執行。

　　勃列日涅夫在10月14日蘇共中央全會上的開幕詞中指出：今年10月13日舉行的由全體委員出席的蘇共中央主席團會議，這裏除蘇斯洛夫（蘇共中央主席團委員、中央書記）因病未出席外，在赫魯雪夫同志主持下，對於我國國內外政策、領導工作、黨的政策

的貫徹和赫魯雪夫同志對黨中央和政府工作的錯誤、惡劣領導與方法等根本問題展開了討論。會上發言的所有中央主席團委員、中央主席團候補委員和中央書記處都一致認為，中央主席團缺乏良好的工作氣氛，中央主席團情況是不正常的，其責任首先應當由赫魯雪夫同志來承擔，因為他已經破壞了黨和國家生活的列寧主義的集體領導原則，走上個人迷信的道路。最後，中央主席團得出一致結論認為，赫魯雪夫同志種種過分匆忙草率決定下的方針和缺乏考慮的唯意志論的做法，給我國國民經濟的領導製造了巨大的混亂，為國家造成嚴重損失，他卻用無窮無盡的所謂改革和改組來掩飾自己的過失。

　　此時，媒體本應該成為圓滿解決赫魯雪夫憲法改革中各種問題的關鍵，媒體需要扮演、把握並平衡所有社會反應的角色，媒體是國家機關與社會大眾交流的重要渠道之一，但非常可惜的是編輯委員會成員的成分卻異常地單一化，民眾對於社會上的各種問題的反映很難體現，因為政府機關通常是以社會穩定的角度來思考問題，而媒體在先天上卻有幫助和監督政府的雙重角色。另外，媒體成員通常富有正義感，他們與社會的脈動一向最為貼近，而該憲法分委員會成員組成過於簡單，應該說政府聯繫結構的脫節是導致最後新憲法無法執行、民眾對此缺乏瞭解的重要原因之一。

　　後來，戈巴契夫在「公開性」改革的最初過程當中注意了這些問題，改革幾乎得到了全體民眾無私的支援，但人民在媒體看到的更多是政府高層鬥爭和揭歷史傷疤為主的報導，媒體在馬列主義基礎之上正義感、監督性和穩定社會的角色消失了，媒體成為很多社會不穩定因素的推波助瀾者，這也與恩格斯在《哥達綱領批判》中所強調的媒體是促進社會進步、穩定社會的角色相違背。戈巴契夫的「公開性」遇到的另外一個問就是「公開性」完全以蘇聯為範本而展開，但這樣的改革政策並沒有考慮東歐國家的利益，東歐國家

有其自身的國情，果然「公開性」首先在東歐遭到失敗，然後波及整個蘇聯，從而導致「公開性」改革最後徹底失敗。

　　赫魯雪夫的新憲法改革是否已經參考西方政治文明的特點呢？在此我們還要具體指出西方文明的具體特點。童兵教授在《政治文明：新聞理論研究的新課題》一文中認為，西方政治文明的基本內涵為一個制度、兩個機制、三個規範。一個制度就是現代民主制度，這個制度的實質是還政於民，還權於民，確保人民當家作主。兩個機制是政治運行機制和社會監督機制。三個規範就是指觀念規範、法律規範和道德規範。這一個制度、兩個機制和三個規範之間的關係是：三個科學規範是建構文明務實的政治運行機制與社會監督機制的基礎，兩種機制的有效運行是民主機制與社會監督機制的基礎，兩種機制的有效運行則是民主政治制度得以建立和維繫的保證。他們都是現代文明的基本內涵和必要架構[37]。其實，赫魯雪夫的新憲法改革內容主要集中在三個規範上，因為蘇聯在經過由赫魯雪夫主導的大解凍時期後，內部已經開始出現多元化發展趨勢，這是赫魯雪夫沒有預料到的，蘇聯的整體社會價值觀再次活躍起來，此時，蘇聯確實需要一部法律來再次確認社會整體的價值觀。

第六節　勃列日涅夫與安德羅波夫時期的意識型態危機

　　勃列日涅夫對於蘇聯未來意識型態的發展問題曾在 1966 年至 1976 年間做過若干的指示，非常不幸的是，戈巴契夫後來的施

---

[37] 童兵，《政治文明：新聞理論研究的新課題》，《童兵自選集》，轉錄自《新聞與傳播研究》，2003 年第 3 期，上海：復旦大學出版社，2004 年，第 279 頁。

政幾乎完全違反了這一階段的蘇聯在維護國家意識型態中取得的成就。

　　1966 年 11 月 10 日，勃列日涅夫在《蘇共中央政治局會議關於國內意識型態分組會議》中就曾指出：現在蘇聯黨和國家生活已經在許多方面制定了十分明確的發展前景，這在 1964 年蘇共中央十月全會中做出總結。無論是在經濟領域，還是在農業方面，以及在各方面的工作我們都感到明顯的進步。在黨和國家生活中有一項工作我們迄今還存在很多的問題，這就是我們黨和國家的意識型態工作，對於這一方面，我們還存在缺點，或者在某些地方我們甚至還存在嚴重的錯誤，這些問題已經讓人越來越明顯地感得，他們不能不令我們忐忑不安，不能不引起我們的認真警惕。這其中的主要問題是這些錯誤並不像在其他領域那樣容易克服，過去與現在我們都非常清楚這個問題的極端複雜性，意識型態工作中的缺點和錯誤可能給國家帶來無法克服的危害。

　　勃列日涅夫同時認為，有一種情況值得警覺，那就是某些意識型態工作手段，諸如學術著作、文學作品、藝術、電影以及報刊，在這裏竟被用來誣衊我們黨和我國人民的歷史，而有人這樣做的時候還假借種種冠冕堂皇的理由，擺出種種貌似高尚的出發點，這樣的做法危害更大。

　　勃列日涅夫還認為，蘇聯已經遇到一些危機，即黨的中央委員會、政治局得不到有關黨內、國內意識型態工作狀況的周詳而系統的情況通報。這裏的通報不是只為通報而通報，這裏指的是真正的、充滿黨性原則的、目的明確的情況通報，並且附有具體的建議。蘇聯國家已經建立了有關於國際政治和實際問題的、國內經濟建設問題的通報，而關於意識型態方面的工作，蘇共中央領導階層卻沒有這樣的情況通報。

　　在會議上安德羅波夫提出同樣的看法，他認為：中央十月全會前的時期在意識型態工作方面也給黨和人民造成巨大的損失。赫魯雪夫曾利用意識型態為自己的個人目的服務，來自我標榜，他並不關心黨的利益，但蘇共中央同樣也存在一定的缺點。安德羅波夫重點提出蘇聯高校年輕人的思想問題，他認為這不是一個新問題，在改善年輕人教育工作方面國家做得並不多，國家之前曾用一種教材教育他們，現在又推薦另外一種教科書，而真正揭示黨和人民生活中發生事件的深層次，實質性的教科書，幾年來我們並沒有拿出來，這是蘇聯年輕人頭腦中一片混亂的主要原因所在。史達林問題、衛國戰爭的問題、國家和黨發展前景的等等問題皆需闡明，這不僅僅事關蘇聯內部的問題，而且事關各社會主義國家，以至於全世界的共產主義運動。安德羅波夫提出蘇聯需要一本真正闡述馬克思列寧主義的著作，這本書應當能闡明蘇聯整個時代發展上的多樣性和豐富的黨與國家生活，這本書必須經過政治局批准。

　　第四次政治改革危機發生在七十年代末和八十年代初。這是一次經濟、政治和道德層次的危機，伴隨著官員精英的逐漸老化和退化，安德羅波夫曾經試圖通過改革來擺脫這次全方面的危機。安德羅波夫在 1983 年蘇共中央六月全會的講話中特別強調指出，我們正在經歷這樣一個階段：社會正在發生深刻質變，與此相適應的生產關係的完善不僅迫在眉睫，而且已經勢在必行，這不僅是我們的願望，也是客觀的需要，對於這種必要性我們既無法繞過，也無法迴避。他還指出，要保證整個經濟機制不間斷協調運轉，這是當今的要求和未來的綱領性任務，是完善蘇聯社會機制的整個組成過程的。安德羅波夫在其逝世前主持召開的蘇共中央十二月全會（1983 年）上再次講到，完善蘇聯經濟體制的一些個人設想，只有綜合地、相互聯繫地研究改進管理體制的問題，才能最充分地利用社會主義生產方式所具有的優越性，這應該成為蘇共綱領修訂本的重要組成部分。

　　對此，關於改革的進程問題在以後的幾年間一直停留在學術討論階段，這一時期主要的代表人物為蘇聯科學院新西伯利亞分院院士 T‧扎斯拉夫斯卡婭。她在 1983 年的一次內部學術討論會上發表的報告中，在理論上集中分析了當時蘇聯進一步改革經濟體制的必要性，蘇聯當時的國家管理體制的基本輪廓大約在五十年前形成，雖然經過多次的大補與小補，但還沒有進行一次真正反映生產力與生產關係直接聯繫的改革。而這種體制最主要的特徵表現為：經濟決策高度集中；生產計劃的高度指令性而導致市場關係的不發達，產品的價格嚴重背離社會價值，生產資料市場嚴重短缺；對勞動的各種形式的物質刺激進行集中調節；部門管理原則優先於地區原則；對經濟部門和分部門的管理處於本位主義的隔絕狀態；企業管理許可權有限，對經營活動結果的經濟責任同樣有限；居民在生產、服務、交換領域等經濟積極性也受到限制，這些特徵都反映了經濟管理的行政方法多於經濟方法，集中多於分散。

　　正如與安德羅波夫共事很久並十分熟悉他的阿爾巴托夫所說：安德羅波夫是個非常矛盾的人物，或者說改革是一個非常複雜的多層面任務。他一方面看到蘇聯現在存在的問題不僅在史達林時期存在，而且在勃列日涅夫時期存在，這是完全不正常的現象，蘇聯應當進行認真的改革，並應從經濟領域展開。但在另一個方面，他在這個領域的思維方式相當傳統，他不敢超越已經存在的穩定秩序、嚴格的紀律，不敢提高物質刺激和精神刺激的作用[38]。

　　總之，蘇共領導人未能改善人民的物質生活並以此減少他們的不滿。此後意識型態學說也開始變化，即興創作並擅自改變馬列主義的初衷，並以此簡單迎合社會部分階層的意識型態，最後改變了

---

[38] 格‧阿‧阿爾巴托夫著，徐葵等譯，《蘇聯政治內幕：知情者的見證》，北京：新華出版社，第 373-375 頁。

價值取向的意識型態逐漸成為主流，這在戈巴契夫時期達到高潮，後來的蘇聯學者將這稱為具有宣傳性或便於宣傳的馬列主義。知識份子對於蘇共領導人的支援與對官僚機構中的特權階層的抗議常常結合在一起。戈巴契夫在還沒有鞏固經濟、社會和意識型態的制度基礎時，就開始進行民主化，這意味著官僚機構中特權階層面臨著來自社會各個階層的挑戰，鬥爭成為這一階段改革最為顯著的特徵。改革就像在蘇聯這座已經千瘡百孔的高塔上進行加高，加固和改善意識型態的工作並沒有得到加強，坍塌卻是意想不到和迅速的。

　　除第一次危機被列寧政治改革基本上解決外，其他三次危機的發生基本都沒有被有效地解決，問題得不到解決的主要癥結點在於蘇聯政治領導人並沒有有效地利用國家龐大的政治、經濟人才來解決出現的問題。維護少數人的利益成為政策的主要出發點，因而，問題在「停滯」中慢慢變大，意識型態成為思想的枷鎖，成為讓社會單一化的工具，對此，勃列日涅夫在他晚期執政中已有深刻的認識，但他由於身體狀況的原因而無力回天。此後在長達二十年的時間裏，蘇聯新聞理論界並沒有做出有效的理論調整，這使得蘇聯媒體的發展逐漸脫離群眾。

　　在這裏值得指出的是，勃列日涅夫所提出的問題並非空穴來風，在這裏筆者並不知道戈巴契夫如何處理勃列日涅夫所提出的問題，但葉利欽同樣沒有解決這樣的問題。1999 年 10 月，時任葉利欽辦公室發言人，現任普京辦公室主任的亞塔姆仁斯基，曾在外交部直屬莫斯科國際關係學院的講堂上談到，葉利欽一般會在早上 6 至 7 點閱讀來自不同方面的資訊，這些資訊的特點在於沒有任何評論，最後評論會集中提交給總統。亞塔姆仁斯基在講話中主要想說明總統葉利欽可以閱讀來自不同方面的資訊和意見，但在學生的逼問之下，亞塔姆仁斯基最後表示，總統在處理寡頭干預媒體發展的問題時，確實發現自 1995 年以後寡頭已經開始控制俄羅斯電視媒

體。對於俄羅斯媒體發展中出現的問題，他表示總統會處理寡頭問題，但他不知道用何種手段何種方式。問題就在於 1996 年之後寡頭完全接管了媒體的運行，國家此時卻無能為力，因為俄羅斯媒體寡頭已經和西方國家進行了利益上的結合，這是戈巴契夫遺留問題的延續，蘇聯和俄羅斯連續三代領導人都沒有處理好這樣的問題，而普京的處理方式，就在於應用國家現有的法律體制來箝制寡頭，首先把真正具有威脅的寡頭清除，然後再要求國家杜馬建立新的一套新聞出版法，在新的新聞出版法的基礎之上慢慢治理媒體問題。

第七節　戈巴契夫的「公開性」改革牽動傳媒變革

1988 年 6 月 28 日蘇共第十九次黨代表會議在克里姆林宮代表大會廳開幕。代表們首先聽取了戈巴契夫對於「關於蘇共中央的二十七次代表大會決議的執行情況，第十二個五年計劃前半期的基本總結和黨組織在深化改革中的任務」和「關於黨的生活和社會進一步民主化的措施」兩個問題所做的報告，在報告中戈巴契夫指出：該怎樣深化倡導、並在其領導下在蘇聯展開這場革命性的改革，使其成為不可逆轉的歷史潮流，這是擺在我們面前的根本問題……黨能否在蘇維埃社會發展的新階段起到先鋒隊的作用，取決於我們能否對上述問題做出正確的回答[39]。

隨即，大會代表開始對由雅科夫列夫主筆的《關於公開性》的文件展開了熱烈討論，《關於公開性》文件的主要內容是絕不允許壓制大眾傳媒中存在的批評性意見，絕不允許迫害批評者，出版物

---

[39]　【俄】戈巴契夫，《戈巴契夫回憶錄》，社會科學出版社，2003 年，第 470－474 頁。

要定期公佈黨的收支情況的詳盡資訊。這其中包括《真理報》的地位問題，有人建議報紙的編輯班子應引進選舉機制，並在蘇共代表大會上報告工作。代表們提出《真理報》不但應當成為黨的機關報，而且更應當是中央的機關報，戈巴契夫在權衡代表們的意見之後，他對此並沒有表示明顯的支援態度，但他認為由此引發的蘇共內部分化在加劇。

提倡「公開性」主要是為了說服人民為改革而工作，並為領導階層提供關於人民的資訊和思想來源。在「公開性」實行的過程當中，戈巴契夫試圖通過提高媒體的可信度來表示他對蘇聯人民的信任，以便在國內教育和動員蘇聯人民支持改革並為改革積極工作[40]。

戈巴契夫的改革開始之後，社會馬上陷入意識型態的真空，蘇聯黨和國家領導人又缺乏明確的國家變革目標和途徑，這時的大眾傳媒的發展失去方向，甚至過去一直是官方色彩的社論也開始突出作者的個人色彩。一篇並沒有事實基礎的「妙文」馬上會使作者聞名全國，並可以為其打開仕途之門，這一時期蘇聯主張改革大眾傳媒在最大程度上接近西方自由和獨立的大眾傳媒標準，這部分上反映了社會群眾的願望，更重要的是，媒體成為了在國家發展的關鍵問題上具有不同意見的各社會集團之間相互溝通的渠道。

國家展開「公開性」改革使得讀者開始有機會通過報紙來瞭解政治局勢的變化，1986 年秋季報紙雜誌的增訂結果令人倍感興趣：《共青團真理報》增加 300 餘萬份，《蘇維埃俄羅斯報》增加 100 萬份，《消息報》增加 4 萬份，《共產黨人》雜誌增加 7 萬份，但《真理報》增加不多。此時，《真理報》逐漸由領頭地位向後滑，由改革派的陣地滑向保守派的陣地。儘管各州的黨委以不同的方式

---

[40] 【英】卡瑟琳‧丹克斯，《轉型中的俄羅斯政治與社會》，北京：華夏出版社，2003 年，第 34-37 頁。

幫助報紙發行，《真理報》受歡迎的程度仍不斷降低，印數節節縮減，《真理報》主編維克多・阿法納西耶夫在黨領導人利加喬夫的鼓勵之下，公開在報紙指出「改革方向已經不對頭」的結論。在此我們可以鮮明地看出蘇聯的大眾傳媒發揮民主作用主要依靠蘇聯社會較高的物質水平，這使得大眾傳媒能夠充分完成組織社會政治對話的功能[41]。報紙的高訂閱率在經費上可以使其保持一定的獨立性，幾乎完全不需要商業性的廣告，媒體在一定程度上保持客觀、中立和反映社會不同階層意見的能力大為增強。

　　1988 年 7 月 1 日，蘇共中央第十九次代表會議《關於公開性》的決議中提到：蘇聯共產黨全蘇代表會議從社會主義和改革的利益出發，認為繼續發展「公開性」是最重要的政治任務。代表會議是把「公開性」作為一個已在發展的過程來分析的，並強調指出，始終一貫地擴大「公開性」是反映社會主義民主實質的必要條件，也是動員人民，吸引每一個人參加到社會、國家、集體事業中來的必要條件，使之成為在全民監督所有社會機關、權力和管理機構活動的基礎上反對社會主義蛻變的有效保證。代表大會將「公開性」視為實現人民的社會主義自治和實現公民的憲法權利、自由和職責的必要條件。同時，代表大會認為，制止報刊發表批評性文章，以及刊登有損公民名譽和人格的非客觀報導文章都是不被允許的。「公開性」要求大眾資訊媒體擔負起社會、法律和道德責任。「公開性」執行的前提條件就是不容許利用「公開性」損害蘇維埃國家、社會利益，損害個人權利；不容許宣傳戰爭和暴力、反動的種族主義、民族和宗教的非正確方向，不允許宣傳殘暴行為，不容許傳播淫穢作品，不容許利用「公開性」行騙。

---

[41]　【俄】安德蘭尼科・米格拉尼揚，徐葵等譯，《俄羅斯現代化與公民社會》，北京：新華出版社，2003 年，第 287-290 頁。

　　在「改革與公開性」開始的初期，蘇聯學者普遍認為「公開性」意味著小批量出版物和個人出版物的結束。九十年代之前許多公眾普遍認為，隨著蘇聯報刊上出現批評列寧、批評布爾什維克、批評馬克思主義的文章，小批量出版物和個人出版物將會凍結，因為這些出版物並沒有太大的公信力，就在批評出現之前，只有很少的出版物堅持公開反對馬克思主義和反列寧主義的立場。據資料統計，截至 1989 年 7 月，蘇聯在公開性提出之後全國出現了 323 種小型出版物，其中屬於各單位的有 208 種，個人所有的有 115 種。而 1987 年蘇聯境內一共才有 30 種，1986 則只有 10 種。與此同時在推行「公開性」和改革的這幾年間，蘇聯報刊的發行量一直在急劇增長。

　　1988 年戈巴契夫撰寫第二本書《改革接受生活的監督》，副標題是《摘自日記記錄》，這與戈巴契夫第一本書的風格完全不同。他的第一本書主要是向外國讀者介紹蘇聯的改革，而第二本書主要是向民眾介紹如何展開「公開性」改革。在後來展開並不斷擴大的「公開性」潮流中，政府開始了改革的非意識型態化，誠然，它最初是以探索新的社會主義意識型態的形式出現的，用以取代迄今占統治地位的勃列日涅夫為代表的意識型態。在 1988 年 10 月 31 日的政治局報告會上，戈巴契夫講到：有些事情人們指望我們能多說些，而少說不行，但十分重要的是，總書記按傳統是黨的絕對真理的、最高的、無可爭議的代言人，我國的歷史也可以是公正分析的對象，許多好像不可動搖的理論，現在需要加以懷疑並重新認識。

第四章

蘇聯解體與媒體發展

　　1985 年 3 月 11 日，戈巴契夫就任蘇共中央總書記，成為蘇聯第八位也是最後一位國家最高領導人。戈巴契夫就任的時機，恰逢東西方冷戰處於最為激烈的時期，同時蘇聯的經濟發展也陷入了前所未有的困境，這使得戈巴契夫深切感受到推動改革的必要性與緊迫性。他在《改革與新思維》一書中說：「改革不是個別人或一批人心血來潮的結果，改革是迫切需要的，是從我國社會主義發展的深刻進程中產生，而拖延改革就會在最近時期變成國內局勢不穩定的未知因素，直截了當地說，這種局勢包藏著發生嚴重社會經濟和政治危機的威脅，我們不能，也沒有權利耽誤，哪怕是耽誤一天。[1]」

　　然而，戈巴契夫在執政六年之後，他所領導的「公開性」改革最後卻以失敗告終，同時蘇聯這樣一個強大的聯盟國家也隨之解體。當然蘇聯解體的原因是多方面的，但有分析家認為，蘇聯解體的最重要原因是由於戈巴契夫在「公開性」改革過程中對媒體的過度開放，以致於導致維繫蘇聯一體化的意識型態機制在「公開性」改革過程中遭到嚴重的破壞，亦即歸咎於媒體成為國家發展中的不穩定因素。雖然這種說法基本反映了蘇聯解體的大致情況，但卻沒有反映蘇聯在政治發展過程中的根本問題。

　　實際上蘇聯媒體在整個的「公開性」改革過程當中仍一直扮演政府喉舌的角色，直到蘇聯解體為止。儘管在部分媒體上出現很多

----

[1]　【蘇】戈巴契夫，蘇群譯，《改革與新思維》，北京：新華出版社，1987年，第 11、12、57 頁。

批評政府的文章和報導，但進行具體的分析之後我們會發現，這些文章與報導基本上都與當時戈巴契夫所倡導的「公開性」改革與「新思維」發展方向基本相符合，同時蘇聯媒體一直在為戈巴契夫公開性改革扮演披荊斬棘的角色。因為我們眼中的這些所謂批評性的文章主要分為兩種：一種是以歷史反思為主，其中以批評蘇聯的前任領導史達林與勃列日涅夫為主，這些文章寫作的主要目的是為戈巴契夫改革的成效不彰進行開脫；另一類文章就是屬於官員之間的相互攻擊，這些則屬於蘇聯政壇不穩定的表現。當時「改革派」與所謂的「保守派」相互鬥爭非常激烈，由於這些文章經常出現在報刊中，使得改革顯得異常混亂。

蘇聯政壇的混亂使得美國有機可乘，順便與當時的政壇新人葉利欽取得了合作的基礎，於是蘇聯政治上層建築的不穩定便產生了，而媒體充其量只是個傳聲筒而已，它並沒有自己的聲音，在葉利欽執政的前期與中期，在寡頭資金的支援下，媒體又成為新權貴階層的代言人，不過，媒體的公共論壇領域也同時在擴大，媒體成為改革的希望。

蘇聯媒體與戈巴契夫「公開性」改革的基本關係是：在六年的改革當中，媒體始終是政府改革的人事角鬥場，是政府多變政策的傳聲筒，媒體始終保持政府喉舌的角色（不變），但由於蘇聯政府與黨內的人禍、內亂最終導致蘇聯解體。「公開性」改革最後三年間出現的媒體自由化現象並不是蘇聯解體的最主要原因，媒體只是蘇聯改革中上層精英人事變動的另外一個戰場。就如同十月革命成功初期，媒體尤其是報刊成為了社會主義革命黨人政策思想論戰的場所。媒體在各個領導變革時期被用來擔任加強意識型態宣傳任務的工具。

總體而言，蘇聯領導人在整個的改革過程中並未真正堅持馬列主義關於媒體發展方向的總體方針，八十年代中期以後，媒體在「公

開性」改革階段並未成為全體政黨的喉舌，同時蘇聯領導人也沒有認識到媒體在新聞操作過程中的獨立性、變化性以及貼近人民切身利益的特點。民眾並未從媒體的報導當中瞭解到改革的實質進程，這間接導致人民對於政黨、國家、政治的疏離加劇。媒體報導的不「公開性」最後導致蘇聯宣佈解體時，民眾無法從國家政府與媒體那裡瞭解到蘇聯解體究竟意味著什麼。當蘇聯國旗在克里姆林宮頂上緩緩降下時，蘇聯人民的冷漠表現無遺，紅場上並沒有太多的人去關心蘇聯的解體。直到現在，很多外國記者與觀察家還不明白這一幕為什麼會發生，這種人民缺乏政治參與責任感的冷漠，基本上是在「公開性」改革的過程中蘇聯媒體發展過於惡質化的體現。

　　蘇聯媒體在戰後的發展過程當中，過度政治化的結果使得社會整體進入一個單一化階段，社會結構的劃分也變得過於簡單，整個社會結構變成擁護社會主義建設的人民和反對社會主義的反黨分子，這種兩分法排除了社會中存在的任何灰色地帶。兩分法的優點就在於它絕對維護官僚階級中的官本位現象，讓政府官員更加方便管理國家。但這卻使得蘇聯在二次世界大戰結束之後，還保留著戰時國家管理的一些特點，當然這還包括冷戰的因素，這嚴重制約了蘇聯在 50 年代以後大約 30 年的政治與經濟發展。在戈巴契夫執政的 7 年期間，原來社會積累下來的所有現象都再次在短短的幾年內全部爆發。而戈巴契夫並沒有採取有效的手段加以控制與緩解，這可能是因為他認為這是社會多元化的一部分，並且他相信蘇聯的官僚機構最後會有機會加以制止。這種忽略建立危機處理機制而過於相信人民的服從或過於相信官僚本身「人」的管理體系的態度同樣是有問題的。蘇聯時期的這種上下階層之間的分離現象，並沒有透過發展媒體的公共性而得到紓解與聯繫。蘇聯媒體的公共性從未在蘇聯媒體職能中得到重視，因為媒體只是被限制扮演黨和政府的喉舌，是上層建築要控制下層建築意識型態的工具，媒體還不是全體

黨員和各階層人民的公共喉舌。關於媒體職能的理論在蘇聯體制下
沒有得到擴大發展，因此媒體沒有能力應付社會多元化發展所帶來
的各種變化。

第一節　蘇聯媒體職能的基礎與演變

　　早期的蘇聯是一個真正的意識型態帝國。官方意識型態不是從
社會、社會組織結構和價值觀的土壤裏產生出來的，而是發端於一
種強加給社會的原則。布爾什維克主義者追求的目標是掌握最終的
真理，而包括用意識型態來強化這種追求。蘇聯的意識型態文化不
僅吸收了歐洲的意識型態精華，這裏主要是媒體公共服務制的運作
模式，而且上層建築還對此注入了具有民族特色的內容[2]。

　　八十年代中期以後，戈巴契夫推動意識型態領域的改革，主要
是想把馬克思主義中的進化因素推到前臺，以替代過時的、阻礙社
會發展的、頑固的、缺乏創造性與和平中庸的蘇聯保守主義。這種
革新不可避免地要破壞蘇聯意識型態自身歷史形成的基礎。戈巴契
夫認為，蘇聯的意識型態可以包含西方的自由民主原則，在蘇聯模
式的人民政權掩護下的議會制度被冠以社會主義市場經濟下的政治
多元化等等。蘇聯媒體的發展基本上不是按照西方所建立的媒體理
論進行的，蘇聯媒體是典型的政治精英與國營企業利益的維護者，
它對於社會矛盾的舒解功能是十分陌生的，只對自己的上級及古典
新聞學識負責。

　　蘇聯媒體運作的環境基本是建立在國家安全的體系上。首先，
消息來源由政府與新聞媒體人來確定，新聞的運作及發佈由國家安

2　【俄】安德蘭尼克·米格拉尼揚，徐葵譯，《俄羅斯現代化與公民社會》，
　　北京：新華出版社，2003 年，第 263-267 頁。

全委員會做緊密的監控，受眾的反應主要由國家安全局向政府做最後的彙報。因此，國安系統成為媒體、政府與受眾相互連接的樞紐，表面上看政府最信任國安系統的整體運作，而國安系統成為保證蘇聯改革與穩定的唯一重要機制，但問題就出在當國安系統的專業化職能無法顯現時，這就會促使整個國家開始陷入混亂的泥沼當中。這種監控單位早在 15 世紀俄羅斯沙皇伊萬雷帝執政晚期的時候就已出現。伊萬四世就曾組建近似監控全國的非軍隊化組織，這導致了當時全國老百姓的怨聲四起，最後當這支組織成立近八年之後，伊萬四世發現該組織濫用職權，而不得不宣佈將其解散。但它對於全國人民所造成的傷害已經形成，當時俄國的國力因此元氣大傷。

　　蘇聯媒體發展的理論強調，新聞事業作為獨特的社會機構應具有特殊的職能，媒體職能將決定它在社會生活中的作用與地位。蘇聯新聞理論權威學者普羅霍羅夫認為，蘇聯媒體主要有三種職能：思想職能、直接組織職能、文化娛樂職能[3]。

　　新聞事業被當作蘇聯共產黨最重要的意識型態機構，它首先要解決群眾思想方面的問題。它從自己的思想立場出發，積極干預社會發展中的經濟、社會、精神方面的進程。蘇聯新聞事業在馬列主義思想觀的指導下，在各個方面用不同的傳播形式提高群眾的修養，並同時完成了群眾文化娛樂方面的任務。新聞媒體在實現文化娛樂職能時，它給新聞接受者提供了各種各樣的資訊，這種資訊可以提高他們的精神修養，提高他們在生活和休息方面的文明程度，也促進了群眾接收瞭解宣傳材料的意義，進而達到社會意識型態統一性的形成效應。

　　再者，新聞媒體的直接組織職能決定於報導渠道的正式社會地位，這些渠道主要是指某個黨委、政府、社會團體或寫作團體的機

[3]　【蘇】E‧普羅霍羅夫，《新聞學概論》，北京：新華出版社，1987 年，第 86-89 頁。

關報。新聞機構提出正式的批評意見，對某些組織或負責人提出建議，從而爭取通過必要的決議，這樣它作為已知的積極力量，參與了共產主義建設中經濟、社會和精神領域的進程。新聞媒體的這三項職能決定了出版物、廣播和電視的類型，並且媒體職能和實現職能的形式，決定了在新聞事業中組織活動和寫作活動的範圍，它也決定了每一個新聞工作者展示其寫作個性的可能性程度。

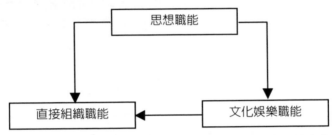

（作者綜合普羅霍羅夫新聞三職能的意識型態有機關聯性）

蘇聯新聞理論的職能之一媒體直接組織職能，在戈巴契夫執政時期逐漸轉弱，黨委、政府、社會團體或寫作團體的機關報主導新聞報導的指導模式逐漸發生變化，蘇聯媒體的傳統專業化報導模式逐漸受到挑戰。例如媒體對於國家經濟發展的統計報告很多都受到讀者的質疑，讀者懷疑媒體在替政府做掩飾。與此同時，蘇聯媒體的思想職能逐漸與娛樂職能相結合，八十年代末至九十年代初，媒體對國家政策與歷史事件的報導常常伴有驚人的語言，報導中的專業化精神並沒有太多的體現。從報導中讀者經常會看到國家政策的反反覆覆，而報導對於歷史事件的揭露常常出現一邊倒的結論，而新聞的平衡報導並沒有太多的體現，從而最後導致黨和國家的利益並沒有人去關心，長期以來媒體內容與社會實際的疏離性養成讀者只關心聳人聽聞的新聞和無休止的辯論。蘇聯的新聞理論在此時進入沒落期。

　　蘇聯意識型態治國的結果導致新聞理論長期處於為上層領導政策服務的狀態中，政府對於媒體的操作一直處於比較落後的狀態。蘇聯時期，莫斯科國立大學新聞系並沒有建立一套用於改革的新聞學來影響蘇聯政府的操作模式，蘇聯新聞學研究主要集中在新聞與社會的互動上，缺乏對新聞與政府之間良性互動方面的研究，這在戈巴契夫執政期間表現最為明顯。政府經常用五十年代的管理手法來解決「公開性」改革遇到的問題，這樣媒體最終沒有成為改革的助力。媒體人由於長期待在一個框架裏工作的時間過長，而產生懷疑一切的逆反心理。在改革進行的最後關鍵時刻，俄羅斯媒體人成為推倒蘇聯大廈的最後一個操盤手。

　　筆者在莫斯科國立大學念書時，據新聞系教授普羅霍羅夫的介紹，在戈巴契夫執政期間，蘇聯新聞理論並沒有太大的發展，整個國家對於馬列主義新聞理論的研究基本處於停滯期，其中最重要的原因在於，莫大新聞系的理論研究學者並不贊同戈巴契夫簡化馬列主義的新聞觀。簡化馬列主義的新聞觀主要是指，政府的新聞報導以近似戲劇式的方式進行，最後在讀者的心目中留下深刻的印象，也就是，深刻與廣博的馬列主義新聞觀被簡單化與戲劇性操作，這一新聞操作方法的後果是，讀者在被不斷的感官刺激之後，他們希望媒體不斷加深今後報導的刺激性，至於報導的平衡性與公正性並不為讀者所重視。這樣經過一段時間的刺激之後，蘇聯讀者逐漸對於政治、政府失去信心，而此時唯有讓媒體成為為人民服務的公共傳播體系才能挽回失去的群眾，並且培養公眾的社會公益心與責任感。但以當時蘇聯媒體整體的體制而言，做到這一點並不可能。

　　蘇聯領導人認為要想完成改革，促使社會進行公開的競爭，進而改變社會單一的面貌，那麼蘇聯所堅持的人人平等的思想就要被摧毀，因為資源永遠是有限的，為了爭奪資源就必然會出現競爭。在這種思想的灌輸過程中，馬列主義被通俗化，而通俗化的目的就

在於後來某些人可以曲解馬列主義的核心，然後在這個社會中，弱肉強食自然會成為理所當然的事。

　　從 1987 年起，一場向大眾意識生硬地灌輸庸俗社會達爾文主義的思想運動，在蘇聯迅速展開。H.M.阿莫索夫在《哲學問題》雜誌上宣稱：「人是擁有發達理性的、有創造性的群居動物……人群的多數弱者都維護集體和平等，其少數強者則主張個性和自由。但是，社會的進步卻是由剝削弱者的強者決定的。」民眾原來所期望的社會公正性是對政府的高標準要求，但是絕不是讓政府限制人民展現實力可能性範圍的假公正。政府長久以來的泛道德標準，後來轉變成為民眾監督政府的高道德標準。直到葉利欽執政期間，這也是民眾心中難以消滅的思想模式，但這就導致了人們的意識發生分裂。意識的分裂使人變得更脆弱、更容易被操縱。

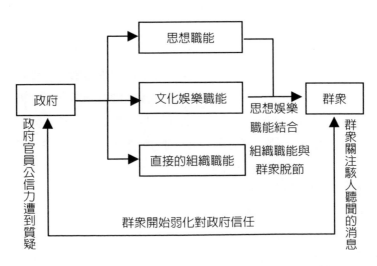

（作者自製俄羅斯政治轉軌期間媒體新聞三職能的變化）

　　俄羅斯聯邦共和國整個從蘇聯獨立出來之後，俄羅斯新聞理論開始全面與西方的理論相互交融。此時新聞媒體與政府的互動研究被正式端到檯面上來，但在兩者中間還存在著非常大的差別。在俄羅斯傳媒發展的方向上：有的主張全面接受美國的新聞自由，讓私人媒體全面發展，這主要是以後來成為媒體寡頭的別列佐夫斯基和古辛斯基為代表；有的主張英國的公共傳播體系才是俄羅斯媒體順利轉型的榜樣，以保障國家政府、國有大企業或私人公司都可成為媒體的股份持有人，但媒體新聞的製作應當由專業媒體人操作，這主要是莫斯科國立大學新聞系主任扎蘇爾斯基的主張為主；在九十年代中期，法國國有媒體模式又成為研究的焦點，例如莫斯科國立大學新聞系教授普羅霍羅夫認為，法國在媒體的發展過程中由於保持了國有媒體的特色，而使得法蘭西文化得以保留。九十年代中期以後，這三股媒體發展模式歷經實踐，最後在普京執政期間得以確定一個結合俄羅斯國情的模式，亦即國有媒體最終成為俄羅斯媒體發展的主要方向，商業媒體是補充國有媒體的不足，公共媒體是未來理想的目標。蘇聯時期媒體的三大職能在俄羅斯聯邦時期並沒有太大的改變，媒體的三大職能變為保護俄羅斯國家利益必備的思想武器。二十一世紀初期，國家利益在國家媒體的優勢之下，結合媒體三大職能面對群眾。

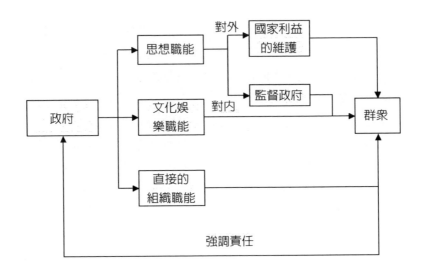

（普京所建構的媒體責任職能總體設想概念）

　　關於新聞的職能，普京在很多地方都講到媒體對於國家利益所
應當承擔的職責，尤其是在俄羅斯面臨史無前例的人質死傷人數的
別斯蘭事件之後，媒體與政府分別找到了自己的定位。就在 2004
年 9 月 24 日，普京在莫斯科全球通訊社大會開幕會上發表演說，
表達了對新聞自由的看法。普京對新聞的職能做了如下的闡述：
「……新聞自由是民主基石之一，保障民主發展的獨立性。……無
疑地，媒體對各級政權的批評是有利的，雖然有時這些批評非常空
泛，同時也不被政權機關領導所喜愛。但就如同俄羅斯民間諺語戲
謔道：『打開窗戶很吵，關上窗戶很悶。』……我們實際上在建構
透明化與公開性政權的法制環境。但是媒體也應該被要求負起責任
和揭示真相。我認為，政權與媒體兩者之間必須合作完成他們應有
的任務[4]。……」

---

[4]　（俄）新消息報網站，2004.9.27。

　　普京點出了媒體與政府面臨開放與管制的兩難。但儘管如此，公開且透明的法律機制可以平衡兩者之間的關係，在法律範圍之內爭取自身權力的最大公約數，公民也須在法律的保障之下，行使最大的媒體接近使用權利與參政權利。因為不論是政府、媒體或是公民任何一方的獨大，都有可能使社會陷入混亂或是落後的境地。因此，普京才會認為，建構透明化與公開性政權的法制環境極為重要。因為如果沒有以透明化與公開性為立法前提，那麼，法律的公正性將會遭到社會普遍地質疑。

第二節　蘇聯報刊制度中的逆反現象

　　前蘇聯報刊制度的基礎是：一，必須通過各種定期刊物把它們所能吸引到的全部潛在讀者吸引住；二，報刊的任務是它應該成為對發達社會主義各方面進行社會管理的工具，成為黨和國家領導社會團體的社會政治工具，成為蘇聯人民得到政治消息的工具。社會政治組織與其管理系統的每一個主要部門，負責出版和領導一份或幾份定期報刊，黨委會出版和領導所有黨的出版物，政府（各部、）各部門、各社會組織的領導機關都有自己的定期刊物。

　　蘇聯被認為是世界上出版書籍最多的國家。到第十個五年計劃完成的時候，它每年出版的書籍多達 84000 至 85000 千種。這就是說，在全世界出版的圖書當中有六分之一是蘇聯出版的。蘇聯在七十年代末有兩百多個出版社，其中多數是由蘇聯國家出版委員會和各加盟共和國出版委員會管轄的，還有些出版社屬於各部和其他國家機關。此外，有幾個出版社是社會團體經營的，每一類具體出版物中都會有不同的作品，這些作品在總結範圍和系統程度上都有區別。例如，關於當今世界社會和政治問題的專題學術作品或是報紙

關於半年來形式的評論，都屬於這種情況。在這裏小冊子是蘇聯刊
物的一些獨特現象，在蘇聯莫斯科國立大學新聞系的教材中，小冊
子佔有獨特的地位，在新聞系八十年的整個發展過程中，新聞教學
必然遇到很多很多來自西方的知識，如何處理好與西方世界接軌問
題卻是一大難題。

　　八十年代初，蘇聯用 36 種蘇聯民族文字和 19 種外國文字出版
1360 種雜誌，一次的總印刷數是 1.53 億份，雜誌成為印刷物的特殊
系統，它由黨、國家、社會機構以及一些機關、組織出版和領導。
例如，蘇共中央就出版發行量達百萬份的政治理論月刊《共產黨人》
和《黨的生活》、《政治自修》等雜誌。高等和中等專業教育部沒
有自己的報紙，但他們有自己的雜誌《高等學校通報》。其他許多
雜誌是由蘇聯科學院、大學和其他科研單位出版的。這其中有 27 種
中央一級和加盟共和國一級雜誌是為青年辦的，有 40 種雜誌是為少
年讀者辦的。

　　在這裏我們發現蘇聯雜誌基本上體現出社會特定團體的聲
音，但在蘇聯的社會多元化發展的過程中，新興的社會團體不斷出
現，而這些社會團體的聲音並不能在社會中體現出來，這樣就迫使
代表少數團體的地下刊物成為蘇聯反體制表現最為集中的方式。地
下出版物」的發展趨勢成為蘇聯另一個非常棘手的問題，無論是在
沙皇俄國還是在蘇聯，「地下出版物」一直都是困擾政府的難題。
數百年來俄羅斯老百姓對於地下出版品的信任程度在某些時候高
於政府的出版物或廣播電視，在這裏最主要的觀念就在於沙皇俄國
與蘇聯媒體的出發點不是建立在服務大眾的基礎之上。史達林在二
十年代所強調的媒體的教育功能確實對於二、三十年代蘇聯國內整
體形勢的穩定起到了至關重要的作用，但在二次世界大戰結束之
後，對於媒體服務的觀念是否應當加強這一問題，蘇聯在五十年代
陷入逢美必反的尷尬境地，對立的結果是只要美國反對的就必然是

蘇聯所堅持的，因此這種意識型態的對立反映在限制媒體題材的表現上。

　　以 1958 年《蘇聯》第七期雜誌為例，該期雜誌刊登了 B‧魯伊科維奇題名為《在靜靜頓河作者家裏》的專題攝影報導。這組報導是以自然主義的風格製作的，系列照片集中展示了作者生活中的偶然小事，這有別於作家在大眾心目中的普遍形象[5]。在一幅占雜誌三分之二的大型彩色照片上，作家米‧肖洛霍夫衣衫不整，並且沒有刮鬍子，頭髮也沒有梳理，眼睛瞇成一條細縫，兩鬢經脈微微隆起，這幅典型的自然主義照片最後被蘇共中央加盟共和國宣傳鼓動部長伊利亞喬夫定性為：魯伊科維奇的照片不是力求展現肖洛霍夫的真正形象，而是片面模仿某些西方雜誌的攝影風格，這歪曲了社會主義現實主義的原則。同樣在其他的照片當中出現了肖洛霍夫在喝茶的時候前面卻隱約出現了一瓶酒，有的則出現肖洛霍夫背對讀者，手中拎著打獵的捕獲品。《蘇聯》雜誌的攝影記者 B‧魯伊科維奇在被召到蘇共中央宣傳鼓動部後聲稱，這一系列照片完全是按照作家本身的意見而拍攝的，他強調自己的做法沒有錯，他只是把作家生活的原貌表現出來而已，而且是不加修飾地表現出來。

　　1958 年第 29 期的《星火》雜誌封面同樣是按照自然主義的風尚製作出來的，攝影記者巴爾特曼茨拍攝了下塔吉爾冶金工廠輔助煉鋼工人 A‧B‧潘可夫工作的場面，但宣傳鼓動部認為照片上工人那張被灼燒的面孔，完全像是一個從事繁重體力勞動而不堪忍受的人，攝影記者巴爾特曼茨卻為了標新立異放棄了主要的方面，表現勞動人民樸實與先進工作者要求積極進取的一面。

---

[5]　文件：《蘇共中央加盟共和國宣傳鼓動部關於〈蘇聯〉和〈星火〉雜誌錯誤的報告》1958 年 7 月 5 日，報告人：蘇共中央加盟共和國宣傳鼓動部部長伊利喬夫，蘇共中央加盟共和國宣傳鼓動部處長伯格柳喬夫。

　　最後蘇共中央書記處做出兩點決定，指責攝影作品本身以及雜誌主編的缺失，首先批評《蘇聯》雜誌的藝術水準出現嚴重的方向錯誤，魯伊科維奇的系列照片製作粗俗，表現出自然主義傾向，這歪曲了社會主義、現實主義的原則。攝影報導表現的不是肖洛霍夫活動的典型場合，而是他生活中的偶然小事，從而歪曲了其傑出文學大師和著名社會活動家的形象。其次，向《蘇聯》雜誌副主編 А・Г・波恰洛夫同志指出這期雜誌在編輯上出現無人負責現象，同樣向《星火》雜誌副主編庫德烈瓦赫同志指出刊物的不負責精神[6]。

　　1959 年，蘇共中央加盟共和國宣傳鼓動部副部長羅曼諾夫與黨務機關管理部副部長皮加列夫認為，現在應當清理書刊銷售網問題，蘇共中央 1959 年 10 月 21 日曾做出決議，准許蘇聯文化部在書刊銷售網上停售和登出以下出版物：政治經濟學教科書（第一和第二版）、《聯共（布）黨史簡明教程》、《約・維・史達林略傳》、約・維・史達林著《蘇聯社會主義經濟問題》。皮加列夫認為中央應當把清除書籍的面擴大，這包括停止銷售一些刊印反黨集團個別參加者講話和照片的書籍、文集和圖片[7]。這些所謂的反黨集團參加者主要包括馬林科夫、莫洛托夫、卡岡諾維奇、謝皮洛夫、布林加寧等。

　　1970 年 12 月 21 日，蘇聯國家安全委員會主席安德羅波夫在報告中指出：對於知識份子和青年學生中傳播所謂「地下出版」書籍的分析表明，「地下出版物」這幾年來發生了質的變化，如果說五年前傳閱的主要是一些思想上有毛病的文藝作品，那麼現在具有政治綱領性的文件得到了越來越廣泛的傳播。從 1965 年至 1970 年的

6　文件：《蘇共中央書記處關於處理〈蘇聯〉雜誌藝術裝潢中錯誤的決定》，1958 年 7 月 26 日。

7　文件：《諾曼諾夫等關於清理書刊銷售網問題給蘇共中央的報告》，宣傳鼓動部副部長羅曼諾夫、處長布格留諾夫，1959 年 11 月 28 日。

五年間，蘇聯已經出現了 400 多種研究經濟、政治和哲學問題的各種學術著作和文章，這些出版物從各個方面批評社會主義建設取得的巨大成就，這些觀點主要集中在以蘇共部分歷史發展中的錯誤為基礎，進行放大處理，並以歷史觀點提出對蘇共對外和對內政策進行修正的建議，而提出了各種與政府對立的綱領[8]。

　　「地下出版物」主要傳播中心有以下幾個城市：莫斯科、列寧格勒、基輔、高爾基（史達林格勒、伏爾加格勒）、新西伯利亞、哈爾科夫，在這些城市中發現有 300 名自稱「反史達林主義」、「民主權利鬥士」、「民主運動參加者」的人，他們既從事單本文件的出版，又從事像《時事紀實》、《烏克蘭通訊報》、《社會問題》等文集的出版。

　　安德羅波夫認為，西方的宣傳工具和敵視蘇聯的境外組織把「地下出版物」看做是影響蘇聯政治局勢的重要因素來研究與宣傳報導，它們被稱為「民主地下工作者」的機關刊物。西方的蘇聯研究專家們認為，在蘇聯存在和發展著一個「爭取公民權的運動」，它們具有越來越清楚的輪廓和越來越明確的政治綱領。而國家安全機關正在採取必要的措施制止某些人企圖利用「地下出版物」去散佈誹謗蘇聯國家和社會制度的謠言，而對於受到這些刊物影響的人採取防範性措施。國家安全機關應委託意識型態部門在研究問題的基礎之上，制定必要的思想和政治措施去消除和揭露「地下出版物」中表現出來的反社會潮流，並擬定在政策中的注意方式與方法，避免出現促使「地下出版物」廣為流傳的因素。最後蘇共中央做出決定，茲委託佩爾謝、傑米切夫、安德羅波夫、卡夫托夫和波諾馬廖

---

[8]　文件：《安德羅波夫關於「地下出版物」問題給蘇共中央的報告》，1970年 12 月 21 日。

夫同志並吸收相關工作人員在一個月期限內研究國家安全委員會報告中闡述的問題並向蘇共中央提出建議[9]。

在此我們可以看出，真正研究這項報告的人並不是媒體人出身，而安德羅波夫已在自己的報告中非常清晰地表明自己的立場，那麼，這項報告由安德羅波夫主持，只不過是再次證明安德羅波夫意見的正確性而已。蘇聯媒體運作的環境基本是建立在國家安全的體系上。首先，消息來源由政府與新聞媒體人來確定，新聞的運作及發佈由國家安全委員會做緊密的監控，受眾的反應主要由國家安全局向政府作最後的彙報。因此，國安系統成為媒體、政府與受眾相互連接的樞紐，表面上看來政府最信任國安系統的整體運作，而國安系統成為保證蘇聯改革與穩定的唯一重要機制，但問題就出在當國安系統的專業化職能無法顯現時，這就可能成為整個國家陷入混亂泥沼的開始。

第三節　蘇聯「公開性」改革的思想演變及其影響

戈巴契夫在「公開性」的改革進程當中，與蘇聯知識份子的關係非常微妙，蘇聯公民受大學教育的比例在全世界各國當中居首位，因此知識份子在國家政策的決策過程中有著不容小覷的作用。如現在俄羅斯總統普京在執行部分的媒體政策時，他一定會諮詢莫斯科大學新聞系主任亞辛·扎蘇爾斯基，扎蘇爾斯基在新聞系任系主任近三十年，就地理位置而言新聞系與克里姆林宮只有一街之隔。新聞系的一名學生馬科洛夫在博士畢業之後，進入普京的媒體研究智囊團，馬科洛夫本人的基本媒體管理思路就是國家可以在適

---

[9]　文件：《蘇共中央關於「地下出版物」問題的決議》，1971 年 1 月 15 日，文件號：CT-119/11C，出處：中央書記處。

當時機介入媒體的管理，但介入的手段要有技巧，不能像前蘇聯領導人那樣直接干預。他的媒體管理思想基本上與老系主任大體相似。

俄羅斯歷史學博士阿納托利‧烏特金回憶 90 年代初期蘇聯知識份子的基本心態時指出：俄羅斯知識份子犯了缺乏耐心和態度極度傲慢的錯誤，他們給社會與國家留下一大團疑問，蘇聯知識份子在遇到大動盪的前夕，他們至高無上的宗旨經常是：我們應當成為一個正常的國家[10]。

1991 年，茲‧布熱津斯基在一篇題為《俄羅斯的危機》的文章中提到：大多數的俄羅斯人都渴望國家得到正常化，而所謂的正常化俄羅斯一部分精英常常認為這等同於政治和經濟的西化，俄羅斯人常常習慣於或陷入高度的傲慢，或者陷入極端的自卑，目前正患了自我揭露的瘟疫。他們在自己的命運中看到了命中注定的歷史性失敗，並絕望地在國外尋找他們的理想。他們希望模仿美國，或者更希望模仿瑞典因為這些國家把民主與繁榮同社會平等結合起來，這使俄羅斯人感到傾倒[11]。

對於西方模式的傾倒並幻想得到西方的援助，成為蘇聯與後來的俄羅斯聯邦政府高層施政普遍重視的特點，蘇聯最後一任總理瓦連京‧帕夫洛夫就曾經要求西方金融家提供 240 億美元，以支援蘇聯的改革，後來的蓋達爾曾指望西方國家和金融提供 200～400 億美元的援助，在沙塔林－亞夫林斯基的《500 天計劃》的綱領中，也曾提到蘇聯希望在 5 年的時間內爭取外商投資 1500 億美元。

著名作家馬克西姆‧馬克西莫維奇‧高爾基在 1918 年 3 月出版的《新生活報》中指出，俄羅斯的部分知識份子認為，俄羅斯未來的出路在於斯拉夫主義、泛斯拉夫主義、救世主上，這基本上是按

---

[10]　（俄）《獨立報》，1997 年第 27 期。
[11]　（俄）《首都》雜誌，1992 年第 27 期，第 8-9 頁。

照德國知識份子的認知基礎得到的結論，俄羅斯獨特的有害思想傳染了另一部分思考的人，俄羅斯知識份子按照歐洲的方式思考，也按照俄羅斯的方式思考，這導致俄羅斯知識份子對於俄羅斯獨有的社會現象比如奴役、酗酒、教會存在一定程度的失望與感傷，而對於自己與人民格格不入的狀況陷入自我陶醉的狀態。俄羅斯的發展歷史在一開始就陷入相對畸形的狀態，人民對於國家建設在一開始就喪失了興趣，俄羅斯猶如一個龐大虛弱的軀體，整個國家對於能夠使它堅毅行動起來的崇高思想的影響而無動於衷。此時，俄羅斯知識份子就像存在大量的他人思維而陷入病態的頭顱。

斯拉夫主義大約形成於 19 世紀中期，它是迄今還在影響俄羅斯知識份子的主要社會思潮，其代表人物主要有吉列耶夫兄弟、霍米亞科夫、小阿克薩科夫兄弟、科舍列夫、尤·薩馬林等。他們反對西歐主義，主張不同於西歐的、俄羅斯獨特的發展道路，並認為這一條道路表現為宗法制、村社農業和東正教。而東正教決定了俄羅斯人民特別的歷史使命，由此發展出斯拉夫主義的延伸面－救世主思想。很多俄羅斯的作家、歷史學家、語言學家都贊成這樣的說法。19 世紀 60 年代，在斯拉夫主義的影響之下，形成了文學社會流派「根基派」，這包括：杜思妥耶夫斯基兄弟、斯特拉霍夫、阿·格里高利耶夫等人。19 世紀 70～80 年代，斯拉夫主義中的保守成分被分為民族主義和泛斯拉夫主義。19 世紀末至 20 世紀初，斯拉夫主義的思想對佛·索洛維耶夫、貝爾加耶夫、謝·布林加諾夫等人的宗教哲學觀點產生了重大的影響。

在研究中我們發現，斯拉夫主義對於蘇聯的知識份子在改革階段起到了決定性的影響，戈巴契夫就經常閱讀沙皇時期的文學，使他簡單認為沙皇時期所推行的市場經濟與意識型態可以提供給改革更多的參考，但是實際情況是斯拉夫主義已經有太長的時間沒有系統化的發展。

　　蘇聯領導人在處理不同型態的意見時，他們並沒有注意到「地下出版物」來自國內與國際方面批評的不同出發點，應當看出地下出版物的撰稿人士的主要出發點是基於國內形勢發展中出現問題而提出的尖銳批評，只是由於這些人都身在其中，深受部分官僚壓制之苦，在感覺大於客觀評價的基礎之上，他們提出的意見較為尖刻，試想一個學者每天都因為生活中的官僚主義而被迫為一些瑣碎的事情而奔波時，自然他們所提的觀點會更為激進一些，反而西方所持的觀點基本上都是在意識型態對立的基礎之上進行系統的闡述。

　　媒體的發展首先是建立在多元化基礎之上，儘管這種多元化並不是建立在多種思潮齊頭並進的基礎之上，很多時候，是建立在以維護國家利益的基礎之上，多元化成為國家發展中活力的體現，蘇聯著名社會活動家梅德韋傑夫在《論我國若干社會政治潮流》的文章中指出：蘇聯社會已出現新思潮政黨和具有思想影響的中心，蘇共內部一些人反對似乎存在著的「保守主義」力量，主張堅決揭露個人崇拜時期的所有罪行，清除國家機關中的官僚主義者 、腐化墮落分子、教條主義和追求個人名利地位的人，主張擴大言論 、集會和討論的自由，用黨對新聞出版的靈活方式來取代嚴格的新聞書刊檢查。

　　按照蘇聯社會科學院院士薩哈羅夫提出的「民主社會主義」的理論公式，蘇聯內部政治發展的演變道路應當不可避免地導致在國內建立「真正民主的制度」，因此相關的政治與經濟學家應當預先研製這種制度的模式，以便使其成為現有社會政治制度中積極因素的綜合。在許多蘇聯民主化方案中都有要求「限制或消除蘇共的壟斷權力，在國內建立忠於社會主義的反對黨」，這些方案的作者與傳播者認為社會主義民主目前的發展水平使得反對派觀點有存在的空間，應該為不同的意見提供合法的機會。持「民主社會主義」觀

點的社會人士認為，對反對蘇聯宣傳鼓動或者散佈詆毀蘇聯及其社會制度的明顯謬誤進行謠言的刑事（宣判的）懲處是違反憲法的。

2002 年底筆者在上海舉辦的世界媒體高峰會議中向復旦大學博士後流動站站長童兵教授請教後，童兵老師認為蘇聯媒體在「公開性」改革過程當中，媒體與政府並沒有協調好，媒體對於某些人提出的民主化思想只是一知半解，但這卻嚴重影響了蘇聯社會整體的穩定。2003 年 12 月 25 日筆者也曾經向復旦大學新聞學院教授李良榮老師當面請教，李良榮老師表示蘇聯媒體基本上是以高度政治化為前提發展的，蘇聯媒體以及俄羅斯聯邦的媒體發展當中基本上不存在任何的資本運作。

蘇聯媒體發展基本上是以服務政權精英為己任的。六十年代，蘇聯媒體主要負責批判由赫魯雪夫掀起的反史達林和史達林的個人崇拜，從而導致國內民眾不穩定的情緒。七十年代，媒體則轉而為宣傳美蘇兩國的和解以及蘇聯在經濟建設當中已經進入社會主義的高級階段的政治理念而服務。八十年代，媒體又開始宣傳戈巴契夫所倡導的重建政策，但問題是重建政策是建立在何種政策之上的發展，這使得蘇聯過去三十年間所有的改革思潮都在這一時期迸發出來，包括泛斯拉夫主義、親西方的全面改革者、神秘主義者、恐怖政策的崇拜者，最糟糕的是以上前三種思潮不僅廣泛存在於蘇聯群眾當中，同時在蘇聯的政府高層管理精英當中亦有非常大的市場，這些分裂思潮給以後的蘇聯解體帶來了最後的一擊。

俄羅斯歷史學家指出，在戈巴契夫執政的後期，蘇聯領導人經常在「道路」、「模式」和「理論」之間苦苦地選擇。蘇共先是堅持「完善社會主義」，後又提出「人道的、民主的社會主義」，蘇共中央倡導「西歐共產主義」思想，主張吸收全人類的文明成果，提倡新思維等等。在改革模式的選擇上，先是學習匈牙利等東歐國家的經驗，後來轉而追尋北歐模式。在戈巴契夫執政後期，蘇聯的

領導人尤其對瑞典的「福利社會模式」大為推崇，主管意識型態的蘇共中央高層領導幹部紛紛前去訪問該國。1989 年以後，戈巴契夫曾打出「中間路線」的旗號，試圖改變頹勢。

當時蘇共中央意識型態領導人亞‧亞科夫列夫在《一杯苦酒－俄羅斯的布爾什維克和改革運動》一書中寫道：如果社會主義的發展道路是艱難的，我們的研究有時要退回到當初社會發展遇到問題而出現暴力革命時的狀態，那才是我們國家選擇社會主義道路的主要原因。

戈巴契夫對於意識型態的認識其中一部分是來自私下出版物、國外出版物以及進一步出版社出版供內部閱讀的、非公開的出版物，這些材料的準備使得改革中的保守派無形中承擔之前領導人所犯的任何錯誤。

戈巴契夫的前總書記助理阿納托利‧切爾尼亞科夫（А. С. Черняков）在《在戈巴契夫身邊六年》一書中提到，美國著名蘇聯研究學者、史學家斯蒂芬‧科恩當時寄給戈巴契夫一本他本人所寫的《尼‧伊‧布哈林》，同時戈巴契夫周圍的官員也收到了同樣的書，在度假時戈巴契夫還曾同切爾尼亞耶夫討論書中的內容。那時，戈巴契夫就表示對於布哈林的欽佩。1987 年 11 月 7 日戈巴契夫在其政府工作報告中就開始對於布哈林個人及其作用重新開始評價，這開始了重新審視實際上以史達林《聯共（布爾什維克）黨史簡明教程》為基礎的蘇聯整體意識型態工作。這引發了徹底重新評價各種價值的第一次浪潮。

切爾尼亞科夫同時認為，戈巴契夫早在來莫斯科任職之前，已在內心深處做好觸動馬列主義正統思想的準備，當要尋找新意識型態的形式時，自然國外比較自由的社會主義思想或稱為民主社會主義的思想就成為必要的選擇。戈巴契夫所閱讀的書籍不僅侷限於列寧時期出版的書籍和文件，而且還閱讀小範圍內分發的「馬克思主

義史」叢書，這些書主要是一些獨立作家用俄語寫作的關於馬克思
主義和蘇聯社會主義、俄羅斯歷史的研究和意見，這些書的前言一
般都由 E.A.安巴爾楚莫夫書寫。安巴爾楚莫夫畢業於蘇聯外交部直
屬國際關係學院，1993 年當選為國家杜馬議員，1994 年被任命為駐
墨西哥大使。當時國際關係學院一直是蘇聯各大院校中最為西化的
院校，他在前言中的論述已經超出當時正常允許的範圍。

　　1988 年 8 月，戈巴契夫在社會科學院與莫斯科大學做的《關於
社會主義的新認識》的演講中曾指出：認識什麼叫社會主義的問題，
這是決定意識型態狀況的主要路線。在社會上人們已經從各個方面
觸及這個問題了。它已經不僅僅是個理論問題，它正在成為一個政
治問題。國家應當首先解決理論可行性的問題。我們需要將以前的
經典作家提出的概念一一搞清楚，某些時候我們有必要分解設想中
的社會主義這個題材中的所有問題。

　　第二階段是列寧，我們也要清楚理解他對於社會主義觀點的發
展，特別是十月革命之後，他在蘇維埃政權發展時期所做出的具體
轉變。概念發展的第三個階段是蘇聯政治經濟建設中的經驗積累階
段，對此我們應當思考之前取得的成績和長期積累下來的弊病，這
些需要以某些原則來考慮。第四個階段就是在改革過程中從理論上
認識社會主義的本質。蘇聯如何設想改革過程中和改革後社會主義
的發展呢？我們應當重新審視社會發展的各個方面，首先是經濟方
面，但這其中所涉及的主題會非常複雜，如何使人們回到真正發展的
經濟、生產、社會實踐、社會精神中去，克服生產資料的異化，生產
民主化過程中所有制式關係的異化，確定人在商品關係方面的地位。

　　當然還有社會主義社會中的社會公正問題，所有這一切都應該
從改革政策的角度與方法入手，而改革核心是改革各個方面的民主
化。改革中我們必須按照一個真正的原則進行，那就是：多一些民
主，多一些社會主義。其中，必須明確在一黨制條件下確保公民所

擁有的多種多樣權益，這裏首先是「公開性」，這不是政黨的競爭，而只是人的鬥爭。戈巴契夫在讀 1919 年俄共（布）第 8 次代表大會的速記記錄時，他注意到布哈林在報告中提到，蘇聯需要「生產的共產黨」，國家的發展需要發展生產力，蘇聯需要建立商品經濟，而不是從沙皇、資本家那裏把東西奪來，俄羅斯的問題在於分配不均，社會公正性經常出問題。

第四節　蘇聯「公開性」改革震盪東歐意識型態

　　1986 年 11 月，社會主義國家領導人聚首莫斯科，當時戈巴契夫試圖說服自己的夥伴，戈巴契夫在會議中表明國家應該從經濟職能和義務中解脫出來，全部經濟權利理應轉交給獨立的企業，讓他們在商場上發揮自主作用。所有的與會者除卡達爾和雅魯澤爾斯基外，都反對戈巴契夫所倡導的改革。在接下來的幾年間戈巴契夫分別訪問了羅馬尼亞（1987 年 5 月）、保加利亞（1986 年）捷克斯洛伐克（1987 年 4 月）、中國（1989 年）、古巴（1990 年）等國家，基本上戈巴契夫在蘇聯國內的經濟改革失敗之後，他自己所推行的公開性便向蘇聯國內與東歐各國推行。

　　戈巴契夫所推行的「公開性」改革在東歐各國最後卻演變成整個無政府主義的泛濫，戈巴契夫沒有處理好蘇聯國內精英階層已經初露頭角的問題，反觀在東歐各國的國家裏，同樣存在一樣的問題。東歐國家的精英階層在思想上更加傾向於西歐國家的思想，再加上戈巴契夫在東歐國家推行「公開性」的過程當中忽略「自願」與「民主自願」的原則，他企圖強制在蘇聯境外兜售他的改革，儘管他的這些做法得到了克里姆林宮與西方的支援，但這卻使整個東歐各國陷入空前的混亂當中，這種混亂一直持續到東歐各國全面易幟。東歐國

家的歷史學者形容這一過程為：戈巴契夫在東歐國家的國家大廈裏放了一場大火之後，他卻封鎖了大廈的緊急出口。為什麼會這樣呢？

東歐國家整個國家的行政管理體系並沒有相對獨立，他們主要分為兩種，一種是直接接受蘇聯領導的國家，它包括：保加利亞、捷克斯洛伐克、東德、匈牙利、波蘭、蒙古和羅馬尼亞，他們都是經互會的成員國，並參加了華沙軍事條約；另一類是間接接受領導的國家，它包括：越南、古巴、阿爾巴尼亞和南斯拉夫，這些國家沒有加入華約，其中有的國家參加了經互會，有的國家享有經互會觀察員的身份。

在戈巴契夫推行公開性的兩年間，東歐各國的國家領導人相繼換人，這是東歐國家一夕易幟的主要原因，下面就有幾個代表性的例子：

－在保加利亞，托‧日夫科夫被親戈巴契夫的佩‧穆拉德諾夫代替，穆拉德諾夫曾任外交部長。

－民主德國的昂納克則由親戈巴契夫的領導人埃‧克倫茨於1989年11月代替。

－在匈牙利，雅‧卡達爾於1989年5月自願向親戈巴契夫的格羅斯讓位，隨後，戈巴契夫分子涅爾什－勃日高伊－內梅特三人於8月掌權。

－捷克斯洛伐克古‧胡薩克博士將黨的領導權於1987年12月交給了改革派米‧雅克什，1989年11月整個國家和黨的政權落到親戈巴契夫的烏爾班內科－阿達麥茨－恰爾法三人手中。

－在波蘭，沃‧雅魯澤爾斯基在團結工會的壓力之下，於1988年12月把權力交給親戈巴契夫的米‧拉科夫斯基政府，隨後是塔‧馬佐維耶茨基成為最後的執政府。

－在羅馬尼亞尼‧齊奧塞斯庫在遭到槍殺之後，楊‧埃利埃斯庫於1989年12月接管政府。

　　戈巴契夫為何在短短兩年的時期內在東歐各國家間展開大面積的領導更迭的過程呢？其中一個非常重要的原因在於：戈巴契夫所主導的「公開性」改革非常有可能首先在東歐各國遭到失敗，但是東歐各國的經濟已經出現嚴重的停滯或倒退的現象，這樣蘇聯衛星國改革失敗將會對戈巴契夫國內的聲譽產生嚴重的後果，為此戈巴契夫將會威嚴掃地，成為別人的笑料。

　　東歐國家改革失敗的重要原因之一在於改革的源頭來自於蘇聯，戈巴契夫用蘇聯的行為準則和生活方式來規範東歐各國，但此時對於部分改革專案戈巴契夫並沒有在東歐強制實行，因為他剛在 1988 年 6 月摧垮了黨內反對派，這使得他認為自己在蘇聯國內已經擁有無與倫比的優勢，改革必將會在東歐國家內得到順利執行。

　　此時，東歐各國在 1988 年正在面臨著空前的考驗，東歐國家的經濟已經面臨崩潰的邊緣，但從來自蘇聯的統計資料來看問題好像還不十分嚴重，在五年後東歐各國的經濟學者才得到有關當時國內發展的一些真實資料。東歐各國首先遇到的問題是外債。1980 年前後東歐各國陸續以舉債的方式推動經濟現代化，截至 1987 年為止，波蘭外債總額達到 392 億美元，匈牙利外債總額為 200 億美元，人均外債世界排名第一，1981 年，羅馬尼亞外債額為 110 億美元。

　　其次，東歐各國的經濟陷入停滯發展的階段。1988 年，南斯拉夫經濟成長率為負 1.6%，匈牙利經濟成長率不到 0.5%。而捷克斯洛伐克在 1949 年國民生產毛額曾居世界第十，1988 年則大幅下降到第四十位，阿爾巴尼亞在 1991 年的工業生產值只達到 1976 年的水平。這通貨膨脹問題造成東歐國家人民的生產水平快速下降。1988 年，南斯拉夫通貨膨脹率為 251%，一年後更高達 8%。1987 年波蘭通貨膨脹率為 267%。1989 年匈牙利人民生活水準與 1977 年相當。1987 年羅馬尼亞人平均每天只能得到 300 克麵包。

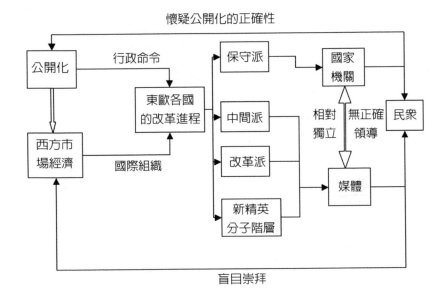

東歐各國在公開性進程中與西方市場經濟觀念的互動過程

戈巴契夫試圖將曾在蘇聯成功利用「公開性」改革將部分改革失敗歸咎於前政府領導人的經驗在東歐推行。戈巴契夫認為東歐國家也應當將現在所面臨困境推諉到前任國家領導人身上。對此,東歐國家領導人認為只有將國家導入市場經濟改革才能挽救國家目前所陷入的經濟困境。為此,東歐與歐洲聯盟的經濟整合正式開始,當然西歐市場與國民生活水準是東歐國家實施市場經濟改革的主因,但此時西歐國家更加重視的是東歐國家的意識型態發展,市場經濟改革對於東歐國家來講更像是一場政治選擇的過程,因為東歐國家市場經濟的核心就是經濟私有化,而私有化首先是國有企業中的書記將退出企業,同時國家將不再直接指導企業的運營,國家的財政來源將主要依靠企業的稅收。

第五節　蘇聯「公開性」改革引領媒體新戰線

　　自戈巴契夫當選蘇共中央總書記之後，蘇聯的政治生態主要由三部分組成，黨、政府機關和最高蘇維埃。蘇聯「公開性」展開的第一個行動是 1985 年 5 月戈巴契夫的列寧格勒視察之行。當時戈巴契夫認為，在蘇共整個龐大的意識型態機器中，這包括黨內工作人員、報刊、黨校、社會科學院等單位，還在按照自己習以為常的制度運轉，如果要想改變這樣的官僚體制，只有總書記在這個秘而不宣的體系上開闢一個視窗，如此一來，總書記對群眾直接傳播資訊的政治溝通手段就會反映在電視媒體上。當年，戈巴契夫通過國家電視臺，向廣大民眾公佈了他在斯莫爾尼宮與列寧格勒黨組織積極分子會面時的現場講話情形，這引起了全國觀眾的熱烈反響[12]。

　　同年 9 月初，戈巴契夫在接受美國《時代》雜誌的專訪時，原本安排的採訪方式是《時代》雜誌的負責人提出訪談要求，並將問題寄來，然後戈巴契夫按照已準備好的書面內容照本宣科回答就好，但最後在實際採訪當中，雙方卻展開了現場即興交談。戈巴契夫體現了他思維和口才的靈活性，改變領導在觀眾形象當中一成不變的刻板印象。10 月，戈巴契夫在接受法國三位記者的訪談時還是如法炮製。最後，《真理報》全文發表了這次談話，這引起了蘇聯與世界各國極大的興趣。戈巴契夫又再度創造蘇聯領導人的新媒體公關舉動，也就是他懂得如何與記者面對面交談，展現他隨和與親民的形象。

---

[12] 【俄】戈巴契夫，《戈巴契夫回憶錄》，社會科學出版社，2003 年，第370-373 頁。

　　戈巴契夫同大眾媒體打交道的新風格為黨的其他領導人樹立了榜樣，「公開性」改革成為媒體批評舊制度的新出口。於是這變相鼓勵了在報刊、電視和廣播上對國家生活中各種各樣的醜陋現象以及制度缺陷發表批評和建議，批評風潮似乎成為擴大「公開性」勢在必行的有效步驟。報紙版面上充斥著專職寫作者的文章，這包括各種議題上的專家、教授、作家與部分記者，最早充當領頭羊的媒體主要有：《星火》雜誌、《莫斯科新聞》、《爭論與事實》等報刊。「公開性」馬上變為蘇聯各州領導人開始計算黨機關報的正面報導與負面報導的次數，最後各州的領導人乾脆要求媒體能夠平衡報導，以免委屈州裏的共產黨員和勞動群眾。對於新聞界的狀況，戈巴契夫認為：必須保障「公開性」免受侵犯，當然大眾傳媒也應當有明確責任，但這並不意味著要「明令」報社的編輯，而是新聞工作依據相關的新聞出版法律進行。

　　在蘇聯「公開性」改革的過程中，媒體扮演著改革的心臟與脈搏的角色，但非常可惜的是，戈巴契夫對於媒體的改革僅限於人事的變革，媒體改革未能使人民感到戈巴契夫改革的真正意圖。媒體改革的侷限性是造成社會與國家機關疏離的關鍵。與此同時「公開性」改革對於包括報紙、廣播、電視等蘇聯媒體的物質基礎並沒有做出徹底的改變，在「公開性」改革期間媒體的設備並沒有太大的改進，如俄羅斯國家電視臺設在莫斯科國立大學新聞系的一個國家級攝影棚，直到 1994 年還在使用七十年代的攝影設備，雖然該攝影棚的攝影與製作技術還算不錯。

　　中央報刊開始一連串人事變動。《真理報》撤換掉主編阿法納西耶夫，取而代之的是主張改革的該報經濟部主任維・帕爾費諾夫；黨中央機關刊物《共產黨人》的主編則由親戈巴契夫後來成為其顧問的萬・弗洛羅夫接任，《共產黨人》在 1996 年之後成為改革的理論論壇，有一批該雜誌的作者對於戈巴契夫之前的物價、金融、

補貼、計劃、危機以及消費市場的蕭條進行批評；維塔利科羅・季奇成為《星火報》的主編；主要經濟刊物《經濟問題》的「保守派」主編哈恰圖羅夫院士下臺，「改革派」波波夫教授繼任；《莫斯科新聞報》的主編則換為雅格爾・雅科夫列夫。其他的中央級報刊或早或晚都遭到了撤換主編的命運，最終都由反對戈巴契夫改革變為支援，這些報紙包括《消息報》、《蘇維埃俄羅斯報》、《文學報》、《共青團真理報》、《蘇維埃國家報》、《計劃經濟》等等。

　　媒體人事變動的最終目的是為了維護來自總書記的命令，而來自於基層黨的聲音卻不能夠在群眾中廣為傳播。媒體如果失去群眾的支援與理解，那麼有關於黨所進行的任何改革都會停留在討論的階段，隨著改革無法深入，群眾自然也就失去了耐心，最後，媒體難免成為改革派與保守派相互鬥爭的戰場，而群眾非常可惜地成為改革的觀望者，這就非常能解釋當飄揚在紅場上的蘇聯旗幟緩緩地從克里姆林宮降落時，整個俄羅斯的人民對此並無人多的反應。一種冷漠表現無疑。

　　所以，蘇聯的解體並非來自媒體，應當說蘇聯的解體主要來自蘇聯上層方向不明的改革，因此媒體無法發揮上下樞紐的作用，更多地為人事鬥爭先鋒，為歷史翻案並服務一小部分人，民眾更多的是陷入歷史的漩渦當中，對於改革的熱情過早地被消耗殆盡，最後當陷入一片麻木當中時，蘇聯卻悄然解體了。

　　戈巴契夫在 1985 年底的改革遇到挫折之後，「公開性」成為另類改革的口號，「公開性」成為戈巴契夫消除異己的手段。勃列日涅夫時期所培養的幹部被大量排擠，此類現象在新聞界與經濟界尤其嚴重，一些不具備馬列主義基本素質與信仰的編輯與記者被大量啟用，保護戈巴契夫的威望與特權成為這些記者與編輯的主要任務，報刊中主導欄目和文章慢慢為個人主觀見解所壟斷。

　　戈巴契夫的助手阿甘別吉揚在 1986 年發表一篇驚人的文章,阿甘別吉揚在文章中指出蘇聯經濟在 1978～1985 年期間根本沒有增長,這間接證明之前的任何國家統計都是失實的,於是「公開性」間接導致媒體開始攻擊去世的勃列日涅夫等人和所有健在的所謂保守派官員。

　　到 1987 年中期,新聞媒體得出結論:以前的改革是不全面的、是沒有連續性的短期行為。戈巴契夫在 1987 年 11 月的講話中首次提出徹底清算史達林與勃列日涅夫時期所取得的成績。媒體通過「公開性」的政策將戈巴契夫描繪成為市場經濟的設計師、未來社會和經濟模式的創作者,媒體將總書記塑造成為蘇聯與東歐人民心目中的「改革家」和共產主義民主派的形象。

　　「公開性」首先開始批評史達林和史達林主義,然後批評後來演變為所有對立派的保守分子、守舊派,儘管後來有些學者認為他們也是同意進行改革的,只是他們所提倡的改革無法取得立竿見影的成效,在 1991 年 8 月之後,「公開性」終於開始批判社會主義了,無論是發展中國家還是正在進行改革的發達國家一般都需要一個穩定的國際與國內環境。戈巴契夫的「公開性」便成為替自己將來改革失敗後開脫罪責的強力工具,媒體此時並沒有擺脫政府吹鼓手的角色。媒體角色的二元立場體現了領導高層當中權力與意識型態分立與鬥爭的激烈狀態。

　　蘇聯領導人中的反對派主要分佈在三個層次:高層或中央一級、共和國一級及黨的基層,這還包括來自戈巴契夫陣營內的「激進改革派」與「穩健改革派」。雷日科夫屬於「穩健改革派」,而葉利欽則屬於「激進改革派」,葉利欽的改革常被人稱為更加野蠻、更加殘酷。雷日科夫並不贊成戈巴契夫改革的規模過大、過激、目的不清,而將改革與意識型態緊密地聯繫到一起則是雷日科夫最為反對的。他認為改革應當將經濟與政治分開,企業應當在改革當中

逐漸獲得一定的獨立自主的權利，這基本上代表並維護了蘇聯國營大企業廠長們的利益。

　　黨內二號實力派人物利加喬夫在 1988 年 5 月的中央農業問題全會和 6 月的第 19 次黨代表大會之後脫離了中央領導核心，他後來成為主管農業的書記。利加喬夫從 1973 年起就開始擔任中央書記，1975 年 4 月任政治局委員。在 1988 年 9 月的中央全會上，兩名政治局委員葛羅米柯和索洛甸采夫被迫退休和辭職之後，隨之麥德維傑夫和奇勃里科夫代替了他們的位置。利加喬夫也沒有停止他對於改革的警告。他認為，現在蘇聯的經濟已經在改革的過程當中遭到了破壞，社會混亂加劇，這無疑會產生新的社會不平等和社會不公正的現象，對於社會不平等問題，他認為蘇聯的改革已經使得為數不少的社會非政治領域的人通過非法的手段獲得了大量的社會財富，隨之而來的是如何解決這些人的社會地位問題。

　　但戈巴契夫卻已經無法顧及到這些人的聲音，而葉利欽在自己的職位上與兩類人進行廣泛的接觸，一類是新聞媒體人；另一類就是私營企業主。澳大利亞學者科伊喬‧佩特洛夫（Koytcho Petrov）在《戈巴契夫現象－改革年代：蘇聯東歐與中國》一書中談到，利加喬夫本人具有經濟和政治方面的專業知識，但是他的弱點在於作為官僚機構的一員，他太愛妥協，這使得改革派們可以為所欲為。利加喬夫就曾在多個場合之中提到，改革的深入並不意味著我們的政治體制垮臺，恰恰相反它會得到更加鞏固的發展。

　　原蘇共中央委員、蘇聯人民代表羅伊‧麥德維傑夫在 2003 年完成的文章《蘇聯為什麼解體》中指出：戈巴契夫的領導班子自身能力出現了問題，在蘇維埃政權的年代，蘇聯在科技、軍事等各部門都培養出了為數眾多的強有力領導幹部，但非常可惜的是，在政治領域的幹部卻顯得能力欠缺，在意志品質和智力方面，史達林周圍的人普遍弱於列寧周圍的人，這種退化一直延續到赫魯雪夫、勃列

日涅夫時期，這現象甚至一直持續到戈巴契夫時期，他攆走那些無能的領導人，但隨之而來的卻是更加無能但更加聽話的領導[13]。

　　意識型態是蘇聯國家與社會的主要支柱，在勃列日涅夫時期蘇斯洛夫負責整個蘇聯的意識型態工作，但在戈巴契夫時期先後有利加喬夫、雅科夫列夫、麥德維傑夫在政治局做過意識型態的工作，但他們在意識型態取向上有所不同，各自有著非常強烈的、屬於自己的意識型態。

　　現在看來，戈巴契夫並不是搞意識型態的專家，對於社會理論的問題他基本上並不能找到一個相應的表述，而他本人則以簡化馬克思列寧主義的教條向民眾宣傳。在《改革與新思維》一書當中，戈巴契夫並沒有在意識型態方面提出比較具體的改革方案，更多是在一些抽象概念上做文章，在書中他提出蘇聯的發展在 1985 年之前脫離了「世界文明的基本方向」，現在的領導人有必要將被孤立於世界的蘇聯融入「某個新的世界共同體」，戈巴契夫號召蘇聯公民今後按照世界法和世界文明的規律生活，但這些對於一個普通的公民來講，都是一些非常空洞的概念。

　　在戈巴契夫提倡改革與開放的日子裏，新聞記者成為俄羅斯社會的新希望，這一現象一直持續到葉利欽早期執政的時代，特別在蘇聯解體之後，新聞記者成為令人羨慕的職業。著名的電視編導、俄羅斯國家電視臺執行董事奧列格‧杜伯羅傑夫曾在電視節目中講到，在俄羅斯第一屆最高蘇維埃成員當中，新聞記者就占了十分之一。自 1991 年 8 月之後的幾年裏，新聞記者受歡迎的程度和其權威性令人驚訝，而新聞記者參與政治是很平常的事情，他們成為知識份子的眼睛和耳朵、改革與民主的旗手，政府也時常邀請知名的媒

13　【俄】羅伊‧麥德維傑夫，《蘇聯為什麼解體》，《俄羅斯中亞東歐研究》，2004 年第一期。

體記者參加不對外的會議，那些工程技術人員、醫生、教師以及衷心希望變革的人們，都把新聞記者看作他們施展未來抱負的代表。可以說，「公開性」改革讓媒體成為上層建築鬥爭的戰場，當時蘇聯媒體並沒有養成聯繫上下階層的公眾傳播的習慣，但是，政治改革的結果出人意料地加速了蘇聯的解體與俄羅斯政治改革的持續爭鬥，這股「公開性」的浪潮意外地推動了媒體的變革，餘波蕩漾地為媒體工作者造就了監督政府改革的「第四權」環境。

第六節　蘇聯「公開性」改革催生媒體新階層

　　蘇聯在進行改革意識型態的過程當中，出現的另外一個大失誤就在於對黨報的處理。黨報在新聞的發佈過程當中已經成為當權改革派或保守派進行角逐的舞臺。在 1988 年之後，黨報成為政治鬥爭工具的現象已經嚴重違背馬列關於媒體發展的指導方針。

　　馬克思列寧主義的媒體觀是團結革命黨人反對封建專制政府的思想利器。恩格斯在社會民主黨領導集團尤其是李葡克內西的反對之下，在黨的理論刊物 1891 年第 1 卷 18 期《新時代》上發表《哥達綱領批判》。復旦大學童兵教授認為，恩格斯在《新時代》上發表《哥達綱領批判》為正確認識黨報的作用以及認識和處理黨與黨報的相互關係提供了寶貴的歷史經驗[14]。這其中恩格斯最重要的觀點是，黨的報刊，包括黨的機關報，它是全黨的輿論機關，是「德國黨的旗幟」，但它不是黨的執行委員會或黨的私有物，黨的報刊絕對不是一個簡單的傳聲筒，它是全體黨員的講壇。

---

[14] 童兵，《童兵自選集》，《公開發表〈哥達綱領批判〉的歷史經驗》，上海：復旦大學出版社，2004 年

　　恩格斯一直強調黨報屬於全體黨員，他建議黨報要依靠黨員的建議來建立消息的主要來源，直接表達黨員群眾的意志是黨報的作用與力量所在。其次，恩格斯主張黨報對於領導集團要保持一定的獨立形式，有時還應當提倡創辦不隸屬於黨執委會的黨內報紙，即「形式上獨立的黨的刊物」，這種刊物應當是相對獨立的和自主的，它在「綱領和既定的策略範圍內可以自由地反對黨所採取的某些步驟，並在不違反黨的道德範圍內自由批評綱領和策略[15]」。他提出獨立報刊的意見，這絲毫不意味著這位黨的締造者要脫離黨的領導，恰恰相反，他要為群眾提供更多的講壇，造成各種表達觀點和意見的渠道，從而監督黨、建設黨，更好地發揮黨的作用。

　　自 1986 年開始，蘇聯新聞界一些人開始提出允許私人創辦電臺和報紙，並主張報紙應當擁有更多的自主權，並減少蘇共中央對傳媒的控制，黨報編輯部與黨應當脫離關係。在這裏這些學者的主張表面上似乎與恩格斯當年在《哥達綱領批判》中所提出的主張相似，但在實際操作當中卻有著非常大的差別，其中問題的實質在於報紙的消息來源要依靠廣大的黨員與人民群眾，媒體的運作脫離黨的領導並不能解決現在社會出現的一切問題。

　　蘇聯媒體則沿著這一條不歸路繼續發展下來，當時許多報紙認為在報紙頭版標明「機關報」是一件不光榮的事，因此隸屬於作家協會的《文學報》、隸屬於工會的《勞動報》都刪去了報頭上的「機關報」字樣。1987 年，蘇聯境內開始出現了名叫「尼卡」的非政府系統辦的電視臺，這個電視臺的經營方針由公共機構、合作組織、主要報紙的代表組成的諮詢委員會來決定，該電視臺採用和國有電視臺完全不同的方法來獲得資訊，這個電視臺運用龐大的廣告收入，在莫斯科和彼得堡兩地間播送 6 個小時的節目。1988 年蘇聯境

---

[15]　《馬克思安格斯全集》第 38 卷，人民出版社 1972 年版，第 517 頁。

內的第一個非國營電臺在立陶宛首都維爾紐斯設立，但非常可惜，在 1986 年開始波羅的海三個加盟共和國的廣播電臺全部為政府反對派控制，電臺的整個運作一般都依靠西方的援助。1989 年 9 月由蘇聯國家廣播電視委員會與德國、義大利合資創辦的國際文傳電訊社成立。

1986 年，蘇聯最高蘇維埃發出公告，將在 1990 年頒佈新聞出版法，這是蘇聯部分新聞界人士和蘇共中央一些人都主張的。蘇聯新聞界的一些人希望未來的新聞出版法要將同時代的社會和新聞界的關係問題提到法律的議事日程上來。而蘇共中央一些人認為，「那些沒有登記、不受法律約束」的報刊如雨後春筍般出現，大約有幾百家，國家需要將這些媒體納入法律的軌道上來。

按原計劃的蘇聯新聞出版法應於 1986 年下半年推出，後來對新聞出版法的討論推至 1989 年 9 月。1989 年 12 月 4 日，蘇聯最高蘇維埃立法、法制和法律程式問題委員會等機構提出的新聞出版法草案正式在報刊上發表。1990 年 6 月，蘇聯第一部新聞出版法《蘇聯出版和其他大眾傳媒法》最終形成問世。該法律內容對出版自由的解釋、大眾傳媒的活動組織、新聞與資訊的傳播、大眾傳媒同公民及各種組織關係、新聞工作者的權利與義務、新聞領域的國際合作、違反新聞出版法應負的責任等作出規定。新聞出版法的公佈表明蘇聯新聞媒體的體制和制度發生了根本性的變化，主要是取消了新聞檢查，允許各類社會組織和公民個人辦報，新聞出版法擴大了媒體創辦者、編輯部和出版者的自主權。

蘇聯新聞出版法的出檯使得蘇聯國內反對派報刊包括受到反共反社會主義的傳媒法律的保護。1990 年 10 月，即新聞出版法公佈兩個月之後，蘇聯境內共有 700 家報刊，包括 13 家政黨報刊進行了登記。一些反對黨報刊以新聞出版法為擋箭牌，頻繁組織反共集會，甚至用國外的錢買下成批剛出版的蘇共報紙，一些報紙在登記的過

程當中紛紛脫離原來的創辦機構另立門戶，如《爭論與事實》周報
與創辦者全蘇知識協會脫離關係，《莫斯科新聞報》與創辦者蘇聯
新聞社脫離關係。新一批媒體精英層與報紙多黨化的現象成為媒體
新洪流。

　　新聞出版法的起草人之一、莫斯科大學新聞系教授葉·帕·普
羅霍羅夫，在蘇聯解體之後，在莫大新聞系課堂上談到當時關於通
過的新聞出版法時提到，蘇聯新聞出版法當時制定的主要目的是規
範與管理在「公開性」過程中出現的新媒體。但問題的實質是這些
新媒體的運作資金是從哪里來的，是不是我們普遍認為的從西方國
家滲透過來？答案當然是否定的，因為就現在俄羅斯聯邦已經非常
自由化的市場經濟來講，國外的資金還是不能在國內自由流動，何
況是國家管理十分嚴格的前蘇聯，媒體運作需要的資金是非常龐
大，當然蘇聯媒體運作的資金顯然是來自國內。國內資金主要分為
兩種，一種來自國家大型國有企業，另一種是當時「非法市場」上
無法自由流動的資金，它主要是通過國家機關的渠道流入媒體。蘇
聯媒體混亂的表現主要是國家經濟管理混亂的延伸，部分媒體所謂
反黨反社會主義的表現主要是媒體反對舊有特權階層的體現，在「公
開性」改革的過程當中，蘇聯已經出現新的階層，這些新階層的精
英分子無法尋找到自己的位置，新聞媒體自然成為這些精英介入的
首選。

　　普羅霍羅夫認為，蘇聯新聞出版法的執行，基本上在以法律的
形式，承認這些新出現的精英階層的社會行為，現在想來，這些問
題還是可以在內部解決的，但其前提必須是，戈巴契夫在「公開性」
的改革過程當中減少人事方面的鬥爭，那麼，新的精英階層就會按
部就班且心平氣和地接班，他們也就不會成為前蘇聯解體的堅定支
持者。

　　當然這只是普羅霍羅夫相當一廂情願的推論，但他還是在某種程度上反映了戈巴契夫在蘇聯政治改革過程當中犯了與經濟改革一樣的錯誤，就是沒有注意到在蘇聯廣大黨員的基礎之上新出現的年輕精英階層所擁有的社會能量，而老一代的特權階層已將自己與黨、國家緊緊地綁在一起，這使得這些新階層認為只有將蘇聯政權摧毀才能達到自己的目的。最後這些精英階層全部導向對「激進派」葉利欽的支援，並且不遺餘力地支援蘇聯解體，精英階層主要包括《獨立報》主編特列季亞科夫、銀行家斯摩棱斯基、經濟學者蓋達爾和阿納多里‧丘拜斯等人。

（蘇聯精英階層在蘇聯公開化改革中的互動新關係）

　　1988 年之後，隨著東歐國家的政局越來越混亂，無政府主義日益泛濫，戈巴契夫希望在這些國家取得改革勝利已經變得非常渺茫，蘇聯整體的外部環境變得非常惡劣，由蘇聯組建的經互會已經無法發揮其應有作用，中斷與東歐國家的經濟聯繫成為戈巴契夫的

選擇之一，但此時解散已經奄奄一息的經互會給了蘇聯經濟一棒致命的打擊。

　　1991 年 2～3 月，蘇聯的物價上漲引起社會的不滿，成千上萬的廠礦工人走上街頭，舉行罷工和抗議示威。戈巴契夫為了挽救蘇聯，在 1991 年 4 月，曾試圖舉行總統特別會晤，無奈有一半的加盟共和國總統都拒絕參加。他曾試圖同葉利欽談判，希望俄羅斯聯邦境內的罷工能夠停止，但事實上，罷工風潮卻越演越烈，但這樣的權利是戈巴契夫賦予的。

　　1991 年 6 月 12 日，俄羅斯聯邦的總統大選形成對中央的最大威脅。葉利欽成為戈巴契夫最強有力的競爭對手，他要求戈巴契夫辭職。1990 年 7 月，蘇共第 28 次代表大會後，戈巴契夫與葉利欽之間的爭鬥已經朝著有利於葉利欽的方向發展，但兩派的鬥爭最終的受害者卻是人民。蘇共第 28 代表大會說明，戈巴契夫在兩年前清除所謂的「保守派」的行動中，他並沒有發現真正的敵人。葉利欽在俄羅斯聯邦的大選中獲勝後，葉利欽與克拉夫丘克成為蘇聯在政治上的真正巨頭。

第七節　蘇聯「公開性」改革汲取民主與自由觀

　　在俄羅斯輿論界，「民主」與「自由」這兩個概念經常被當做同義語在使用。實際上兩者之間存在著重大的差別。自由主義就其歷史起源來講，它更加強調從社會自由過渡到個人自由與自我價值體現的過程和及其對社會的促進作用。如 19 世紀英國思想家彌爾在《論自由》中就有相當清楚的表述。歐洲自由主義的發展在初期，更多地表現在捍衛受封建君主主義桎梏束縛的新興資產階級的利益，這使得資產階級能更多地展現出它的活力與不同，進而推動社會的發展。

　　在民主的基礎之上，資產階級國家的領導仍更多地選擇自由，就像美國開國元勳傑佛遜在選擇政府或媒體時，他更加傾向於媒體，因為媒體代表著完全不同於封建制度任何舊思維的新社會階層的思想，它的理想性特點使得它更多地代表自由與自主。而民主更加強調的不是個人而是大多數人的利益與意志，它主要的信條就是人民主權，所有公民都有平等地表達政治主張的權利。自由主義者認為，人們天分的不平等決定了人們財產的不平等，因此就不能平等地參與政權。但在 19 世紀，自由主義在社會中下層的普遍壓力之下，已經吸收了很多民主的觀念。到 20 世紀，自由主義在社會主義的影響下，已經不僅僅是民主的，而且也承認廣大人民權利中的社會保護和保障權。因此，也就出現了現在所強調的「民主自由」觀念。不過自由主義並不等同於民主，前者涉及政府的許可權範圍，後者涉及誰來行使政府權力的問題[16]。

　　事實上，蘇聯每次擴張的舉動都是基於安全相關的原因，而以推廣共產主義運動為由。但當這兩種方式發生衝突時，現實主義總是會勝利，一個國家會做任何讓它生存下來的事情。冷戰結束主要是因為蘇聯領導人，特別是戈巴契夫，在 80 年代經歷了一次關於國際政治的根本思想性變化，莫斯科不是去尋求最大化地佔有世界權力，而是受到追求經濟繁榮、克制使用武力及犧牲自由主義準則所驅使[17]。蘇聯的決策者們不再以「現實主義」思考問題，而是採用了一種新的視野，強調國家間特別是與西方國家合作的重要性，合作的主要目的是解決蘇聯經濟發展中出現的停滯現象。

---

[16] У Фей，《СМИ и Государство не должны быть противниками》,М: МГУ,
　　《Диалог》,1999, с .77-80. （吳非，《新聞自由與政府管理無對立性》，
　　莫斯科國立大學《對話》雜誌，1999 年，第 77-80 頁。）

[17] Peter J Katzenstein，The Culture of National Security: Norms and Identity in
　　World Politics, New York, Columbia University Press, 1996, pp.271-316

　　同樣在勃列日涅夫時代，蘇聯已經宣佈進入社會主義發展的高級階段，此時如何發展社會主義經濟是擺在蘇聯面前的難題，戈巴契夫時代的蘇聯同樣面臨經濟發展當中的停滯問題。蘇聯媒體應當將媒體中的經濟報導因素擺在首要的位置，堅持馬克思列寧的意識型態陣地是社會主義經濟建設中的基礎，最後戈巴契夫卻沒有這樣做，他將媒體變為改變官員結構和個人形象宣傳的工具，蘇聯人民無法從媒體中獲得國家建設狀況的基本訊息，而對於國家未來建設言論卻充斥著部分國家媒體，蘇聯人民此時看到國家上層建築的混亂。

　　1987 年，蘇聯國內實行經濟改革，同時採取擴大民主化和「公開性」等政治措施，但埋藏在人民心中的不滿情緒卻處於逐漸增長的態勢當中。社會上瀰漫著堅持與反對馬列主義的兩種聲音，與此相關的恐怖威脅言論也層出不窮。

　　在這期間，反蘇、民族主義和政治敵視方面匿名材料的散發量，同上一年相比減少了 29.5%，但參與制作散發材料的人卻增加了 9.4%。在 1987 年的一年間，對蘇聯共產黨和蘇維埃國家領導人發出恐怖主義言論的有 44 起，威脅對地方黨和蘇維埃積極分子代表及負責人員實施肉體懲罰的有 108 起，民族主義即贊成實施大斯拉夫主義的有 309 起，不同意在國內對蘇聯社會主義實施改革措施的有 46 起。1987 年，共有 1312 人製造傳單、信件和標語，33 人揚言要對黨和國家領導人實施恐怖主義，67 人威脅要對地方黨和蘇維埃積極分子及負責人實行肉體懲罰，這其中 37.2%是大學生，18.6%是工人，16.8%是職員，9.5%是退休人員，17.9%是其他各類公民，其中還有勞教機關服刑期滿的人。這其中蘇共產黨員和預備黨員 59 人，列寧共產主義青年團團員 361 人[18]。

---

[18]　文件：《國家安全委員會關於國內不安定情況的彙報》，1988 年 3 月 21 日 文件第 458-4 號。

　　對於這些複雜的社會不穩定因素，國家安全局的基本態度是：蘇聯國家安全局會採取措施，預防和及時杜絕散發敵視性內容的匿名材料，及其相關的消極情況，並提高查處匿名材料作者及散發者的工作效率。資料顯示，這些反對的聲音基本上是任何國家在改革的過程當中都會遇到的問題，它並不會隨著安全委員會查處效率的提高而消失。這些反對聲音主要來自大學生要求改革，以及對於社會生活必備品供應不滿和由於改革而生活困難的人民。但文件顯示，蘇聯安全委員會對於社會中出現民心不穩的現象所採取的措施是十分強硬的，並帶有強烈的政治化趨向。

　　蘇聯政府高層並不認為在改革當中出現人民的某些不滿情緒是一個正常的現象，而國家安全委員會所做的工作就是把人民不滿的情緒控制在一定的範圍以內。這是典型的把冷戰思維應用於國內人民的錯誤手段，首先人民會感覺到手段過於強硬而不適應，進而民心逐漸失去對政府的信賴。

　　蘇聯新聞教育工作者安德烈耶娃，在 1988 年談社會主義原則時主要提到三個問題。首先，國家政府對於史達林的歷史評價，她認為近二十年來社會上展開了與他名字所有相關聯的批判性，這是一種狂妄症，與其說這是關係到歷史人物本人，倒不如說這關係到最為複雜的過渡時代。今天社會上一部分人強行把工業化、集體化、革命這些概念強行塞入「個人崇拜」的公式，最後發展到隨心所欲地把一部分人列為「史達林分子」，並強行要求「懺悔」。其次，黨的領導人號召把「揭露者」的注意力轉移到社會主義建設各階段所付出的實際成本上來，這又像行政命令一樣，社會再次爆發出一批又一批新的「揭露者」。最後，國家在培養年輕一代的問題上正變得更加複雜，「新左派自由主義者」和「新斯拉夫主義者」思想範疇中出現了非正式的團體和聯盟，這些自發形成的組織並不是社

會主義多元化的表現，這些組織的領袖經常談論「議會制度」、「自由工會」、「自治出版」等基礎之上的「權力分配」[19]。

安德烈耶娃認為，現在蘇聯全國範圍內的所有這些討論，主要涉及的問題在於是否承認黨和工人階級在社會主義建設和改革中的領導作用，我們應當遵循戈巴契夫在蘇聯共產黨中央委員會全體會議上所言，國家改革應當遵循馬克思－列寧主義原則的同時，更應當在精神改革方面採取謹慎的行動，這是社會主義的原則，我們現在和將來都要捍衛這些原則，原則不是來自別人的恩賜，而是祖國歷史急劇轉變時刻的主要體現。

對此，安德烈‧迪米特里耶維奇‧薩哈羅夫院士就持完全不同的看法，他在 1989 年 6 月 9 日的蘇聯第一次人代會上發言表示，蘇聯的整體建設是繼承了史達林主義的民族－憲法制度，這種制度具有分割、控制整個帝國的思維與政策，小的加盟共和國和遵循行政管轄原則進入加盟共和國的民族小國是這一遺產的犧牲品。同時，俄羅斯民族同樣要背負帝國的傲慢和內外政策中的冒險主義和教條主義的負擔，蘇聯要適當向民族憲法體制的方向過渡，蘇聯必須採取緊急措施改變規則，賦予所有現存民族－領土國家平等的政治、法律和經濟權利，不論其大小和現有制度如何，並保留現有邊界，這樣隨著時間的推移可能將有必要確定邊界。其次，選舉和罷免蘇聯最高公職人員，即蘇聯最高蘇維埃主席、蘇聯最高蘇維埃副主席、蘇聯部長會議主席、憲法監督委員會主席和委員、蘇聯最高法院院長、蘇聯總檢察長、蘇聯最高總裁長、中央銀行行長，以及蘇聯國家安全委員會主席、蘇聯國家廣播電視委員會主席、《消息報》總編等政府官員要向代表大會負責，他們有義務向代表大會報告工作，上述國家公職人員應當不受蘇聯共產黨及其它機關決定的約束。

---

[19] 文件：《安德烈耶娃談堅持社會主義原則》，1988 年 3 月 25 日。

　　薩哈羅夫的觀點贏得許多代表的熱烈掌聲，這反映了當時蘇共上層堅持馬克思列寧主義在「公開性」階段已經無法深入人心，但蘇聯的人民代表都忘記了「觀點無法治國」這樣簡單的道理。事實上，薩哈羅夫的觀點並沒有在俄羅斯這塊土地上實行過，薩哈羅夫的施政觀點同樣沒有在後來葉利欽執政階段得到採納，可以看出直接來自西方的思想要在蘇聯生根是不現實的問題。薩哈羅夫院士的觀點基本承接赫魯雪夫當時未完成改革的一些基本發展方向，但薩哈羅夫觀點不切實際的地方在於，他忽略了馬克思列寧主義在與實際結合的生命力，以及人文地處理民族和人民生活中存在的複雜問題。

　　這是沙皇俄國、蘇聯與俄羅斯發展當中所遇到的怪圈，這個怪圈已經周而復始地發生了三次，每一次發生都遇到社會巨大的變動，這為人民的生活造成巨大的痛苦，但只有一次例外，這就是恐怖伊凡政權向彼得大帝過渡的整個過程當中，彼得大帝選擇整個國家制度向西方完全過渡的方式，伊凡四世在其執政晚期儘管對人民實行暴力統治，但他為沙皇俄國帶來了完整的政治精英管理國家的模式。彼得大帝當時面臨三個選擇：韃靼人的文化（蒙古文化的一枝）、土耳其的穆斯林文化（這與俄羅斯的東正教文化嚴重衝突）、西歐的文明（這與俄羅斯的東正教文明無明顯的衝突，且西歐的科技是俄羅斯一直嚮往的，所以在莫斯科國立大學的創始人羅蒙諾索夫的幫助之下，俄羅斯逐漸向西方文明靠近，並在之後三百年的時間內取得了巨大的成功。）

　　蘇聯解體的另外一個重要的原因在於蘇聯精英階層不能進行正常更替，年輕的精英與老一輩的官僚進行了針鋒相對的鬥爭，而鬥爭的場所就在媒體，媒體一般比較傾向於年輕的精英。在社會中出現的友善的批評性建議是改革中有益的補充部分，如果採用粗暴的制止手段，那將使這樣的建議發生兩級的變化，首先這樣的言論並不會消失，它首先會在社會中的意見領袖中傳播，然後廣為傳播，

如果政治精英不加理睬的話，那它會真正變為社會中的不穩定因素，這些意見領袖會在社會輿論中自成一體，形成與政府的政治精英們實力相當的團體，最後在適當的時機和適當的領袖帶領下來改變整個社會結構。

同樣這些意見領袖的理論是非常不完善的，他們言論之所以能夠廣為流傳的兩個重要因素就是：首先，他們在整個社會中是弱勢的一群，以吸引社會各階層人士的同情與注意；其次，他們受到強大政治精英的打壓，而使得這些意見領袖的言論面臨消失與流傳的兩種抉擇，這些言論並沒有經歷時間與實踐的驗證以及自我完善的過程。

這些意見領袖的思維只要是對社會有益的就應當被視為社會財富的一部分，例如現在俄羅斯總統普京在許多方面的政策就來自於俄羅斯共產黨，如社會保證制度、證券市場化、銀行的社會穩定角色。俄共領導人久加諾夫認為政府在竊奪俄共的治國理念，但俄共卻在政黨運作的經費來源問題上向大財團靠近，儘管在 1995 年之後俄共就已經開始向大財團靠近。1996 年在總統大選期間，當時的獨立電視臺《總結》節目主持人基辛廖夫就曾在分析性新聞中指出，在俄共的內部會議之上，出現了許多大財團的代表，從新聞圖像上看俄共所舉行的代表大會會址為一個廢舊工廠的辦公大樓，而辦公大樓的進出管理相當嚴格，會議禁止記者進入採訪，會後與會代表均不接受記者採訪並迅速離開會址，基辛廖夫以此來解釋為什麼俄共都會參與歷次大選的資金來源，他認為這些資金主要是利用俄共在杜馬通過預算的優先順序，來進行政策性買票，這些政治獻金並沒有通過正常的銀行手續，而是俄共產黨員在經商時的相互優惠條款，一旦這些案件一旦被揭露出來後，俄共均以個人案例來處理。

基辛廖夫披露的這條新聞評論在當時並沒有引起太大的反響，這主要是因為俄共領導人後來解釋這些資金均為合法來源，符合法

律程式；其次，俄共歷次提名的候選人當中並沒有太多的財團代表。2003年底，俄共提名的候選人名單就出現了大量財團的代表人物，這可能也是俄國在這次杜馬選舉中失敗的原因之一，可能其支持者一下子沒有辦法調整俄共與財團結合的形象。

　　據當時參與筆者在莫大進行博士論文答辯的評論員、普京媒體變革的智囊之一、馬克新聞社副社長亞歷山大‧馬克洛夫的講述，當時前總統葉利欽對俄共動向完全掌握，只是俄共的這些資金來源均在合理的範圍之內，對於總統大選的選情並不能構成嚴重威脅，而俄共在杜馬中的絕對多數也是一件無可奈何的事情。在葉利欽執政初期，傾向右派的蓋達爾勢力強大，但人民並不能夠認可，而親總統的中間黨派並沒有被培養出來。在葉利欽執政晚期，莫斯科市長盧日科夫所組成的「祖國‧全俄羅斯黨」並不是葉利欽所看中的中間勢力，而此時媒體集團的角色就是輔助總統在全社會上建立親總統的中間勢力。

　　1999年11月2日，俄羅斯總統普京在接受法國《費加羅報》的採訪時提到：「蘇維埃政權沒有使國家保持繁榮、社會昌盛、人民自由，經濟領域的意識型態化導致蘇聯遠遠落後於發達國家，無論承認這一點多麼痛苦，但我們將近70年都在走一條死胡同中。」

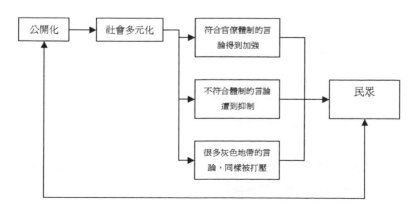

　　最後，筆者簡單歸結蘇聯「公開性」改革對於媒體模式改變的影響，可有如下幾點：

1. 「公開性」變革引起社會多元化。此時符合部分官僚體制的言論得到加強，但改革沒有解決任何民眾所關心的切身問題，在民眾心中認為改革並沒有帶來任何好處。此時，不符合體制的言論被絕對的打壓，很多灰色地帶的言論同樣被打壓，但這些言論卻在民眾之間流傳，灰色地帶的言論不論正確與否，一概被民眾認為是真理，這完全是執政失敗的表現。蘇聯解體的另外一個重要的原因在於蘇聯精英階層不能進行正常更迭，年輕的精英與老一輩的官僚進行了針鋒相對的鬥爭，而鬥爭的場所就在媒體，如果領導層政治精英不加理睬的話，那它會真正變為社會中的不穩定因素，這些意見領袖會在社會輿論中自成一體，形成與政府的政治精英們實力相當的團體，最後在適當的時機和適當的領袖帶領下來著手改變整個的社會結構。

2. 改革變為人事鬥爭下的個人恩怨。如戈巴契夫與葉利欽，史達林與赫魯雪夫，赫魯雪夫與勃列日涅夫。改革成為現任領導人歸咎責任給前任領導人的手段，媒體變為人事角鬥場，報刊上出現意識型態爭論的文章，此時媒體仍缺乏自己的聲音，是上層建築爭論的傳聲筒。戈巴契夫同大眾媒體打交道的新風格為黨的其他領導人樹立了榜樣，「公開性」改革成為媒體批評舊制度的新出口。於是這變相鼓勵了在報刊、電視和廣播上對國家生活中各種各樣的醜陋現象以及制度缺陷發表批評和建議，批評風潮似乎成為擴大「公開性」勢在必行的有效步驟。

3. 媒體走向法律規範。1990 年 6 月蘇聯第一部新聞出版法《蘇聯出版和其他大眾傳媒法》最終形成問世。該法律內容主要

針對出版自由的解釋、大眾傳媒的活動組織、新聞與資訊的傳播、大眾傳媒同公民和各種組織關係、新聞工作者的權利與義務、新聞領域的國際合作、違反新聞出版法所應負的責任等。新聞出版法的公佈表明蘇聯新聞媒體的體制和制度發生了根本性的變化，主要是取消了新聞檢查、允許各類社會組織和公民個人都有權辦報，新聞出版法擴大了媒體創辦者、編輯部和出版者的自主權。蘇聯新聞出版法的出檯使得蘇聯國內反對派報刊受到法律的保護，反共反社會主義的傳媒獲得了法律的保護。一些反對黨報刊以新聞出版法為擋箭牌，頻繁組織反共集會，甚至用國外的錢買下成批剛出版的蘇共報紙，一些報紙在登記的過程當中紛紛脫離原來的創辦機構另立門戶，新一批媒體精英層與報紙多黨化的現象成為媒體新洪流。

4. 初步的變革使得人民對於更大規模的改革充滿希望。當年，戈巴契夫就通過大眾傳媒－國家電視臺向廣大民眾公佈了他在斯莫爾尼宮與該市黨組織積極分子會面時的現場講話情形，這引起全國觀眾的熱烈反響。在八十年代末至九十年代初，蘇聯媒體對於國家政策與歷史事件的報導常常伴有驚人的語言，報導中的專業化精神並沒有太多的體現，從報導中讀者經常會看到國家政策的反反覆覆，而報導對於歷史事件的揭露常常出現一邊倒的結論，新聞的平衡報導並沒有太多的體現，導致最後黨和國家的利益並沒有人去關心，長期媒體內容的疏離性養成了讀者只關心聳人聽聞的新聞和無休止的辯論，媒體中出現許多刺激的語言，政壇變動的報導是民眾觀看的一齣齣戲碼。民眾雖然希望立刻改變現狀，但對於上層領導真正改革的內容為何，民眾無法從媒體中獲得切實有用的資訊。

5. 變革導致整個社會制度的改變。即興創作並擅自改變馬列主義的初衷，並以此做出簡單迎合社會部分階層的意識型態，最後改變價值趨向的意識型態逐漸成為主流，這在戈巴契夫時期達到高潮。這其中知識份子對於蘇共領導人的支援與抗議官僚機構中的特權階層常常結合在一起，戈巴契夫在還沒有鞏固經濟、社會和意識型態的制度基礎時，就開始進行民主化，這意味著官僚結構中特權階層面臨著來自社會各個階層的挑戰，鬥爭成為這一階段改革最為顯著的特徵。改革就像在蘇聯這座已經千瘡百孔的高塔再進行加高，加固和改善意識型態的工作並沒有得到改善，坍塌則是意想不到的和迅速的，國家與社會結構被完全的破壞，經濟下滑。

6. 政府管理結構再次回到之前的穩定模式，媒體再次成為國家與社會穩定的因素，媒體回歸功能角色。媒體變革再次回到醞釀期，國家、社會、媒體進入良性互動期。俄羅斯聯邦共和國從蘇聯獨立成立之後，俄羅斯新聞理論開始全面與西方的理論交融，此時新聞媒體與政府的互動研究被端到檯面上來。但在兩者中間還有非常大的差別：有的主張全面接受美國的新聞自由，讓私人媒體全面發展，這主要是以後來成為媒體寡頭的別列佐夫斯基和古辛斯基為代表；有的則主張英國的公共傳播體系才是俄羅斯媒體順利轉型的榜樣，保障國家政府、國有大企業或私人公司都可成為媒體的股份持有人，但媒體新聞的製作應當由專業媒體人操作，這主要是莫大新聞系主任扎蘇爾斯基的主張為代表；在九十年代中期以後，法國國有媒體模式又成為研究的焦點，莫大新聞系教授普羅霍羅夫認為，法國在媒體的發展過程中由於堅持了國有媒體的特色，而使得法蘭西文化得以保留。在二十世紀的九十年代，也就是俄羅斯傳媒轉型的階段，這三個媒體發展模

式歷經實踐，最後在普京執政期間，得以確定一個結合俄羅斯國情的模式，亦即國有媒體最終成為俄羅斯媒體發展現狀的主要方向，商業媒體是補充國有媒體的不足，而公共媒體是未來的理想發展方向。在反恐大業之下，俄羅斯媒體的三大職能在振興國力的大方向上，加入了「國家利益」與「國家安全」的保護問題直接面對群眾。

第五章
俄羅斯媒體政治功能的轉型

　　俄羅斯新聞界與教育界在面臨社會轉軌的過程當中，表現出相當的不適應，因此，他們首先關注的是新聞出版法的制定與發展，他們希望藉此可以暫時規範媒體在轉型過程當中的不當行為；其次，對於古希臘及歐洲傳播發展也表現出極大的關注，他們希望看到西方的言論自由是否與古典傳播學所倡導的相互一致。

　　俄羅斯新聞教育學者希望在歐洲傳播的發展過程中找到俄羅斯媒體未來的發展方向，對此，莫斯科國立大學新聞系對於大學一年級的學生，就開設培養他們對古典政治理論的熟悉與人文素養提升的課程。因此，一年級學生首先接觸的不僅是新聞理論，而且是荷馬史詩等歐洲名著，以及西方哲學思想等理論著作。作者以為，可能是俄羅斯新聞教育對於純粹西方的新聞觀雖然並不是非常認同，但是西方古典傳播理論對於俄羅斯新聞觀的發展並沒有太大的妨礙，並且不但不會妨礙俄羅斯的國家安全，反而，可以汲取歐洲傳統的傳播觀點，這裏主要是新政治理論的建立與公共傳播公正性的推廣。與此同時，美國新聞學與大眾傳播學理論的發展也是俄羅斯學界和新聞界借鑑參照的對象。

　　美國學者以及其他國家地區學者所關心且倡議的媒體公民觀與公眾化，近年來也深入到俄羅斯大眾傳播的體系當中。公眾傳播主要指的是大眾媒體傳播與公眾事務相關的資訊，資訊是以公眾利益為出發點。實際上，探討政府、媒體、公眾和個人之間的資訊傳播關係隨著人類社會的進展一直深受關切與重視。二十世紀是電子

媒介興起與快速發展的時代，在西方國家特別是媒體發達的美國，眾多關於大眾傳播與媒體社會責任的理論研究相繼推出。面對二十一世紀的到來，許多研究者更是關注媒體在公民社會中扮演的倡議功能與聯繫角色，也就是一種以公民生活為中心的新聞學已經應運而生，政府是絕對為市民服務的，服務觀念要借助媒體才有達到完善的可能性，不論是媒體或政治機構都應該服務於人民，以人為本是最基本的條件，這樣的資訊傳播內容才能稱得上有意義的新聞與資訊。

第一節　關於媒體的倡議功能與聯繫角色

媒體的倡議與聯繫功能在人類遇到危難時最能體現出來。例如集體遇到傳染疾病、颱風、地震或海嘯等自然大災難時，媒體對於團結民眾集體力量的凝聚、提醒民眾加強防範與救助、以及監督相關政府單位的政策運行，都發揮了極大的作用。新聞的價值經常在媒體是否為民眾提出他們關心的議題或提出解決性方案上體現。不過，意識型態主導新聞取向也經常在危機傳播中發生。

關於社會衝突與傳播的問題，美國早期傳播學者 Harold Lasswell（1902-1978），曾任美國國會圖書館戰時傳播研究委員會主任，他在《社會傳播的結構與功能》（The structure and function on communication in society）一文中提及：「意識型態只是任何特定社會之神話的一部份，還會有與主流學說、準則和道德相對立的『反意識型態』。今天，世界政治的權力結構深受意識型態衝突和美蘇兩大國的影響，兩國統治者都將對方視作潛在敵人。……在這種情形之下，各方統治集團都非警惕對方，並把傳播作為保持實力的手段之一，……傳播還積極被用在同對方受眾建立關係上。……同時

統治者盡可能對政策問題採取安全防範措施，加強統治階級意識型態與控制對立思想。……如果真實不被共用，那麼統治當局更關注的是內部衝突，而非外部環境的協調。」Lasswell 的結語是「在民主社會中，合理的選擇取決於教養，而教養又取決於傳播，尤其取決於領導者、專家與普通百姓之間能有相同的注意內容。」[1]

一、新聞文本影響公民活動的積極性

　　美國傳播學者 Kensick[2]去年曾在「J & MC Quarterly」（《新聞與傳播學季刊》的春季號）中探討了媒體在解決社會問題中扮演的角色。她認為九十年代的美國，由於媒體對公民的社會活動與非營利性公民組織報導相當付之闕如，使得媒體新聞版面的文本中所建構的犬儒主義和漠視公眾組織資訊的陳述架構相當普遍，這造成了公眾事務與公民之間產生了疏離。而事實上，在美國社會的實際生活當中，卻有相當大比例的成年人口與公民組織都正在參與與享受社區的公共活動。因此她提出要建立公民社會，首先需要進一步強化媒體的積極參與性功能，她建議應該推動一種以公民生活為中心的「公民新聞學」。

　　Kensick 認為，媒體不關心困擾公民的社會問題的原因是，第一，新聞文本中缺乏討論或指出社會問題的屬性：這包括了問題產生的明確原因、影響和責任歸屬者；第二，文本中很少提及與非營利性公民組織和獨立性個體有關的辭彙，像「*environmentalist*」（環保人士）、「*activist*」（活動家）、「*advocate*」（倡議者）等辭彙；

---

[1]　張國良主編，20 世紀經典傳播學經典文本，上海：復旦大學出版社，2003 年，199-210。

[2]　Linda Jean Kensicki, No cure for what ails us: The media-constructed disconnect between social problems and possible sulutions, J&MC Quarterly,Vol. 81, No. 1, Spring 2004, pp53-73.

第三，媒體並沒有討論對這些社會問題可能有的解決方案；第四，新聞文本中也沒有呼籲讀者去響應社會活動。因此，Kensick 推斷，公民之間的疏離感，乃來自於社會問題與非營利性公民組織活動或是獨立個體行為之間缺乏具體且有效的聯繫資訊。因此這些被學界定義為「次級議題設置」的新聞功能，決定了公民是否直接參與公共活動。

二、新聞典型陳述塑造社會認知

西方許多研究已經做出關於媒體對社會問題報導所具有的典型性刻板陳述框構，並且探討了公眾冷漠的研究，原則上已經測定出讀者在接觸明確的外在資訊之後態度與行為的變化。許多研究均顯示，讀者通常會忘記被媒體報導的事件的具體組成要素，但是讀者會對事件留下一個總體的概念印象，隨後這個印象將會慢慢地融入到讀者對世界的認知當中。這種新聞文本扮演著人們對周遭世界做出決定的基礎架構的資訊提供者角色。美國政論家 Lippman 在二十世紀初期最早提出，新聞可以塑造人們對他們不能親身經歷各種事物的認知態度。Barker-Plummer 發現，新聞就如同是真實的權威版本。Gitlin 認為，新聞藉由它自身的許多特點：普遍性、新鮮度、接近性以及語言符號最為集中的廣泛性，專門編織著人們每天的意識思維。因此，新聞報導與讀者對事件的認知程度有直接的關係。

然而，媒體製造的集體認知符號，同時也可能導致個體獨立思考能力的喪失，以及媒體提供的信仰有可能使得個人可以藉著自身努力去影響政治和社會事件的獨立能力喪失，這被許多學者視為一種民主價值的危機。例如部分美國學者認為，美國的情況顯現黯淡陰涼，一種深入的犬儒主義散佈在政治體系中。美國民眾普遍缺乏關心政治的過程，持續降低對政治機構的信任度。並且在接觸媒體報導曝光的政治候選人或是政治黑馬的新聞之後，選民群會變得相

當立場鮮明。在過去很長的一段時間裡，美國大眾傳媒已經訴諸於聲音的刺激和感覺主義的「攻擊新聞學」，缺乏解釋的新聞近來造成社會資本的破壞。因此，在過去遵從「客觀新聞學」的基礎上，記者與編輯為讀者解釋和提供事件歸因與背景資料成為「客觀新聞學」的新出路，例如解釋性報導、調查性報導、預測性報導、服務性報導、計劃性連載、人物特寫與專欄等等。

Gamson 歸咎是媒體一般的習慣操作，促使了冷漠、犬儒主義和無動於衷，忽略了倡導公民權利義務和社會參與。此時，媒體的傾向變成「潮流」，對少有選擇或完全沒有媒體資源的廣大公眾與機構而言，社會問題的知識以及公眾對社會議題的瞭解，源自於媒體提供的過時框構的刻板描述上。例如，非洲裔美國人被刻板描述成窮人，窮人通常被刻板地描述成為懶惰的、兩性上不負責任的和犯罪偏差的人。犯罪者被陳述為病態的個體，活在受到貧窮襲擊的城市區域中，通常遭受酗酒和吸毒嗑藥之苦。但是，統計顯示了在暴力攻擊者之中，在美國 62% 的州監牢和 80% 的聯邦監牢中的監禁者並沒有在犯罪時酗酒和嗑藥。因此，這顯示了過去一段時間美國新聞中存在的過時陳述方式已經落後於社會實際生活的危機。

三、新聞「框架」與「屬性」設定公眾認知方向

新聞可以被理解為暗示某種意義的敘述。London 認為「新聞與資訊沒有內在的價值，除非它組織和提供連續有意義的情境。」「有意義的情境」指的是塑造一個新聞素材的「框架」。Gitlin 定義「框構」是「持久穩固的基模，可進行認知、解釋和表達以及選擇、強調與排除，藉著固定的基模，符號處理者（記者或編輯）可以例行性地組織某種論述」。Hertog and McLeod 認為，「框架」通常詮釋一個事件，決定什麼可獲得的資訊是相關的。Entman 定義「框架」是可以增加一個情節特殊方面的顯著性，藉此提高一個特定的問題界定、因果說明、

道德評價、態度建議的顯著效果。此外，Tankard 認為，一個「框架」可以「建議什麼是議題。」Klandermans and Tarrow 認為，藉著「議題設置」，新聞可陳述什麼是原因以及什麼該做，並且「框架」影響人們如何回想起一個議題。「次級議題設置」就是事件的「屬性」問題，這樣一項議題設置性質的認知範圍的作用在於：提出誰或是什麼是問題的原因？什麼是預兆？什麼行動應該被採取？

　　這些關於「框架」的定義，可以較好地使人理解公眾和社會議題之間的關聯性。藉著詢問誰是媒體認為社會問題形成的原因？誰是最受到影響的？以及誰應該負責？研究可以揭示新聞內容中關於政治冷漠和參與尺度的問題。Carey 說：「公眾意志開始再度覺醒之際，就是在於當他們被傳遞作為一個對話的夥伴，並且被鼓勵加入對話，而不是當一個結論被新聞記者或專家引導出來之前就被動地坐著當觀眾。」Schaffer 也認為，公民新聞學（Civic journalism）倡議者強調，當獨立的個體不再是「資料傾倒的被動接收者」，他們實際上會尋找做某些事情的方法。專欄作家 Molly Ivins 強調，新聞文本應該需要呼籲行動，例如提供一個簡單的聯繫電話，這樣個體就可以使用他們通過新聞所得到的這個資訊組織行動。Friedland, Rosen, and Austin 則認為，美國學者持續推動公民新聞學的目標在於加強「公民文化」，藉著致力於社區的再結合，引導他們參與政治和公民事務。因此，如果在新聞文本中，個體行動、社會問題和從事解決社會問題的非營利性公民組織之間的關係一旦被建構形成，那麼公眾便可以開始涉入其中去積極參與社會活動。

第二節　新聞價值觀與國家利益的碰撞問題

中國童兵教授在許多演講中都特別強調，新聞價值思想觀在媒體全球化這個大的戰略環境之下的重要性。他首先提出「新聞價值」的問題。何謂「新聞價值」呢？西方新聞界很早就提出了事件的「時間性」、「接近性」、「顯要性」、「重要性」和「人情味」作為構成「新聞價值」的五個組成要素。被國人譽為中國新聞界開山祖師的徐寶璜在《新聞學綱要》中也提出，注意人數的多寡和注意程度的深淺，作為「新聞價值」的標尺。到目前為止，中國新聞學術界對「新聞價值」的概念抱持著多方爭論。童兵教授認為，爭論基本上可以歸納為兩類：一種看法認為，「新聞價值」是選擇與衡量新聞的標準；另一種看法則持相反論點認為，「新聞價值」不是選擇與衡量新聞的標準，它只是事實內部含有的使其能形成新聞的因素。前者指的是主觀的尺度；後者指的是一種客觀存在的東西。那麼，哪一種符合「新聞價值」的本質呢？

一、「新聞價值」是事實自身存在的客觀屬性

童兵教授從記者和讀者兩者之間角色定位的不同來做區隔。記者首先面對事實，這是事件的本身。因此記者首先要根據自己對事實的不同評價，去選擇和衡量事實，然後將它們寫成新聞。誠然，記者的依據自然是這些事實自身含有構成新聞條件的因素，新聞因素本身含量的多寡決定價值的高低，這是符合新聞工作實際的情況。然而，讀者面對的是新聞，新聞是記者對事實做出的報導。對於這些報導，讀者會根據自己的興趣和需求，去選擇和評述記者的報導。

　　因此，從童兵教授的解釋來看，新聞是記者和讀者之間聯繫與溝通的橋樑。若是沒有新聞，就意味著將失去讀者，記者也將失去存在的價值。可見，新聞記者在大千世界中對讀者的意義。當記者在為讀者選擇和衡量事實本身的因素程度之際，也就是在判斷事件的「時間性」、「接近性」、「顯要性」、「重要性」和「人情味」的重要程度。因此，新聞正在發揮對讀者看待世界的思維和視角的影響。不過，由於相同的事件可能有不同的報導角度，讀者仍有機會結合自身的切身處境，將他們認為事實內部組成因素的程度反饋給新聞報導者，去影響記者衡量與選擇事實本身的程度或標準。因此，新聞在這裡就顯得主觀與多變，記者與讀者之間可以相互影響與選擇。對於新聞主觀性存在的同時，童兵教授更加強調新聞客觀性的重要地位。他認為，因為新聞報導中的主觀尺度總是遊移多變，往往由於不同的政黨、不同的階級，或是不同的地域或時代，以及不同的報刊和記者，使得衡量「新聞價值」的標準變得千奇百怪、截然相反，使人難以捉摸。所以，童兵教授比較傾向於把「新聞價值」看作新聞事實內含的因素及這些因素多寡程度的看法，而不同意把「新聞價值」看作衡量新聞的標準。

二、「新聞價值觀」是主觀意識型態的產物

　　童兵教授認為，承認「新聞價值」屬於客觀性範疇的觀點，並不等於否定新聞的主觀性存在，主觀性是屬於人們意識型態的能動範疇。人們可以運用自己的經驗，去判斷某一事實的「新聞價值」有多大。人們對於「新聞價值」的認識已經不是客觀的，而是主觀上的意識型態產物。因此，事實客觀存在構成的「新聞價值」，必須與主觀存在的意識型態區分開來。所以，童兵教授提出了「新聞價值觀」的觀點。他定義「新聞價值觀」是：人們確認新聞事實、判斷該事實含有新聞信息量的尺度，它表明了人們認識新聞事實的

過程和結果。童兵教授進一步提出「新聞價值觀」的理由。他說：
作為新聞因素，資產階級提出構成「新聞價值」的五大要素，這對
於無產階級的新聞事業有絕對參考和借鑑的價值和意義。但是，在
「新聞價值觀」上，資產階級和無產階級畢竟有意識型態和政治制
度上的區隔。

　　筆者也發現，隨著當前中西政治制度與經濟體制逐步交融與發
展的結果，中國新聞界對於西方資產階級中強調的「新聞價值」已
經融入到「新聞價值觀」裡面去。不過，這種中西「新聞價值觀」
的碰撞也影響到「新聞價值」取向的碰撞。尤其是國際新聞的報導，
經常由於國家之間利益的不同，一種主觀性的「新聞價值觀」便會
凌駕在客觀的「新聞價值」之上。因此，國際新聞的主觀性經常反
應國內政治的需求。比如，各國新聞報導對布希推動單邊主義反彈，
此時，已經反應「新聞價值觀」的重要性超過「新聞價值」本身的
意識型態運作結果。所以，童兵教授提出「新聞價值觀」與「新聞
價值」的區隔性是有益於正確新聞視聽方向的！

三、「新聞的價值」來自於讀者的認同

　　不過，對於有些人試圖用價值學說來理解「新聞價值」，亦即
認為新聞是通過交換價值得以實現的，所以「新聞價值」只有寫成
的新聞才具備，也就是不被報導的事實是沒有新聞價值的。童兵教
授不同意這種簡單的價值交換說。因為，「新聞價值」是事實內部
含有的因素，不管事實是否被記者報導，都不能否認事實內部因素
的存在。所以，根據此一觀點，「新聞價值觀」可以影響記者如何
看待「新聞價值」的角度。不論是「新聞價值」還是「新聞價值觀」，
都體現了記者與事實之間的關係。因此，童兵教授最後提出「新聞
的價值」觀點。「新聞的價值」指的是社會大眾的反響程度。作為
新聞工作者，是不能任意去提高「新聞價值」的內部因素，但是可

以通過自身專業能力的提昇，去挖掘含有各種「新聞價值」的事實
呈現給讀者，「新聞價值觀」也必須隨著時代潮流，與時俱進，進
而增進新聞在讀者心目中的含金量，爭取讀者的認同，唯有讀者認
同的新聞才具有「新聞的價值」。

第三節　蘇聯黨營新聞媒體事業的發展進程

　　俄羅斯新聞事業對世界影響最深遠的莫過於蘇聯時期這一段，
我們真的無法完全以成敗論英雄的姿態來對待歷史上任何一個重要
朝代或人物事跡，因為事情本身絕不是那麼簡單，各方面的影響力
也必須納入考量，這樣比較具有參考意義的價值。1956 年，美國三
位最具聲望的大眾傳播學者：Fred Siebert、Theodore Peterson、Wilbur
Schramm 曾出版了《報業的四種理論》（Four Theories of the Press）
一書[3]，將蘇聯共產黨報業理論與自由報業理論、社會責任理論與法
西斯極權報業理論並列一起，可見其影響力在美國人的眼裏得到特
別關注，尤其在美蘇軍備競賽中的軍事對壘和意識型態對峙的情況
之下，更是美國要研究和對付的最重要物件之一。事實上，美國資
金投入前蘇聯地區已經引發了一場傳媒美國化的浪潮，但在政府強
力涉入媒體事業的同時，媒體人之間的矛盾也不斷被激化出來。
　　俄羅斯國營媒體事業自有其一段發展的過程。俄共在十月革命
之後建立了黨營的新聞事業，新一波的出版自由受到限制。六十年
代後，國家廣播電視網在蘇聯發射衛星之後能夠遍及全俄地區，成
為前蘇聯最有力的宣傳機器。八十年代末至九十年代初，從蘇聯到

---

[3]　李瞻，《新聞學》，臺北：三民書局，初版 1972 年，第 13 版，1999 年，
　　第 219 頁。

俄羅斯經歷了政治體制的快速轉軌，這直接促進了媒體政策的鬆綁和自由經濟市場的開放，大眾傳播自由遂在俄羅斯萌芽。俄羅斯在全球化的浪潮中也逐漸形成中央政府和金融工業集團壟斷媒體市場的二元局面，出現了集中媒體所有權的集團化和跨媒體現象。記者角色在政權與媒體的互動關係中發生了關鍵性的轉變。

此外，闡述蘇聯報業的目的可以讓我們比較清楚地做出一些比較與識別，以期從中發現問題的所在，進而謀求解決之道。在這裏蘇聯黨營新聞媒體發展進程的論述，可以為俄羅斯媒體轉型的前期發展階段作一些簡短的「鋪墊」，這種「鋪墊」有利於我們進行對比，同時有利於我們對轉型中的俄羅斯傳媒留下較深的印象。

總地來看，蘇聯政府建立社會主義新聞事業的情形，可從黨營的機關報刊以及廣播電視媒體兩方面來看。在革命前後，報刊成為蘇共革命事業與宣傳共產黨政策方針的喉舌，同時蘇聯政府在冷戰時期，更是積極發展廣播電視衛星技術的先進設備，使廣電網能夠遍及全蘇聯偏遠地區，此時政府擁有的國有頻道的壟斷資源也成為蘇共中央鞏固政權與社會意識型態的最佳宣傳利器。

一、蘇聯出版自由的限制與黨營報業的確立

出版自由是列寧最欣賞歐洲政治自由的原因之一，因為在沙俄時代俄國由於經常處於戰爭狀態，出版自由比較有限。所以出版自由的限制是與列寧當初設想的目標有極大的出入。關於這一點我們可以在「蘇聯解體與媒體發展」這一個章節中得到一些啟示。

時光倒流至 1917 年 11 月 8 日，十月革命勝利後的第二天，彼得格勒革命軍事委員會查封了一系列刊登臨時政府號召反對蘇維埃政權呼籲書的報紙，逮捕了有關人員，並且接收了這些報紙的印刷所，但其他沒有參與反抗的資產階級商業報紙和政黨報紙，仍可照常出版。

　　隔日列寧簽署了《蘇維埃政府關於查禁敵對報刊》的命令，法令指出：「臨時革命委員會不得不採取一系列措施以反對形形色色的反革命報刊。」法令同時承諾：「一旦新秩序得到鞏固，所有不利於報刊的行政措施都將廢止；在對法律負責的範圍內，新聞將得到充分的自由。法令最後宣佈：本法令是臨時性法令，在公眾生活恢復正常後將被一項特別法令所取消[4]。」

　　同年 11 月 17 日，在全俄中央執行委員會的會議上，左派社會革命黨的委員和部分布爾什維克的委員反對這個法令，最後會議以 34 票對 24 票通過了《關於出版問題的決議》：「工農政府認為，出版自由就是使報刊擺脫資本的壓迫，把造紙廠和印刷廠變成國家的財產，讓每一個達到一定人數（如 1 萬人）的公民團體都享有使用相當數量的紙張和相當數量的印刷勞動的同等權利[5]。」

　　1919 年 3 月俄共（布）八大通過的黨綱寫道：「資產階級民主在形式上把集會、結社、出版權等政治權利和政治自由擴大到全體公民，但實際上，行政上的實踐，主要是勞動者經濟上的從屬地位，總是使勞動者在資產階級民主下即使享有一點點權利和自由也不可能廣泛使用。與此相反，無產階級民主首先不是在形式上宣佈權利和自由，而是實際上將這些權利和自由給予受資本主義壓迫的各階級的居民，即無產者和農民。為此，蘇維埃政府要從資產階級手裏沒收建築物、印刷所和儲藏的紙張等，把它們完全交給勞動者及組織[6]。」

　　然而，列寧為俄羅斯公民提出的媒體平等接近使用權，卻是建立在禁止反對蘇維埃政府的報刊和以國家資源扶植發展無產階

---

[4]　《國際共產主義運動史文獻史料選編》第 4 卷，北京：中國人民大學出版社，1985 年，第 117-118 頁。

[5]　《列寧全集》中文第二版 33 卷，北京：人民出版社，1985 年，第 47 頁。

[6]　《蘇共決議彙編》中文版第二分冊，北京：人民出版社，1964 年，第 43 頁。

級報業的基礎之上。這種條款是在革命政府形成初期制訂的強制性法規，難以因應後期報業發展的各種需求，在政治上不但強迫報刊堅持社會主義信仰的意識型態，整體缺乏行政、立法與司法相互監督制衡的機制，也缺乏政治體制競爭的多元機制。這不但限制了人的自由思維，而且造成媒體經營者如同其他國營企業負責人，只知道完成命令，卻忽略受眾需求和市場效益，報業日積月累增加了國家整體的經濟負擔。

　　列寧渴望擺脫帝俄專制的出版自由理想卻陷入了一種政治思考決定出版自由存在的迷思之中。實際上，就如同中國學者陳力丹所言，蘇維埃政權的階級鬥爭形勢讓布爾什維克黨最終究封閉資產階級報刊；另外，達到一定數量的公民團體在這樣短的時間內也不可能形成，這樣，列寧原來設想由不同政黨和團體的報刊來代表各個勞動階級和階層的喉舌，使他們獲得實際的出版自由，最後演變為由布爾什維克一黨專政和這個黨直接領導的蘇維埃報刊，成為代表勞動人民行使出版自由的唯一合法者，卻沒有代表其他階層和其政治思想的報刊。在消滅了資產階級以後，勞動人民實際的出版自由，就變成了由黨和蘇維埃的新官方媒體來「代表」他們的黨營新聞模式，原來的全民報刊理想並沒有得到實現[7]。

　　到 1919 年底，除布爾什維克黨的報刊以外，孟什維克與其他資產階級報刊全都遭到查封。此後俄共中央就逐漸建立起訴諸於不同讀者的黨和機關報紙的中央級報刊：原屬於孟什維克黨創刊於彼得堡的黨報《消息報》，被接收且改造成為布爾什維克黨中央執行委員會的機關報；《真理報》於 1912 年由布爾什維克黨於彼得堡創辦後，在十月革命之後則繼續成為俄共宣傳無產階級專

---

[7]　陳力丹，《論列寧的出版自由思想》，http://ruanzixiao.myrice.com/llndcbzy.htm。

政的政黨喉舌;《勞動報》於 1921 年在莫斯科創刊,是蘇聯工會
中央理事會的機關報;《火星報》由列寧於 1900 年 12 月 24 日創
刊於德國萊比錫,扮演列寧建立無產階級政黨的思想工具,革命
前擔任流亡海外革命分子的宣傳渠道,後為孟什維克黨人掌握,
因報內無產階級與資產階級意識型態的鬥爭而停刊;《紅星報》
於 1923 年在莫斯科創刊,是紅軍總部、後為蘇聯國防部的機關
報;《共青團真理報》(或譯為《先鋒真理報》)於 1925 年創辦,
是培養共產黨青年幹部的青年報刊。[8]所以,蘇聯報刊的群眾定位
比較明確,但是後來發展得越來越僵硬了。

二、蘇聯廣播電視技術的發展與壟斷

　　蘇聯媒體事業有其階段性的歷史任務,特色是黨性原則和宣傳
鼓動,是集體組織者的角色,在各個階段都有其政治宣傳的主軸,
例如二十年代宣傳無產階級專政,三十年代宣傳社會主義建設工
作,四十年代中期以前宣傳衛國戰爭對抗納粹入侵,中期以後宣傳
戰後經濟復甦,五十年代宣傳國際和解與和平共存,六十年代宣傳
航太成果,七十年代至八十中期以前宣傳國際秩序重建,八十年代
中期以後宣傳公開性的重建新思維。九十年代以後政治議題多元
化,但仍圍繞在政治權力的爭鬥上面。

　　十月革命之後,蘇維埃政府就開始投入無線電實驗的工作,1922
年,莫斯科中央廣播電臺正式播音,在三十年代,蘇聯政府已經使
用無線電波傳送政府的各種宣傳、新聞氣象以及音樂演出和娛樂節
目,莫斯科中央廣播電臺納入全蘇中央廣播電臺,1928 年,由全蘇
聯廣播委員會負責統管無線電波的使用,到八十年代末,全蘇有地

8　鄭超然,《外國新聞傳播史》,北京:中國人民大學,2000 年,第 216-237
　　頁。

方電臺 176 座、轉播台 6270 座，同全蘇中央廣播電臺逐步形成用 71 種語言播音組成的廣播網[9]。

　　在二十世紀的三十年代初期，蘇聯開始進行電視實驗，1936 年，在莫斯科與列寧格勒（聖彼得堡）建立電視中心，1938 年，兩個城市都開始試播，1939 年，正式定期播放節目。1951 年，蘇聯部長會議決議將莫斯科電視中心改建為中央電視臺，向莫斯科與其鄰近地區播放節目。為繼續發展電視傳播，俄政府遂積極興建地方電視臺與轉播站，1958 年蘇聯共建成電視臺 67 座，1965 年包含轉播站共有四百多座[10]。

　　1965 年，蘇聯成功發射「閃電一號」通訊衛星，並且於 1967 年在西伯利亞、遠東、中亞、極北地區建成 20 座地面衛星接收站「軌道」，該年蘇聯第一個衛星轉播系統「閃電一號－軌道」開始使用，受眾已達 2000 萬人。1976 年，蘇聯相繼發射建成「螢幕」、「莫斯科」、「地平線」三個衛星系統，基本上使電視信號涵蓋受眾的覆蓋率遍及全蘇聯偏遠地區[11]。

　　從六十到九十年代，電視傳播已經形成了蘇維埃聯盟國家統治下的俄共一黨專政的中央集權壟斷型媒體，位於莫斯科市蘇聯中央電視臺的奧斯坦基諾發射塔，負責傳輸電視節目信號到各個加盟共和國、自治共和國與地方電視中心，同時地方電視中心也製作節目供本地觀眾收看。蘇共中央政府以壟斷電波頻譜與新聞資源的方式，來控制國內全聯盟國家與俄聯邦境內的人民信仰社會主義領導政權的意識型態。俄國媒體發展與其他的社會政治經濟活動一樣都受到強烈行政懲戒的威嚇與經濟包袱的拖累。

---

[9]　同上，第 259-260 頁。
[10]　同上，第 262-263 頁。
[11]　Егоров В. В. (1999). Телевидение между прошлым и будущем. М.: 《Воскресенье》, c.11. （葉戈洛夫，《電視的過去與未來》，莫斯科：復活出版社，1999 年，第 11 頁。）

　　關於蘇聯解體與媒體的關聯性本書有專門一章做出探討。蘇聯
解體之後，俄羅斯媒體在二十世紀九十年代的巨變可以蘇聯解體和
俄羅斯政治體制轉軌作為分水嶺，蘇聯時期的廣播電視媒體是俄共
的黨營事業和宣傳機器，而在俄羅斯時期，電子媒體所有權的擁有
是政權爭奪的利器和金融工業集團賺錢的途徑。2000 年，普京執政
又是另一個電子媒體經營權更替的轉捩點，國營天然氣和石油集團
資本進入媒體事業，與政府立場相異的銀行寡頭退出媒體運作。二
十一世紀的俄羅斯政府仍向結合控管電子媒體技術資源、限制頻道
數量、規劃分眾節目以及加強國營電子媒體公共化和商業管理運作
的「國有公共服務制」[12]邁進。

第四節　俄政治體制轉軌牽動媒體進行轉型

　　俄羅斯政治體制的轉軌相當程度牽動了俄羅斯媒體的轉型與定
位。作者在先前已經為俄媒體轉型做出了一個簡單的定義，意即俄
羅斯媒體轉型基本上指的是，在 1991 年蘇聯解體之後的九十年代這
一段時期內，媒體的屬性職能與經營管理等型態，隨著政治體制的
不斷轉軌與市場經濟的全面運作而產生了全方面的變化，不論是支
撐媒體活動的新聞理論、傳媒立法、媒介組織、經營管理、報導取
向、受眾定位方面等等領域，都發生了有別於前蘇聯時期的巨大改
變，這一媒體型態轉變時期是發生在葉利欽執政時代。在葉利欽時
代，整個傳播體系的自由化與商業化是最為明顯的特徵之一。二十
一世紀初期，俄羅斯傳媒事業則跨入了普京執政的紀元，媒體發展
相對蟄伏與穩定，而如何振興與調製媒體事業被普京政府當局放在

---

[12] 作者在書中的一個章節中有探討關於俄羅斯廣播電視體制的發展。

首要的議事日程當中 。因此，媒體與政府的互動軌跡是我們長期關注的內容與方向，以期為俄羅斯傳媒研究領域找出一點脈絡可循。那麼，我們先從政治轉軌的背景說起，以瞭解俄羅斯媒體轉型期的大環境變化，在這裏媒體有它被動與主動的兩面性。

　　蘇聯政治體制轉軌始於八十年代中期，正值蘇共中央領導人換代，當時長期存在於社會的各種矛盾如同積壓已久的火山熔岩準備爆發而出，其中政治上中央集權式的領導已經讓爭取民族自主的同盟國家以及尋求政治機會的黨內同志越來越不滿。事實上，蘇聯解體的臨門一腳就是民族主義與俄羅斯共產黨最高蘇維埃主席團政權爭鬥直接催生的結果。

　　1985 年戈巴契夫當選為蘇共中央總書記，在呼籲改革的壓力下倡導「新思維」與政策「公開性」，導致長期潛伏在聯盟內部的民族矛盾與主權認同問題白熱化。1990 年 3 月至 5 月期間，靠近北歐的波羅的海三小國先後正式宣佈退出蘇聯。1991 年 12 月 8 日，俄羅斯、白俄羅斯、烏克蘭三國總統也在明斯克簽署了《創建獨立國家聯合體宣言》，宣佈各自國家主權獨立，這等於架空蘇聯的國家形式，而在獨聯體組織的架構之下實行國與國之間的合作[13]；除波羅的海三國與喬治亞以外，12 月 21 日，其餘的 11 個蘇聯加盟共和國在阿拉木圖簽署正式協定，創建獨聯體（СНГ），終止蘇聯；12 月 25 日，蘇聯總統戈巴契夫發表電視演說宣佈辭職，12 月 26 日，最高蘇維埃共和院召開會議承認「獨立國家聯合體組織」，蘇聯作為一個國家實體與國際法主體停止存在，蘇聯體制正式崩解[14]。

　　葉利欽藉著黨內推動政治民主化改革的機會，讓民主派人士在首屆俄羅斯共和國內各地區的人民代表選舉中，取得佔有三分之一

---

[13] 葉自成，《俄羅斯政府與政治》，臺北市：揚智文化，1997 年，第 255-258 頁。

[14] http://praviteli.narod.ru/ussr/gorbachev.htm.

席位的成績，使得葉利欽順利當上俄羅斯最高蘇維埃主席團主席。此時葉利欽不但著手進行憲政改革，在蘇聯內尋求俄羅斯國家主權的獨立，同時也通過了《出版與其他大眾傳播媒體法》，禁止新聞檢查制度。俄羅斯獨立後，他不但簽署通過《大眾傳播媒體法》，也在與人民代表大會爭取最高行政權力的激烈鬥爭之後，利用公投與軍隊實現新憲法的制訂施行工作，由此確定了俄羅斯國家憲政的現有體制，完成了多年俄羅斯政治體制轉軌的進程。

從蘇聯俄共一黨專政到黨政分離、多黨制與總統制的政治體制轉軌，基本上有一個逐步建立和初步形成的過程，這可分為幾個階段：

一、「新思維」戰略思想的提出

從 1985 至 1986 年間，戈巴契夫提出「加速」政經濟改革革腳步的口號，首先著手進行經濟改革，但成效不彰。1986 年，他提出「重建」的號召，其中關於媒體改革的部分始於人事更動，他任命了亞歷山大‧雅科夫列夫（Александр Яковлев）領導俄共中央委員會出版部門（отдел печати ЦК），雅科夫列夫上任後撤換了許多俄共重要報紙和雜誌的負責人，任命非史達林主義的報業經理人[15]。

戈巴契夫於 1987 年 11 月出版了《改革與新思維》一書，宣佈「新思維」是核子時代的戰略思維，它不僅是針對國際問題，同時也作為蘇聯國內改革的指導方針。此後，蘇共領導階層逐漸形成了一種共識，即現存的體制發生了嚴重的變形，極大地限制了人民群眾的積極性，認為舊有的官僚體制阻礙了經濟改革的順利推進，所以必須先進行政治體制的改革才能解決蘇聯各種問題[16]。這基本上是蘇聯向現今俄羅斯政治體制轉軌的準備階段。

---

[15] http://coldwar.narod.ru/gorbachev.htm.

[16] 海運/主編，《葉利欽時代的俄羅斯》，北京：人民出版社，2001 年，第 2-3 頁。

二、國家權力重心從黨轉移到議會

1988 年，蘇共第十九次全國代表會議宣佈蘇聯全面進行政治體制改革，其戰略目標是建立「民主的、人道的社會主義」。1988 年 12 月 1 日，蘇聯最高蘇維埃分別通過修改和補充蘇聯憲法和蘇聯人民代表選舉法，擁有 2250 名代表的蘇聯人民代表大會成為最高國家權力機關，由 542 名代表組成的最高蘇維埃成為其常設機構，國家權力重心開始從黨的系統向人民代表的立法機構轉移。以該會議為標誌，改革已從經濟領域快速轉向政治領域[17]。

1988 年 12 月，俄羅斯社會主義共和國聯邦內進行了首屆人民代表的選舉，民主派取得三分之一席位。1989 年 5 月，葉利欽當選為俄羅斯最高蘇維埃主席團主席，使蘇共喪失了蘇聯最大加盟共和國的領導權[18]。

1989 年 11 月 12 日，戈巴契夫在《真理報》上發表《社會主義思想與革命性改革》一文提到：「必須改革整個社會大廈：從經濟基礎到上層建築，同時提出三權分立相互制衡的政治原則[19]。」這是蘇聯正式由黨制向議會政治轉軌而進行黨政分離與行政、立法、司法三權分立的開始階段。

三、從一黨壟斷向多黨政治與總統制轉變

俄羅斯政治從一黨執政、黨政合一、議會行政合一的統治模式，走向模仿西方的總統制、多黨政治、三權分立與自由選舉的政治模式。1990 年 2 月，蘇共中央全會取消共產黨對國家的法定地位，並實行總統制和多黨制。1990 年 3 月 14 日，蘇共中央總書記戈巴契夫成為蘇聯第一任也是末代的總統。1990 年 10 月 20 日，「民主俄

---

[17] 同上，第 3-4 頁。
[18] 同上，第 27 頁。
[19] 同上，第 208 頁。

羅斯運動」成立，成為支援葉利欽改革的政黨基礎。1991 年 3 月 17 日，俄羅斯進行全民公投結果同意設立總統一職，5 月下旬人民代表大會批准了《俄羅斯聯邦總統法》，6 月 12 日，葉利欽當選為俄羅斯聯邦首任總統。

1991 年 8 月 19 日，幾位國安領導和軍事首長對戈巴契夫政府進行倒戈，成為舉世震驚的「8.19」政變，葉利欽下令禁止俄共活動與解散各地共黨組織，民主派與共黨的完全矛盾對立就此種下。葉利欽以反對政變的堅決態度贏得了俄羅斯聯邦政府軍隊和民眾的支援，政變結束後，最後以葉利欽為首的民主派奪取了政權，共產黨失去了執政權。12 月 25 日，蘇聯總統戈巴契夫宣佈辭職，12 月 26 日，蘇聯解體[20]。共產黨報業也被停刊，恢復後有的報紙成為新政府和銀行家獵取的物件。

四、從蘇維埃議會體制向總統權力集中制過渡

這段時期是總統與人民代表大會爭奪最高領導權最激烈的階段，兩權力機關之爭鬥於 1993 年進入白熱化階段。葉利欽將新憲法版本中關於國家最高行政機關定位問題交予全民進行公投，公投於 1993 年 4 月進行，公投後葉利欽贏得了多數選民的支持，前蘇聯留下的以人民代表大會為最高行政機關的舊憲法版本與總統新憲版本的兩種主張遂在制憲會議上展開激烈鬥爭。1993 年 10 月，葉利欽調動軍隊炮打白宮，結束了長達兩年雙重政權的政爭。葉利欽將國家的全部權力，集中到自己一人手中，並設有總理職務，形成總統集權的初步局面[21]。

---

20 同上，第 207-210 頁。
21 同上，第 210-214 頁。

　　總體來看，政治體制的轉軌始於蘇聯末期俄共黨內立場的快速分化，俄羅斯前總統葉利欽就是在俄共派別化、多黨化的呼聲中，以俄羅斯最高蘇維埃主席的權力影響，促使蘇共中央全會取消共產黨對國家的法定地位，成為率先示眾退黨的民主派權力受益者，因為葉利欽多次以敢言退席的異常激烈舉動而引得了民主改革派的支援。

　　由於蘇聯《俄羅斯聯邦總統法》的通過使得莫斯科產生了兩個政治中心：坐在克里姆林宮內的蘇聯總統戈巴契夫與坐在白宮[22]內的俄羅斯總統葉利欽，權力分配與體制改革陷入重疊混亂之中。葉利欽順勢在前蘇聯加盟共和國高唱民族主義與獨立浪潮的行動中，與白俄羅斯總統、烏克蘭總統在白俄首都明斯克簽署了《創建獨立國家聯合體宣言》，宣佈各自國家主權獨立。其後蘇聯正式解體，蘇聯總統戈巴契夫宣佈退位，葉利欽因此合法繼承了俄羅斯最高行政首長的權力，進駐了克里姆林宮。俄共勢力在人民代表大會的議會中仍在繼續與葉利欽爭奪最高行政權力，1993 年 4 月葉利欽以公投確定了聯邦憲法的總統版本，並於 10 月以武力解散國會，12 月國會改選，新憲法通過，俄羅斯大抵完成了政治體制轉軌與政權的鬥爭。

　　九三年版的俄羅斯憲法為政治體制、人民權利和自由做出了規定。在憲法第一章憲政體制基礎當中的第一條規定：俄羅斯聯邦－俄羅斯是一個民主的、聯邦的、法制的和以共和國形式統治的國家。憲法第十三條規定了在俄羅斯境內承認意識型態多元化、政治多元化和多黨制的存在。在憲法第二章中，人民與公民權利和自由的第

---

[22] 白宮原屬於人民代表大會的所在地，1993 年 12 月之後改成為俄羅斯聯邦中央政府所在地，而新成立的下議院——國家杜馬搬遷則坐落在克里姆林宮旁的中央大道特維爾斯卡亞大街與馬霍夫斯卡亞大街的交接處，該大樓原屬於交通部。克宮（克里姆林宮）是總統府所在地。

二十一條、二十三條當中規定，憲法保障個人尊嚴和私人領域免於
被揭露的公民權利。第二十四條規定，任何人不可以未經當事人同
意就進行搜集、保存、使用和散佈有關於當事人私人生活的資訊。
第二十九條規定：憲法保障每個人思想和言論自由。……保障大眾
傳播自由。禁止新聞牽制機關。憲法的第四章、第五章、第六章和
第七章分別對聯邦總統、聯邦議會、聯邦政府和司法權力做出規定，
新憲法已經形成行政、立法、司法三權分立制衡的架構，以及行政
雙首長的總統制之行政體制[23]。在由蘇聯向俄羅斯政體轉軌的過程
中，俄羅斯新聞傳播政策的確定連同媒體型態的變化都與葉利欽的
政治行為與決策有著直接密切的關係。

第五節　俄傳媒在組織公民社會中的政治功能

　　蘇聯解體之後，俄羅斯媒體面臨轉型。大眾傳播媒體被視為在
俄羅斯政治體制轉軌過程中一個不可或缺的社會聯繫機制。俄羅斯
著名政治學家安・米格拉尼揚在《俄羅斯現代化與公民社會》[24]一書
中就認為，任何國家的現代化進程都是與公民社會是否成型聯繫在
一起，而公民社會的建構有賴於個人、社會和國家三者之間的有機
互動，每個成員部分都有他們在建構公民社會中的功能角色，而大
眾傳播媒體正是政治的對話者、資訊的傳播者與公民社會的組織者。

---

[23] Комментарий Конституции Российской Федерации（2000）. М.:《ОМЕГА
－ЭЛ》.（可參閱《俄羅斯聯邦憲法批註》，莫斯科：歐美家－愛爾，2000
年。）
[24] 【俄】安・米格拉尼揚，《俄羅斯現代化與公民社會》，徐揆等譯，北
京：新華出版社，2003年。（原文：Адраник Мигранян, Модернизация
и Гражданское Общество России, 2002 ）。

　　在俄羅斯政治體制轉軌中所帶來的社會震盪，主要是由於國家和某些社會權力精英將他們的利益凌駕在社會利益和個人利益之上，大眾傳播媒體成為少數上層利益團體的囊中物，媒體資源被赤裸裸地爭奪，政府政策不能有效出臺的亂象成為電視螢幕呈現給觀眾的視覺影像娛樂，而實際民生問題與媒體報導脫節，個人切身利益沒有得到上層的關心。

一、媒體沒有成為穩定社會情緒的平臺

　　蘇聯政治體制的極大缺陷來自於幾個方面：第一，權力機制的失衡，由於政治機器缺乏有效的分權制衡機制，權力高度集中現象再加上缺乏社會的監督機制，導致了上層領導與民心背離，政治結構的嚴重失衡制約了俄羅斯現代化發展的進程速度，並且擴大了社會各階層不滿情緒的鴻溝；第二，蘇聯的代表民主制度發展到最後成為徒具形式的橡皮圖章，既不符合古希臘羅馬城邦所倡議的直接民主，也不符合資本主義社會形成後所建立的代議制度，公民意見在這裏沒有得到充分體現；第三，權力的異化現象，公民社會強調權力來自於公民，政治機構是受委託執行公民意見的地方，因此人民是社會國家的主人，而蘇聯政治結構中產生國家官員從「人民公僕」變成「人民主人」的權力異化現象，造成多數人的利益在少數人的利益把持中隱沒。

　　當蘇聯的社會已經走到政治高度發展時期之際，政治權力的更替與社會資源的分配沒有辦法在現有的體制中謀求很好的解決時，處在中間階層的社會精英必然採取一種更為激烈的手段去打破現有體制的藩籬，此時，如果大眾傳媒的聯繫功能夠得到適當的發揮，讓公眾有一個發揮意見的情緒宣洩管道，促使各種意見能夠得到交流的機會，那麼，這些人的積怨就不至於大到要去推翻一個龐大的政治機器，因此傳媒平臺的建立是有助於社會情緒的穩定，傳媒社

會功能的不彰反而會導致人民的積怨像是潛伏在火山的內部深層，一有突破口必然引起火山爆發，任何試圖限制傳媒公共領域範圍的做法只是加速社會成員為了自身利益去更激進地尋找突破口。

二、媒體資源爭奪先於社會資源分配

那麼，蘇聯至俄羅斯轉軌時期對於開放傳播自由的活動為何會造成俄羅斯社會如此地震蕩呢？按照道理說，傳播自由一直被西方國家當作民主進程的組成部分。早從西方國家的第一部印刷機出現之後，出版商無一不爭取擁有印刷執照與出版書籍的權利，以謀求大量出版書籍的豐厚利潤；而書籍作者無不希望能夠將自己意見的心血結晶，通過出版自由而得以面世問眾；此外在歐洲中世紀文藝復興運動開始以後，大量書籍的出版又成為提升民眾教育程度的知識來源，以致於對於社會資源分配的政治權力問題，一直都是社會精英關注的焦點，因此報刊就成為社會精英到其他社會組織成員、甚至於是個人發表自由意見的地方，報刊成為社會輿論最有可能集中體現的地方。因此執政者相當害怕這些社會精英的批評意見，當局通常會選擇控制出版執照的手段，限制報刊的出版與發行數量，以避免反對報刊中可能出現的威脅言論。

俄羅斯在爭取傳播自由的過程中，經常遭受當局的各種限制是必然出現的現象，而傳播自由領域中所出現的社會震蕩，更多地來自於上層少數的利益集團赤裸裸地爭取媒體的經營權，而媒體的公共領域同時也成為政治鬥爭的前線戰場。這時媒體對於政壇醜聞的曝光也有助於民眾瞭解到底是誰在剝奪社會的公器資源。但問題就出現在，當媒體特別關注這些政壇醜聞的同時，處於上層建築的政治精英們並沒有覺悟要為民眾的福祉著想，只想到要趕緊佔據謀取資源的最佳位置。因此，社會在責怪媒體過度報導政治醜聞的同時，也要讓民眾對上層利益團體的勾結腐敗現象做出輿論的監督。因

此，傳播活動若不能得到一定程度的政策鬆綁，那麼民眾的「知情」
權利以及「接近使用媒體」資源的權利何以體現？民眾的社會輿論
監督將只是一場尚未實現的夢想。俄羅斯傳播學者普羅霍羅夫就認
為，媒體的自由權利必須與它所承擔的社會責任成正比，要不然媒
體就會成為有權無責的特權階級，社會的混亂就會因此而產生。

三、媒體自由意見市場沒有發展形成

　　俄羅斯媒體報導自由化與公眾化的初步實踐顯示，各級政府權威
機關、媒體經營者與專業媒體人之間對於新聞自由的理解、傳播內容
的取向以及採訪範圍的界定等都存在著一定的落差與鴻溝，媒體寡頭
與媒體人在執行新聞自由的過程當中加入了過多的戲劇因素，這樣俄
羅斯民眾看到的新聞自由就由犯罪新聞與為人事鬥爭需要的高官醜
聞變成新聞報導的主角，甚至後來莫斯科還出版了以報導高官醜聞為
主要內容的報紙，此時媒體的商業利益已凌駕在社會的公共利益之
上。公共事務的內涵在媒體報導方式娛樂化的處理之下沒有得到重
視，媒體沒有扮演好聯繫的角色，疏離了社會成員對公眾事物的參與
感和責任心。

　　然而，由於在二十世紀的九十年代，俄羅斯傳媒法當中缺乏對
媒體事業做出合理股份比例分配的限制規定，這使得媒體市場變得
相當不公平，政府、銀行家與企業主成為媒體的所有者，小的媒體
經營者沒有生存的空間，媒體「公共領域」的「自由意見市場」無
法形成。轉型中的俄羅斯傳媒法是一部充滿自由理想的法律，它並
沒有真正使人民的自由意見得以完整體現。媒體反倒是政治人物、
媒體精英與媒體寡頭意見最為集中體現與爭執的地方，傳播自由使
得這些人首先得到發言的話語權，並且讓他們影響著俄羅斯政局發
展的輿論走向。媒體在為政府服務與企業主服務之間，為公眾服務
的「市民公共新聞」在前兩者之間隱沒。

　　俄羅斯著名政治學家安・米格拉尼揚認為，任何國家的現代化進程都是與公民社會是否成型聯繫在一起，而公民社會的建構有賴於個人、社會和國家三者之間的有機互動，每個成員部分都有他們在建構公民社會中的功能角色，而大眾傳播媒體正是政治的對話者、資訊的傳播者與公民社會的組織者。俄羅斯在爭取傳播自由的過程中，更多地來自於上層少數的利益集團赤裸裸地爭取媒體的經營權，而媒體的公共領域同時也成為政治鬥爭的前線戰場。媒體寡頭與媒體人在執行新聞自由的過程當中加入了過多的戲劇因素，這樣俄羅斯民眾看到的新聞自由就由犯罪新聞與為人事鬥爭需要的高官醜聞變成新聞報導的主角，甚至後來莫斯科還出版了以報導高官醜聞為主要內容的報紙，此時媒體的商業利益已凌駕在社會的公共利益之上。

　　公共事務的內涵在媒體報導方式娛樂化的處理之下沒有得到重視，媒體沒有扮演好聯繫的角色，疏離了社會成員對公眾事物的參與感和責任心。這時媒體對於政壇醜聞的曝光也有助於民眾瞭解到底是誰在剝奪社會的公器資源。但問題就出現在，當媒體特別關注這些政壇醜聞的同時，處於上層建築的政治精英們並沒有覺悟要為民眾的福祉著想，只想到要趕緊佔據謀取資源的最佳位置。因此，社會在責怪媒體過度報導政治醜聞的同時，也要讓民眾對上層利益團體的勾結腐敗現象做出輿論的監督。因此，傳播活動若不能得到一定程度的政策鬆綁，那麼民眾的「知情」權利以及「接近使用媒體」資源的權利何以體現？民眾的社會輿論監督將只是一場尚未實現的夢想。俄羅斯傳播學者普羅霍羅夫就認為，媒體的自由權利必須與它所承擔的社會責任成正比，要不然媒體就會成為有權無責的特權階級，社會的混亂就會因此而產生。

第六章
俄羅斯傳播體系的形成與發展

　　在邁入二十一世紀的交界點上，俄羅斯傳媒的實踐大抵顯示了
該國新聞傳播活動的規律，新的傳播體系的建構體現在國家政府權
威機關、媒體經營者和專業新聞記者之間的互動關係上。在俄羅斯
政治與經濟轉軌的過程當中，傳媒的報導像是一面明鏡，不但反映
了俄羅斯政府實行政治與經濟改革的真實情況，同時也顯示了媒體
自身的演進發展和傳播體系建立形成的軌跡。俄羅斯政治理論家伊
爾欣（Ирхин Ю. В.）認為，任何政治體系中的社會關係都包含著政
府權威部門的決策[1]。在俄羅斯政體轉軌的過程中，媒體的行為如同
扮演一種政治機制，與國家新的政權結構和其他社會階層的傳播活
動關係形成一套結構複雜的政治傳播體系。俄羅斯社會傳播學者普
羅霍羅夫（Прохоров Е. П.）認為，媒體是一支社會政治機構，因為
它可以協助人們完成其他的社會活動[2]。
　　俄羅斯自由派媒體人認為，新生萌芽的大眾傳播體系在整個政
治體制轉軌的過程中，不斷遭受到政府權威機關與各方政治勢力的
強行介入，致使媒體的專業活動受到許多不合理的牽制，甚至是不
合法的干涉。與此同時，媒體經營的模式從國有體制快速私有化與

[1] Ирхин Ю. В., 《Политология》, М.:РУДН, 1996.стр. 228.（伊爾欣，《政治學》，莫斯科：俄羅斯友誼大學出版社，1996 年，第 228 頁）
[2] Прохоров Е. П. 《Введение в теорию журналистики》, М: РИП-холдинг, 1998, c.73.（普羅霍羅夫，《新聞理論入門》，莫斯科：俄羅斯出版股份公司，1998 年，第 73 頁。）

市場化的結果，也直接衝擊了大眾傳媒的生存和發展，然而這卻也是俄羅斯傳媒在追求自身獨立自主行為之際，首當其衝且不得不面臨的殘酷處境。媒體開始為了生存必須到處尋求資金大戶，結果，媒體由戈巴契夫推動的「公開性」改革之後的社會情緒的宣洩筒，轉變成為製造有利於金融工業集團輿論環境的附庸者。媒體的資訊內容成為表達某些利益集團權力集中者的觀點，媒體變得更懂得運用自己的話語權優勢謀取政治和商業利益，但是媒體具有聯繫整體多方的政治對話功能未能如期發揮。另外，報刊售價與電視收費也不斷地提昇，資訊成為老百姓的奢侈品。一種「資訊不對稱」[3]現象就出現在俄羅斯傳播體系建立形成的轉型過程當中。

　　造成俄羅斯社會震盪的來源之一，就是媒體資源變成上層少數政治精英與利益集團爭奪的對象，被把持的媒體成為表達少數利益者的工具之一。這種現象一直到 1998 年金融風暴之後才逐漸獲得改善，國家的資金填補了金融寡頭的資金，成為媒體資金大戶。媒體也慢慢地在資訊報導上建立起它的第四權力的社會權威，一批專業的媒體人被養成，希望擺脫政府權威力量的強力介入，俄羅斯傳播環境內部形成「自由民主派」和「國家政府派」路線之爭，兩者共同點就是都與當權政府的利益形成一個共同體關係。二十世紀的九十年

---

[3]　2001 年 10 月，瑞典皇家科學院頒獎給提出「資訊不對稱理論」的三位美國經濟學家。「資訊不對稱理論」指出了在買賣市場上的不經濟行為，例如假設賣方掌握包括產品質量與價格等較多的資訊，而買方卻僅擁有產品平均值量的資訊時，買賣雙方由於沒有互信機制，買方為了避免吃虧上當，通常會以殺價的方式購買產品，而在買方壓低的價格之下，賣方也不願意提供最好質量的產品，相互不信任僵持的情況之下，會減少買方購買的意願，賣方也會因此而囤積過多的產品，在這種資金無法即時回流的惡性循環之下，將導致產品市場的逐步萎縮。因此，要促進市場經濟的活絡，關鍵在於買賣雙方都應有掌握足夠產品資訊，此時，傳媒在資訊市場的媒介生態環境中就扮演至關重要的角色，媒體所提的資訊是有價值的。

代末期，在葉利欽執政的晚期至普京入閣當權接班的這段期間，俄羅斯政府不斷加強主管機關新聞出版部、以及作為媒體資源領導事業集團的全俄羅斯國家電視廣播公司在傳播體系中的主導地位。俄政府一方面配合立法，制定相應整合的資訊傳播政策，另一方面開始有計劃地消滅金融寡頭的媒體經營勢力，同時讓國營天然氣和石油工業集團的資本大量介入商業媒體，進而逐漸演變成一場在普京總統執政期間所形成的電視媒體經營執照權的媒體資源爭奪戰。

　　民眾的公共利益經常在政治權力的資源分配中被當作犧牲品。民眾經常被灌輸某種觀點，一旦觀點形成輿論，就立刻成為某些政治人物要求改革的籌碼，媒體成為輿論的吹鼓手。從資訊傳播者與接收者互動的關係而言，充分完整的資訊傳遞和平衡報導是建立受眾和媒體互信關係的鏈接樞紐，若沒有平衡多角與充分完整的資訊傳遞，長期被漠視忽略的受眾就會自覺身在主流社會之外，這將會導致受眾和媒體之間產生一種疏離感，減弱民眾對社會活動的參與能力，這樣的社會就會慢慢萎縮，社會問題也會像醞釀中的火山岩漿，一旦有出口就會爆發出來。所以，從促進社會發展的角度而言，資訊即時且順暢地流通有助於社會問題的揭示，這時問題才有機會得到有關當局的重視，並且問題才有希望得到解決。因此，資訊的對稱與流通是有社會價值的，它是民眾掌握社會脈動與解決自身生存條件的來源，反之，社會資訊的不對稱會導致受益者與非受益者之間的情緒對立，而這將會成為社會動盪與衝突的隱患。俄羅斯社會資訊不平衡就是社會動盪的來源之一。

　　由於受到俄羅斯國內嚴峻政治鬥爭的影響，傳播體系自身結構的轉型與建構產生了不同特色的發展時期與形成階段。本章試圖將其劃分為幾個部分來探討：它們分別為俄羅斯政治體制轉軌中的媒體危機時期、立法傳播體系的逐步建立、政治傳播體系的佈局形成，以及金融工業集團對媒體市場版圖的佔領直到政府一家獨大的局面

為止。根據俄羅斯最具權威的民意調查機構－社會輿論基金會所做的民意調查，多方面問題顯示了輿情如何看待媒體及政治機構對社會生活影響的程度和觀感。俄羅斯媒體在經歷追逐政治與商業利益之後，隨著自由主義與民主意識在俄羅斯普及開來，使用公共天然資源的媒體機構必須思考，該如何在考慮商業利益的前提下，仍能兼顧媒體應承擔的社會責任，建立起與人民主權關係密切而相當於「第四權」的社會公器機制，替民眾監督行政、立法、司法等國家權威機關的運作，媒體應在秉持公平正義的原則之下，確實扮演好人民喉舌的角色，積極為社會大眾傳輸民之所欲給當權者，唯有形成媒體、政府與民眾之間的良性互動，整個國家社會機器才能夠駛入多元、自由且民主的運作軌道當中。

　　正如同俄羅斯著名的政治學家安德蘭尼克‧米格拉尼揚所認為，「大眾傳媒是社會中最重要的社會機制之一，但是不能天真地認為，無須改變俄羅斯業已形成的社會制度，便可以使傳媒按照普遍的民主標準發揮作用。在一個寡頭佔據地位並且缺少重要公民社會機構的國家裏，是不能完全將大眾傳媒變成第四權力的。從經濟角度來看，大眾傳媒即使想跳也跳不出現行體制下嚴格的金錢遊戲規則。在這種條件下，傳媒可以把培養人民的公民意識和幫助建立公民社會機構作為最重要的任務。這裡首要的問題是記者的道德操守以及傳媒對國家和人民的責任問題。而記者重新擔負起人民喉舌的職責很大程度上取決於主觀因素，而不是取決於解決傳媒介物質經費的問題。記者須使社會與傳媒的相互信任發揮作用，敢於捍衛自己的立場，密切關注尖銳的社會問題，將是傳媒在俄羅斯社會政治體系中佔據相應位置的首要一步。[4]」

4　【俄】安‧米格拉尼揚，《俄羅斯現代化與公民社會》，徐揆等譯，北京：新華出版社，2003 年。(原文：Адраник Мигранян, Модернизация и Гражданское Общество России, 2002）。

第一節　俄羅斯政治轉軌與媒體危機

　　俄羅斯媒體危機首先產生於 1991 年「8.19」事件中葉利欽對俄共報紙的停刊命令，這對於俄羅斯媒體人而言是一個巨大的挫折，因為這意味著新的領導人上臺，昔日反對報刊就會成為新政權的敵人，這使得政權與媒體的關係處於過於極端的對立情緒當中，兩者的出發點都是出於自身的生存發展，當時社會動盪油然而生。因此，俄共「傳統保守派」媒體人對於當時屬於「激進民主派」的葉利欽相當不滿。當時屬於主流的俄共媒體與政府關係陷入低谷，一直到 1993 年「十月事件」完全爆發出來。在此一事件的發生過程中，俄共「傳統保守派」媒體再度被葉利欽當權政府暫停活動，「激進民主派」媒體成為穩定葉利欽政權的宣傳吹鼓手。

　　蘇聯於八十年代末期，在蘇共中央總書記戈巴契夫倡導改革「新思維」與政策「公開性」之後，導致長期潛伏在聯盟內部的民族矛盾與主權認同問題漸漸爆發出來。伴隨著缺乏理論框架成型的意識型態改革，馬列的思想理論成為意識型態改革中被首先犧牲的對象，維繫社會關係的意識型態陷入真空狀態，填補社會意識型態真空的是社會上各種不滿與情緒化語言，並且夾雜著各種民間宗教的信仰來維持現有的社會關係。傳媒雖然得到部分解放，但是當它還沒能夠發揮自身應有的社會責任時，卻立刻成為上層建築爭相奪取的輿論工具。單一化的媒體逐漸向多元化媒體過渡，此時政治利益與商業利益仍凌駕在公眾利益之上。媒體面臨新的危機與困難，媒體角色與功能必須重新再定位，新的傳播體系逐漸開始形成。

　　從蘇聯至俄羅斯政治體制的轉軌，基本上有一個逐步建立和形成的過程，大體上可分為幾個階段。1985 年戈巴契夫當選為蘇共中央總

書記，從 1985 至 1986 年間，他一上任提出「加速」（ускорение）
政治經濟改革腳步的口號，首先著手開始進行經濟改革，但成效有
限。1986 年，他又提出「重建」（перестройка）的口號，且任命了
亞歷山大·亞可夫列夫（Александр Яковлев）領導《俄共中央委員
會出版部門》（отдел печати ЦК），雅科夫列夫撤換了許多俄共重要
報紙和雜誌的負責人，任命非史達林主義的報業經理人[5]。1988 年，
蘇共第十九次全國代表會議宣佈蘇聯全面進行政治體制改革，其戰略
目標是建立民主的、人道的社會主義。1989 年 11 月 12 日，戈巴契夫
在《真理報》上發表《社會主義思想與革命性改革》一文指出，「必
須改革整個社會大廈：從經濟基礎到上層建築」，同時提出「三權分
立」的原則[6]。這一階段是蘇聯正式政治轉軌的開始階段。

　　在蘇聯向俄羅斯政治體制轉軌的過程中，媒體與政府的互動關
係也引起了俄傳播研究者和社會其他各界人士的密切關注。俄羅斯
傳播研究者伊凡·扎蘇爾斯基（Засурский И. Я.）認為，俄羅斯媒
體是葉利欽登上權力高峰的主要工具，而爭取一個屬於他權力掌控
之下的電視公司，是葉利欽長久以來希望達成的願望。1991 年 5 月，
當時正在擔任俄羅斯聯邦最高蘇維埃主席的葉利欽與當時蘇聯總
統、蘇共中央總書記戈巴契夫進行了激烈談判之後，葉利欽終於成
功地為俄羅斯聯邦爭取到開播第二頻道——俄羅斯國家電視臺（PTP）
的權利，頓時扭轉蘇聯時期奧斯坦基諾（Останкино）廣播電視公司
一家獨大的媒體壟斷局面[7]。

---

[5]　http://coldwar.narod.ru/gorbachev.htm.

[6]　海運主編，《葉利欽時代的俄羅斯》，北京：人民出版社，2001 年，第
　　　208 頁。

[7]　Засурский И. Я. 《Масс-медиа второй республики》. М.:МГУ,1999,
　　　стр.141～142. （伊凡·扎蘇爾斯基，《第二共和國的大眾媒體》，莫斯
　　　科：莫斯科大學出版社，1999 年， 第 141-142 頁。）

　　俄羅斯媒體與政府的關係在幾次重大的國家政治危機中都陷入了極度緊張的氛圍中。1991 年 8 月 19 日，蘇聯發生政變，甫當選為俄羅斯聯邦總統的葉利欽，當天立即通過了《國家緊急狀態委員會》（ГКЧП），並且下令禁止了莫斯科所有中央和地方刊物的出版，包括俄共的機關報《勞動報》（Труд），《紅星報》（Красная звезда），《消息報》（Известия）[8]；8 月 21 日，葉利欽簽署總統命令《關於俄羅斯聯邦境內大眾傳播媒體》（Указ "О средствах массовой информации в РСФСР"），暫時停止原屬於共產黨最重要的媒體輿論宣傳工具的活動，其中包括了國家中央通訊社的塔斯社（ТАСС）與新聞資訊社《Новости》；報刊有《真理報》（Правда）、《蘇維埃俄羅斯報》（Советская Россия）、《公開性》（Гластность）、《工人論壇報》（Рабочая трибуна）、《莫斯科真理報》（Московская правда）、《列寧旗幟報》（Ленинская знамя）等。但在不久之後，為了保證政治路線的執行，重新穩定新聞事業的發展，葉利欽於 9 月 11 日頒佈總統命令《保護俄羅斯聯邦境出版自由的措施》（Указ президента РСФСР "О мерах по защите свободы печати в РСФСР"），恢復刊物正常出版印刷[9]。不過，俄共與俄共報刊士氣受挫。

　　蘇聯舊政體瓦解後，新俄羅斯政體也隨著俄共勢力與民主派之間的爭鬥而顯得動盪不安。尤其是葉利欽暫停俄共媒體的舉措，讓俄共報刊與葉利欽的關係陷入膠著狀態，與此同時，葉利欽政正在支援民主報刊的發展，培養自己政權新的媒體夥伴。媒體危機高潮發生在 1993 年 10 月 4 日，葉利欽炮轟白宮人民議會大廈，並且簽

---

[8]　Московские новости.1991.No 47.（《莫斯科新聞週報》，1991 年第 47 期。）

[9]　Овсепян Р. П.,《История новейшшей отечественной журнатистики》, М.: МГУ, 1996, стр. 169. （奧夫塞班，《最新祖國新聞學史》，莫斯科：莫斯科大學出版社，1996 年版，第 169 頁。）

署命令，再度暫停《真理報》、《蘇維埃俄羅斯報》、《公開性》、《工人論壇報》等十多種俄共產黨的報刊。此刻，葉利欽已完成了總統中央集權的政體轉軌工作。新的媒體集團開始萌芽，成為葉利欽政權歷次選戰中的盟友，俄共報業的空間一再被擠壓。1994 年與 1999 年，俄當局發動兩次大規模的車臣戰爭同時削弱了俄羅斯的經濟實力和國際形象，但是 1996 年與 2000 年總統大選再次確定了俄羅斯民主化進程將持續進行。俄共報業退出政治舞臺，新的媒體集團成為俄羅斯傳播體系中的主角，這些重大的政治事件都導致媒體與政權之間的關係經歷了蜜月與對立時期，兩種勢力不斷相互消長，構成了俄羅斯複雜多變的大眾媒體的傳播環境。

第二節　俄羅斯立法傳播體系的確立

自彼得大帝開始至蘇聯解體，政府一直設置專門機關，對刊物施行嚴格的檢查，這種新聞審查制度已經在俄羅斯存在了幾百年的歷史，在蘇聯建立以前，俄羅斯沙皇政權特別以立法規定對刊物進行嚴格的箝制，例如《檢查章程》（Устав о цензуре）（1804 年、1826 年、1828 年），《臨時檢查規定》（Временные правила по цензуре）（1862 年、1865 年、1882 年）、《定期刊物臨時檢查規定》（Временные правила о повременных изданиях）（1905 年），《關於暫時狀態軍事檢查》（Временное положение о военной цензуре）（1914 年）等等，帝俄當局主要是利用嚴刑峻法來懲罰打擊革命黨人對沙皇與專制的猛烈抨擊[10]。1917 年十月革命成功以後，布爾什維克黨人頒佈

---

[10] Батурин Ю.М. 《Политический осциллятор: "Новый Карфаген" против гласности.(Из российской истории)》. - Политические институты и обновление общества. М. "Наука". 1989. С. 168-184.（巴圖林，《政治震

關於印刷品的法令，關閉了92家報紙，聲稱一旦恢復社會秩序就會解除所有行政單位管制報紙的禁令。報業從此進入戒嚴時期。

1990年6月12日以前，在蘇聯境內缺乏一套完整的專門法律體系來協調媒體機構及其與社會各界的活動關係，而關於定期刊物、廣播、電視功能的問題，則散見於憲法、刑法、選舉法與其他相關的行政法規當中，因此，在蘇聯時期並未能夠以法治的觀點管理媒體，也沒有具體建立組成一部負責有效協調運作機制的傳播立法體系。言論自由一直被視作是傳播自由的先決權，其力量之大足以崩解專制極權的政權，而蘇聯領導階層長年排除用法制的觀點來協調傳播組織和活動的問題，卻延續帝俄時期的控制方法，對書籍、報刊與其他傳媒設置新聞檢查機關，不但全面壟斷控制媒體的經營權，更利用媒體作為一黨政治的喉舌，藉以鞏固統治當局的執政地位。蘇聯之所以缺乏新聞自由就是因為對於民眾追求的民主法治社會而言，任何政治自由的形式均與專權體制難以相容並存。媒體在蘇聯封閉的政治體系中沒有傳播自由可言。

一、大眾傳播自由的萌芽

八十年代末期，戈巴契夫提倡改革開放已經為俄羅斯聯邦媒體經營多元化提供了條件。1990年6月12日，第一次俄羅斯蘇維埃聯邦社會主義共和國人民代表大會通過了國家主權宣言，決議由當時的最高蘇維埃主席葉利欽領導起草新憲法，第一部俄羅斯聯邦新憲法草案改變了國家的性質，由社會主義全民國家改為主權的、民主的、社會的、法治的國家，同一天，最高蘇維埃通過了《出版與其他大眾傳播媒體法》（«О печати и других средствах массой

盜：新的旗幟對抗公開性——來自俄羅斯的歷史》，莫斯科：科學出版社，1989年，第168-184頁）

информации».），禁止了新聞檢查制度。如此一來，俄羅斯賦有主權的獨立性與大眾傳播自由的法律機制同時出爐了[11]。

　　蘇聯最高蘇維埃通過的《出版與其他大眾傳播媒體法》宣佈：「蘇聯憲法保障公民言論與出版自由，標誌用任何形式，其中包括透過出版刊物和其他大眾傳播媒體發表意見和見解，搜集、選擇、獲得、傳播新聞和思想的權利」，「禁制新聞箝制」。媒體法規定：「創辦大眾傳播媒體的權利，屬於各級蘇維埃和其他國家機關，屬於各政黨、社會組織、群眾運動、創作協會、合作社、宗教團體、公民、聯合組織、勞動集體以及年滿18歲以上的蘇聯公民[12]。」

　　由於俄羅斯政治體制轉軌，由原來的社會主義機制過渡到政治多元化的道路上來。國體驟變，囿於政府運轉機制與行政思維無法一夕養成，因此必須重新建構一套完整的規範，負責建立社會秩序與協調社會關係，並且重新啟動國家機器進入正常的運作軌道，而位在社會建築上層之一的俄羅斯傳播立法體系就是在這樣艱難的背景之下逐步建構形成。

　　現行的俄羅斯《大眾傳播媒體法》（«О средствах массовой информации»）的主體結構，是蘇聯解體後獨立的俄羅斯聯邦共和國制定頒佈的俄羅斯聯邦法案，此一傳媒法於1991年12月27日，由當時的人民代表大會[13]與最高蘇維埃[14]審理通過，再遞交給聯邦總統葉

[11] Батурин Ю.М., Федотов М.А., Энтин В.Л. 《Закон о средствах массовой информации. Республиканский вариант》. Инициативный авторский проект. М., "Юридическая литература", 1991.（巴圖林、費德羅夫、恩欽，《評鑑出版與其他大眾傳播媒體法》，莫斯科：法律文獻出版社，1991年。）

[12] Закон СССР о средствах массовой информации, М.: Юридическая литература, 1990, с. 170-184.《蘇聯新法編》第二冊，莫斯科：法律索引出版社，1990年，第170-184頁。

[13] 俄羅斯聯邦總統葉利欽於1993年9月21日，宣佈終止俄羅斯聯邦人民代表大會與最高蘇維埃的立法與監督職能，停止召開人民代表大會會

利欽簽署生效執行，日後仍又納入幾次新增修的條文[15]。俄羅斯傳媒法的制定主要是繼續延伸蘇維埃對於新聞傳播改革的構想，該法不但奠定了俄羅斯獨立後新聞傳播自由的法制基礎，而且符合俄羅斯憲法保障人民思想與言論自由的精神[16]。

二、傳播立法體系的初步形成

俄羅斯聯邦關於大眾傳播媒體之立法體系主要由幾個部分組成，聯邦憲法、聯邦民法、聯邦刑法、總統令、聯邦政府決議、國家杜馬決議與聲明以及其他與傳播相關的聯邦法律，其中俄羅斯聯邦法律《大眾傳播媒體法》具體勾勒出大眾傳播媒體活動的主要面貌。

議。1993 年 10 月 8 日，俄羅斯中央官方報紙《俄羅斯報》公佈了《1993 年俄羅斯聯邦聯邦會議國家杜馬選舉條例》，按照該條例的規定，1993 年 12 月 17 日俄羅斯聯邦選舉產生了首屆國家杜馬。1993 年 12 月 25 日俄羅斯聯邦現行憲法公佈生效後，按照俄羅斯聯邦憲法規定，1995 年 6 月通過了《俄羅斯聯邦聯邦會議國家杜馬代表選舉法》，第二屆聯邦會議國家杜馬代表於 1995 年 12 月 17 日選舉產生，以後各屆國家杜馬代表也將按法規定直接選舉產生。

[14] 1993 年 10 月 8 日，俄羅斯中央官方報紙《俄羅斯報》公佈了《1993 年俄羅斯聯邦聯邦會議聯邦委員會選舉條例》，1993 年 12 月首屆聯邦委員會按規定選舉產生。1995 年 12 月，按照憲法規定通過了《俄羅斯聯邦聯邦會議聯邦委員會組成程式》，第二屆與以後各屆聯邦委員會將由八十九個聯邦主體各派兩名代表組成。

[15] Закон РФ от 27 декабря 1991 г. N 2124-I"О средствах массовой информации", с изменениями от 13 января, 6 июня, 19 июля, 27 декабря 1995 г., 2 марта 1998 г., 20 июня, 5 августа 2000 г., 4 августа 2001 г., 21 марта 2002 г. (第 2124 號文件，俄羅斯傳媒法)

[16] Правовое поле журналиста. Настольная справочная книга. — М.: «Славянский диалог», 1997, с. 95 (《記者法律總覽》，莫斯科：斯拉夫對話出版社，1997，第 95 頁。)

（一）傳媒法是傳播體系的運行基石

在俄羅斯形成立法體系的過程中，俄羅斯聯邦法《大眾傳播媒體法》是奠定新聞傳播自由的法制基石。俄羅斯《大眾傳播媒體法》整合了媒體傳播行為與過程、組織與關係、功能與物件。俄羅斯傳媒法專家費多多夫（Михаил Федотов）認為，傳媒法相當於一部小型的傳播憲法[17]。

對俄羅斯而言，二十世紀的九十年代是媒體發展相當重要與關鍵的轉型階段，俄羅斯立法規範出大眾傳播行為的框架與法則，特別是俄羅斯聯邦法《大眾傳播媒體法》於 1995 年、1998 年 2000 年 2001 年與 2002 年都做了一些條文的修補與增列。

俄羅斯聯邦法《大眾傳播媒體法》的主要內容一共有七章，第一章：總則，第二章：媒體事業的組織，第三章：大眾資訊的傳播，第四章：大眾傳播媒體與公民和組織的關係，第五章：記者的權利，第六章：國際傳播活動的合作，第七章：違反傳媒法應承擔之責任[18]。

《大眾傳播媒體法》第一條是大眾傳播自由，該條規定，在俄羅斯聯邦境內搜尋、獲得、製造、傳播資訊以及籌設大眾傳播媒體不應受到限制，除非其他關於傳播的相關聯邦法律規定不得違反之。此外，第二條與第四條則明確規定禁止新聞檢查制度與濫用新聞傳播自由，《大眾傳播媒體法》顯示了當初俄羅斯改革新聞傳播活動與追求新聞自由的立法精神。因此，司法獨立對新聞傳播活動是一種保障，並促使政府無法濫用公權力干涉媒體新聞自由。就法

---

[17] Михаил Федотов,《Законодательства о средствах массовой информации: Система законодательства о СМИ》.（費多多夫，《傳媒法的制定－傳媒法立法系統的研究制定》）

[18] Правовое поле журналиста. Настольная справочная книга. — М.: «Славянский диалог», 1997, стр.105～130.（請參閱《記者法律總覽》，莫斯科：斯拉夫對話出版社，1997，第 105-130 頁。）

律層面而言，根據俄羅斯聯邦立法的規定，政府具有停止媒體經營事業的權力，此一權力是政府對媒體行使的殺手鐧，尤其在選舉期間，對媒體自由報導的尺度構成最大的威脅，因此，被自由派媒體一直視為眼中釘[19]。

　　俄羅斯傳媒法並不完善，它屬於俄羅斯政治體制轉型期中一部過渡型的聯邦法，作為大眾傳播自由的象徵，該法裏面仍存在著對媒體的限制性條款，對經營者與編輯部許可權劃分也不十分明確，埋下了少數利益集團壟斷媒體市場的隱患。俄羅斯傳媒法促進了新聞傳播活動，也帶來了政權與媒體之間政治、經濟與法律的新問題，比如新聞檢查制度取消了，國家不再直接管理媒體事業，但在政府欠缺管理媒體的具體制度與操作經驗的空窗期之下，媒體所有權集中現象與跨媒體的商業性媒體壟斷集團卻逐步形成。媒體被商業集團壟斷的結果造成政府在執行政策上總有一種力不從心的感覺。因此，不論是葉利欽或是普京，都沒有放棄過對媒體事業經營權的控制。

　　俄中央政府與國營企業以官股身份直接參與媒體事業，銀行家也以金融工業利益集團的形式加入媒體經營，官股與銀行界經營媒體的方式取代了蘇聯時期共黨中央完全操控黨營媒體的機制，大眾傳播媒體以商業經營形式影響並重新塑造社會輿論與價值觀。俄政府與媒體寡頭在歷屆選舉中成為好夥伴，不過，這種政治與企業的

---

[19] 最讓媒體最忐忑不安的就是《大眾傳播媒體法》十六條停止傳播活動，規定創辦發行人有權決定停止傳播活動，媒體全體員工與總編輯可以獲同一名稱創辦的優先權。此外，若媒體在十二個月內屢次違反傳媒法第四條濫用新聞自由的規定，其意指禁止利用大眾傳播媒體洩漏國家機密和受法律保護的其他機密，禁止號召用暴力推翻或改變憲政體制制度，禁止宣傳戰爭、法西斯或極端主義，禁止宣傳種族、宗族和宗教狂熱和偏見，禁止傳播色情、暴力和殘忍。禁止利用大眾傳播媒體干涉公民私生活，侵犯公民的榮譽、尊嚴和健康。政府指導單位若用書面警告無效，可利用公權力終止媒體傳播行為，媒體不服可以向法院上訴，由法院裁決主管機關決議。俄新聞界認為這是政府為對媒體施壓所保留的條款。

掛勾使得主流媒體與當權政府形成一種利益共同體的連體嬰關係。
俄政府放任跨媒體經營的結果，形成了媒體帝國與金融寡頭，由於
寡頭涉入政治與金融太深，造成政府推動政治與經濟改革欲振乏
力，這也就是日後普京當局重振俄國國力的同時必須以欺詐、逃漏
稅等罪名拿金融寡頭開刀的原由。而國家廣電集團成為媒體事業的
領導者，對國家媒體進行嚴格的內容把關，對商業媒體構成資源分
配的壓力。

（二）相關傳播法律構成立法體系

　　1993 年 12 月 12 日，俄羅斯舉行了一場《俄羅斯憲法草案的全
民公投》，20 日，中央選委會宣佈公投有效，新憲法獲得通過，正
式生效施行。現行的憲法以國家根本大法的形式將政治鬥爭勝利者
的成果固定下來，政治舞臺上占主導地位的政治力量的意志轉化為
國家意志，憲法明確了俄羅斯的國家地位。俄羅斯憲法第十三條規
定，憲法保障意識型態多元化，沒有任何一種意識型態被視為國家
的；憲法第二十九條規定，保障每個人的思想和言論自由，每個人
在合法範疇內都有搜集、獲取、傳遞、生產和散佈資訊的自由。因
此，對俄羅斯推動媒體改革而言，政府必須在自由意識與統籌管理
中尋求出符合俄羅斯改革路線的中道精神來。

　　另外在俄羅斯傳播立法體系中，尚有配合傳媒法行使職能的聯
邦法律，包括《國家機密法》（О государственной тайне）、《使
用者權保護法》（О Защите прав потребителей）、《著作權與智慧
財產權法》（Об авторском праве и смежных правах）、《俄羅斯選
舉權與公民參與全民公投權的基本保障法》（Об основных гарантиях
избирательных прав и права на участие в референдуме граждан
Российской Федерации）、《必要檔案冊數法》（Об обязательном
экземпляре документов）、《國有媒體報導國家政權行為秩序法》

（О порядке освещения деятельности органов государственной власти в государственных средствах массовой информации）、《資訊、資訊化與資訊保護法》（Об информации, информатизации и защите информации）、《廣告法》（О рекламе）、《俄羅斯聯邦國家支援大眾媒體與書籍出版法》（О государственной поддержке средств массовой информации и книгоиздания Российской Федерации）、《通訊法》（О связи）、《國家經濟補助地方報紙法》（Об экономической поддержке районных（городских）газет）、《關稅法》（О таможенном тарифе）、《參與國際資訊交流法》（Об участии в международном информационном обмене）等等與其他相關法律[20]。

　　九十年代的俄羅斯傳播立法體系主要體現在國家資訊政策的制定與執行上面，國家資訊政策主要是由聯邦法律和其他法規條文構成，聯邦資訊傳播的立法工作是由國家杜馬和聯邦議會在「政治諮詢委員會的資訊政策廳」（Палат по информаци-онной политике Политического консультативного комитета）中進行討論，然後將法案送交杜馬審議，法案審議通過後再由總統簽署生效。

　　國家資訊政策是國家政權結構在資訊傳播領域中主導制定的策略方針，但是國家資訊政策仍必須要符合俄羅斯在民主進程中社會大眾對客觀資訊資源的需求。根據俄羅斯聯邦法《資訊、資訊化及資訊保護法》第三條規定，有關國家在整個資訊傳播領域中的責任問題，要求國家制定資訊政策是創造俄羅斯社會經濟戰略性和客觀性任務的條件；確保聯邦中央與地方資訊網路資源系統在一個統一

---

[20] 《Правовое поле журналиста. Настольная справочная книга》. — М.: Славянский диалог, 1997, c. 94-287.（請參閱《記者法律總覽》，莫斯科：斯拉夫對話出版社，1997，第 94-287 頁。）

　　整合的俄羅斯聯邦資訊空間中發展互動交流；推動俄羅斯國家政權
機關在資訊過程中對資訊保護的立法工作[21]。

　　俄羅斯最高法律精神的聯邦憲法第二十九條規定，人民享有行
使傳播自由的基本權利：「每個人有權利以任何合法的方式自由搜
尋、取得、傳遞、生產、散佈資訊」。再者，俄媒體實踐證明，若
媒體的權利遭到剝奪，人民的資訊傳播權就難以伸張，因此，為了
保障記者有效履行滿足民眾知情權利的工作，俄傳媒法第四十九條
中提及，國家應保障記者履行其相關專業行為，保護記者作為執行
社會責任之人格的榮譽、尊嚴、健康、生命和財產。

　　然而，在資訊領域中，政府支援媒體發展的積極行為是確保憲
法保障言論自由與賦予公民取得完整客觀資訊的自由權利，關於這
個政府協助人民獲取資訊和維護媒體獨立精神的目的，揭示於《國
家支援大眾傳播媒體與書籍出版法》中；此外，關於媒體接近使用
權的落實也反映在俄羅斯關於《資訊、資訊化及資訊保護法》中，
在此法第一條中提及，該法是用來協調出現在資訊內容製作和技術
設備資源使用過程中的關係，並且保護參與資訊過程中主權體的權
利[22]；另外，《國有媒體報導政權行為規範法》旨在協調國營媒體報
導聯邦中央和地方政權出現的資訊傳播關係[23]。俄羅斯為傳播活動的
立法可視為新聞傳播事業正式納入民主法治化的規範機制中。

---

[21] Закона РФ 《Об информации, информатизации и защите информации 》,
статья 3. Обязанности государства в сфере формировании информационных
ресурсов и информации. См. 《Правовое поле журналиста》.（俄羅斯聯
邦法，《資訊、資訊化與資訊保護法》，第 3 條）

[22] Закон 《Об информации, информатизации и защите информации》,
статья 1.〈Сфера действия настоящего Федерального закона〉.（俄羅斯
聯邦法，《資訊、資訊化與資訊保護法》，第 1 條）

[23] Закон РФ 《О порядке освещения деятельности органов государственной
власти в государственных средствах массовой информации》, статья 1.

　　九三年版的俄羅斯憲法為政治體制、人民權利和自由做出了規定。在憲法第一章憲政體制基礎當中的第一條規定：「俄羅斯聯邦－俄羅斯是一個民主的、聯邦的、法制的以共和國形式統治的國家。」憲法第十三條規定了在俄羅斯境內承認意識型態多元化以及政治多元化和多黨制存在。在第二章人民與公民權利和自由的第二十一條、二十三條當中規定，憲法保障個人尊嚴和私人領域避免被揭露的權利。第二十四條規定，任何人不得未經當事人同意就進行搜集、保存、使用和散佈有關於他私人生活的資訊。第二十九條規定：「憲法保障每個人思想和言論自由。……保障大眾傳播自由。禁止新聞箝制機關。」憲法的第四章、第五章、第六章和第七章分別對聯邦總統、聯邦議會、聯邦政府和司法權力做出規定，新憲法已經形成行政、立法、司法三權分立制衡的架構，以及行政雙首長的總統制之行政體制[24]。在由蘇聯向俄羅斯政體轉軌的過程中，俄羅斯新聞傳播政策的確定與媒體的變化都與葉利欽的政治行為與決策有著密切的關係。俄羅斯憲法和傳媒法都賦予公民意識型態和傳播活動自由的權利，媒體的自由傳播空間獲得解放，但是葉利欽當權政府對於俄共報刊的擠壓，這使得俄共保守派媒體與葉利欽政權關係陷入對立，發展媒體勢力成為政權的新目標，傳媒法提供了這一客觀的傳播背景。

Предмет регулирования настоящего Федерального закона.（俄羅斯聯邦法《國有媒體報道國家政權行為秩序法》，第 1 條。）

[24] Комментарий Конституции Российской Федерации（2000）. М.:《ОМЕГА－ЭЛ》.（可參閱《俄羅斯聯邦憲法批註》（2000）。莫斯科：歐美家－愛爾。）

第三節　俄羅斯政治傳播體系的建構

　　1991 年蘇聯解體，導致了俄羅斯的社會結構開始形成新的政治體系，俄羅斯政治理論家伊爾欣（Ирхин Ю. В.）認為，任何政治體系中的社會關係都包含著政府權威部門的決策[25]。在俄羅斯政體轉軌的過程中，媒體的行為如同扮演一種政治機制，與國家新的政權結構和其他社會階層的傳播活動關係形成一套結構複雜的政治傳播體系。俄羅斯社會傳播學者普羅霍羅夫（Прохоров Е. П.）認為，媒體是一支社會政治機構，因為它可以協助人們完成其他的社會活動[26]。

　　在這一政治傳播體系中，政治行為者深知，媒體的行為就是政治機制的重要部分，把持媒體就等於掌握社會前進的方向盤，並且可以藉媒體的樞紐功能和守門人的角色，引導社會輿論走向有利於某個政治行為者或消息來源者。俄羅斯政權機關，不論中央或是地方，仍總是不斷試圖操控媒體，影響媒體專業活動，甚至干涉媒體採訪行為和報導內容。不但俄羅斯各級政府以不同的壓力影響與干涉媒體的運作，而且各個政黨、利益團體、企業界都積極進行媒體控制權的爭奪，這使得爭奪媒體版圖的戰況相當激烈。

　　在政府權威單位與媒體經營者爭奪市場份額的角力當中，新聞媒體記者也不斷為自己爭取言論自由的權利，呼籲所有的傳媒都必須在法律的架構下行事，並且要求新聞編輯、採訪和報導的自主權

---

[25] Ирхин Ю. В., 《Политология》, М.:РУДН, 1996.стр. 228.（伊爾欣，《政治學》，莫斯科：俄羅斯友誼大學出版社，1996 年，第 228 頁）

[26] Прохоров Е. П. 《 Введение в теорию журналистики 》,М: РИП-холдинг,1998,с.73.（普羅霍羅夫，《新聞理論入門》，莫斯科：俄羅斯出版股份公司，1998 年，第 73 頁。）

與專業性必須受到當權者的尊重，這裏就構成一種政治權威行為
者、媒體經營者和專業記者之間對新聞權利使用認定範圍有異的三
角互動關係。

　　與此同時，俄羅斯媒體的公共論述空間形成。就媒體與公眾關
係而言，俄羅斯媒體也逐漸建立起形成社會輿論和公眾意見表達的
渠道，成為民眾資訊反饋的橋梁。在俄羅斯政府近十年失去有效管
理國有媒體與私人媒體的空隙中，記者有機會以自己的視角，甚至
是辛辣、嚴苛、激烈或嘲諷的語氣對國家政權進行公開透明的報導
和評論，政治資訊的公開化程度以及報導廣度與深度的無限上綱都
讓俄羅斯民眾大開眼界，民眾對政治議題的討論也很廣泛，在俄羅
斯政治傳播體系形成發展的過程當中，公眾、媒體與政府的互動關
係逐步成為西方國家乃至整個國際社會觀察俄羅斯境內人權發展的
重要指標之一。凡此種種構成一幅特殊的俄羅斯媒體發展景象與獨
特的政治傳播體系。

一、媒體成為政權鬥爭下的犧牲工具（1987～1996）

　　這一階段可劃分為四個時期：1987～1991 是言論自由與國家重
建時期；1992～1993 年政治對立與媒體經濟困難期；1994～1995 年
中期是政治趨於穩定且資訊市場開始形成期；1995 年中～1996 年中
是大量政治化資金投入 1996 年總統大選媒體宣傳造勢競選活動中。

　　第一階段是 1987～1991 的言論自由與國家重建時期。1987 年，
在前蘇聯總書記戈巴契夫倡導 「公開性」（гласность）的改革旗幟
下，國家的新聞檢查制度被宣佈取消，1990 年 6 月 12 日，最高蘇
維埃通過了《出版與其他大眾傳播媒體法》，正式禁止了新聞檢查
制度，大眾傳播自由遂有了法制基礎。這段期間，以前的禁書也開始
重新付梓問世，蘇聯記者更是初嘗到重建後帶來言論自由的滋味，
對新聞獨立也產生了無限憧憬與嚮往，記者被冠以第四權威的稱號。

　　1987 年，俄國全國超過 7500 種報刊以及 2500 種雜誌發行，《真理報》（Правда）超過 1100 萬份，《消息報》（Известия）發行量超過 800 萬份，《勞動報》（Труда）發行量超過 1800 萬份，《共青團真理報》（Комсомольская правда）發行量超過 1700 萬份[27]。1989 年全國報紙種類大約是 8800 種，發行量約是 2.3 億份，1629 種雜誌的發行量約 2.2 億份，語言超過 55 種[28]。至 1990 為止，出現了 1173 種政治社會性的報刊[29]。1989 年成立的國際文傳電訊社（Интерфакс）在非國家通訊社中營業額排名第一，其經貿商務類的資訊使用量甚至超過塔斯社（ТАСС）。

　　1990 年 3 月，蘇聯憲法變更了只有蘇共領導蘇聯社會的規定，也因此結束了蘇共對出版定期刊物長期的專權壟斷，這是俄羅斯媒體多黨化的開始。1990 年 6 月議會通過了《出版與其他大眾傳播媒體法》，媒體因此獲得傳播自由權利的立法依歸，開始爭取扮演第四權力的機會。

　　安・米格拉尼揚認為，戈巴契夫改革之後，社會陷入意識型態的真空時期，蘇聯黨和國家領導人卻缺乏明確的國家改革方案，這使得大眾傳播媒體得到空前的解放，甚至過去一直是官方色彩濃厚的社論也開始突出作者的個人色彩。由從前封閉的社會向公開和開放狀態過渡，傳媒過去為政治精英服務轉而為製造政治精英，創造了獨特機會。在民主改革初期，媒體在國家領導層中的改革派與人民聯繫之間起到了聯繫作用，成為葉利欽激進民主派的助力。[30]

---

[27] VI сьезд Союз журналистов СССР.Стенографический отчет. М., 1987. стр40.（第六屆蘇聯記者工會大會，《大會速記報告》，1987 年，第 40 頁）

[28] Аргументы и факты. 1990. No. 19.（《爭論與事實週報》，1990 年，第 19 期）

[29] Московсти новости. 1991. No. 10. .（《莫斯科新聞週報》，1990 年，第 10 期）

[30] 【俄】安・米格拉尼揚，《俄羅斯現代化與公民社會》，徐揆等譯，北京：新華出版社，2003 年，第 289 頁。（原文：Адраник Мигранян, Модернизация и Гражданское Общество России, 2002）。

　　然而，令當時佔據主流地位的俄共「保守派」媒體相當震驚和錯愕的是，由於幾名國安體系領導和陸軍將領主導參與倒戈蘇聯總統戈巴契夫所產生的蘇聯「8.19」事件，面對此一政變，甫當選俄羅斯總統的葉利欽，於 1991 年 8 月 19 日當天立即通過成立了《國家緊急狀態委員會》（ГКЧП），並且下令禁止了莫斯科所有中央和地方刊物的出版，其中包括俄共的機關報紙《勞動報》（Труд）、《紅星報》（Красная звезда）、《消息報》（Из-вестия）[31]。1991 年 8 月 21 日，葉利欽總統頒佈了《俄羅斯社會主義共和國聯邦關於大眾傳播媒體》（Указ "О средствах массовой информации в РСФСР"）的命令，免除了塔斯社（ТАСС）社長與新聞資訊社（информационный агентство "Новости"）總裁的職權，企圖阻擋與封鎖俄羅斯政變事件的消息在國內與國際社會上曝光；並且同時暫時停止原屬於共產黨最重要的媒體輿論宣傳工具的活動，其中包括了國家中央通訊社的塔斯社與新聞資訊社；報刊有《真理報》（Правда）、《蘇維埃俄羅斯報》（Советская Россия）、《公開性》（Гластность）、《工人論壇報》（Рабочая трибуна）、《莫斯科真理報》（Московская правда）、《列寧旗幟報》（Ленинская знамя）等，為了重新穩定新聞事業，葉利欽於 1991 年 9 月 11 日頒佈總統命令《保護俄羅斯聯邦境內印刷自由的措施》（Указ президента РСФСР "О мерах по защите свободы печати в РСФСР"），恢復刊物正常印刷出版[32]。

　　第二個階段為 1991 年到 1994 年。前文曾提及，前蘇聯總書記戈巴契夫於 1987 年倡導「公開性」之後，國家的新聞檢查制度逐漸

[31] Московские новости.1991.No 47. （莫斯科新聞週報，1991 年第 47 期。）

[32] Овсепян Р. П.,《История новейшей отечественной журнатистики》, М.: МГУ, 1996, стр. 169. （奧夫塞班，《最新祖國新聞學史》，莫斯科：莫斯科大學出版社，1996 年版，第 169 頁。）

弱化，1990 年 6 月 12 日，最高蘇維埃通過了《出版與其他大眾傳播媒體法》，正式停止了了新聞檢查制度，大眾傳播基本建立了法制的基礎。繼 1991 年 12 月 26 日，最高蘇維埃共和院召開會議承認獨立國家聯合體組織，蘇聯為一個國家實體與國際法主體的身份停止存在之後，在《出版與其他大眾傳播媒體法》的基礎之上，俄羅斯最高蘇維埃與人代會通過的俄羅斯《大眾傳播媒體法》，由葉利欽總統於 1991 年 12 月 27 日立即簽署生效，俄羅斯《大眾傳播媒體法》確定了傳媒創辦者的身分不僅只是具有多黨性質，而且還是多元化的主體性質。

　　然而在這段期間，一部分失去金元支援的媒體又多淪為寄託在蘇維埃政權機關的庇護之下，有的媒體則是尋求廠商贊助，有些則是宣告破產，並把自己的地盤轉讓給廣告主，當時國家新聞出版部只照顧民主派的刊物，所以反對派的刊物只能自尋生路[33]。

　　1991 年 8 月 19 日發生蘇聯政變，葉利欽總統當天立即宣佈成立《國家緊急狀態委員會》（ГКЧП），並且下令禁止了莫斯科所有中央和地方刊物的出版,其中包括俄共的機關報紙《勞動報》（Труд）、《紅星報》（Красная звезда）、《消息報》（Известия）[34]。1991 年 8 月 21 日，葉利欽總統還頒佈了《俄羅斯社會主義共和國聯邦關於大眾傳播媒體》（Указ "О средствах массовой информации в РСФСР"）的命令，免除了塔斯社（ТАСС）社長與《新聞資訊社》（информационный агентство "Новости"）總裁的職權，企圖阻擋與封鎖俄羅斯政變事件的消息在國內與國際社會上曝光；並且同時暫

[33] Грабельников А. А., 《Средства массовой информации в современном обществе: тенденции развития, подготовка кадров》, М.,: Изд-во РУДН, 1995, стр. 3-4. .（葛拉貝裏尼柯夫，《當代社會的大眾媒體：發展趨勢，人才養成》，莫斯科：俄羅斯亞非民族友誼大學，1995 年，第 3-4 頁。）

[34] Московские новости.1991.No 47.（《莫斯科新聞週報》，1991 年第 47 期。）

時停止原屬於共產黨最重要的媒體輿論宣傳工具的活動，其中包括
了國家中央通訊社的塔斯社與新聞資訊社；報刊有《真理報》
（Правда）、《蘇維埃俄羅斯報》（Советская Россия）、《公開性》
（Гластность）、《工人論壇報》（Рабочая трибуна）、《莫斯科
真理報》（Московская правда）、《列寧旗幟報》（Ленинская знамя）
等，為了重新穩定新聞事業，葉利欽於 1991 年 9 月 11 日頒佈總統
命令《保護俄羅斯聯邦境印刷自由的措施》（Указ президента РСФСР
"О мерах по защите свободы печати в РСФСР"），恢復刊物正常印
刷出版[35]。

　　然而，1991 年「8 月事件」之後，刊物的功能和性質都有了明
顯的轉變，報業的角色大體上形成了四個派別：第一個派別是政府
派媒體，像是《俄羅斯消息報》（Российские вести）以及屬於地方
政府機關的報紙，其報導的特點在於支援政府改革的措施，但避免
公開批評政府改革所造成的負面結果；第二派別是蘇維埃機關報，
代表的是《俄羅斯報》（Российская газета），其積極批評政府的改
革，但在 1993 年的十月事件之後，遂轉成為政府的機關報；第三種
派系是民主派媒體，例如《消息報》（Известия）、《莫斯科新聞
報》（Московские Новости）等等，民主派報業的報導有不同程度
的批判聲音，但仍支援政府各項改革政策與行動；第四支派別是民
族主義派，例如《蘇維埃俄羅斯》（Советская Российсия）、《俄
羅斯文學》（Литературная Россия）、《日誌》（День）等報紙，
其旨在於攻擊總統和政府[36]。

---

[35] Овсепян Р. П., 《История новейшшей отечественной журнатистики》, М.:
　　МГУ, 1996, стр. 169.（奧夫塞班，《最新祖國新聞學史》，莫斯科：莫
　　斯科大學出版社，1996 年版，第 169 頁。）
[36] Грабельников А. А., 《Средства массовой информации в современном
　　обществе: тенденции развития, подгатовка кадров》, М.,: Изд-во РУДН,

　　1993 年的十月事件爆發的前夕，自由報業受到了嚴格的控管，儘管新聞檢查制度已經被取消，但政府還是習慣以此種作法來控制或恫嚇媒體，例如《莫斯科真理報》（Московская правда）、《今日報》（Сегодня）、《獨立報》（Независимая газета）、《俄羅斯》（Россия）和其他的報紙都曾經遭受到被刪除報導、意見和評論的經歷，新聞出版部還要求記者們要自律，並且也下令禁止媒體的活動，例如禁止當時屬於最高蘇維埃的《俄羅斯報》（Российская газета），以及俄羅斯電視臺的「國會」（Парламент）欄目，廣播節目「國會時刻」（Парламентский час）。

　　葉利欽於 1991 年和 1993 年，下令禁止了俄共黨務與媒體的活動，此一強勢獨斷的行為曾令嚮往自由的媒體相當錯愕與大加韃伐。事實上，葉利欽開放媒體最主要的目的在於擠壓俄羅斯共產黨的生存空間，但俄共在主席久加諾夫的領導下開始從群眾基層做起，也獲得了許多懷念蘇共民眾的支援，使得俄共迅速恢復了元氣，並於 1993 年底國會改選時，俄共仍是成功地奪得了國會第一大黨的席位。此時，葉利欽意識到，要想改變俄羅斯人存在已經七十多年的觀念，只有依靠俄羅斯傳媒的壯大，以媒體傳播的力量來逐步改變人們頭腦中的觀念。然而，就在當時計劃經濟向市場經濟轉型過度的期間，俄羅斯經濟還沒有得到復甦，那麼，落實發展媒體的願望，葉利欽只有依靠金融大亨提供周轉媒體運作所需要的龐大資金。銀行的投資是需要高額的回報，而銀行無法通過正常的商業廣告途徑來獲取投資回報，就希望取得政治權力，以親近政權的方式來直接利用國家豐富的各種資源，如此一來，便種下了銀行寡頭干預政治及官員貪污腐敗的禍根。在俄羅斯普通老百姓眼中，這種寡

1995, стр. 9..（萬拉貝裏尼柯夫，《當代社會的大眾媒體：發展趨勢，人才養成》，莫斯科：俄羅斯亞非民族友誼大學，1995 年，第 9 頁）

頭政治架就是目前俄羅斯最嚴重的腐敗問題的代名詞，正是這些人在俄私有化過程中藉機大量侵吞過歐財產和資本，成為暴發戶後又極少投資生產領域，導致俄經濟萎縮人民生活水平下降。

　　此一階段為媒體百花齊放、相互競爭、相互消長的時期，其特點為總統葉利欽與媒體建立了相互依存、互為利用、互為聲勢的關係。葉利欽在此一階段執政期間，自身的政治實力還不是十分強大穩固，究其原因，首先葉利欽本人並沒有屬於自己的政黨，他對於國內出現的問題經常採取一種合縱連橫的做法，媒體成為俄羅斯政治家表現的工具。

　　俄羅斯政治體制的轉軌讓俄羅斯媒體獲得了機會以獨立法人格的身份面對受眾市場的挑戰，然而，傳媒事業不再由政府直接補助，除了國家通訊社俄通社塔斯社（ИТАР-ТАСС）與《俄羅斯報》（Россикая газета）直接由中央預算全額補助經營之外，其他媒體都需自負盈虧，因此，沒有官方支援與財團支援的媒體，反而失去了生存的空間。另外，就生產設備和技術材料而言，紙張與印刷機器經常性漲價都迫使新聞出版物價格大幅提升，這也導致民眾購買能力降低，變相剝奪了俄國人在公眾場所隨處可見的閱報習慣和享受。當然這種不對稱的現象與九十年代俄羅斯經濟轉軌所帶來的盧布貶值與人民個人所得縮水有關。不過，自從普京執政後，2000 年俄羅斯 GDP 增長約 8%，若俄羅斯經濟持續成長，也會穩定與改善新聞出版物的售價，因為國家控制了九成以上的印刷廠，政府可以部分承擔紙張與印刷的費用。

　　1993 年 3 月之後，俄羅斯中央上層政府權威機關之間的政治對立日益嚴重，行政與立法機關的對立正式宣告浮出臺面，這是總統與人民代表大會爭奪國家最高行政主導權的憲政衝突，衝突的焦點就是在於國家權力體制是要走向由總統葉利欽享有領導實權的總統制，亦或是由議長哈斯布拉托夫等共產黨人領導人民代表大會組閣

的內閣首長制。1993 年 4 月 25 日，由葉利欽主導進行全民公投，
5 月 5 日，全民公投中央委員會公佈結果：64.5%的選民參加全民公
投，58.76%對葉利欽投票信任，53.04%的人贊成總統與政府的政策。
據此葉利欽重申全民公投的結果是人民給他的新授權，而議會是非
法機構[37]。10 月 4 日，葉利欽以炮轟蘇維埃所在地「白宮」收場。
此後國家權力制度走向總統享有實權與政府總理協助執行的雙首
長制。

　　1993 年 10 月 6 日，葉利欽發表電視談話，要求各地蘇維埃自
行解散，7 日，公佈議會下院杜馬選舉章程，規定杜馬分別由政黨
選舉和 225 選舉區選出一名代表組成 450 名代表的下院。11 日，總
統發佈命令，決定上院（聯邦議會）由 89 個聯邦主體各選出兩名代
表組成，定於 12 月舉行新議會的選舉[38]。但是國會重新選舉的結果，
卻令葉利欽非常失望，因為由黨魁久加諾夫領導的共產黨取得第一
大黨的地位。三個反對派政黨（共產黨、自民黨、俄羅斯農業黨）
共獲 182 席，占總席次的 41%，超過民主派 18 席，左翼政黨雖未能
超過一半席位，但足以形成牽制與制肘的力量[39]。從此，以左翼為主
的國會制肘政府的戲碼也就年年上演，直到 1999 年親近政府的大熊
黨（團結聯盟黨）贏得國家杜馬第二大黨的席位後，便著手致力與
其他政黨進行策略聯盟，大抵穩定了 2000 年普京當選總統執政之後
的政局與改革之路。

　　俄羅斯學者索格林（B.Согрин）認為，1993 年葉利欽取得全民
公投與十月事件的成功憑靠了媒體的大量宣傳，因為在這場憲政危
機之下的民主派報業支援了總統，且中央的電視臺奧斯坦基諾電視

---

[37] 海運/主編，《葉利欽時代的俄羅斯政治卷》，北京：人民出版社，2000
　　年，第 54 頁。
[38] 同上，第 71-72 頁。
[39] 同上，第 74-76 頁。

中心也在葉利欽的掌控之下[40]。《俄羅斯報》在府會政治鬥爭之中扮演的是人民代表大會的喉舌，但在十月事件後就成為俄政府的戰利品。然而，1993 年 10 月 14 日，新聞出版部也禁止了許多報紙的活動，例如《俄羅斯機關報》（Русские ведомости）、《日誌》（День）、《公開性》（Гласность）、《人民真理報》（Народная правда）與其他報紙等等，政府的禁令破壞了媒體與中央領導政權建立的蜜月關係[41]。從 1991 年蘇聯政變危機到 1993 年十月事件，克里姆林宮與議會幾次禁止報業活動的舉措都令俄羅斯民主之路走得相當艱辛和動盪。

　　第三個階段是資訊市場趨於穩定，但是媒體集團開始形成的階段。1993 年末至 1995 年中期，俄羅斯的資訊市場開始有商業集團進行分割佔領的行為。例如以銀行家的古辛斯基（Гусинский）為首的橋媒體集團（Медиа-Мост），小雅可夫列夫（Яковлев-младший）的生意人出版社《Коммерсантъ》的報業集團等等。值得注意的是，自 1994 年到 1996 年期間的車臣戰爭顯示，媒體參與了戰爭的成敗，在政府失去管理控制國營媒體和商業媒體的空窗期之下，媒體開始成為能夠箝制政府力量的第四權機構，當時主流媒體堅持反戰立場，出現與政府立場不同調的現象，這對於贏得民主派媒體而取得政權的葉利欽而言打擊很大，因為葉利欽的政敵此間卻成為了大眾媒體乃至看不見之社會大眾的反戰輿論，葉利欽瞭解到此時無法再以斷尾求生的方式斬斷曾經支援他的民主派媒體與公眾，那樣只會加深民意往支援俄共的方向走去。

[40] Согрин В. 《Политическая история современной России 1985 - 1994: от Горбачёва до Ельцина》. М.: Прогресс-Академия, 1994. стр. 157-158.（索格林，《1985 到 1994 年俄羅斯當代政治史：從戈爾巴喬夫到葉利欽》，莫斯科：成果－科學院，1994 年，第 157-158 頁。）

[41] Парламентские выборы в России. Доклад Европейского института СМИ. Международная жизнь. 1994. № 2.（《俄羅斯國會選舉》，歐洲媒體研究學院報告，《國際生活》，1994，№ 2。）

　　最後一個階段就是媒體全面為總統選舉服務時期。為了 1996 年的總統大選，1995 年 10 月 6 日，葉利欽頒佈《關於完善俄羅斯聯邦境內廣播電視》的總統令（Указ Президента Б. Ельцина «О совершенствовании телерадиовещания в Российской Федерации»）[42]，此時葉利欽還不得不選擇拉攏媒體寡頭，這使得媒體經營者的寡頭勢力滲入了克林姆林宮的總統決策核心權力之內，媒體資金遂已經泛政治化。1995 年 3 月，銀行企業家別列佐夫斯基（Борис Березовский）的資金投入了俄羅斯社會電視臺（OPT），成為媒體寡頭之一，別列佐夫斯基遂開始成為葉利欽身邊的當紅者，同時為葉利欽連任之路進行操控民意與選舉宣傳造勢的重要操盤手。

二、集團化媒體與政府的鬥爭（1996～1998）

　　1996 年葉利欽成功如願地當選總統後，大量泛政治化的資金流入媒體逐步形成集團化，結果讓克宮與媒體寡頭成為政府與財團掛鈎的結合體，媒體寡頭進入決策核心班底的後果，造成了政府總理、第一副總理等官員與媒體寡頭在葉利欽面前爭功諉過，得勢的媒體寡頭甚至有意想讓葉利欽提前辭職下臺。

　　有鑒於此，媒體寡頭與政府高層的政治惡鬥促使葉利欽希望早日結束政治的動盪，真正落實他當初的改革理想，葉利欽為了讓國家主管機關在參與組織媒體活動的過程中扮演執行調控媒體事業主導者的角色，遂於 1997 年 8 月 25 日頒佈總統令《全俄國營電視廣播公司的問題》（«Вопросы Всероссийской государственной телевизионной и радиовещательной компании»），次年，於 1998 年 5 月 8 日，葉利欽又簽署總統令《關於完善國營電子媒體的工作》（Указ «О совершенствовании работы государственных электронных

---

[42] Российская газета, 1995, 11 октября.（《俄羅斯報》，1995 年 10 月 11 日）

средств массовой информации»），正式將所有中央暨地方國營廣播電視公司、俄羅斯新聞資訊社和電視技術中心奧斯坦基諾（ТТЦ«Останкино»)同時納入全俄羅斯國家電視廣播公司（ВГТРК）統一整合調度管理，國營的中央電視臺－俄羅斯社會電視臺（ОРТ）與當時最大商業電視臺－古辛斯基（Гусинский）橋媒體集團所屬的獨立電視臺（НТВ）都使用電視技術中心的資源，媒體寡頭都立刻感受到全俄廣電公司的技術牽制[43]。

繼之，白宮政府為了繼續強化在資訊領域中控制媒體活動的實力，遂於 1998 年 7 月 27 日通過了《關於形成國營電子媒體生產－技術一體化》的行政決議(Постановление «О формировании единого производственно-технологического комплекса государственных электронных средств массовой информации»），該項政府決議是對 1997 年 8 月 25 日總統令《全俄國營電視廣播公司的問題》（«Вопросы Всероссийской государственной телевизионной и радиовещательной компании»）和 1998 年 5 月 8 日葉利欽簽署總統令《關於完善國營電子媒體的工作》(Указ «О совершенствовании работы государственных электронных средств массовой информации»）的延續，這更確定了全俄羅斯國家電視廣播公司（ВГТРК）作為國營媒體集團控股事業的最高領導地位[44]。

隸屬於全俄羅斯國家電視廣播公司的俄羅斯國家廣播電視臺（РТР）從 1991 年 5 月開始播出，該電視臺的節目涉及社會、政治、資訊文化等領域，該電視臺的節目播出使用了衛星、地面轉播站等相

---

[43] 《Два в одном канале. ОРТ и НТВ теперь зависит от ВГТРК》，Коммерсантъ. 1998. 12 мая. （《二合一頻道，社會電視台與獨立電視台現在依賴全俄羅斯國家電視廣播公司》，《生意人報》，1998 年 5 月 12 日。）

[44] Полукаров В. Л.《 Реклама, общество, право, приложение 4》М, «Знак», 1999 г., стр123. （巴魯克洛夫，《廣告、社會、法律》，莫斯科：標記出版社，1999 年，第 123 頁。）

關設備，全俄羅斯有 98.7%的大眾可收看到該電視頻道，同時衛星轉播該電視臺的廣播版一週達 17.3 小時，《俄羅斯》節目還可以在亞塞拜然、亞美尼亞、格魯吉亞、吉爾吉斯、烏茲別克、塔吉克、白俄羅斯收看，但在哈薩克與烏克蘭只能收看部分時段的俄羅斯國家廣播電視臺。前新聞出版部長米哈伊爾‧費德洛夫對於俄羅斯傳播法建立的總體設想當中指出，俄羅斯政府應當大力發展服務於社會的媒體，在俄羅斯社會媒體的形成應當借助於三種政府權威勢力的整合，這三種勢力分別為：聯邦政府、地區和自治共和國，只有這三種勢力將原本分散的傳播資源整體整合後，傳媒才可能在國家廣播電視委員會的領導下完成俄羅斯媒體社會化的目的[45]。

國營的俄羅斯廣播電視臺（PTP）和社會電視臺（OPT）的覆蓋率高達 98%以上，而商業電視臺的信號發射主要涵蓋莫斯科州及附近地區，由於其地區轉播架設的投資實力不如中央雄厚，中央廣播電視公司的資訊影響力是具有全國性質的，而後蘇聯時期地方政權與媒體的關係反映在媒體依賴來自政府的資金補助上，因此 90%以上的地區媒體的報導仍表達某個政府權威或媒體經營者的觀點[46]。

俄羅斯政府於九十年代對媒體的控管工作是積極反映在聯邦總統的命令上，用以應付俄國層出不窮的傳播管理問題。自 1993 年至 1999 年期間，俄羅斯聯邦出版委員會（Роскомпечать）與 1993 年底根據葉利欽總統令設立的俄羅斯聯邦廣播電視服務處（ФСТР）負責

---

[45] Ворошлов В. В. 《Журналистика》. — СПБ.: изд. Махайлова В. А., 1999, с.55～56.（瓦拉什洛夫 （1999）。《新聞學》，聖彼得堡：米哈伊洛夫出版社，第 55-56 頁。）

[46] Российские средства массовой информации, власть и капитал: к вопросу о концентрации и прозрачности СМИ в России, М.: Центр «Право и СМИ», 1999. - 80 с. -（Журналистика и право; Вып.18）.（《俄羅斯大眾傳播資訊、政權與資金：俄羅斯媒體康採恩與透明化》，莫斯科：立法與媒體中心，1999，頁 80，同時刊載於該中心的《新聞學與立法》期刊第十八期）

在傳播體系中實行領導、管理、組織與協調的任務。與俄廣電服務處成立的同時，還設立了廣播電視委員會（Федеральная　комиссия　по телерадиовещанию）。葉利欽總統於 2000 年總統大選前夕，為了強化媒體主管機關的統一管理的功能，1999 年 7 月 6 日，總統葉利欽頒佈總統令《完善國家管理大眾資訊》（Указ　《О совершенствовании государственного управления в сфере массовой информации》），將廣電服務處、廣電委員會與俄羅斯聯邦出版委員會合併為出版、廣電和大眾傳播事務部（以下統稱新聞出版部）（МПТР）[47]。俄國家媒體主管機關以國家行政與技術資源掌控者與分配者的身份在傳播體系中準備逐步收編和整頓媒體的活動。

　　根據俄傳媒法第三十條規定[48]，廣播電視委員會的主要任務是研究關於廣播電視執照發放與政策的制定工作。蘇聯解體之後，原屬於前蘇聯的中央電視臺與廣播電臺則分別落入俄羅斯聯邦政府與各地方政府或共和國的手中，在俄羅斯聯邦剛成立的初期，就已經形成大約 75 個電視中心，然而地方政府對於電視中心的管理卻遠遠落後於當時前蘇聯中央政府的統一管理，這其中關鍵的因素就是地方政府無法籌集到用於電視中心發展的資金，同時電視中心的新聞從業人員對於電視媒體的管理也缺乏必要的經驗[49]。

　　1993 年底，葉利欽總統簽署總統令成立俄羅斯聯邦廣播電視服務處，與此同時也宣佈正式成立廣播電視服務委員會，廣播電視服務委員會屬於聯邦政府體制外的服務單位，直接向總統本人負責。廣電服務處成立的目的在於協調並處理整個聯邦內傳播活動中出現

---

[47] Российская газета, 1999.7.6.（《俄羅斯報》，1999 年，7 月 6 日。）

[48] Закона《О средствах массой информации》, статья 30: Федеральная комиссия по телерадиовещанию.傳媒法第 30 條聯邦廣播電視委員會

[49] Ворошлов В. В. 《Журналистика》. — СПБ.: изд. Махайлова В. А., 1999, c.54～55.（瓦拉什洛夫（1999）。《新聞學》，聖彼得堡：米哈伊洛夫出版社，　第 54-55 頁。）

的爭議性問題，而廣播電視委員會的功能則在於負責廣播電視臺中具體的技術性政策問題，廣播電視委員會的這種政府體制外組成的官方機構，在當時其實就是一種總統為控制媒體所做出的政治性考慮，即由於當時政府與議會衝突而致使白宮遭葉利欽炮轟之後，葉利欽為避免政治動盪以及與自己意見相左的人擔任廣電職務而進行的特殊組合。但是，總統不尊重議會，任意頒發總統令搞體制外運行，也造成長期府會衝突延誤國家改革的進行，同時也開啟了決議案延宕與總統繞過國會直接頒佈命令行事的先例。

1993 年 10 月 4 日，葉利欽炮轟白宮人民議會大廈，並且簽署命令，《真理報》、《蘇維埃俄羅斯報》、《公開性》、《工人論壇報》、《公開性》、《人民報》、《俄羅斯消息報》等十多種共產黨的報刊停止發行。「十月事件」之後，《勞動報》和《共青團真理報》失去了 500 萬訂戶[50]，因為讀者不喜歡報紙淪為政治鬥爭的工具，較喜歡綜合時事性強的新興週報《爭論與事實》（Аргументы и факты），因此，其訂戶於 1991 年已經超過 3300 萬[51]。

由於葉利欽置新聞自由存在的地位低於掌權者個人的命令之下，新聞自由形同危樓，隨時面臨土崩瓦解的危機。這段期間是俄羅斯媒體度過天人交戰的時刻，儘管如此，政治危機度過之後就是媒體事業如雨後春筍蓬勃發展的轉機開始，僅是同年 9 月份，就有 1269 家報紙、雜誌和通訊社向政府的《新聞出版部》（МПМИ РСФСР）登記註冊[52]。

---

[50] Московсти новости. 1991. No. 47.（莫斯科新聞週報，1991 年第 47 期。）

[51] Овсепян Р. П.，《История новейшшей отчественной журнатистики》, М.: МГУ, 1996, стр. 170.（奧夫塞班，《最新祖國新聞學史》，莫斯科：莫斯科大學出版社，1996 年版，第 170 頁。）

[52] Овсепян Р. П.，《История новейшшей отчественной журнатистики》, М.: МГУ, 1996, стр. 169.（奧夫塞班，《最新祖國新聞學史》，莫斯科：莫斯科大學出版社，1996 年版，第 169 頁。）

　　如上提及，按照俄羅斯傳媒法第三十條規定，廣播電視委員會其中一項最重要的任務就是檢查廣播電視節目是否符合傳媒法的規定，然後再根據各家廣播電視臺的具體情況發給節目播出許可證，此外，如果廣播電視臺之間產生任何糾紛，委員會還會介入其間解決糾紛，與俄聯邦總統直屬之資訊爭議訴訟廳（Судебной палатой по информационным спорам при Президентс РФ）共同進行協定調停，或是有些媒體糾紛還會透過捍衛公開性基金會（ФЗГ）進行調停。1999 年 7 月 6 日，葉利欽頒佈命令將聯邦廣電服務處與廣電委員會合併組成於一個對口單位出版、廣電和大眾傳播事務部（МПТР），至此，政府才將有關修改傳媒法的議案遞交給下議院杜馬進行審核通過。

　　廣電委員會正式併入行政體系中，雖然告別了總統直接管轄委員會控制媒體的個人色彩，進入了國會立法監督的體系中，但是其組成委員與執照發放權力仍受到行政部門的直接管轄，不若美國的聯傳會具有兩黨制衡監督，以及在人事權、提名權和任命權分開的行政、立法、司法相互監督制衡的功能，出版、廣電和大眾傳播事務部更強化了政府對媒體事業的控管。

　　葉利欽認為，規劃國家杜馬選舉與總統大選的媒體宣傳戰時，必須要將莫斯科與其他地區的媒體資源整合起來。如前文所述，1999 年 7 月 6 日，葉利欽頒佈命令取消出版委員會與廣電服務處，設立新聞出版部（МПТР），而新聞出版部成立的目的是要重新統合整編原本功能分散的媒體主管機關，以一個強力的單位，統一集中控管所有俄羅斯聯邦境內的媒體活動，新聞出版部具體的任務包括研究與落實在資訊傳播過程中的國家資訊傳播政策、管理影音產品生產、以及媒體登記註冊與執照申請審核許可的工作。《社會報》（Общая газета）寫到，新聞出版部成立之後，申請廣電營運

執照必須要在競爭機制的基礎上，這讓籌設廣電的申請變得更加困難了[53]。

三、政府繼續強化在傳播體系中的主導角色
（1998 年 8 月～2000 年總統大選）

1998 年 8 月，俄羅斯爆發了金融危機，銀行體系重創，媒體寡頭投資金縮水，然而，此時正是政府擺脫金融寡頭控制的契機，克宮決心讓政府繼續強化媒體主管機關的領導統合功能，且對國營中央媒體持續進行重組，以進行由政府主導媒體宣傳戰的輿論調控工作，政府總體的媒體攻防戰的戰略目標是瞄準 1999 年的杜馬選舉和 2000 年的總統大選。政府權威機關各項的媒體相關立法足以顯示中央強化政府機關與全俄國家電視廣播公司整合在一個統一完整資訊領域中的戰略方針。

1999 年 8 月，普京以聯邦安全局局長、安全會議秘書之姿，帶著葉利欽總統的期盼走馬上任，擔任政府總理工作。為了繼續完成全俄羅斯國家廣播電視公司（ВГТРК）的改組以及電視營業執照登記審核發放的管理，普京於 1999 年 9 月 10 日發佈決議《俄羅斯出版、廣播電視及大眾傳播事務部的問題》，該決議確認了新聞出版部的建議地位與執行權力，政府正式開始執行嚴格的資源分配與廣電經營的執照核發工作，同時著手進行全俄羅斯國家電視廣播公司（ВГТРК）的集中資源分配與經營管理改組工作。事實證明，從克宮與白宮[54]一連串法規的制定與發佈的舉措看來，新聞出版部重組和全俄廣電公司的整合正是為了普京登上權力高峰與執政之後消滅對立的媒體寡頭鋪平道路。

---

[53] 《Общая газета》, 1 августа 1999 г.（《公共報》，1999 年 8 月 1 日）

[54] 「白宮」為俄羅斯聯邦政府所在地，俄羅斯政府總理在此辦公，因其建築外觀以白色為主，故稱為「白宮」，它與美國的白宮無任何聯繫。

　　觀看 1999 年 7 月 6 日總統葉利欽簽署頒佈的《完善國家管理大眾資訊》的總統命令，新聞出版部就此整編重新出馬，不但顯示了俄中央政府在九十年代經歷了府會政爭、民族分裂、地方主義、財團參政與其他等等的政治動盪之後，已經調養回復到相當的執政控制能力，同時也展現了葉利欽家庭與其班底在葉利欽心臟惡化、病臥床榻之際仍然強力運作政治。而普京於 1999 年 8 月以葉利欽得力接班人的姿態進入白宮政府，鞏固了中央集權的領導風格，全面進行選舉的宣傳活動，由於葉利欽於 2000 年 12 月提前辭職，普京擔任代理總統。此後他積極參與了各種活動，中央國營媒體和商業媒體都競相報導他的行程，大大增加了他在媒體螢幕前的曝光率，在政治資源與媒體的合作之下，普京豈是其他總統競爭候選人所能與之睥睨爭鋒的呢！2000 年普京成功入主克宮。在他冷峻略帶靦腆的外表下，仍維持他一貫的強人領導作風。

　　綜觀俄羅斯政治傳播體系形成的過程，媒體事業的發展乃牽繫於政權與媒體間的互動和依存關係，甚至是雙方的默契。由於俄羅斯前總統葉利欽無黨無派，在他執政期間，政府有賴金融工業集團的支援，與俄共抗衡，葉利欽政權和金融工業集團已經形成魚水難分的自然利益共同體，媒體也會因為自身利益替政府政策護航。普京上任初期，他本人所欲推動之政策或法案多由國會第二大黨團結黨護航，其他黨如「右翼聯盟」、「自民黨」、無黨籍議員也大都支援政府，2002 年前夕，兩大黨「團結黨」與「俄羅斯祖國黨」的結盟合併，更確定了今後國會將更順暢地執行總統的政策。此時，媒體將逐漸持不批評政府政策的態度，以求與政府保持友好互動的關係[55]。

---

[55] 2003 年底的國會選舉，根據選委會的統計資料，團結俄羅斯黨取得第一大黨地位，得票率為 37.09%，俄共黨－12.7%，自民黨 11.06%，祖國黨 9.1%，亞博盧－4.3%和右翼聯盟－4.0%則因未過 5%的得票門檻而失

第四節　俄羅斯金融寡頭瓜分媒體勢力版塊

　　二十世紀的九十年代，俄羅斯媒體生存環境與傳播體系經歷了外部與內部的巨大變遷，媒體經營結構也從蘇聯垂直控管模式轉變為多黨化、私有化、多元化、集團化、專業化與國家化的多樣化型態並存與發展趨勢。在這媒體結構轉型期間，俄羅斯媒體經營者不斷進行資本重組與集團兼併。在葉利欽總統執政期間到 2000 年普京就任總統執政初期的時代背景下，俄羅斯媒體市場集團化的發展進程可劃分為「多元發展期」、「政府、金融寡頭瓜分期」和「政府獨大期」，俄羅斯政府、媒體與金融工業利益集團在媒體轉型過程當中成為相互制約的三角關係。從 1994 年至 2000 年期間則是俄羅斯媒體發展的另一個階段，這一階段的顯著特徵就是：俄羅斯金融機構廣泛參與媒體運作，但這些金融寡頭的商業運作已深深地影響到俄羅斯的政治改革。

　　國營媒體最明顯的改變就是中央電視臺的部分私有化。根據1994 年葉利欽頒佈的總統令，將奧斯坦基諾廣播電視臺改變為公共性質顯著的國有媒體，其中51％的股份歸國家資產委員會，其餘的分屬塔斯社、金融、汽車等方面的公司，同時電視臺更名為社會電視臺。1994 年 12 月 30 日，俄羅斯政府進一步釋股，政府的資源一部份流入了銀行家手中，政府僅保留 51％的股份在手上，在這其中有 36％是屬於政府單位的國家資產委員（ГКИ）會，奧斯坦基諾（Останкино）公司持有 9％，電視技術中心（ТТЦ）有 3％與國家

　　去進入新一屆杜馬的機會，無法成為獲得政府補助與分配全聯邦比例代表制議席的政黨聯盟，團結黨俄羅斯黨可獲得 222 個席位，俄杜馬共設有 450 個席位。

通訊社伊通社－塔斯社（ИТАР-ТАСС）持有 3％，因此，政府操控
51％的股權，剩下 49％的股份分別由俄羅斯國營企業大公司與銀行
界組成：包括了羅戈瓦斯汽車公司（Логоваз）、獨立電視公司協會
（Ассоциация независимых телекомпаний）、天然氣工業集團
（Газпром）、首都銀行（Банк Столичный）、阿爾法銀行
（Альфа-банк）、聯合銀行（Объедиенный банк）、梅納捷普銀行
（Банк Менатеп）、民族信用銀行（Национальный кредит）等等，
後兩個銀行於 1999 年宣佈破產[56]。

　　1995 年 10 月 1 日的《關於完善俄羅斯境內廣播電視法》與同
年 12 月 1 日的《俄羅斯聯邦國家支援大眾媒體與出版法》分別為
1996 年的總統大選的媒體運作鋪平道路，在此基礎之上，1996 年 9
月 20 日，葉利欽頒佈總統令，該命令同意橋集團的獨立電視臺可
24 小時播出自己的節目，這使得獨立電視臺在社會電視臺與俄羅斯
電視臺兩大國營電視公司之外佔有第三位元的地位[57]。

　　為了直接有效貫徹中央政府運用媒體的策略，總統令與聯邦政
府的決議就扮演相當關鍵的角色，新聞界可以據此窺探出政府對媒
體的態度與動向。1999 年 7 月 6 日，總統葉利欽即頒佈了《關於完
善國家管理大眾資訊》的命令，以及 1999 年 9 月 10 日，由總理普
京簽署頒佈的《俄羅斯出版、廣播電視與大眾傳播媒體事務部的問
題》[58]，各界都看出葉利欽與普京整合新聞出版部的目的是準備運用

---

[56] 《Российские СМИ на старте предвыборной кампании》，Среда, 1995,
No 3, стр. 13~18。（《俄羅斯媒體在競選的起跑點上》，《環境期刊》，
1995 年，第 13－18 頁。）

[57] 同上（《俄羅斯媒體在競選的起跑點上》，《環境期刊》，第 13-18 頁。）

[58] 《Правоаая зашита прессы и книгоиздания: Сборник нормативных
актов и документов》，M.: Издательство НОРМА, стр.390~490.（《新聞
與圖書出版的法律保護》，莫斯科：法規出版社，2000 年，第 390-490
頁。）

國家媒體來操控 1999 年國家杜馬選舉與 2000 年總統大選，同時也
為俄政府當局發動第二次車臣戰爭欲加速政府控制輿情埋下伏筆。
同年在葉利欽宣導俄羅斯文化之際，原屬於聖彼得堡電視臺的第五
頻道後來被劃歸給剛成立的「文化電視臺」，文化電視臺通過衛星
轉播 12.8 小時。

　　在俄羅斯 20 世紀的 90 年代，寡頭們就建立了龐大的金融、工
業和傳媒帝國，他們控制了俄羅斯經濟中 50%以上的國內生產總
值。這些寡頭與俄羅斯政府領導層有著共生的關係，尤其與 1992 年
擔任副總理和負責私有化的國家資產委員會主任丘拜斯關係密切。
寡頭們為葉利欽於 1996 年競選總統連任提供經濟支援，並在很大程
度上利用媒體的各種宣傳方式重新塑造葉利欽本人的形象與做出種
種政策承諾，並且醜化共產黨，掌握了選舉的主動權和輿論方向。
葉利欽再次當選之後，寡頭們得到了傳播事業和商業經營特許權的
回報，這些回報是通過對俄羅斯最重要的某些國有企業，包括能源、
交通和通訊在內，進一步私有化過程而實現的[59]。

　　普京執政之後的傳播體系被視為有計劃性的在逐步建立，媒體
再度國有化是最重要的方向，政府的構想就是利用俄羅斯國營事業
急速兼併銀行寡頭的媒體事業，以追查經營者稅務問題與資金來源
的合法性管道，迫使媒體經營者陷入訴訟纏身與失去執照的窘境，
以及政府介入編輯台的方針之後，政治指導又讓專業媒體人面臨失
去新聞自主性與報導專業化的危機，凡此更顯示出普京總統急欲在
市場經濟中仍促使媒體扮演政府喉舌、引導輿論和監督的角色。然
而，媒體經營市場化與資本國家化存在著對政府政策監督亦或是支
援的根本性矛盾。

---

[59] 丹克斯著，歐陽景根譯，《轉型中的俄羅斯政治與社會》，北京：華夏
　　出版社，2003 年，第 17 頁。（原書 Catherine Danks: Russian Politics and
　　Society, Pearson Education Limited 2001.）

　　俄羅斯媒體在追求實踐「第四權力」理念的過程中，無論是葉利欽或是普京總統都始終將控制媒體當作執政成功的首要關鍵要素。俄羅斯媒體的發展基本上經歷了一段從無序到有序，從銀行化、金融工業集團寡頭化到國家化與專業化的幾個階段。這其中媒體進行集團整合、資本重組、結構調整以及資金投資都引起廣大媒體人與各界人士的特別關注。

　　在政府與金融企業集團瓜分媒體市場的階段，俄羅斯媒體版圖的勢力範圍大抵可劃分如下：

寡頭	金融－工業利益集團	傳媒利益集團
鮑里斯・別列佐夫斯基	聯合銀行、羅戈瓦斯汽車公司、西伯利亞石油公司（2003 年與尤克斯石油集團組建尤克斯－西伯利亞石油集團）	電視：社會電視臺（官商合營，政府單位占 51%股份、聯合銀行與羅戈瓦斯汽車公司共持有 16%份額的股權）、第六電視臺（與莫斯科市政府、魯克石油工業集團共同持股控制）。 廣播：民族新聞服務電臺（世界媒體大王默多克的新聞集團參股）。 刊物：獨立報、《星火》雜誌（與斯摩林斯基共同持有）。 通訊社：民族新聞服務社。
古辛斯基	橋銀行、橋媒體集團（由獨立電視控股公司與七天出版社組成）	電視：獨立電視臺（與天然氣工業集團共同持股）、獨立衛星電視臺、TCT 電視臺。 廣播：莫斯科回聲電臺。 刊物：《今日報》、《社會報》（與莫斯科市政府共同持股）、《新報》、《總結》周刊、《七天》周刊、《歷史商隊》月刊。 其他：橋電影、獨立電視-利益製作公司等。

盧日科夫，古遜	莫斯科市政府、莫斯科銀行、莫斯科商業銀行、莫斯科建設發展銀行、古達銀行、阿法科－系統傳媒公司（與古辛為首的每特羅波裏斯集團共同持股）	電視：中心電視臺、首都有線電視臺、愛科斯波電視臺、林電視臺、第六電視臺。 廣播：M－廣播電臺、莫斯科線纜電臺。 刊物：《莫斯科真理報》、《莫斯科晚報》、《夜總會報》、《特維爾斯卡雅報》、《社會報》、《13號報》與《中心加號報》。 梅特羅波裏斯控股集團：《文學報》、《羅斯報》、地鐵出版社（《地鐵日報》周末版、《地鐵》月刊）。 其他：馬克西姆廣告社、莫斯科電影製片廠。
波塔寧	奧涅克西姆銀行、波羅夫媒體集團、斯丹科石油公司	廣播：歐洲＋電臺。 報紙：《消息報》（與魯克由石油公司共同持股）、《先鋒真理報》（與俄羅斯電信公司共同持股）、《天線報》、《快訊報》。 雜誌：《專家》周刊。 通訊社：帕萊姆通訊社。
阿列克佩羅夫	帝國銀行、魯克石油工業集團	電視：第六電視臺、31頻道（與李索夫斯基共同持股）、林電視臺。 報紙：《消息報》。
伊柳申，茲維雷沃，雅科西列夫	帝國銀行、天然氣工業－傳媒集團	電視：獨立電視臺、社會電視臺（3%）。 廣播：開放電臺。 報紙：《勞動報》、《論壇報》（前身是工人論壇報）。 雜誌：《天然氣工業期刊》、《因素期刊》。
斯摩林斯基	農業集團銀行（前首都儲蓄銀行）	電視：社會電視臺（5%）。 報紙：《農業生活報》、《文化報》、雜

		誌：《星火》。
霍多爾科夫斯基[60]	梅納捷普銀行、尤克斯石油集團	獨立新聞媒體集團（10%）。 電視：社會電視臺（5%）。
李索夫斯基	阿爾法銀行、阿爾法電視集團	電視：音樂電視臺、CTC、31 頻道。
雅可夫列夫	商業出版社	報紙：《生意人報》。 雜誌：《權力》、《金錢》、《家庭》、《自動駕駛儀》。
斯塔爾柯夫		《爭論與事實周報》
古賽耶夫	莫斯科市政府資助	報紙：《莫斯科先鋒報》、《尖峰時刻》。 雜誌：莫斯科先鋒－林蔭大道（49%股份屬於莫斯科銀行）、《生意人》雜誌。
包羅維克		報紙：《完全機密報》。 雜誌：《人物》。

---

[60] 猶太裔俄羅斯首富、尤科斯石油公司總裁霍多爾科夫斯基於 2003 年 10 月 25 日被俄當局以逃漏稅為由拘捕入獄。1992 年，隨著前蘇聯的解體，俄羅斯開始大規模地實行私有化，這為「資本向少數人手裏集中」提供依據。之後國家採取的「全權委託銀行制度」使寡頭在金融領域中迅速膨脹。1995 年在現金私有化中實施的抵押拍賣，使得金融寡頭完成了資本集中的最後過程。1995 年，在國營尤科斯石油公司的拍賣中，霍氏旗下的《梅那捷普》投資銀行以 3.5 億美元買下 78%的股份，完成國營尤科斯石油公司私有化程式。兩年後尤科斯石油公司上市，市值達 90 億美元，現在的市值高達 200 億美元，這是俄羅斯寡頭是大規模私有化的結果，由於其崛起的特殊方式而被俄羅斯媒體稱為「投機資本和大規模掠奪時代的象徵物」。2003 年 8 月，俄反壟斷政策部批准尤科斯石油公司與俄排名第五的西伯利亞石油公司合併。合併後的尤科斯-西伯利亞石油公司成為俄第一大、世界第四大私營石油公司，去年兩公司的石油開採量達 7.5 億桶，占俄羅斯全國石油總開採量的 29%。福布斯 2002 年評選霍多爾科夫斯為全球十大最有影響力的富翁。霍多爾科夫斯基是中俄遠東安大線石油管道建設中的關鍵人物。霍多爾科夫斯基於 2004 年底退初尤科斯石油的經營權班底。

羅沙克	中央銀行、儲蓄銀行、外貿銀行	《莫斯科新聞》周刊、《時代》、《莫斯科新聞周報》。
中央政府（壟斷者）	全俄羅斯國家電視廣播公司集團	電視：俄羅斯國家電視臺、文化電視臺。 廣播：俄羅斯廣播電臺、燈塔、奧爾非廣播電臺。 報紙：《俄羅斯報》、《俄羅斯資訊報》。 雜誌：《俄羅斯聯邦期刊》、《俄羅斯期刊》。 通訊社：伊通社-塔斯社、俄羅斯新聞社。

在俄羅斯電視頻道資源稀少以及尚處於嚴格控制的情形之下，俄政府與金融工業集團瓜分俄羅斯全國性與歐俄主要無線電視的六個頻道，概括性整理如下：

無線頻道	電視臺名稱	電視臺所有權歸屬
第一頻道	俄羅斯社會電視臺	原名奧斯坦基諾，1993 年更為現名，由政府與企業共同持股所有，2002 年，普京政府認為該名稱與公司結構不符，而目前仍是俄羅斯電視公共化的過度階段，因此將其更名為第一頻道電視台。
第二頻道	俄羅斯國家電視臺	於 1991 年葉利欽向戈巴契夫爭取開播。屬聯邦政府的媒體事業領導集團全俄羅斯國家廣播電視公司所有。俄羅斯國家電視臺對俄羅斯聯邦而言，代表的是獨立自主與捍衛主權的先鋒媒體。
第三頻道	獨立電視臺	原屬於媒體寡頭古辛斯基所有，在俄羅斯社會電視臺與俄羅斯國家電視臺之後佔據第三大電視臺，2000 年以後逐漸被天然氣工業集團－媒體兼併。
第四頻道	莫斯科中心	莫斯科市政府所有。
第五頻道	文化電視臺	原屬於聖彼得堡電視臺，1999 年，在葉利欽宣傳俄羅斯文化與慶祝莫斯科建城 850 周年之際，被劃歸文化電視臺完全使用，是俄政府成立公共電視臺、落實國有公共服務制的重要第一步，文化電視臺完全沒有商業廣告。

第六頻道	第六電視臺	原主要屬於媒體寡頭別列在夫斯基控制，2000 年後由魯克石油集團兼併控制之，屬於金融工業集團小股東聚資的電視臺。2002 年初頻道曾被社會智慧電視臺取得，在政府與媒體股東角力之下，2002 年 6 月，頻道被政府收回，預定作為體育台的備用頻道。

第五節　民眾對媒體與其他社會政治機構的觀感

　　俄羅斯社會傳播學者普羅霍羅夫認為，媒體是一支社會政治機構，因為它可以協助人們完成其他的社會活動。他認為，媒體在集權的國家裏多是表達統治階層的意志，傳播活動缺少人文關懷的精神。而普羅霍羅夫把俄羅斯傳播體系分為三個部份面向大眾全體：公民媒體、國家社會媒體和國家媒體。公民社會機構和國家機關可同時加入國家社會媒體的民族委員會，公民與公民組織利用公民媒體影響選舉而參與或監督國家政權，三種媒體都向社會大眾負責，如下圖所示[61]：

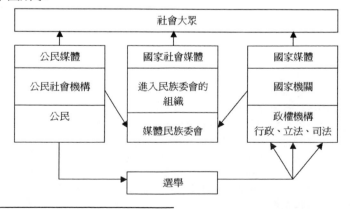

---

[61] Прохоров Е. П. 《 Введение в теорию журналистики 》, M: РИП-холдинг,1998,c.75-77.（普羅霍羅夫，《新聞理論入門》，莫斯科：俄羅斯出版股份公司，1998 年，第 75-77 頁。）

　　九十年代後期，俄政府的政治改革已經令民眾相當不滿。俄政權與媒體改革民眾應該是體會最深，我們由「社會輿論基金會」[62]進行的民意調查可以瞭解俄羅斯民眾的看法，發現民眾對東正教堂和媒體機構持正面多於負面的看法，而對國會立法機構與政黨持最為負面的看法，這顯示了民眾厭倦了政黨的惡鬥以及國會與總統對峙的亂象。

　　「社會輿論基金會」1997 年針對涵蓋全國 98.15%地區、1456名 18 歲以上受訪者進行的民意調查，讓民眾回答三個問題：俄羅斯哪些社會、政治機構需要改進？它們對民眾生活有那些正面或負面影響？調查結果如下：

社會政治機構	需要改進	正面影響	負面影響	正面負面影響差
軍隊	50	11	5	＋6
總統	43	18	17	＋1
檢調機關	42	12	11	＋1
政府	41	12	17	－5
東正教堂	33	26	3	＋23
司法機關	28	7	8	－1

---

[62] 俄羅斯的《社會輿論基金會》前身為《全蘇聯社會輿論研究中心》，1990年成立，1992 年中心成為獨立研究性的俄羅斯社會輿論基金會，它主要的調查研究範圍是：焦點問題的電話調查；專訪國家和地方領導人；專項調查一般型寡頭團體的以及壟斷型的寡頭團體等等。基金會的研究專案主要受俄羅斯政府、企業單位委託 （俄羅斯總統管理委員會、中央銀行、橋銀行、天然氣工業集團、伏爾加汽車集團、全俄羅斯國家電視廣播公司、獨立電視臺、獨立衛星電視臺、魯克石油集團、國際影視、國際文傳電訊社、俄羅斯新聞社、俄羅斯市場經濟委員會等等）。《社會輿論基金會》的主席為亞歷山大‧阿斯龍（Александр Ослон），畢業于俄羅斯圖拉大學。

[62] Симонов. А. К. （1998）. Средства массовой информации, М.:Галерия, с. 135. （西門諾夫主編，《俄羅斯大眾傳播媒體》，莫斯科：文獻出版社，1998 年，第 135 頁。）

大眾媒體	27	21	10	＋11
國家杜馬	23	9	25	－16
工會	18	6	6	0
聯邦議會	14	4	8	－4
權利保護組織	13	7	2	＋5
利益集團	11	7	3	＋4
政黨與黨團	4	4	17	－13

調查結果表示，民眾認為東正教堂對生活最有正面影響（＋23%），其次是大眾媒體對民眾生活產生較為正面的影響（＋11%）；而國家政權卻是對民眾生活產生較為負面的影響：下議院的國家杜馬（－16%），政黨與黨團（－13%），政府（－5%），上議院的聯邦議會（－4%），司法機關（－1%），而其中民眾對立法機構的議會（杜馬）最不滿意。由此可知，即使民眾對行政、立法、司法的表現不滿意，但對媒體的表現還是持較為正面的態度。它也體現出媒體在自由民主進程中與民眾的互動較為積極與正面。

其次《社會輿論基金會》針對民眾對新聞媒體職責所做的民意調查，結果如表二（%）：

提供國內外熱點和情勢的資訊	70.7
擴展閱聽眾視野，提供新知識	30.3
表達民眾輿論和情緒	27.1
教育民眾和培養守法公民	15.7
提供休閒娛樂的工具	15
促使民眾參與國家社會活動	12.9
欣賞世界文學藝術，培養道德情操	12.1
鼓動工具，塑造政治立場	10.4
其他	1.5
很難回答	8.1
不知道	0.2

從表二可知，民眾對俄羅斯時期大眾媒體扮演提供資訊的角色
認同性最高（70.7%），而在蘇聯時期媒體是共產黨「宣傳員」、「鼓
動員」和「組織者」的角色在俄羅斯時期已變為 10.4%，也可見媒
體職能與角色的轉變，對民眾生活有較為正面影響。俄民眾對俄羅
斯時期大眾媒體扮演提供資訊的角色認同性最高（70.7%），可見媒
體職能與角色的轉變，對民眾生活有較為正面影響。

另外，《社會輿論基金會》針對民眾對記者形象所做的民意調
查，結果如表三（%）[63]：

社會利益表達者	37.2
生活觀察者，消息提供者	33.2
醜聞的揭露者	27.5
政權或權勢者的先鋒	14.6
輿論塑造者	14.1
教育者	11.4
民主與正義的捍衛者，	11.1
文章兜售者	7.4
其他	0.8
很難回答	14.2
不知道	0.3

基本上，約有 60% 以上的受訪者認為，記者在蘇聯解體之後已
經開始扮演正面積極的角色（社會利益表達者、社會觀察者和消息
提供者、教育者、民主與正義的捍衛者等等）。在 1998 年金融危機
前，社會調查仍顯示民眾對大眾媒體角色在轉型過程中持肯定的態

63　Симонов. А. К.，《Средства массовой информации》, М.:Галерия,1998, с.
162. （西門諾夫主編，《俄羅斯大眾傳播媒體與司法單位》，莫斯科：
文獻出版社，1998 年，第 135 頁。）

度。媒體在大眾社會生活中所佔據的位置較其他政府機關的政治機構扮演正面積極的角色，媒體是民眾藉以獲得有關世界資訊的消息提供者，它們同時發揮了大眾媒介傳遞資訊（70.7%）、拓展視野（30.3%）、反應輿情（27.1%）、社會教育（15.7%）、娛樂休閒（15%）、政治參與（12.9%）、社會價值（12.1%）、鼓動宣傳（10.4%）等社會功能，它們是民眾形成關於當前社會知識以及尋求解決辦法的泉源。

　　俄羅斯傳播體系的轉軌在俄羅斯歷史進程中對整個社會具有重大的意義與影響。俄羅斯莫斯科國立大學新聞系教授施匡金（Шкондин М.В）認為，由社會各個成員組成的資訊關係形成了一個統一整體的資訊空間體系，作為傳輸系統聯繫社會各成員關係的媒體應該具有以下幾項任務：第一，媒體應該符合社會各成員對於各種資訊的需求，並且敦促他們積極參與社會生活各個領域的活動過程；第二，客觀且全面地反映社會生活的發展與現狀；第三，搜集、生產、傳播的資訊必須與社會的發展脈動相互呼應；第四，吸引原創力量，建立符合社會進程的社會價值，豐富社會精神；第五，使用現代化的資訊傳播科技推動大眾資訊進程；第六，確保落實發揮媒體的多項功能，以配合社會成員資訊需求的增長[64]。

　　普羅霍羅夫認為，賦予記者的自由空間越大，記者所要承擔的社會責任也越大，權力運用和責任擁有是成正比的關係。記者的責任具有客觀與主觀的兩面性規律：客觀性規律來自於外在法律環境對記者活動的規範與要求；主觀性規律來自於記者本身對於工作的理解和準備程度[65]。在建構一體化資訊公開自由的環境中，媒體對公

---

[64] Шкондин М.В.《Система средств массовой информации》, М.:МГУ, 1999. стр5～6. .（施匡金（1999）。《大眾傳播媒體》，莫斯科：莫斯科國立大學，1999 年，第 5-6 頁。）

[65] Прохоров Е. П.《Введение в теорию журналистики》, М: РИП-холдинг, 1998, с.281.（普羅霍羅夫，《新聞理論入門》，莫斯科：俄羅斯出版股份公司，1998 年，第 281 頁。）

眾關心事務的報導也因此扮演著監督政府機關運作的社會公器機制，俄羅斯媒體人也以積極推動整個社會向公民社會邁進為職業的崇高使命。

　　普羅霍羅夫認為政府與媒體的互動關係在傳播活動中佔據關鍵地位，他認為俄政府在決定媒體經濟活動的可行性範圍中扮演關鍵角色，包括政府制定的稅收政策、傳播活動所需設備材料的優惠稅率政策、運輸與交通的便捷服務、政府廣告投放的分配等等[66]。由此可見，俄羅斯媒體寡頭的崛起和衰弱都與政府對媒體經濟活動的支援程度有關。例如，俄羅斯稅務警察就曾經在 2000 年 5 月時進入橋媒體集團查帳，並以偷稅、漏稅為由起訴該集團總裁古辛斯基，橋媒體財務因此陷入危機，而國營天然氣工業集團則兼併該集團，使得俄羅斯最大的商業媒體集團再度國家化，國家政府與國營能源企業成為媒體的資金大戶。關於俄政府兼併媒體的舉措，曾經引起西方國家的高層與俄自由派媒體人強烈批評與抗議，理由是俄政府干涉新聞自由，違背民主原則。當時普京曾回應說，俄羅斯寡頭是俄羅斯經濟的侵吞者，政府有責任讓媒體真正為社會服務，而不是為兩三個錢袋子服務。這被俄羅斯自由派媒體人視為政府推動媒體國家化的開始。

　　如果按照普羅霍羅夫把俄羅斯傳播體系分為三個部份面向大眾全體的體系觀點：公民媒體、國家社會媒體和國家媒體構成傳播體系的聯繫樞紐。參與公民媒體的公民社會機構和參與國家媒體的國家機關，可以同時加入國家社會媒體的民族委員會參與運作，這種媒體的經營管理與英國公共服務制接近。[67]公民與公民組織利用公民

---

[66] Прохоров Е. П. 《Введение в теорию журналистики》, М: РИП-холдинг, 1998, c.130.（普羅霍羅夫，《新聞理論入門》，莫斯科：俄羅斯出版股份公司，1998 年，第 130 頁。）

[67] 俄羅斯社會電視台的結構最為接近國家社會電視台，有時社會電視台會被翻譯成公共電視台，但事實上，社會電視台的股權是國家政府機關持51%，另外49% 股權由民間機構與金融工業集團等企業所同持有，是國

媒體影響選舉，以達到參與或監督國家政權的政治目的。三種媒體
都同時向社會大眾負責。那麼，俄羅斯媒體的國家化進程將來成功
與否，仍將取決於它是否過分排擠公民媒體和國家社會媒體的活動
空間，以及社會大眾的接受程度為何。就如同普羅霍羅夫所認為的，
媒體是一支社會政治機構，因為它可以協助人們完成其他的社會活
動。單一化的媒體在集權的國家裏多是表達統治階層的意志。如果
俄羅斯媒體國家化未能夠解決公民的實質問題，那麼，國家媒體擴
大發展的結果是，傳播活動的統治意志將有可能排擠公眾意志，社
會關係將進入一種情緒累積期，等待下一個爆發的出口點。

商合營的電視公司，不是嚴格意義上的公共電視台。因此，普京上臺執
政之後，認為社會電視台名不正、言不順，混淆社會視聽，並且財務危
機嚴重，2002 年，決定更名為第一頻道電視台。政府還有機會繼續釋出
第一頻道電視台的手中股份，以緩解第一頻道電視台的財務危機狀況。

第七章
俄羅斯寡頭媒體的興與衰

　　1990 年 9 月，蘇聯最高蘇維埃第四次會議討論蘇聯向市場經濟過渡的計劃，蘇聯政府以「政府綱領」與「500 天計劃」為藍本，制定了蘇聯向市場經濟過渡的方案。1990 年 10 月，戈巴契夫向蘇聯最高蘇維埃提出《穩定國民經濟和向市場經濟過渡的基本方針》，該方案成為戈巴契夫向市場經濟的最後衝刺。後來戈巴契夫所提出的這兩項法案均未實現，一次被政治改革所衝擊，另一次陷入方案之爭，成為政治鬥爭的犧牲品，隨後蘇聯經濟陷入戰後的首次負增長。

　　隨著蘇聯的解體，新成立的俄羅斯聯邦共和國在二十世紀九十年代的整個十年中，並沒有挽救國民經濟向下滑落的頹勢，俄羅斯國營能源大企業與有相當金融背景的企業及銀行的領導人，乘「私有化」之機，在大肆傾吞國有資產之後，形成人們所熟知的「寡頭經濟」與「寡頭」。

　　俄羅斯金融工業集團對俄羅斯社會經濟與政治生活產生了極具深遠意義的影響。俄羅斯寡頭從對大眾傳播領域的絕對控制到控制權的喪失，這基本上屬於媒體回歸作為第四權力的基本特性的過程。

　　俄羅斯國家政權結構的立法、行政、司法三權與媒體也在 2001 年後開始進入良性的互動階段：對內，俄政府與杜馬經常協調制定符合金融、工業、能源集團利益的法案；對外，俄羅斯政府也開始努力為金融、工業、能源集團拓展財源，俄羅斯金融工業集團此時不再需要站在媒體背後與國家政策相抗衡，而在 2003 年，這些金融工業集團似乎又有重返媒體舞台的傾向。

第一節　俄羅斯媒體形態的改變

俄羅斯媒體在發展初期，政府在制度上固然出檯了更多的鬆綁性政策，但在現實運作中，媒體更需要大量的資金支持。在葉利欽總統執政的初期，俄羅斯政府手中卻只有政策構架，再加上葉利欽一味堅持走西化與民主化的道路，認為民主化的快捷方式便是西化。因而，凡是西方不喜歡的媒體或屬於前蘇聯共產黨的資產便都暫時停止營業，這使得國有資產被變相當做意識型態的犧牲品，而浪費掉。儘管後來這些媒體基本上陸續開始工作，但大部分都已元氣大傷。而能繼續工作的媒體，則絕大多數轉向投靠寡頭，並成為寡頭經濟的一部分。

此時葉利欽又再次用意識型態式的思維認為，只要這些媒體不再為後來的俄共服務，即使寡頭通過媒體來干涉國家政策的頒佈與政令的實行，那也是可以容忍的，結果葉利欽在歷次的政治鬥爭中都會以勝利者的姿態出現，但俄羅斯的經濟卻在整個九十年代難有大的起色，媒體經營生態演變為兩極化發展，即「寡頭化」與「泛政治化」。

自普京在 2000 年當選總統之後，民主化與現代化的任務就擺在普京的面前。在歷次緊急事件發生時，普京基本上堅持在法制化的前提之下，以現代化為基礎，民主化為原則，來處理棘手的問題。長期存在於媒體中的寡頭與寡頭資本，在 2001 年政府與寡頭的關係逐步被梳理清楚。而在九十年代發展起來的個人資本此時也與國家資本進行了有機的結合，個人資本與國家資本進入媒體的目的則變為純盈利的性質。

　　1997 年 6 月 11 日《真理報》載文指出，據專家估計，由於低價出售國有資產，國家至少已經損失 1 萬億美元。又據國家杜馬聽證會上公佈的資料，後蘇聯時期的幾年裏，私有化的損失總計為 9500 萬億盧布，其中經濟損失 5500 萬億盧布，社會損失 4000 萬億盧布，這相當於 1996 年國內生產總值的 4.2 倍，相當於蘇聯「二戰」期間損失的 2.5 倍。

　　在政治學中，民主政治強調選民具備「能知能識」的能力，選民能夠基於理性判斷從事主動選擇，同時國家內進行的民主政治過程必須在「公共領域」[1]內進行。 德國社會學家哈伯馬斯對於公共領域做了如下的解釋：所謂的公共領域，首先是指社會生活領域中民意得以形成的地方，……當人們以一種不受限制的方式參與其中時，所有的公民形成一個公共的共同體。在其中，集會、結社的自由，以及表達、出版意見的自由都受到保障。

　　這樣大眾傳播媒體在國家民主政治形成的過程中基本上處於指導與引導的地位，處於國家政府與民眾間的媒體基本上應具有五項功能：

　　1. 告知功能，媒體必須告知人們周遭正在發生的事情（即實現憲法中民眾知的權利）。

　　2. 教育功能，媒體必須交與民眾關於事件的意義與重要性（即媒體的道德操守與專業精神）。

　　3. 表達功能，媒體必須提供政治論述的「公共空間」，協助民意的形成，並將民意回報給大眾知道。

　　4. 監督功能，媒體應廣泛報導政府及政治的人與事讓大眾瞭解，實現媒體的守門員角色。

---

[1] Jurgen Harbermas: The Structural Transformation of the Public Sphere, Cambridge, Polity Press, 1989

5.放大功能，媒體應在民主社會裏鼓吹有利於國家發展的政治
　觀點，政黨需要將他們的政策和計劃提供給一般的大眾知
　道，此時媒體應維持一種開放的角色，適時為政黨的政策強
　力背書，在一般民主社會中形成良性循環。

俄羅斯聯邦在成立之後的政治特點是：法律已經基本上具備了
民主社會的雛形，但經濟發展卻在政治的誤導之下陷入發展的困
境，國有資產被大量的浪費掉或被閒置到一邊，因而俄羅斯在公共
環境的建立上，一直無任何建樹，這也變相使得大眾傳媒的五項功
能都無法正常發揮。

一、媒體寡頭的興起

1992年，蘇聯解體之後俄羅斯聯邦的媒體由國家一手控制的局
面已經不復存在，國家與傳媒的關係發生了根本性的變化，俄羅斯
的大眾傳媒開始正式走向自由化、股份化與私有化，對於這些，國
家政權在法律形式上保護媒體向此方向發展。

在俄羅斯聯邦成立初期，由於經濟發展滯後，變相造成俄羅斯
的國家力量幾乎在短短的 3 年間幾乎全部撤出媒體。在報紙方面，
屬於政府的報紙僅有《俄羅斯報》和另一份僅在內部發行屬於總統
辦公廳的《俄羅斯訊息報》。兩大中央電視台社會電視台（第一電
視台）和俄羅斯國家電視台，也僅剩下俄羅斯電視台，由於政府撥
款不足，俄羅斯國家電視台許多電視節目質量欠佳，致使其收視率
經常落後於社會電視台和一些商業電視台，如獨立電視台和第六電
視台等。在廣播中，國家僅控制著三個廣播電台：俄羅斯台、俄羅
斯一台及燈塔台。俄羅斯台的平均收聽率為 23.7％，俄羅斯一台為
2.3％，燈塔台不到一個百分點。

當國家政府全面退出大眾傳媒之後，媒體經過了一段短暫的無
資金來源陣痛期，這段陣痛期大約從 1992 年底一直持續到 1994 年

底，1995 年以後俄羅斯媒體市場結構基本上已形成三足鼎立的局面：代表過去國營企業的國家天然氣集團與代表企業改革派的奧涅克辛姆銀行集團為一方，另一方為支持莫斯科市政府的橋媒體集團，最後一派就是自成一體的別列佐夫斯基。

首先介紹別列佐夫斯基這一派，別列佐夫斯基在 1994 年之後就經常向其他的政客宣稱其本人與葉利欽的關係如何親密，但別列佐夫斯基卻是典型的投機主義者，別人認為虧損的媒體或無可救藥的媒體則經常是別列佐夫斯基獵取的對象。他在 1993 年投資《獨立報》時，該報正陷於嚴重財政危機而不得不面臨停刊的窘境，別列佐夫斯基就聯合當時《獨立報》的總編輯特里基雅科夫，把一些《獨立報》的記者派到歐洲進行短期的培訓，然後再把足夠的資金注入《獨立報》，這時一個嶄新的報紙又重新站立起來，《獨立報》基本上還堅持其一貫的前衛、辛辣的作風。

在俄羅斯具有百年歷史的《星火》雜誌同樣也有別列佐夫斯基的投資，該雜誌同樣在 1993 年時期遇到危機，葉利欽總統辦公室主任尤馬舍夫曾任該雜誌編輯。別列佐夫斯基控制俄羅斯最大的電視台社會電視台也是從資金控制開始，雖然別列佐夫斯基金擁有該電視台 2％的股份，在電視台的董事會中任負責主席的職務，他經常通過自己手下的財團不斷沖抵電視台不當的虧空，在 1995 年後別列佐夫斯基已經基本上控制了社會電視台。

另一個媒體寡頭壟斷集團就是橋媒體，主要是由橋銀行老闆古辛斯基一手創辦，古辛斯基辦媒體的一大特色就是一切從零開始，完全以美國的傳媒經營思維模式來塑造一個屬於自己集團的媒體。雖然橋媒體在 1996 年總統大選後得到了葉利欽的大力支持，但這卻與 2000 年新任總統普京的強國政策相去甚遠，這也是橋媒體最總走向滅亡的原因吧。

　　由於古辛斯基與當時主管俄羅斯新聞事物和政策的波爾托拉寧關係密切，波爾托拉寧於 1994 年時將國家的第四頻道讓給古辛斯基經營的獨立電視台，獨立電視台開始與第四頻道的教育電視台共用頻率，獨立電視台只在晚上 7:00 之後播出大約三個小時的節目，獨立電視台的創辦人基辛廖夫所主辦的《總結》節目最初在聖彼得堡第五電視台也只有 1 個小時。古辛斯基還一手創建了對俄羅斯政治影響最大的「回聲」電台，至今回聲電台還是莫斯科最有影響力的廣播電台。

　　1993 年，古辛斯基還創辦了一份綜合政論性的報紙《今日報》，《今日報》最初的報業人員都來自於《獨立報》，這使得《今日報》聲名顯赫，但《今日報》最大的困擾是一直無法突破發行量 10 萬份的大關，這主要是由於主編奧斯塔爾斯基一直無法突破集團利益的障礙，最終接任的總編輯別爾戈爾將《今日報》的內容風格轉向經濟方面，《今日報》的從業人員也換成《每日商報》的編輯。1996 年，古辛斯基又聯合美國的《新聞周刊》創辦了《總結》雜誌，《總結》雜誌以豐富的內容、精美的畫面和便宜的價格迅速佔領了俄羅斯一部分雜誌市場，但該雜誌卻由於文章中過多的西式語言，而使得讀者產生了不適應的感覺，最終《總結》的影響力停留在俄羅斯中產階級。

　　代表國營企業的國家天然氣工業集團也逐漸建立屬於自己的媒體帝國，國家天然氣集團總裁韋辛列夫儘管平日裏生活非常低調，到 1997 年為止，韋辛列夫背後最大的支持者就是前政府總理切爾諾梅爾金，國家天然氣集團控制著俄羅斯第一大報《消息報》，以及《勞動報》、《論壇報》等，在言論上該媒體集團一般都傾向於為政府的政策保駕護航，在經營上則傾向於重投資疏於管理，這與前兩派媒體形成鮮明的對比。

　　代表企業改革派的奧涅克辛姆銀行集團基本上是以媒體為進入政府的墊腳石，該集團總裁波塔寧在對《專家》雜誌、《每日商報》、《先鋒真埋報》（與俄羅斯電信公司共同持股）、《消息報》（與魯克石油公司共同持股）、「歐洲正點音樂台」等媒體進行了有效經營之後，便躋身進入政府，成為俄羅斯有史以來第一位成為副總理的銀行家，在 1998 年俄羅斯金融風暴發生後，該派媒體的影響力逐漸式微。

二、寡頭媒體與新聞自由存在的矛盾

　　寡頭媒體在 1995 年至 1996 年發展的初期，時逢俄羅斯杜馬與總統大選，每個金融寡頭為了保護自己已取得的利益而爭相投資發展媒體。

　　自 1995 年開始，各金融集團各自資助與其利益相一致的黨團或個別議員，行動較為分散，輿論也趨多樣化。到 1996 年總統大選時，各大金融集團卻在宣傳上相互合作，共同支持葉利欽競選。

　　在這一時期內，儘管俄羅斯媒體已經擺脫了國家對於媒體的嚴格控制，媒體卻又陷入寡頭金融的控制之中，寡頭金融控制媒體的一般策略就是金融幫助，然後再送媒體從業人員到美國深造，學習在美國媒體中企業如何影響媒體及媒體運作。

　　這時俄羅斯媒體的新聞報導與文章首先必須符合金融集團的需求，體現集團的利益，這樣一來，集團的利益與管理代替了先前意識型態對媒體的控制。西方的《財政時報》發表評論認為：「那些昔日為言論自由和民主革命而奮鬥的記者與評論家，今日也不得不成為為新主子工作的雇傭者，讀者常常需要啟動對付蘇共新聞的方法，來從報導的字裏行間體會事實的真相[2]。」

2　（俄）《莫斯科真理報》，1997 年 16 日。

　　1997 年夏，奧涅克辛姆銀行集團為了贏得對於俄羅斯電信投資集團 25％的股份控制權，不惜代價並聯合外國資本奪標。俄羅斯電信投資集團本身控制與國內外資訊聯絡的大部分電話和通訊設備，各電視台、廣播電視台、通訊社的信號和傳播線路都得經過電信投資集團的設備，這就等於說誰掌握電信投資集團的股份，誰就掌握了資訊的按鈕。

　　寡頭媒體經常以新聞自由為幌子，為各自的利益而爭鬥，1997 年到 1998 年期間，寡頭媒體為了各自的利益而進行的內部爭鬥，已經影響到葉利欽後半期執政的方向及普京現政府對於維護國家利益的整體思維。

第二節　俄羅斯與西方根本利益不同

　　西方在九十年代曾經成為俄羅斯外交上的盟友，直至九十年代中期，當俄羅斯發現西方與自己有不同的利益關係時，「雙頭鷹式外交」和「多極化思維」就成為俄羅斯的主要戰略思維。1999 年，在伊斯坦布爾舉行的歐安會議，則是俄羅斯與西方國家在政治利益上發生分歧的主要分水嶺；而 2000 年，在達沃斯舉辦的「世界經濟論壇」，則是俄羅斯在經濟上受到西方漠視的開始。

　　1999 年，在土耳其伊斯坦布爾的歐安會議上，針對西方批評俄羅斯發動車臣戰爭的矛頭，葉利欽說出「西方無權批評俄羅斯」的重話。當時以柯林頓為首的西方集團對此表面上並未表現出極度的不滿。但在世界經濟論壇上，西方的表現都使俄羅斯官員明白：俄羅斯是一個經濟相對積弱的國家。

　　柯林頓作為第一位參加世界經濟論壇的美國總統，在論壇中提出了許多世界經濟發展的前景，並提出與中國等發展中國家經濟合

作的方向，但對俄羅斯卻隻字不提。俄媒體對此表現出相當的憤怒，但言語中卻透露出更多的無奈，《消息報》在評論中稱此次論壇幾乎好像俄羅斯根本沒有與會，好像俄羅斯突然從這個世界上消失了。

對於這一點，前去開會的俄羅斯達官顯貴感觸良深，對於西方的冷淡，俄國蘋果黨的黨魁雅夫林斯基可謂一語道破：俄羅斯迄今，尚未創造一個良好的投資環境，也未能建立一套真正互惠的投資法，腐敗與貪污都未能解決，政治生態不穩定，且社會治安惡化，而這些問題恰恰是俄羅斯自己應當去解決的。雅夫林斯基這段的講話只有「獨立電視台」全文播出，而兩大國家電台俄羅斯電視台和社會電視台在國家政權的管制下，刻意地避開這段尖銳的批評，只對雅夫林斯基無關緊要的後半部講話做了報導。

在世界經濟論壇開會的前一天，瑞士檢查院向當時擔任俄羅斯與白俄羅斯聯盟的秘書長巴拉金下達了國際通緝令，指控他涉嫌在瑞士洗錢。巴拉金在記者招待會上指出，這是西方的陰謀，目的是要干涉俄羅斯與白俄羅斯的結盟，普京早已在瑞士發佈通緝巴拉金之前，將他由克宮總統事務部主任調往有職無權的俄白聯盟秘書長，以撇清自己與巴拉金的關係。普京之後對此事更是三緘其口，對外沒有隻字評價。而西方通過這次含蓄的測試之後，對普京的政策有了更進一步的瞭解，那就是普京不會理會西方做出的任何干擾，他只會照自己的想法行事，做自己想做的事，因此，西方對普京不冷不熱的態度還真是有些頭痛。

在這次論壇會議上，許多政界人士都表達出希望普京來參加這次論壇，藉此讓大家更瞭解普京及其相關政策。在 2000 年 2 月 1 日的俄羅斯主講會議論壇上，一位西方人士提出了十分簡短但卻有力的問題：普京先生是誰？當場就難倒了在座的六位俄專家，這六位人士包括了當時第一副總理卡西亞諾夫、前任總理基裏延科和前任第一副總理丘拜斯等人，台上六位專家的表情尷尬，一時間居然

啞口無言，不知從何說起，頓時台下的聽眾也都笑了。如何介紹這位葉利欽親自欽定的接班人，在俄媒體宣傳戰尚未展開之前確實成為難題。

　　當時普京不來參加論壇的原因主要是從全局與個人兩方面來考慮的。首先，俄羅斯聯邦對車臣發動戰爭已經是勝利在即，而這場戰爭也確確實實違反了西方人權的標準，如果普京去達沃斯的話，自然西方的政經權威人物會拿這一話題來刁難他，普京自然也不想去淌這場渾水。

　　自普京上任以來，他雖然滿懷抱負，但他畢竟在政壇上的資歷還太淺，如果被西方老謀深算的政治人物識透的話，那麼將使普京剛剛在國際上樹立起的神秘面紗被揭開，而普京心中當然是另有算盤：與其去民主交流，不如神秘地暗中自我學習，先在國內有準備地接見每位西方代表，等自己羽翼豐滿後再表現給西方看。況且普京一般擁有 65%的民意支持度，足以應付國內即將到來的總統大選。普京的迴避與西方對俄的漠視絕不是偶然，而這正是普京自主性的經濟改革政策與西方國家在達沃斯的第一回合交鋒。

第三節　俄羅斯金融寡頭的內部鬥爭

　　1998 年，俄羅斯爆發金融危機之後，金融寡頭的銀行業從此一蹶不振，而俄羅斯兩家巨無霸企業——能源公司和石油公司趁著為2000 年總統大選出錢出力的時刻大力擴展業務，當時在代總統普京的安排下，展開大規模的能源建設工作。但在選戰尚未開打之際，俄羅斯巨無霸企業卻已經在利用這次大選，擴展自己的勢力。

一、兩大能源集團的鬥爭

在大選之前進入明爭暗鬥的兩人巨無霸企業是俄羅斯天然氣公司與俄羅斯統一電力能源公司。這兩家公司可謂是真正的國有特大型企業，其政商背景都大有來頭。俄羅斯天然氣公司的前任總裁就是自蘇聯解體後擔任總理職務時間最長的前總理切爾諾梅爾金，切爾諾梅爾金為了這個企業在俄羅斯民間常為人詬病，輿論普遍認為切爾諾梅爾金上台後，最大的成績就是讓自己的企業慢慢富了起來，並且成為全俄最富有的公司。現任公司總裁韋辛列夫則是一個上通政壇，下通美金儲備的人物。尤其越是接近大選，韋辛列夫公司的美金儲備就是各組人馬候選人首先考慮借調的對象。

俄羅斯統一電力能源公司的老闆則是前俄羅斯第一經濟副總理丘拜斯。丘拜斯在九十年代可以說是彼得堡改革派的開山鼻祖，儘管丘拜斯出生在白俄羅斯，俄羅斯人卻把他看成真正的聖彼得堡人，可以說俄羅斯現今在很大程度上執行的都是丘拜斯在 1994 年以後形成宏觀調控加上微觀調整的政策，而丘拜斯的經濟改革政策也是在 1992－1993 年完全自由式私有化經濟政策的挫敗後形成的。

丘拜斯原來在西方人的眼中可以說是西方自由市場經濟的模範生，但他在 1999 年杜馬大選中表現出十足的大俄羅斯主義，他主張完全由俄羅斯主導的自由市場經濟，此舉可以說讓以美國為首的西方國家大大地跌破眼鏡，但卻與葉利欽在伊斯坦布爾對西方擺出的強硬態度相呼應。換句話說，2000 年之後俄羅斯外交政策勢必具備相當的自主性，歐洲將是俄羅斯今後外交的主要戰場。

俄羅斯天然氣公司與俄羅斯統一能源電力公司在職能上的分工就是一對天生勁敵，天然氣公司主管石油與天然氣的生產與出口，由於俄國經濟一直惡化，能源出口創匯則成為公司重中之重的任務，但統一能源電力公司則是儘量用國產的石油及天然氣轉化為工業及民生所需的電力與熱力等。

　　鑒於國際石油價格大漲，出口石油為俄羅斯創匯是天然氣公司的任務，而為了達到 2000 年至 2001 年的經濟增長，丘拜斯必須從天然氣公司截取相當的石油與天然氣用於電廠發電，那麼丘拜斯為什麼不用煤來發電呢？其實最主要是因為處在歐洲部分的俄羅斯幾乎沒有一家大型的火力發電廠。

　　能源企業在俄羅斯大選中歷來是出錢出人才的重鎮，在 1996 年大選時，葉利欽競選的兩大樁腳就是能源企業與金融寡頭，俄羅斯金融寡頭在 1998 年經濟危機中一蹶不振，而國有與民營企業則藉國會政策向民族企業傾斜之際，慢慢做大，以天然氣與電力兩大能源公司為龍頭形成別具形式的真正的寡頭經濟。

　　2000 年 1 月份俄工業增長了 10%，可謂是開門見喜，有專家預測俄經濟增長 2% 後，經濟就會步入 4－5% 增長期，但這只是俄羅斯經濟學家初期的判斷，原因就在於俄羅斯的經濟增長還很畸形，沒有完全的保障。九十年代俄羅斯工業企業在做貿易時，很多情況是不使用信用證，主要是因為如果企業採用信用證，那麼就必須經過銀行，然後國家就要向企業徵稅，企業的經理人不但得不到應有的回扣，更有甚者，從銀行兌現都很有問題，這種經濟模式絕不可能成為俄羅斯長期經濟增長的支柱。

　　對於這些，2000 年總統大選前夕，代理總統普京可謂心知肚明。當時普京的處理方法其中之一就是，普京表面在去了克拉斯諾雅爾斯克視察工作與滑雪時，暗中實際上是去擺平克拉斯諾雅爾斯克鋁廠的權力鬥爭。克拉斯諾雅爾斯克鋁廠為全俄最大，在世界上也是首屈一指的大鋁廠，以前是被號稱有黑幫背景的貝科夫所控制，但隨著 1998 年貝科夫在匈牙利被捕後，鋁廠又重燃爭奪管理權的戰火，在普京去克拉斯諾雅爾斯克之前，已有一位副總理把工廠的權力關係重新處理清楚。普京此行在於向企業宣佈：誰也甭想在普京

當選後，獲得傾斜性的政策，大家要平衡發展，現在政府已經開始這麼辦了，克拉斯諾雅爾斯克鋁廠就是指標。

為解決電力能源公司的問題，普京計劃由國家拿出資金修建一條由西伯利亞經由哈薩克，繞過烏拉山，直達歐洲的石油、天然氣管道，這不但能有效地解除莫斯科附近缺乏電熱能的危機，而且又增加了石油天然氣公司的收入，還為國家創造大量的就業機會。這些措施證明普京將會把俄羅斯建設成為一個製造中心，而不再只是一個簡單的原材料輸出國。

二、俄國寡頭重新劃分勢力範圍

2000 年總統大選前夕，當俄羅斯國家外交戰略正在進行嬗變的時刻，俄國的經濟寡頭也開始重新劃分勢力，前副總理丘拜斯在普京的支持下已經獲得了俄羅斯全國供熱能源的整體控制權，當然，這也是鞏固普京政權的安排。

普京於 3 月 26 日俄羅斯大選中，以 52%的過半選票順利當選俄羅斯總統之後，雖然距離總統就職儀式還有兩週的時間，但克里姆林宮內卻到處是寡頭們的說客，這意味著莫斯科的寡頭們將會再一次重新劃分各自的勢力範圍，對於普京來說，治理天下比當初獲得天下需要更多的智慧。

俄羅斯工業集團的內部爭鬥首先從能源部門爆發出來，俄羅斯政府僅有兩個產業部門能從國外掙到硬通貨，第一個是武器生意，其次為能源出口。自 1995 年以後，俄政府把武器出口的權力集中到俄羅斯武器公司，統一經營俄羅斯武器的出口，從而結束自蘇聯解體以來武器出口多頭馬車並行的混亂局面，因此各大金融工業寡頭在武器生意上幾乎沒有利益可爭奪，但他們在能源企業的所屬權及經營權方面卻拼得你死我活，這類消息經常能上報紙的頭版頭條。這種爭奪能源公司的火拼甚至可用「戰爭」來形容，一場「戰爭」

下來不但牽涉人數眾多，而且還經常可以讓人看到高層人物在「戰爭」中運籌帷幄、居中操盤的情況[3]。

俄羅斯能源爭奪戰自 1995 年以來，主要集中在前俄副總理丘拜斯與猶太媒體大亨別列佐夫斯基之間，這代表了政府右派與新興資本家的利益較量。1997 年別列佐夫斯基首先通過社會電視台手急眼快地公佈了丘拜斯及其智囊收受 10 萬美元稿費的內幕，在俄羅斯，一般作者的稿費不過一兩千美金左右，媒體諷刺丘拜斯的書之所以稿費這麼高，是因為書中寫有救國良方，在輿論鞭撻之下，丘拜斯及其智囊成員為此都一一辭職。

自普京於 2000 年 1 月 1 日任代總統以來，丘拜斯與別列佐夫斯基又展開另一場「戰爭」，他們爭奪克拉斯諾雅爾斯克鋁廠所有權的鬥爭序幕便徐徐拉開了。

在台面上的主要人物是捷裏巴斯基（新西伯利亞鋁廠的經理）與契爾內（握有克拉斯諾雅爾斯克鋁廠大量股份的商人），丘拜斯對捷裏巴斯基的一切活動給予全面支持，契爾內主要的後台老闆則是別列佐夫斯基與阿伯拉莫夫（葉利欽家庭的一重要成員，手中握有新西伯利亞石油集團大部分股票）。「鋁之戰」的結果使雙方在結合各自優勢基礎之上，對克拉斯諾雅爾斯克鋁廠進行了部分改造，使雙方在俄羅斯鋁產品市場的共同佔有額提高到 70%以上，可以說丘拜斯與別列佐夫斯基大體上壟斷了俄羅斯的鋁業市場。

表面上，這場「鋁之戰」對丘拜斯與別列佐夫斯基來說是雙贏的結局，可是，真正的大贏家卻是丘拜斯，因為丘拜斯的國家統一電力能源公司其實只是經營俄羅斯電力而已，現在丘拜斯以該公司為基地，在鋁市場中大顯身手，使自己的經濟勢力得到了強有力的

---

[3] 吳非，《俄國寡頭重新劃分勢力範圍》，新加坡《聯合早報》，《社論言論天下事版》，2000 年 5 月 1 日。

擴充。這種經濟勢力的擴充則是為今後普京的政策做經濟上的背書；別列佐夫斯基讓丘拜斯進入競爭的原因，主要是讓丘拜斯以其政府的背景來頂住來自反壟斷部部長尤扎莫夫的壓力，因為尤扎莫夫曾表示將對克拉斯諾雅爾斯克鋁廠採取反壟斷措施。

2000 年 3 月 26 日，普京順利通過大選之後，丘拜斯隨即又發動了一場「光之戰」，這次丘拜斯的主要對手為國家天然氣工業公司總裁韋辛列夫，國家天然氣工業公司主要是俄前總理切爾諾梅爾金一手拉大的企業，在切爾諾梅爾金羽翼保護之下，它業已發展成為全俄第一大企業，公司在莫斯科擁有二十幾層高的辦公大樓，大樓內部裝修的豪華程度與俄羅斯滯後的經濟毫不相稱。

在「光之戰」中，丘拜斯首先通過媒體向外公佈：由於韋辛列夫不能及時供給統一電力能源公司足夠的天然氣，全俄羅斯將於 5 月份進入能源危機。而真正引起普京對此事關注的卻是第一副總理赫利斯堅科的一句話，赫利斯堅科本身是普京的人，主管全國金融業。赫利斯堅科對外表示：俄羅斯將於 2003 年到 2005 年間發生持續性能源危機。這對普京而言不啻是一聲霹靂，因為普京在內心中一直盤算著，如何使國民生產總值在其四年任期間實現增長 5～10 %的目標，這樣他要連任才會順理成章。於是普京馬上召見了赫利斯堅科，赫利斯堅科當面向普京指出，如果丘拜斯與韋辛列夫不能和解，將兩敗俱傷，最終將使俄羅斯經濟嚴重受挫，並產生不良的後遺症。

普京決定召見丘拜斯與韋辛列夫，並建議雙方各退一步，同時政府也做一些小小的犧牲。普京希望韋辛列夫在提供丘拜斯足夠的天然氣的同時，政府將把國家天然氣工業公司的盈利稅降為 30%，而普京向丘拜斯表示國家統一能源公司在得到天然氣以後，對政府上繳的盈利稅將提高至 50%。普京這種兩全其美的策略可說是其新中間政策的牛刀小試而已，這已明顯有別於葉利欽那愛憎分明的個

性，但調解的方式，卻產生相當嚴重的後遺症。首先普京親自出馬調解，降低了內閣各部處理寡頭派閥的威信，使部長們對各類寡頭處於失控狀態，相對地寡頭們也會認為部長們也只能處理一些小事情，不配與他們交往；其次，普京的調解增加了寡頭們對國家經濟命脈的控制，這將使普京在競選中所提倡的反黑金口號成為一紙空文。對於這些弊端，普京也是有所認識，普京心中的如意算盤就是先對寡頭們退一步，然後抽出時間來把國王人馬中的丘拜斯培養出來，使他有足夠的資本為普京政府服務。

在歷史上，俄羅斯領導人使用退一步而後置人於死地的策略大都能成功，如俄沙皇亞歷山大一世在 1812 戰爭中首先退出莫斯科之後，在當年冬天打敗了強大的拿破崙。普京與寡頭之間的矛盾獲得解決需要巨大的耐心與智慧，但最終還要看普京是否是一個無私之人。

這次「光之戰」的最大受害者卻是當時的第一副總理卡西亞諾夫。這暴露了卡西亞諾夫只懂金融，無法掌握能源、礦產方面寡頭的弱點。在普京召見丘拜斯與韋辛列夫之前，卡西亞諾夫曾找過韋辛列夫，希望韋辛列夫能和平解決爭端，這種表面上的談話自然對和解於事無補，卡西亞諾夫無法涉足其中的苦衷主要是自己無法掌握這兩大能源集團的預算，這將意味著即使卡西亞諾夫順利當選總理，俄羅斯的政局也注定是一個強勢總統、弱勢總理的局面。

第四節　俄羅斯媒體秩序的重新整編

從葉利欽時代開始，曾是克里姆林宮的猶太裔好夥伴的媒體寡頭大亨古辛斯基，在 2001 年年關將近的時候，遭到了俄羅斯總統普京的徹底清算。俄總檢察院因古辛斯基在 11 月受傳訊而未出庭，進

而對他發出了國際通緝令，使得古辛斯基 12 月在西班牙遭當地警方
拘捕。

一、普京對付媒體寡頭

　　普京整頓媒體的進程從 2000 年 5 月份就開始了，這一浪高過一
浪的法律追訴與調查，令人眼花繚亂。非常典型的反映出俄羅斯政
界整人的特性，就是步驟慢慢來，但力道會越來越猛，直至對手投
降為止。

　　2000 年 5 月 11 日，普京就任俄羅斯總統後的第三天，俄羅斯
國家稅務警察以偷稅漏稅為名，對古辛斯基所擁有的俄最大媒體壟
斷集團之一的橋媒體總部的四個機構進行了搜查，並於 5 月 13 日逮
捕了擔任總裁的古辛斯基。

　　這是普京整頓寡頭媒體計劃的開始，具有投石問路的味道。6
月 12 日，俄最高檢察院還扣留了古辛斯基，此舉在俄羅斯引起了巨
大反響，儘管不久之後古辛斯基被釋放，但對橋媒體涉嫌經濟違法
的指控並沒有撤銷。當後來普京發現，俄羅斯社會上站出來保護橋
媒體的只是一些右翼人士而已時，他於是繼續對俄猶太人採取了一
拉一打的兩手策略，首先把古辛斯基與在俄羅斯的一般猶太人區分
開來，普京基本上對於在俄猶太人採取開明的政策，如對猶太人的
宗教信仰持不反對的態度，但對於現已參政的古辛斯基則採取堅決
依法處理的態度。

　　落實這兩手政策的基本依據就是司法手段，身為前國家安全局
局長的普京深知，這些靠前蘇聯解體而起家的寡頭們的歷史沒有一
個是乾淨的，古辛斯基就曾經在莫斯科周邊城市圖拉開計程車。普
京之所以要不惜一切代價處理古辛斯基的問題，是因為他認為，
古辛斯基媒體集團在俄羅斯的存在已嚴重地威脅到國家及政策的
制定。

　　政權與媒體寡頭的合作，體現出俄羅斯媒體勢力初期基本上還延續了後前蘇聯時期在政壇上活躍的狀態。古辛斯基對俄羅斯政壇的影響主要分為兩個階段，基本上是以 1996 年為分水嶺，1996 年以前古辛斯基在蘇聯解體以後與其他合夥人一起創辦了橋銀行，之後他與莫斯科市長盧日科夫建立了合作關係，這使得橋銀行的業務得以迅速遍及全莫斯科市。與此同時，古辛斯基與以色列及美國的銀行家建立了廣泛的聯繫，隨之橋銀行又再上一個台階，一躍成為國際知名的大銀行，同時古辛斯基也成為持有俄羅斯及以色列兩本護照的銀行家。

　　1996 年，當古辛斯基成功地成為一名銀行家之後，便以漸進的方式參與俄羅斯的政治，這主要是因為俄羅斯人對俄裔猶太人的印象不太好，古辛斯基此時如果隱藏在政壇的幕後，就可避免許多不必要的誤會與爭執。他於 1996 年親自組織成立了「俄羅斯猶太人代表大會」，還親自出任代表大會的主席。他成立代表大會的主要意圖是為了團結俄羅斯境內零散居住的猶太人，同時也可與海外的猶太人建立廣泛的聯繫。

　　之後，古辛斯基開始把橋銀行的管理權交予他人，他自己便開始籌組屬於自己的「橋媒體帝國」。古辛斯基自 1996 年到 2000 年為止，一直以建立一個圍繞在克里姆林宮周圍的媒體帝國為目標，這樣就使得總統及其國家結構與社會大眾之間的聯繫，被古辛斯基的媒體所隔開與控制，因此，讓媒體作為所謂的社會公器，發揮監控政權機關的第四權，是古辛斯基夢寐以求的目標，這樣今後無論誰當總統或誰想當總統，古辛斯基的話就會有一言九鼎的作用。

　　到 2000 年為止，古辛斯基已建立了一個涵蓋電視、廣播、報紙、雜誌與互聯網的媒體帝國。在他的媒體帝國中，電視以獨立電視台、獨立衛星電視台為主，雖然電視台與衛星電視台的信號發射面都不如國家俄羅斯電視台及社會電視台，但獨立電視台與獨立衛星電視

台以精采的電視節目吸引了將近 2000 萬的觀眾，這些觀眾遍佈各階層。此外，莫斯科回聲電台也是一個莫斯科市民必收聽的政論廣播台，另外《總結》雜誌與《今日報》也得到俄羅斯白領階層的青睞。

在 2000 年美國總統大選之年，古辛斯基就曾親自出席柯林頓夫婦為民主黨所舉辦的籌款餐會，在餐會上古辛斯基就坐在柯林頓夫婦的斜對面，而且古辛斯基在柯林頓致辭之後也發表了講話。古辛斯基在美國的知名度就可想而知了，橋媒體集團也算是美國影響俄政壇的渠道，當然橋媒體職員以其敬業的精神也成為俄其他媒體學習與競爭的對象。

歸結起來，古辛斯基的違法行為共有三個，第一，橋媒體沒有按時全部向俄政府上繳稅款；第二，橋媒體下屬的獨立電視台無法按時歸還俄羅斯天然氣工業公司的 2.6 億美元的債務；第三，古辛斯基非法取得以色列護照[4]。

對於前兩點的指控，主要是橋媒體作為跨國企業與俄羅斯法律的矛盾所造成的。1998 年橋媒體收購了以色列地方性的馬特夫電視台，並且還購買以色列著名報紙《馬利夫報》25％的控股權，成為該報最大的股東。2000 年初，橋媒體在美國設立了獨立電視台的美國分台，為避免使自己成為俄羅斯政治鬥爭的祭品而留了後路，1999 年末古辛斯基親自把橋媒體分解為兩個機構，一個名為歐洲媒體中心集團，該集團在直布羅陀（英屬殖民地）註冊，擁有大量美國資本成分；另外一個則是在俄羅斯的橋媒體集團。這兩個集團在功能上這時有實質的分工，歐洲媒體中心集團主要負責古辛斯基媒體帝國全世界統籌性的工作及資金管理，而在俄的橋媒體則只是負責在俄羅斯的傳播性工作，以維持古辛斯基在俄的經濟利益。

---

[4]　吳非，《俄羅斯媒體寡頭年關難過》，新加坡《聯合早報》，《社論言論天下事版》，2000 年 12 月 28 日。

　　橋媒體之所以沒有按時向天然氣工業公司償還 2.6 億美元的債務，並非古辛斯基沒有錢償還，而是獨立電視台並沒有那麼多的現金，因為現金都在歐洲媒體中心集團手裏，按俄羅斯的經濟法，歐洲媒體中心集團屬於國外的公司，在俄外匯出入境管制嚴格的情形下，如果古辛斯基在半年之內從國外調入 2.6 億美元則幾乎是不可能的事，更無從談到及時還債。

　　普京處理媒體寡頭也為俄經濟埋下一潛在危機，因為寡頭們將金元匯至國外，讓俄經濟成了發展真空的狀態，而普京光靠國際能源石油價格上漲與出售軍火武器來維持經濟增長，這一策略是相當冒險的。

二、媒體人治大於法制階段

　　在蘇聯解體前夕，俄羅斯新聞出版法問世。曾經是前蘇聯新聞新聞出版部部長的米‧費多托夫認為，葉利欽對於大眾傳播媒體的態度可以說是家長式的，確切地說是父親式的，當然這種態度不是一下子形成的。葉利欽本人受的是前蘇聯制度的教育，並接受了新聞就是集體鼓動者、集體宣傳者和集體組織者的理論。

　　作為黨的幹部，他非常清楚新聞記者是黨的助手，他擔任蘇共莫斯科市委書記時，對於報界的態度是由他決定在莫斯科刊登什麼，而且只能登他認為重要的東西。費多托夫是前蘇聯《出版和其他大眾傳播新聞媒體法》的創始者之一。該法律承認新聞工作團體有成立媒體公司的權利，並宣佈每個編輯部都是獨立的法人，這意味著新聞傳播媒體已經取得了部分自由的權利，但該法律的缺點在於沒有明確規範新聞媒體在經濟發展中所應負的義務和如何利用來自國外的投資，以及國家如何管理媒體的金融運作[5]。

---

[5]　吳非，《俄羅斯媒體與政府角色》，《二十一世紀》，香港中文大學，2003 年第四期。

　　米·費多托夫在自己的回憶當中講到：在那個時期，中央政府為減少州和邊疆區報紙的影響，新聞出版部說服葉利欽，有必要建立幾十種可以馬上在一些毗鄰的自治區或州發行的報紙。同時，新聞出版部應與新聞工作者團體，或在某些情況下與其他組織一起，充當報紙的共同創辦者，但許多報紙在創立初期由於時間太倉促，沒有制定商業計劃與市場調查，結果許多報紙在一兩年之後便消失得無影無蹤。事實表明許多媒體在經濟改革期間在資金的管理上是非常無序的，媒體只會完成上級的政治任務，但管理上的鬆散性與自由性使這些政治任務無法得到完成。

　　1990 年，葉利欽媒體改革的總顧問波爾托拉寧在《辦人民的電視》的文件中提到：「為了適應民主改革，俄羅斯需要建立一個完全新型的電視公司……這裏的涵義既膽大又簡單，就是要與人們熟悉的蘇聯國家電視台展開競爭。葉利欽積極採納了這一建議，並在兩次電視採訪中解釋道：它應當是另一種電視，它應當維護社會的利益，對政府進行批評，並對政府及最高層官員的事件進行公開的報導[6]。」葉利欽一直認為報刊、電視對於自己的忠實是某種理所當然，他認為媒體的忠誠是對他在 1991 年 8 月所做的貢獻的自然回報，但葉利欽不信任一些有影響的著名記者，葉利欽認為他們曾經為戈巴契夫賣過力，疑心重重和記性好明顯害了葉利欽，但他無法克服[7]。俄羅斯聯邦的國家電視台就是在此背景之下開辦的。

　　1991 年 8 月之前，在民主派中間經常聽到這樣的議論：把電視、廣播、報紙給我們，我們就能提高人們對於改革的支持度。「八月

---

[6]　O·波普佐夫：《沙皇侍從驚醒》，莫斯科，2000 年版，第 101-102 頁。
[7]　格·薩塔羅夫、雅·利夫希茨、米·巴圖林，格·皮霍亞等著，高增訓等譯，林軍等校，《葉利欽時代》2002 年版，東方出版社，第 607 頁-608 頁。

事件」之後，大眾新聞媒體充滿了民主主義的奢侈安樂和被勝利衝昏頭腦的情緒。

1993 年 3 月 20 日葉利欽簽署了第 377 號《關於保障新聞穩定和對電視廣播要求》的總統令，總統令對於新聞市場、自由觀點、新聞平衡、職業責任、電子生態、資訊保護等分別提出具體要求，總統令中還強調，大眾新聞媒體和權力機關在其相互關係中應遵守《大眾新聞媒體和人權宣言》（歐洲委員會憲法大會 1970 年第 428 號決議）、廣播電視管理原則（歐洲委員會議會大會 1975 年第 748 號建議）、大眾新聞媒體與議會關係原則（歐洲委員會議會大會 1984 年第 820 號決議）。這一總統令的簽署主要是葉利欽在與最高蘇維埃在電視問題上激烈鬥爭的反映，該命令加強了電子媒體獲得獨立的法律基礎。

三、俄羅斯傳媒的國家化與專業化發展

1993 年，葉利欽支持由記者保護基金會主席 A・西門諾夫開辦大眾新聞法律學校，該學校招收的是法學專業的學生，學校的各系還有日間部與夜間部之分，該學校的特色之一就是大眾新聞法學科的設立，學校的主管是當時已經成為總統助理的巴圖林，該學校位於記者保護基金會所在大樓的旁邊，該學校的資金有一部分來自於美國記者基金會的支持，該學校的學生還經常會免費到美國進行實習。

西門諾夫認為現在電視台在播出的媒體衝突時，國家電視台的許多記者都與國家政府有著或多或少的關係，國家政府應該思考政府在社會中的整體職能。自前蘇聯解體以來，政府的形象已經被破壞，西門諾夫完全不贊成國家電視台的存在，他在 2000 年在聖彼得堡舉行的名為「公民控制」的國際會議上清楚地表明：國家電視台在俄羅斯存在是完全無意義的。西門諾夫的觀點基本上代表了美國

媒體對於俄羅斯媒體發展的期望，因為在美國，除美國之音外，其他媒體皆為美國的各個財團所有，但可以看出西門諾夫的出發點是為了維護記者基本的自由權利。

例如 2000 年俄羅斯新型核潛艇庫爾斯克號在巴倫支海峽發生意外，沈沒海底，圍繞著救援行動，西方與俄羅斯則暗暗地較上勁，當時俄羅斯對此也進行了全面報導，當時筆者對西門諾夫進行了專訪，從採訪中我們基本上會發現西門諾夫基本上代表大多數新聞媒體人的一個思路。以下為訪問對談[8]：

筆者：西門諾夫先生，《消息報》評論說，謊言與恐懼現今已是俄羅斯政壇的標誌，當牽涉到人民的生命時，海軍官、將軍及政府高層不應只是說謊、推諉、考慮個人政治生命，庫爾斯克號事件已成為一大醜聞，請問您是否同意《消息報》的以上說法？

西門諾夫：我還未讀到《消息報》上的這則新聞，但我本人對此有自己的觀點。現在庫爾斯克號事件正在深深地影響著俄羅斯人民及政權，最後還將深深地影響到俄羅斯媒體的發展。現在看來，庫爾斯克號事件的救援行動和救援方法是低水平的，對於這些政府並不承認，且政府還未真正學會怎樣與人民進行對話，樹立自身的形象。

至於俄羅斯軍隊、軍官與官員對於軍隊的新聞總是有一個習慣，就是先遮掩，軍隊高層總是希望事態能自然地慢慢過去，以此保住烏紗帽。事實上，許多事故一向也就這樣悄無聲息地過去了，而這次卻不同以往，人民能夠通過媒體來對比判斷政府官員的說辭，這次官員欲蓋彌彰的做法，恰恰加深了人民對政府的無奈與不滿。

當然，現在俄羅斯媒體已經走上多元化的道路，這裏有不同風格的電視台、電台及報紙，而從庫爾斯克號事件發生以後，媒體驚

---

[8]　吳非，《俄傳媒如何看庫爾斯克號事件？——訪記者保護基金會主席西門諾夫》，《聯合早報》，《天下事版》，2000 年 8 月 26 日

呼：媒體試圖改變政府的努力仍毫無所成，現在的政府與 60 年代的政府相去不遠，其共同點是，事件發生以後，政府官員幾乎沒有人為人民著想，昨天莫斯科回聲電台安德烈‧切爾蓋多夫對於政府的救援行動進行了深入分析，但他還未找到補救措施。

筆者：現在俄羅斯新聞媒體只能從俄羅斯國家電視台獲得有限的現場救援畫面，請問這是否會影響俄羅斯新聞自由？是否違反俄羅斯新聞法？

西門諾夫：當然這次事故發生在海裏，絕大部分的記者不能到事故現場，而且軍隊本身也有一定數量的記者。現在只有國家電視台（RTR）是救援消息的唯一來源，別的電視台如獨立電視台、中心電視台只能被迫使用國外電視台的新聞，與國家電視台的新聞做對比，國外電視台所發表的新聞無論對或不對都是對政府新聞的補充。

但政府這樣做是不對的，因為俄羅斯憲法規定人民有知道事情真相的權利，現在政府所做的是正在使新聞枯燥化，這只能使人民對政府的新聞來源與新聞動機產生信任危機，當然新聞的來源是越多越好。

筆者：這次媒體對庫爾斯克號的報導與上兩次車臣戰爭的報導有何不同？

西門諾夫：這次媒體對庫爾斯克號的報導完全不同於上兩次車臣戰爭的報導，這次政府在新聞中心與新聞社裏就已把新聞的發佈全部控制住了。在第二次車臣戰爭中，車臣匪徒有綁架及槍殺記者的行為，基本上算是與記者對立，因此只有自由電台的記者巴比斯基通過私人關係在匪徒內部進行報導，當然這次媒體所掌握的事實遠遠少於車臣戰爭。

筆者：普京曾表示在災難發生時，他第一個念頭就是飛到事故現場，但他擔心他會阻礙救援工作，因為他不是這方面的專家，請問普京的這一解釋是否合理？

　　西門諾夫：這是一個非常正常的解釋，但普京是國家的領導人，是領導國家的專家，普京當然可以在庫爾斯克號事件發生後不去現場，但普京需要在事件一開始發生時表態，表示其本人對人民的關心，表示他還是國家的領導人，無論他此刻在莫斯科還是在黑海。而事件發生後，他本人卻未這樣做，其次普京也未授權救援隊，這樣使得救援隊在許多方面想做而不敢做。

　　通過筆者於西門諾夫的談話，我們基本會發現俄羅斯在經過一段時間的經濟改革之後，俄羅斯媒體已經出現了一個專業媒體人階層。俄羅斯專業媒體人與寡頭經營者有著千絲萬縷的聯繫。

　　2000 年底另一位媒體大亨別列佐夫斯基則流亡西班牙與法國，再次引起俄羅斯全國的媒體人與外國學者的廣泛注意，媒體作為「第四權力」究竟向何處發展？總統普京將以何種方式來經營兩位元大亨所留下來的媒體？畢竟古辛斯基所領導的獨立電視台是全俄羅斯最賺錢的電視台，另外旗下的「莫斯科回聲電台」也是俄羅斯歐洲區最有聲望的政治電台。

　　普京在 2001 年國情咨文中透露出這樣的資訊：俄羅斯改革將要從葉利欽時代的各自為政逐漸轉型成為一個有效率與具有遠見的行政團隊，這支團隊為垂直結構管理，但區別於前蘇聯僵硬的垂直管理。新聞出版部長列辛對於媒體的整頓基本上是普京落實行政改革的重要組成部分，但這次整頓卻引起俄羅斯整個精英階層的廣泛注意，精英階層現在更加在意普京是否會回歸嚴格的新聞檢查制度，進而損及精英階層的政治與經濟利益。

　　從普京所採取的政策來看，政策在執行層面上基本還算平和。首先，普京大體上沿襲了古辛斯基讓媒體專業人士管理電視台的老辦法，這基本上保證了媒體不會成為國家經濟的負擔。俄羅斯國家天然氣工業總公司接手獨立電視台之後，沒有派駐大量的公司內部的人員進入電視台，與此相反，進入獨立電視台的都是俄羅斯國家

電視台的業務骨幹及從獨立電視台離隊的記者與主持人。現任獨立電視台的第一副總經理庫里利斯基科夫就是其中之一,他 1996 年任獨立電台「今日焦點」的主持人,同時也主持整點新聞,2000 年成為獨立電台的副經理,但由於與古辛斯基的理念不合而於 10 月離職。

其次,普京還加強了中央媒體對周圍地區的輻射作用。自前蘇聯解體以來,俄羅斯地區媒體的發展基本上處於失控的狀態,由於媒體高投入的特性,中央級的財團很少光顧地方媒體,這使得地方媒體已成為各州州長們的喉舌,每當我們拿到地方的報紙時,首先看到的會是地方首長的講話。今年,國家杜馬通過的預算當中向地方廣播電視局的撥款已經升至 9000 萬美金,幾乎是 2000 年的一倍,這樣做也是為了恢復中央對地方媒體的直接管理。

俄許多媒體人對於普京的媒體改革路線迄今還保持高度的懷疑與反對。前獨立電視台前總經理,現任第六電視台總經理基辛廖夫就在自己主持的節目中反覆指出普京媒體政策的獨裁性傾向。這場媒體改革爭論的焦點就在於,普京是以媒體專業化為手段,在法制的基礎之上來實現媒體為國家服務的宗旨,普京的基本理由就是俄羅斯現在還很虛弱,國家需要集中力量進行建設,使國家上下形成一個有效率的機體。基辛廖夫則更加強調現今媒體專業化是實現媒體作為「第四權力」的必要保障。

這場爭執的另外一個焦點就是基辛廖夫所掌控的第六電視台幾乎集中了俄羅斯電視界的所有有才能的新聞人才,這造成新聞出版部長列辛在執行國家宣傳計劃時總有一種力不從心的感覺。當然不可否認這也與列辛本人的能力有關係,列辛本人出生於軍人之家,畢業於俄羅斯建築工程學院熱力能源系,其本人直到 1987 年才開始接觸媒體,1996 年葉利欽大選時列辛才開始顯露出其才能,列辛主要負責選舉的文宣工作,當時許多選舉語言都是出自列辛的筆下,

如「相信、熱愛、希望葉利欽」與「解脫與守舊」等宣傳口號。許
多俄羅斯媒體人都抱怨列辛在執行國家政策時，表現得更像一個工
程師或政客。

　　現在第六電視台主要由兩部分組成，一部分是由俄羅斯最大的石
油公司魯克石油總裁阿列克佩羅夫牢牢地控制著第六電視台 40％左
右的股份，另一部分就是由基辛廖夫成立的「媒體－社會智慧」非盈
利性組織，「媒體－社會智慧」儘管在第六電視台所享有的股份非常
少，但他卻牢牢地團結了第六電視台的大部分記者。在這場媒體鬥爭
中阿列克佩羅夫基本上保持旁觀的態度。

　　新聞出版部長列辛為達到使第六電視台陷入危機之中的目的，
首先用一些方法迫使第六電視台的一個小股東「國際統一機械工廠」
退出股份（「國際統一機械工廠」在第六電視台佔有大約 7.8％的股
份），同時列辛以在杜馬中通過有關媒體的法案，迫使「媒體－社
會智慧」退出第六電視台。列辛對第六電視台所採取的激烈行動同
時也反映出在俄羅斯媒體界存在已久的問題，這就是以莫斯科大學
畢業後在媒體工作的「理論派」與半路出家的「國家派」在媒體發
展上的爭鬥，「理論派」基本上沿襲莫大新聞系強調的媒體作為「第
四權力」的職能作用，「國家派」則更加注重國家領導的施政方針。

　　從媒體的表面炒作來看普京與基辛廖夫的爭執似乎已經很激烈
了，其實這至多算是內部問題，與寡頭問題有著本質的區別，直至
現今基辛廖夫還是總統重要智庫「外交與國防政策委員會」的委員
之一。「外交與國防政策委員會」成立於 1992 年，是由著名的政治
家、企業家、國家公務員及強力部門官員組成的非政府組織，該委
員會曾經參與制定《俄羅斯戰略》、《俄羅斯戰略－2》、《俄羅斯
戰略－3》等重要的戰略報告。

　　俄羅斯著名新聞評論家芝維列夫在接受媒體採訪中一語點
破：媒體人現在所面臨的不是黑與白的問題，而是來自兩個階層的

爭鬥，一個是特權階層，另一個就是現在還可自由表達意見的階層。看來普京在這場媒體整頓當中還會堅持一切以法律為優先的原則，但如果最後普京過分強調媒體國家化的話，則未必是俄羅斯人民之福。

第五節　俄羅斯總體改革的精致化

在 2001 年普京整頓媒體寡頭之後，2002 年俄羅斯開始正式進入經濟改革的攻堅階段。4 月中旬俄羅斯總統普京向議會上下兩院發表了國情咨文，在報告中普京主要對俄羅斯今後三個方面的改革寄予期許，這三個方向分別為：政府內部機制改革、軍隊改革及銀行改革。2002 年 5 月 24 日、25 日普京總統在克里姆林宮和聖彼得堡國立大學做了有關於俄羅斯改革與發展的回顧、前瞻的演講。

他說：「對於自前蘇聯解體後有關俄羅斯的經濟發展，我同大家一樣都存有一些悲觀與樂觀的思想，這些相互矛盾的思想會隨時出現在我的腦海之中。對於現在俄美兩國簽署的新協定，我是秉持一種樂觀的態度來對待，我們的官員同俄羅斯全國的大多數年輕人一樣樂觀地認為國家生活會向好的方向發展，在這裏我們一直為之堅持不懈地努力，為大家服務以保證大家的安全。

俄羅斯民間一直存在著稱九十年代在俄羅斯展開的經濟改革為『高層失誤』的說法，對此我可以馬上說明這對老百姓所面臨的實際來講，這確實是『不好的』。但是，如果俄羅斯現在仍然關上國門，經濟將會仍然停滯在我們難以忍受的狀態，我們將會再次失去更多的自由；如果國家處於一個開放的社會當中，儘管我們經歷了一些陣痛，國家經濟將因為市場經濟的活力與流動充沛的人力資源

而源源不絕地發展下去。我們的政府選擇的是第二條路，同時我也會選擇第二條路。

現在俄羅斯所處的經濟環境在歷史上是前所未有的，高科技已在現今的市場經濟中扮演非常重要的角色，俄羅斯眼前缺少的是普及與能應用於日常生活的高科技。如果聰明一點的話，俄羅斯需要馬上將軍工企業進行轉型，在前蘇聯時期，軍工企業擁有與使用著大量的生產原料，如何將軍工生產的產品部分應用於社會，這是我們的任務，如現在我們正在削減的戰略核武器。

我認為這次兩國協定在簽署之後，兩國在相互技術轉讓方面將產生翻天覆地的變化。由於前蘇聯在許多方面遺留下來的問題，制約了俄羅斯從美國直接進行高技術的引進，致使俄羅斯經常需要從第三國或歐洲國家間接引進高科技，這不僅影響了兩國關係的正常發展，也對兩國市場經濟的運作產生了消極的影響。對於這一點，我已與布希總統進行了廣泛的交談，布希總統現在已經基本上同意馬上改善這一消極的環境。

俄羅斯與美國現在已經目標明確地坐到一起來了，特別是兩國間業已展現高速增長的貿易額，對於來自國外的商人與已有投資意向的投資者來講，俄羅斯現在正在逐步打開經濟的大門。我們相信，美國對於如何進一步深入俄羅斯的市場與市場化的進程已有了進一步的瞭解，美國現在將進一步同俄羅斯進行合作，這已得到布希總統積極的認可。

現今兩國關係發展上最大的障礙就是雙方高技術方面的合作，這些合作包括：航太航空、資訊處理、電話電信、科技教育及新型能源開採方式等。在這裏需要特別指出的是俄美兩國政府應在核能的利用上進行積極有效的合作，這不僅將會成為兩國關係穩定與進一步發展的基石，而且也會為世界經濟發展做出重大貢獻。

　　俄羅斯經濟發展的主要問題在於俄羅斯的大企業如何進行全面的改造，俄羅斯大企業大部分都使用國產設備與國內的技術，雖然這可以充分利用現有國內的資源，不會形成資源浪費的局面，但這卻間接造成俄羅斯企業生產的產品大部分適用於國內企業的需要，而對於國外企業的一般需求與特殊需求，經常無法滿足，企業因外貿減少而經常處於無所事事的境地，這間接造成俄羅斯企業只能出口原始生產原料的窘境。

　　俄羅斯企業還不注重國外先進技術的轉化工作，例如俄羅斯最大的航空公司－空中航空公司，該航空公司已經由原來僅僅使用單一的伊爾與圖系列客機，轉而購買部分的美國波音與歐洲空中客車系列飛機，現在公司內部卻為究竟購買何種客機發生爭執。為什麼俄羅斯國內的飛機製造商不能引進部分的美國或歐洲技術來武裝自己，使自己能夠生產出符合俄羅斯及國外乘客要求的客機呢？

　　總而言之，這些問題不是政治問題，不是通過政治談判就可以解決的，解決這些問題的關鍵在於企業領導人的思維水平。據我所知，美國飛機要比歐洲的飛機貴一些，現在俄羅斯政府可以就地牽線，不如由美國直接從俄羅斯購買廉價的原料鐵與鋁，這樣所生產的飛機自然成本就會降低。

　　最後，我經常強調，俄羅斯與美國取得的協定是雙方經過艱苦的談判而取得的，我們不應隨意地破壞它[9]。」

　　在國情咨文中，普京僅以 8％的篇幅提到經濟發展的問題，但普京所提的這三項改革基本上都圍繞在如何為俄羅斯的經濟發展重新塑造一個良好的軟環境及如何讓俄羅斯銀行業與國際接軌。2002年普京國情咨文與去年的最大不同就在於，普京現在對於俄羅斯經濟的發展表現出前所未有的信心。去年，普京還對 2001 年俄羅斯的

---

[9]　吳非，《二十一世紀經濟報道》，《領袖講壇》，2002 年 6 月 3 日。

經濟發展心存疑慮，在普京執政後的這兩年期間，俄經濟發展主要還是依靠國家的投資，國家投資的金額一直都維持在國民生產總值32%的水平，去年經濟增長基本上是以國家投入增長到 40%為代價而取得的，俄羅斯民間與西方的企業對俄羅斯的投資幾乎沒有任何增長。今年俄羅斯民間與西方都已展現出對於俄羅斯市場的熱情，但大家對於俄羅斯經濟發展的前景感到擔憂，深怕俄羅斯政府言而無信，等到投資俄羅斯兩三年後，自己的資金會再次像「98 金融危機」時那樣被犧牲掉。

俄羅斯媒體基本認同普京的看法，俄羅斯重要報紙《消息報》發表了題為《關於國民生產總值的枯燥革命》的文章，作者巴巴耶娃對於普京國情咨文的總體印象是：平實。在文章中巴巴耶娃這樣寫道：普京並沒有為俄羅斯定出所謂「五年計劃四年完成」的蘇式經濟模式，同時普京那一如既往的嚴肅表情告訴我們，俄羅斯人民再也不會陷入同前總統葉利欽一起大玩過山車的尷尬遊戲中了。素以批評尖刻而聞名的《獨立報》也發表了題為《自由命題作文》的文章，對普京在第一節陳述有關於俄羅斯光明前景的話語略有微詞，但對於普京在第三節中提出的俄羅斯現今存在的問題表示贊同，文章這樣寫道：看來普京與白宮的官員們對俄羅斯如何發展經濟已做出了深刻的思考。

回想普京在 2001 年 4 月 3 日完成國情咨文的報告之後，俄羅斯的媒體反應基本處於兩極化，同樣還是《獨立報》，它在文章中點出普京現在進行的改革非常有可能會步入前總理蓋達爾急速發展－表面緩和－真正危機的經濟怪圈之中，當時《獨立報》所持的觀點是俄羅斯的經濟還依賴於能源經濟，一旦國際石油價格波動，俄羅斯的經濟也就隨之而起伏。

對此，普京當然也非常清楚自身的弱點，在 2001 年普京所採取的措施在葉利欽時代也是難得一見。普京在與美國關係緩和的基礎

之上，把俄羅斯石油及相關產品推向國際市場，讓俄羅斯石油隨國際期貨市場而變動，這樣就為俄羅斯政府贏得大約 3－4 個月的緩衝時間，同時減少石油作為外交手段的使用機會。這次普京在國情咨文中自豪的表明俄羅斯的石油產量已居世界第二位，今年 2 月份俄羅斯石油產量還首度超過沙烏地阿拉伯，這次《獨立報》在這方面已找不到普京的任何缺點。

這次普京在報告中以 25%的篇幅講述了如何進行政治改革，24％的內容提到政府內部效率不彰，19％談到國內政改的進度，對於去年的政績只有 7%的內容提到。普京在報告中指出現今俄羅斯經濟已有所好轉並開始復甦，政府又為社會多提供了 70 萬個就業機會，人民的平均收入提高了 7%，但俄羅斯卻遇到了前所未有的困難，政府的官僚體制已嚴重的制約了經濟的發展。首先，政府公務員不知道大企業或小企業發展現今最需要什麼，公務員的官僚作風使得民間與西方的投資望而卻步。

其次，政府官員對於現代化的技術與管理方式還非常的陌生，官員們還對原來的管理方式念念不忘。以筆者在俄羅斯多年的經驗來講，俄羅斯的官員在頭腦中確實存在權力欲過剩的現象，不知道官員是為企業服務的，應是企業的橋梁。普京在報告中提到在內政改革中軍隊向職業化發展是必然的趨勢，在這裏我們可也看出普京的目的就是希望俄羅斯軍隊能夠與歐洲的軍隊管理接軌，在提高軍隊素質之後，俄羅斯軍隊能夠真正負擔起俄羅斯對於自身能源出口的保護，並且能夠在適當的時機出兵海外。俄羅斯有效基金會主席格列博指出，儘管普京提出希望改變國內的官僚體制與政府效率是老調重彈，這在前蘇聯領導人安德羅波夫時代就已提出，但俄羅斯人還沒有真正重視該問題。國家杜馬國際事務部副主席納烏莫夫也認為普京已把俄羅斯周圍的國際關係理順，現在是重新調整國家秩序的時候了。由此可以看出，普京現在進行的改革已進入精緻化的

階段，無論是提高政府效率，還是提高政府官員的見識，這些都是
為俄羅斯經濟發展塑造一個良好的軟環。

第八章
俄羅斯當代新聞事業與帝俄時期的鏈結

　　媒體制度被視為社會體系中的一個次級體系。公有國營的廣播電視與報刊制度是前蘇聯媒體經營的主要特色。當蘇聯解體後，俄羅斯聯邦媒體的生態環境則進入了一個非常特殊的發展階段，在這一時期中，俄羅斯新聞媒體的發展經歷了痛苦、部分自由、思考與反覆的四個階段。自從俄羅斯聯邦媒體在部分實行近似於美國的商業化與英國的公共服務制之後，最後在普京總統的參與下，二十一世紀初期俄羅斯聯邦媒體的發展模式基本上兼具有帝俄時期與蘇聯時期的雙重特性，並也融合了國外媒體像是英國與法國在媒體經營管理上的一些特色。

　　從帝俄時期起，俄羅斯的新聞傳播事業時至今日已經歷了三個多世紀，俄羅斯媒體在這三個多世紀的發展進程當中，若以政治體制為區隔，大體上可劃分為：帝俄時期、蘇聯時期和俄羅斯聯邦三個時期。在本書中對這三個時期的媒體發展都有分別探討。在本文中要特別關注的是：俄羅斯當代媒體與帝俄時期新聞事業的若干關聯性。筆者認為，在帝俄時期，俄羅斯報刊的發展基本上是在政府的倡導之下，並同時完全在俄羅斯資產階級知識份子之中展開。

　　帝俄時期資產階級知識份子的報刊發展，首先是在彼得大帝全面改革的倡導之下開始進行的。彼得大帝創辦的第一份報刊《新聞報》的頭條新聞是一條軍事新聞。為發展俄國的新聞事業，當時彼得大帝指派俄羅斯著名教育家羅蒙諾索夫進行建立教育普及機制，俄羅斯新聞教育的發展就是在他一手創立的莫斯科國立大學新聞系

中生根發芽的，這是俄羅斯最早的教育系所之一。羅蒙諾索夫還在新聞系內出版了第一份非官方報紙。迄今莫大新聞系仍屹立在俄羅斯政治權力中心中克里姆林宮的旁邊，今日仍在為俄羅斯培養最先進與最廣泛的新聞工作者。從地理位置上，可以看出克宮政權與新聞教育甚至新聞媒體的緊密互動關係。

　　除了新聞教育的層面由知識份子開創以外，另外，新聞寫作也奠定了基礎，俄羅斯民族詩人、作家普希金也被俄國視為最早的新聞工作者之一。普希金是俄羅斯白話文的先趨者之一，他對於俄語的普及化做出了巨大的貢獻。普希金開創了俄文現代寫作的新紀元，赫爾岑與別林斯基分別代表了俄羅斯今後新聞寫作的兩個派別與傾向。

第一節　知識份子報刊與帝俄政權的互動

　　在彼得大帝之前，俄羅斯基本屬於幅員廣大而經濟落後的地區，俄羅斯與世界其他各國聯繫甚少，自彼得大帝（即彼得一世，彼得一世在位時間為：1682 年～1725 年）即位之後，積極接受西方先進的文化，著手在國內進行大規模的改革，並積極引進西方的先進技術。他建立了一個徹底專制但執政相當專業化的政府，同時也進行宗教改革，並成立新的教會。彼得大帝還意外地開創了俄羅斯新聞發展的新紀元，這大大地縮小了俄羅斯與歐洲先進國家的差距。

　　1702 年 12 月 15 日，彼得一世下令創辦了俄羅斯第一份報紙《新聞報》（Ведомости），當時彼得一世在命令文件中寫道：創辦報紙的目的在於讓國民學會用比較實際的觀點瞭解當今世界的發展。12 月 17 日，《新聞報》的試印版出現，但該版本並沒有被保存下來。1703 年 1 月 2 日，第一批彼得堡《新聞報》印出，第一份《新聞報》

的頭條新聞是一條軍事新聞，新聞內容如下：「莫斯科現在已經重新為四百枚的榴彈炮注滿火藥，這些炮彈的重量分別是 24、18 或 18 俄磅三個等級，現在還有四萬個銅製炮彈殼正在準備灌注火藥[1]。」

看來，俄羅斯官方的第一份報刊與彼得大帝欲積極發展軍事強國的目標有著密切的關聯。這份報刊不但向老百姓展示俄羅斯強大的軍事建設力量，同時也可以向國外宣揚俄羅斯的國威，這基本符合官方報刊宣傳的重要功能之一。為了方便快速地印刷與發行，1703年，彼得一世做出採用新字體來代替複雜的教會斯拉夫字體的決定，這對於加快發展俄國基礎教育、普及文化知識、以及促進各類科學技術著作的出版有重要的意義。

彼得一世為俄羅斯帝國整個國家行政體制的建立做出了巨大貢獻的同時也犧牲了百姓生活。在彼得一世的統治之下，俄羅斯廣大農民一貧如洗，並經受著可怕的奴役，這主要包括參加戰爭和國家經濟建設。一個同時代到過俄羅斯的西方人寫道：「他們沒有蠟燭，只是用手拿著或用嘴斜叼著燃燒的木片來照明……他們一旦拿到一些錢幣，便立刻塞進嘴裏，或藏在舌頭底下，他們的靈魂屬於上帝，腦袋則屬於沙皇，後背屬於主人[2]。」 彼得一世為了達到通過改革而使國家變得強大的目的，將改革基本上建立在人民必須付出慘痛代價的基礎之上。

俄帝國國家雖然強盛了，但人民卻貧窮了，這是彼得一世改革的代價。基本上彼得一世改革的模式影響到俄羅斯、前蘇聯、俄羅斯聯邦各個時期的各項改革。俄羅斯在十八世紀與十九世紀的新聞改革當中，無論是開明的亞歷山大一世時期，還是強調武力戰勝一

---

[1] 扎巴多娃教授，《俄羅斯十八到十九世紀新聞史》《История Русской Журналистики XVIII－XIXвеков》，高等教育出版社，1963 年，第 17-18 頁。

[2] 亨利‧特魯瓦亞，《彼得大帝》，第 323-324 頁。

切的尼古拉一世時期，俄羅斯新聞改革一直在政府與知識份子中分別展開，兩者並不存在任何的良性互動。

　　彼得一世在執政期間首先提拔來自於農村的知識份子羅蒙諾索夫。作為教育家與莫斯科國立大學的創始人，羅蒙諾索夫開始在全俄羅斯進行普及教育的工作，而莫斯科國立大學承擔了國家人才的教育工作，莫斯科國立大學可以說是當時俄羅斯知識份子的主要聚集地，而俄羅斯主要的新聞思想也來自於這裏。1756 年 4 月 26 日，在羅蒙諾索夫的倡導之下，莫斯科國立大學在自己新建的印刷廠內出版了第一份非官方報紙《莫斯科新聞報》。《莫斯科新聞報》每週發行兩次，報紙可以在全國發行，報紙首任總編為巴爾紹夫教授，1766 年之後由維尼米諾夫教授接任，辦報的方向主要為學術性報紙，報紙的內容多為皇家慶典、新課程的設立以及學術報告等。

　　羅蒙諾索夫對於新聞的發展有兩個願望，首先注意發展新聞的強大宣傳性，其次是發展新聞的善良願望性。新聞強大宣傳性主要體現在它可以馬上組織起人民在多範圍、多層次上的廣泛討論，但卻常常會產生政府難以控制的局面；新聞的善良願望性主要是讓新聞以真誠的態度面對大家，新聞不應強調杜撰與恐怖性的寫作。[3] 從後期俄羅斯、前蘇聯及俄羅斯聯邦的新聞記者的培養上來講，新聞記者基本遵循羅蒙諾索夫對於新聞的定位。

　　18 世紀 70 年代，啟蒙思想家諾維科夫創辦了具有民主主義傾向的諷刺雜誌，標誌著民辦雜誌的出現。在 19 世紀 60 年代之前，俄羅斯歷代沙皇對於輿論的控制和對刊物出版的管制一向十分嚴格。尼古拉一世於 1826 年制定的被稱為「鐵的法典」的書刊檢查法就充分證明了這一點。該法規定，有三位以上的部長組成最高書刊

---

[3]　M.B. 羅蒙諾索夫，《羅蒙諾索夫文集》（《Полн Собр・Соч・М・В・Ломоносов》），第三卷，蘇聯科學院出版社，1952 年，第 218 頁。

檢查委員會，並由它負責指導輿論，使報刊更加符合現實的政治形勢[4]。其實這主要與俄羅斯報紙當時掌握在知識份子手中有關，而知識子對於當時政府鎮壓十二月革命黨人事件始終心存不滿。

十二月黨人事件是迄今仍然深刻影響帝俄、前蘇聯、俄羅斯聯邦三個時代媒體人思維的重要事件之一，同時十二月黨人對帝俄時代的國家立法、行政管理以及辦報方向的影響力相當深遠。

1812 年衛國戰爭失敗之後，俄羅斯連年不斷的戰爭使得社會生產力遭到極大的破壞，鉅額的軍費支出和其他各種苛捐雜稅，迫使原來生活在水深火熱當中的廣大農民生活狀況進一步惡化，他們用鮮血和自己的生命換來的戰爭勝利，在戰後卻沒有為自己帶來任何的自由，生活也沒有任何的改善，此時階級矛盾進一步加深。1801年至 1825 年，俄羅斯農民暴動高達 261 次，工人暴動 64 次，士兵暴動 15 次，其中 1820 年謝苗諾夫禁衛軍團的兵變使沙皇政府受到沈重打擊。十二月黨人就是在這種階級矛盾加深的時代背景下誕生的。

十二月黨人基本上都是貴族出身，大多數人同時也是青年軍官。當他們還在莫斯科國立大學、皇村高等專科學校、軍官學校就讀時，就已經開始接觸法國啟蒙思想家及俄羅斯進步思想家的學說，例如，伏爾泰、盧梭、孟德斯鳩、拉吉舍夫等人的著作對於他們產生了深刻的影響。

十二月黨人稱自己是「1812 年的產兒」，他們參加對拿破崙的遠征時，西歐各國已經開始進行資產階級革命的實踐，他們親自體驗了資產階級民主思想，將自己所見到的一切和俄羅斯野蠻落後的農奴制度相比，他們深刻地認識到任何地方，也沒有像俄羅斯這裏貧苦的平民所受到的壓迫。他們還探討了俄羅斯人民受壓迫的原因，產生了強烈要求改變俄羅斯社會制度的願望。

---

[4] 鄭超然、程曼麗、王泰玄著，《外國新聞傳播史》，中國人民大學出版社，2000 年，第 204-205 頁。

　　共同的理想將他們緊緊聯繫在一起，他們開始了秘密結社的活動。1816年2月，在他們當中成立了第一個秘密團體「救國協會」，也稱「祖國忠誠弟子協會」。它的創建人都是參加過1812年的衛國戰爭和到國外遠征的彼得堡近衛軍軍官，協會創建人共六人，為首的是上校亞歷山大‧穆拉維約夫，他是著名軍事家尼基塔‧穆拉維約夫的長子，其他人還有：謝爾蓋‧特魯別茨科伊公爵，立陶宛王室後裔；少尉尼基塔‧穆拉維約夫，莫斯科國立大學督學之子，曾在莫大學習，精通多國語言；穆拉維約夫‧阿波斯托爾兄弟，哥哥為馬特委‧穆拉維約夫‧阿波斯托爾，弟弟為謝爾蓋‧穆拉維約夫‧阿波斯托爾，他們的父親是俄羅斯駐西班牙大使，兄弟倆早年就讀於巴黎；伊凡‧雅庫什金，莫斯科國立大學學生。

　　1821年3月，十二月黨人的南方協會在圖爾欽成立，它的主要負責人是彼斯特爾上校，與此同時，以亞歷山大‧穆拉維約夫為首的北方協會在聖彼得堡成立。十二月革命黨人也分為貴族派與共和派。

　　1822年，在聖彼得堡成立了十二月黨人北方協會，北方協會的領導人尼基塔‧穆拉維約夫也為十二月黨人草擬了一個綱領性文件，即人們所稱的《尼基塔‧穆拉維約夫憲法》。這部憲法共有三稿，初稿始於1822年，最後一稿寫於1825年底。由於該部《憲法》更多的表現出其貴族的階級性，再加上北方協會內部政治觀點的分歧，《尼基塔‧穆拉維約夫憲法》從來沒有作為一個統一的綱領性文件被大家所接受。

　　南方協會成立後的主要任務是在堅持共和制的基礎之上，研究十二月黨人的憲法草案，確立共和制的綱領和武裝鬥爭的策略。十二月黨人的憲法草案是由彼斯特爾擬定的，其父是新西伯利亞總督，他自幼受到良好教育，在哲學、政治學、法學等方面都有一定的造詣，富於創造精神和獻身精神。他參加過1812年衛國戰爭，因

作戰勇敢而榮獲多枚勳章。他是一名堅定的共和主義者，認為只有在共和制的條件下，俄羅斯才能有最大的幸福和快樂。

早在 1818 至 1819 年間，彼斯特爾認真研究了許多西歐國家的憲法及共和思想，並結合俄羅斯的實際情況，最後提出了南方協會的憲法草案《俄羅斯法典》。這個綱領性文件的基本原則在 1823 年獲得內部通過。

1. 《俄羅斯法典》主張人生而平等，認為任何人都是為幸福而降生，都是上帝創造的，而認為貴族就是高貴的是不公正的，因此貴族的特權都應該廢除。

2. 《法典》認為，土地是公共財產，當農民獲得解放時，應連同土地一起解放，不需要任何贖金，但《法典》也並不是徹底否定土地私有制，並認為土地私有制應在一定條件之下可以存在。《法典》反對實行君主立憲，主張改變俄羅斯為統一的民主共和國，實行三權分立，國家的立法權屬於選舉產生的人民議會。國家的行政權力屬於人民議會選舉出的五人，任期為五年，由他們組成最高杜馬，並由他們當中的一人出任共和國總統。

3. 《法典》主張廢除等級制，凡年滿 20 歲公民，不受財產的限制，都應享有平等的權利，選舉權同樣不應受財產資格的限制，強調人民在國家生活當中應發揮積極作用，因為俄羅斯人民不是任何人和家庭的用具或財產。相反，政府倒是人民的用具，政府為人民的福利而建立和生存。公民享有政治、宗教信仰、言論、出版、遷徙、經營企業等自由，政府的功能在於大力發展科學、教育和文化。

十二月黨人並沒有考慮到改變國家體制並不會馬上為國家經濟好轉帶來直接的好處。俄羅斯在經歷衛國戰爭之後，國內的經濟發展已經處於非常艱難的境地，儘管俄羅斯已經在彼得大帝時期開始

了西化的過程，只是歷任沙皇在西化的問題上總存在不同形式的分歧，因此西化過程有時快一點，而有時會慢一點。當時，基本上俄羅斯國家體制並沒有影響其經濟的發展。

沙皇政府後來日漸察覺到十二月黨人的革命活動，俄羅斯國內形勢越來越緊急，於是，南方協會和北方協會做出決定：1826 年春天舉行起義。十二月黨人希望利用亞歷山大一世到南方檢閱軍隊時將其暗殺，然後再進軍莫斯科、聖彼得堡，推翻沙皇政府，召開立憲會議。

1825 年 11 月 19 日（俄曆），亞歷山大一世在外出時候突然患病逝世，由於亞歷山大一世沒有後嗣，按照俄羅斯皇位繼承法，應由其弟弟來繼承王位，但他的大弟康斯坦丁堅決不願意繼承皇位，於是宮廷內部為今後由誰出任沙皇展開了一場激烈的鬥爭。經過明爭暗鬥，亞歷山大一世的第二個弟弟尼古拉·帕夫洛維奇即位，即尼古拉一世。

新沙皇尼古拉一世將於 12 月 14 日在聖彼得堡參政院廣場登基，進行宣誓效忠儀式，接受貴族、大臣和軍隊的宣誓。於是十二月黨人決定利用皇統中斷的有利時機提前舉行起義。由於叛徒的告密，彼斯特爾在沙皇登基前一天被捕。十二月黨人決定在 12 月 12 日舉行起義，起義由有軍事經驗的謝爾蓋·特魯別茨科伊為起義總指揮。

十二月黨人制定了《向俄羅斯人民宣告》（全稱為：《關於在俄羅斯實行新的管理制度向俄羅斯人民宣告書》），該份文件為 12 月 14 日起義的政治綱領。該宣言明確宣佈，舉行起義的目的是打倒沙皇政府，廢除農奴制，消滅等級制；給與人民充分的自由，包括出版自由、宗教自由、職業自由、遷徙自由及審判公開等等；實行普遍的義務兵役制度、縮短服役年限、廢除常備軍、募兵制和軍屯制。十二月黨人還提出，在推翻沙皇政府之後，將要建立臨時政府，

並由臨時政府召集人民代表會議，決定俄羅斯今後的國家制度，是建立共和制還是實行君主立憲制。

12 月 14 日晨，十二月黨人來到廣場，但在武裝起義的關鍵時刻，原定的總指揮謝爾蓋・特魯別茨科伊認為起義沒有絕對的把握而臨陣脫逃，後尼古拉一世調兵遣將，軟硬兼施，最後命令炮兵向起義者開火。12 月 14 日參政院廣場起義失敗的消息，很快傳到了十二月黨人南方協會，但南方協會決定依然按照原定的計劃發動起義，12 月 29 日，謝爾蓋・穆拉維約夫和阿波斯托爾領導了車爾尼哥夫軍團起義，起義者宣傳共和思想，號召人民起來推翻沙皇專制制度。1826 年 1 月 3 日，沙皇政府調集軍隊，鎮壓了這次起義。

在十二月黨人的起義當中，有 579 人被捕，其中的 121 人被提交法庭進行審判，他們包括謝爾蓋・穆拉維約夫、雷列耶夫、彼斯特爾等重要領導人。

總體觀之，自 18 世紀初期至 20 世紀初期的帝俄時期，知識份子與政權的互動關係是複雜緊張的，在莫斯科國立大學發行的報紙基本上都為知識份子閱讀，此時人民卻沒有權利來介入俄羅斯整體的新聞發展進程，而前蘇聯時期新聞的發展普遍上已經融入了人民的因素，前蘇聯媒體為人民素質的提高起到了決定性的作用。

但問題是在 20 世紀的八十年代，蘇聯已經走到了整體國家轉型的階段，八十年代中期國家的表面問題是經濟長時間沒有增長，但實質性的問題是國家領導認為政治改革高於經濟改革，最終使得國家各項公權力與權威機關都淪為政治鬥爭的工具或場所，此時蘇聯媒體並沒有回轉到媒體以人為本的基本原則。

九十年代，俄羅斯總統葉利欽在媒體改革初期似乎已經注意到這些問題，但葉利欽卻重蹈彼得一世之前所犯的錯誤，葉利欽總統在改革的初期並沒有注意到維護人民的基本權利，人民為改革付出高昂代價的同時並沒有得到相當的補償。

時至今日，法國及西方各國的思想家仍然深深影響現代的俄羅斯媒體人，在莫斯科國立大學西方哲學是唯一在學士、碩士、博士都必須學習的通識課程，同時西方與俄羅斯思想家的思想分別以不同的形式加入到各個階段的學習當中，可以說在各階段的學習當中我們會對西方的思想家產生不同深度、不同層次、不同方向的思考。

十二月黨人當時所常用的一些寫作方式仍是現代俄羅斯媒體人主要採用的方式之一。十二月黨人的《俄羅斯法典》與《尼基塔·穆拉維約夫憲法》的部分立法思想基礎成為日後俄羅斯聯邦在 1992 年成立之後立法基礎的一部分，而 1991 年 12 月 27 日俄羅斯聯邦最高蘇維埃所通過的《傳媒法》同樣具有這兩部憲法的影子。非常不幸的是，俄羅斯《傳媒法》建立在國內政治鬥爭的最終結果的基礎之上，許多法律所賦予媒體的自由是在沒有任何實踐的情況下憑空想像出來的，而在很多情況之下俄羅斯國經濟的發展並不允許媒體無條件的自由，媒體應當在內部管理機制提升的基礎之上進行有效的報導。現在只有當普京政府集中力量發展經濟之後，媒體的自由性與公開性才有可能發揮出來。

第二節　普希金開創俄文現代寫作的新紀元

俄羅斯傑出詩人普希金不僅是俄羅斯文學的奠基者，更是近代俄羅斯文學語言的創建者。他的文學生活在整個俄羅斯文學發展上佔有極其重要的地位，他使俄羅斯文學在十九世紀上半期短短的時間，就走完了西歐幾世紀才走完的路。普希金是自由的歌手，他繼承並發展了拉吉舍夫、十二月黨人反對專制、農奴制的傳統。

詩體小說《葉甫根尼·奧尼金》是普希金用八年的時間完成的主要代表作品之一，是俄羅斯文學的典範。他以深刻的思想內涵和

高超的藝術表現力，再現了 19 世紀 20 年代的俄羅斯社會的各個階層，在小說中幾乎每一個俄羅斯人都會從主人公葉甫根尼‧奧尼金身上找到自己的弱點，這使俄羅斯現實主義文學創作達到了高峰。詩體小說《葉甫根尼‧奧尼金》的故事構思非常近似於中國文學大師魯迅先生的《阿 Q 正傳》，其中普希金使用的語言近似於俄文中的所謂白話文，在普希金以前，俄語基本上屬於市井語言，而俄羅斯上層社會則普遍使用法文，因此俄文的書寫主要是一些宗教語言，它與會話語言有著非常大的不同。直到現今還有一般俄羅斯人當接觸到文書語言或檔案語言時，自己常常不能書寫出單位所需的材料形式的情況。普希金的文章可以說開通了俄羅斯各個階層相互溝通的渠道，在前蘇聯時期，政府利用俄羅斯各個時期的詩集，展開全民的文化普及工作，在前後三十年的努力之後，蘇聯在六十年代開始成為全世界文化水平較高的國家之一。

歷史小說《上尉的女兒》，在廣闊的歷史背景之下描寫了俄羅斯歷史上規模最大的農民戰爭普加喬夫農民起義，小說生動地描述了體現人民意志的農民領袖的形象，同時對小人物形象的深刻描述也激起廣大讀者的同情心。

《黑桃皇后》揭露了聖彼得堡上層社會的腐朽，主人公蓋爾曼為了獲取金錢，滿足他貪婪的野心，去追求 82 歲的伯爵夫人，小說反映了迅速成長的資產階級新型社會關係。

別林斯基對普希金給予了崇高的評價，他認為：只有從普希金起，才開始有了俄羅斯文學。普希金促進了民間語言和文學語言的結合，以俄羅斯人民的語言，以普通的口語，作為俄羅斯文學語言的基礎，致力於俄羅斯人民語言的建立，從而有力地促進了俄羅斯文學的發展。在談及散文寫作時，他認為：準確和洗煉，是寫散文的首要訣竅，散文需要的是思考再思考，離開思考任何美麗的詞語全無用。

　　蘇聯著名作家高爾基在 1934 年的《真理報》上就指出：……編輯們應多少懂一點文學史。然後，編輯還應當多少知道一些最基本的常識，一切話語都是從工作、勞動中產生的，因為語言是事實的骨架、肌肉、神經和皮膚。由此可見，語言的準確、鮮明和樸實，對於正確清晰地描寫人所創造的事實過程和事實對人的影響程度是不可缺少的[5]。看來高爾基與羅蒙諾索夫、普希金的思維有異曲同工之妙。

　　普希金以自己簡單深刻的語言表明了當時俄羅斯的社會現狀，至今普希金式的語言仍然影響俄羅斯新聞記者的語言及寫作特色。每一個莫斯科大學新聞系的學生在學士學習期間，必讀普希金的詩集及三篇小說：《葉甫根尼‧奧尼金》、《黑桃皇后》和《上尉的女兒》，學生對於小說的閱讀與理解能力是新聞系課程設置的重點。

　　在現代俄羅斯印刷媒體的寫作方式當中，文章的簡潔程度與探討深度成為報導的標準之一，而文章在最後總結評論的深度則是報導成功與否的關鍵所在。連帶廣播電視媒體的主持人往往會在新聞播報的結尾加入自己的觀點，藉此彰顯主持人的分量。例如獨立電視臺前主持人基辛廖夫則自己專門主持一檔一小時欄目《總結周評》，在該欄目中基辛廖夫經常發表個人見解，於 1997 年當新西伯利亞鋁廠的股權不明時，基辛廖夫在電視臺公開表明自己的立場，並表示他本人不會懼怕任何勢力的威脅，這包括其中的暗殺活動，以彰顯其對新聞媒體的貢獻。

---

[5]　高爾基著，王庚虎譯，《高爾基——論新聞和科學》，文《編輯應懂點文學史和基本常識》，原文最初發表在 1934-1935 年的《真理報》與《消息報》上，原題為《文學遊戲》，新華出版社，1981 年，第 91 頁。

第三節　赫爾岑與別林斯基的新聞實踐特點

亞歷山大・伊凡諾維奇・赫爾岑為俄羅斯自由派思想家，是俄羅斯近代新聞教育的啟蒙者之一。他 1812 年出生於莫斯科的貴族家庭，十二月革命黨人武裝起義以及沙皇政府的殘酷鎮壓使得赫爾岑的世界觀產生了決定性的影響。

在莫斯科國立大學學習期間，赫爾岑和奧格廖夫組成了專門研究社會政治問題的學習小組[6]，他們以十二月黨人為榜樣，希望它能成為一個秘密團體。1834 年，赫爾岑、奧格廖夫及他們小組的成員，被沙皇政府認為是「危險的自由主義者」而被捕。1840 年，赫爾岑從流放地回到莫斯科，他開始積極投入反對農奴制的鬥爭中去，成為俄羅斯革命民主主義運動的領導者。

一、赫爾岑：追求真理的新聞實踐者

1841 年至 1842 年，赫爾岑第二次被沙皇政府流放，在此期間他深入地研究了德國古典哲學，並間接地接受了黑格爾哲學的合理內涵，並將辨政法稱為「革命的代數學」，同時他對唯心主義、神秘主義的哲學體系進行了尖銳的批評，在馬克思主義以前的哲學家中，赫爾岑最早對黑格爾唯心主義哲學體系提出了自己的建議。

1842 年，赫爾岑定居莫斯科之後，他開始有了較為穩定的生活，在這期間著有哲學文集《科學中的華而不實作風》、《自然研究通

---

[6] 俄羅斯十八世紀與十九世紀的教育當中，在莫斯科大學非常流行成立研究小組，這些學生小組主要是為了研究俄羅斯已經出現的嚴重社會問題，1992 年後，莫斯科大學的各種研究小組如雨後春筍般出現，但這些小組的功能則轉變為如何使大家更加適應巨變的社會。

信》，此時赫爾岑還完成了中篇小說《克魯波夫醫生》、《偷東西的喜鵲》和長篇小說《誰之罪》。赫爾岑在《誰之罪》中深刻地揭露了農奴主的殘暴專制，廣大人民的悲慘遭遇，脫離人民大眾的知識份子的軟弱無能，值得指出的是當時的俄羅斯知識份子大部分還對沙皇內部開始自覺的改革抱有一些希望，知識份子認為最後俄羅斯會實行君主立憲制。但沙皇政府為了保住政權而實行進一步的殘酷鎮壓政策，這使得知識份子的尊嚴與創造力被摧殘殆盡，而人民在精神上也被套上沈重的枷鎖。《自然研究通信》發表在 1845～1846年的《祖國紀事》雜誌上，這是赫爾岑深刻批判唯心主義哲學，系統表述哲學唯物主義世界觀的代表作。

1847 年赫爾岑被迫離開俄羅斯，僑居法國、義大利和瑞士，成為政治上的流亡者。赫爾岑在觀看過 1848 年法國整個的大革命過程之後，他得出結論，俄羅斯不能像其他西歐各國一樣通過資產階級革命消滅農奴制和專制制度，俄羅斯只能通過自己特殊的農民村社的非資本主義道路，來解決俄羅斯的問題。1849 年，赫爾岑發表《俄羅斯》，論述了通過農民村社作響社會主義的觀點，赫爾岑因此成為俄羅斯民粹理論的奠基者之一。

1852 年赫爾岑移居到英國，建立「自由俄羅斯印刷所」，創辦《北極星》、《鐘聲》等報刊，赫爾岑基本上繼承了十二月革命黨人所開創的事業，號召人民推翻沙皇專制制度，消滅農奴制。這些報刊被秘密運送回國，這對俄羅斯解放運動的發展起到了積極促進作用。

赫爾岑在晚年完成了大型回憶錄《往事與隨想》，赫爾岑說它是「歷史偶然出現（在）他道路上的一個人身上的反映」，赫爾岑將自己的生活道路、思想發展與一系列重大歷史事件緊密聯繫在一起，再次生動地表現了一生追求真理，渴望自由、民主的堅定信念。

　　列寧說，赫爾岑不能在四十年代的俄羅斯內部看到革命的人民，這並不是他的過錯，而是他的不幸[7]。在此我們可以感覺到當時列寧為能夠解決俄羅斯內部問題而深感欣慰的感情。赫爾岑雖然是一個偉大的思想家，但他看不到人民的力量，不相信人民的力量，赫爾岑基本上看到了俄羅斯沙皇統治體系確實面臨改變的十字路口，但以赫爾岑所進行的改革行動，可以肯定這確實不足以穩定地大物博的俄羅斯人民大國主義思想，而後來列寧領導布爾什維克黨所進行的十月革命卻真正以強大的思想內涵、政黨來確保變革後的俄羅斯政治的穩定性，十月革命可以說是俄羅斯十二月黨人政變之後最成功的革命。所以他雖然走到了辯證唯物主義的跟前，卻在歷史唯物主義前面停住了。

二、別林斯基革命民主主義倡議者

　　維薩里昂・格利高利維奇・別林斯基，1811 年生於一個海軍軍醫的家庭，本薩省人。1829 年進入莫斯科國立大學語文系學習，1832 年因組織進步學生文學團體，撰寫反對專制制度及農奴制度的文學作品，鼓吹革命思想而被學校開除。自 1833 年為《望遠鏡》雜誌及其增刊《雜談報》撰寫稿件。1838 後，他先後在《莫斯科觀察家》、《祖國紀事》、《現代人》等雜誌工作。他撰寫了大量反對專制制度和農奴制的文章，廣泛團結俄羅斯思想界的進步力量，熱情宣傳革命民主主義思想。

　　三十年代時，別林斯基是一名唯心主義的啟蒙主義者，他將俄羅斯的前途寄託於發展社會的啟蒙教育，以及加強完善道德修養上。別林斯基在《論教育》的論文中寫道：為了達到可能的完善地步，人類就應該利用科學教育來教育自己的心靈，用美術所造成的

---

[7]　《列寧選集》，第 2 卷，人民出版社 1959 年，第 421 頁。

崇高而卓越的影響來提高這個主題。為了生活有明確的方向，為了
培養心靈，為了啟發智慧，就需要有更加良好的教育。此時，別林
斯基將俄羅斯的前途寄託於發展社會啟蒙教育上的思想應該是可以
理解的，因為莫斯科大學在羅蒙諾索夫初期創建時，語文系就是大
學的主要科系之一，而羅蒙諾索夫創建莫大的初衷就是要普及俄羅
斯的高等教育，直到現今莫大的語言文學系仍然還保持著這項傳統。

　　別林斯基從唯心主義的認識出發，在政治上採取一種調和主義
的立場，他認為既然沙皇制度和農奴制度仍然存在，那麼他就有存
在的理由，就有「合理必然性」。但十九世紀四十年代，歐洲革命
運動此起彼伏，別林斯基的思想深處受到震動，他後來講：我詛咒自
己想和卑鄙的現實妥協的那種卑鄙的願望……我的天啊，想到了我那
時的狂熱病或精神錯亂，真是可怕，我現在好像一場大病初癒的人[8]。

　　1847 年 7 月 15 日，別林斯基在寫給果戈里的信中，集中闡述
了他的革命主義思想，在信中，別林斯基對於果戈里吹捧專制制度、
農奴制的言論，進行了針鋒相對的批評，他認為神秘主義的狂熱不
是俄羅斯人民的本性，相反，他們有足夠健全的理解力，有清晰明
確的智慧，他強調擺在俄羅斯人面前的任務不是說教，不是祈禱，
而是行動起來，推翻專制制度和農奴制度。他說：您沒有認識到，
不是在神秘主義、禁慾主義和虔信主義裏面，而是在文明、開化和
人道的進步裏面，俄羅斯才能夠得救，俄羅斯所需要的不是教誨，
不是祈禱，而是從人民中間喚醒幾世紀來埋沒在淤泥和塵芥裏面的
人類尊嚴，爭取不依從教會學說，但卻依從常識及正義的權利與法
則，並盡可能嚴格地促進其實現[9]。

---

[8]　《蘇聯史》，涅奇金娜主編，第 2 卷第 1 分冊，三聯書店 1957 年版，第
　　220-221 頁。
[9]　《十八至十九世紀俄國哲學》，北京大學哲學系編，商務印書館，1987
　　年版，第 300 頁。

　　40年代，別林斯基與「官方人民性」理論及「斯拉夫派」的理論進行了不調和的論戰，通過這場論戰，別林斯基將先進的知識份子廣泛地團結在自己的周圍。別林斯基駁斥「斯拉夫派」對俄羅斯人民的偏見，在「斯拉夫派」看來，俄羅斯人民熱愛自己的祖國，那就是心甘情願地做沙皇馴服的奴隸。別林斯基認為這實際上是為專制制度和農奴制度在做辯護，企圖使這些野蠻的制度永久的存在下去。別林斯基對信奉和吹捧西方資本主義文明，盲目崇拜西方社會的言論也進行了有力的辯論。別林斯基基本上已經擺脫了唯心主義和神秘主義歷史觀的影響，並開始用唯物主義的觀點來認識人類歷史進程。

　　蘇聯解體之後，俄羅斯新聞教育最後的避難所就回歸到這一時期，莫大新聞系在課程的安排上主要以帝俄時期的新聞傳播研究、現代俄羅斯新聞傳播法及西方傳播理論為主。在前蘇聯時期，新聞教育主要強調各個時期新聞人反沙皇的一面，但對於帝俄時期新聞的多元化發展重視不足，探究現在俄羅斯聯邦新聞的發展主要還是要將繼承帝俄時期的新聞發展納入考量，我們可以發現俄羅斯聯邦如果完全照搬英、美媒體發展模式的話，在欠缺本國國情的思維基礎的情況下，媒體發展一定會陷入混亂當中。

第九章
俄傳播自由初步實踐的若干問題

　　俄羅斯媒體轉型的過程主要有兩個方面：新聞的產出由國家新聞檢查轉向寡頭利用商業趨向進行控制，國家作最後的把關；在媒體管理方面，由國家經營轉為商業經營，最後俄羅斯媒體成為國家控股商業管理的模式。二十世紀的九十年代是俄羅斯新聞傳播體系建立與形成的時期，西方實踐多年的新聞理論和傳播觀念開始在俄羅斯落地生根，其中關於俄羅斯媒體（特別是國營媒體）報導公眾事務的問題、媒體接近使用權和公民知情權的立法保障在政治體制轉軌過程中均逐漸受到重視，俄羅斯立法機關制訂了相關傳播法律，以填補前蘇聯時期新聞專門法付之闕如的現象。

　　俄羅斯媒體報導自由化與公眾化的初步實踐顯示，各級政府權威機關、媒體經營者與專業媒體人之間對於新聞自由的理解、傳播內容的取向以及採訪範圍的界定等都存在著一定的落差與鴻溝，媒體的所有者寡頭與所謂的媒體人在執行新聞自由的過程當中加入了過多的個人因素，這樣俄羅斯民眾看到的新聞自由就由犯罪新聞與為人事鬥爭需要的高官醜聞成為新聞的主角，甚至後來莫斯科還出版了以報導高官醜聞為主要內容的報紙，這份報紙叫：《完全機密報》，該報在莫斯科市的銷售量非常好。

　　蘇聯解體前夕，戈巴契夫提倡改革開放就已經為俄羅斯聯邦媒體經營多元化奠定了初步基礎。1990 年 2 月，蘇共中央全會取消共產黨對國家的法定地位，並實行總統制和多黨制，同年 6 月 12 日，第一次俄羅斯蘇維埃聯邦社會主義共和國人民代表大會通過了國家

主權宣言，決議由當時的俄最高蘇維埃主席葉利欽領導起草新憲法，第一部俄羅斯聯邦新憲法草案改變了國家的性質，由社會主義全民國家改為「主權的、民主的、社會的、法治」的國家，同一天，蘇聯最高蘇維埃通過了《出版與其他大眾傳播媒體法》，禁止新聞檢查制度。如此一來，俄羅斯主權的獨立性與大眾傳播自由的機制同時出爐了[1]。

第一節　相關傳播法規的出檯

蘇聯時期由葉利欽主導俄聯邦最高蘇維埃起草通過的《出版與其他大眾傳播媒體法》宣佈：「蘇聯憲法保障公民言論與出版自由，標誌用任何形式，其中包括透過出版刊物和其他大眾傳播媒體發表意見和見解，搜集、選擇、獲得、傳播新聞和思想的權利」與「禁止新聞箝制」。該法還規定：「創辦大眾傳播媒體的權利，屬於各級人民代表蘇維埃和其他國家機關，屬於各政黨、社會組織、群眾運動、創作協會、合作社、宗教團體、公民、聯合組織、勞動集體以及年滿 18 歲以上的蘇聯公民[2]。」如此一來，蘇聯傳媒法直接對媒體的創辦經營權與所有權鬆綁。

現行的《大眾傳播媒體法》（О средствах массовой информации）的主體結構延續《出版與其他大眾傳播媒體法》，是蘇聯解體後獨立

---

[1] Батурин Ю.М. (1991). Федотов М.А., Энтин В.Л. Закон о средствах массовой информации. Республиканский вариант. Инициативный авторский проект. М.: Юридическая литература, с. 24. (巴圖林、費德羅夫、恩欽，《評鑒出版與其他大眾傳播媒體法》，莫斯科：法律索引出版社，1991 年，第 24 頁。)

[2] Закон СССР о средствах массовой информации, М.: Юридическая литература, 1990，с. 170－184. (《蘇聯新法編》第二冊，莫斯科：法律索引出版社，1990 年，第 170-184 頁。)

的俄羅斯聯邦共和國頒佈施行的俄羅斯聯邦法案，該傳媒法由當時的人民代表大會[3]與最高蘇維埃[4]審理通過，再遞交給聯邦總統葉利欽於1991年12月27日簽署生效執行。

　　《大眾傳播媒體法》第一條是大眾傳播自由，該條規定在俄羅斯聯邦境內搜尋、獲得、製造、傳播資訊以及籌設大眾傳播媒體不應受到限制，除非其他關於傳播的相關聯邦法律規定不得違反之。此外，第二條與第四條則明確規定禁止新聞檢查制度與禁止濫用新聞傳播自由，《大眾傳播媒體法》顯示了當初俄羅斯改革新聞傳播活動與追求新聞自由的立法精神與浪漫思想。該法不但奠定俄羅斯獨立後新聞傳播自由的法制基礎，且符合俄羅斯憲法保障人民思想與言論自由的精神[5]。傳播法出檯後的俄羅斯媒體與政權關係遂進入蜜月、對立、整合的實踐階段。

---

[3]　俄羅斯聯邦總統葉利欽於一九九三年九月二十一日，宣佈終止俄羅斯聯邦人民代表大會與最高蘇維埃的立法與監督職能，停止召開人民代表大會會議。一九九三年十月八日，俄羅斯中央官方報紙《俄羅斯報》公佈了《一九九三年俄羅斯聯邦聯會議國家杜馬選舉條例》，按照該條例的規定，一九九三年十二月十七日俄羅斯聯邦選舉產生了首屆國家杜馬。一九九三年十二月二十五日俄羅斯聯邦現行憲法公佈生效後，按照俄羅斯聯邦憲法規定，一九九五年六月通過了《俄羅斯聯邦聯會議國家杜馬代表選舉法》，第二屆聯會議國家杜馬代表於一九九五年十二月十七日選舉產生，以後各屆國家杜馬代表也將按法規定直接選舉產生。＊國家杜馬是俄羅斯議會下院的名稱。

[4]　一九九三年十月八日，俄羅斯中央官方報紙《俄羅斯報》公佈了《一九九三年俄羅斯聯邦會議聯邦委員會選舉條例》，一九九三年十二月首屆聯邦委員會按規定選舉產生。一九九五年十二月，按照憲法規定通過了《俄羅斯聯邦聯邦會議聯邦委員會組成程式》，第二屆與以後各屆聯邦委員會將由八十九個聯邦主體各派兩名代表組成。＊聯邦委員會為俄羅斯議會上院的名稱。

[5]　Правовое поле журналиста. Настольная справочная книга, М.: Славянский диалог, 1997, с. 95 .（俄羅斯聯邦憲法第二十九條。請參閱《記者法律總覽》。莫斯科：斯拉夫對話出版社，1997年，第95頁。）

　　然而，俄羅斯傳媒法並不完善，屬於俄羅斯政治體制轉型期中一部過渡型的聯邦法，裏面仍存在著對媒體的限制性條款，對經營者與編輯部許可權劃分也不明確。不過該法直接促進了新聞傳播活動的蓬勃發展。但也由於立法本身缺乏實踐的基礎，帶來了政權與媒體之間政治、經濟與法律的新問題，比如新聞檢查制度取消了，國家不再完全直接壟斷與管制媒體事業，但在政府欠缺管理媒體的具體制度與管理經驗的空窗期之下，媒體所有權集中與跨媒體的商業性媒體壟斷集團卻逐步形成。

　　再者，由於傳媒法當中缺乏對媒體事業做出合理股份比例的限制規定，這使得媒體市場變得相當不公平，政府和銀行家與企業主成為媒體的所有者，小的媒體經營者沒有生存的空間，媒體「自由意見的市場」無法形成。俄中央政府與國營企業以官股身份直接參與媒體事業，政府釋出國營中央電視公司股權和有限的無線電視頻道，而銀行家與企業主也以金融工業集團的形式加入媒體經營，與政府分占電視版圖的半邊天。官股與銀行界經營商業媒體的方式取代了蘇聯時期共產黨中央完全操控黨營媒體的機制，大眾傳播媒體以商業經營形式影響並重新塑造社會輿論與價值觀。俄政府放任跨媒體經營的結果，形成了媒體帝國與金融寡頭，由於寡頭涉入政治與金融太深。造成政府推動政治與經濟改革欲振乏力，這也就是日後普京當局重振俄國國力的同時必須以欺詐、逃漏稅等罪名拿金融寡頭開刀的原由。普京當局迫使寡頭退出掌握媒體事業的市場壟斷結構，以俄羅斯國家電視臺作為政府主要的宣傳管道，負責塑造與影響「公共新聞」的報導尺度與內容取向。

第二節　媒體報導公眾新聞的立法特點

關於俄羅斯發展新聞自由的理念主要可由以下幾項立法得以確立施行，1991 年 12 月 27 日，人民議會通過了《大眾傳播媒體法》，該法是蘇聯解體後獨立的俄羅斯聯邦共和國頒佈運行的新聞傳播聯邦專門法案，其地位相當於俄羅斯新聞傳播領域中的小型憲法，《大眾傳播媒體法》第一條是大眾傳播自由，該條規定，在俄羅斯聯邦境內搜尋、獲得、製造、傳播資訊以及籌設大眾傳播媒體不應受到限制，除非其他關於傳播的相關聯邦法律規定不得違反之，此外，第二條與第四條則明確規定禁止新聞檢查制度與濫用新聞傳播自由，《大眾傳播媒體法》顯示了當初俄羅斯改革新聞傳播活動與追求新聞自由的立法精神。

有關於保障傳播活動的規定還出現在新憲法和其他的聯邦法規之中。1993 年 12 月 20 日，俄中央選委會公佈投票結果，宣佈 12 月 12 日全民對憲法草案進行公投的結果，有 58.4％贊成、41.6％反對，12 月 25 日葉利欽總統簽署通過施行俄羅斯聯邦憲法，其第十三條承認意識型態多元化以及第二十九條確立了保障人民思想與言論自由的精神。1995 年 1 月 13 日及 2 月 20 日由葉利欽總統簽署生效施行立法機關通過的《國有媒體報導國家政權行為秩序法》和《關於資訊、資訊化與資訊保護法》，確立了媒體平等接近使用權和公民知情權的原則。其顯示俄羅斯規範與協調政府、媒體和公眾之間關係的具體措施。其中，《國有媒體報導國家政權行為秩序法》是俄羅斯政府走向民主法治國家中一項重要的傳播法案，這使俄羅斯政府在銜接共產媒體與資產媒體的轉型過程中，不至於讓政府政策陷入無法傳遞的困境中，一方面也能體現政府政策反應社會需求的初步嘗試，傳媒法是邁向透明化與法制化的必然產物。

　　俄傳媒法中關於自由與民主理論的引入，主要是建立在民眾對媒體接近與使用的自由程度而言，因此，俄羅斯自由民主派的媒體人認為，真正民主機制的政權必須要為民眾落實政治參與提供必要的條件，法制上確保與維護自由塑造社會輿論是人民自由行使政權的必要條件，也就是以立法的機制預防政治行為者利用媒體來操控社會輿論。保證自由塑造輿論的形式包括制訂政府部門資訊公開的陽光法案，以確保公民獲取足夠關於政府機關、政黨和社會團體資訊的權利，達到滿足受眾關於切身利益的知曉權利；以及從法制上確保所有政治黨派和社會團體都有平等接近與使用媒體的機會，因為媒體接近權是廣大受眾反饋資訊與更正報導、恢復名譽的必要途徑。

　　俄羅斯立法中關於更正權的部分，俄羅斯聯邦法《大眾傳播媒體法》第四十三條（更正權）、第四十四條（更正秩序）、四十五條（拒絕更正的基本條件）和四十六條（答覆權）都有相關的規定。此外，俄羅斯聯邦法《關於資訊、資訊化與資訊保護法》中第十二條（實現使用資訊資源的資訊接近權）、第十三條（保障提供資訊）、第十四條（公民與組織接近與其相關的資訊）、第二十四條（保護接近資訊的權利）都有關於接近媒體使用權的規定[6]。

　　1995 年 1 月 13 日由葉利欽總統簽署施行的聯邦法案《國有媒體報導國家政權行為秩序法》，其主要是負責協調國營媒體在傳播關於國家機關消息和資料時出現的問題。該法構成俄羅斯立法體系中重要的一環，是實踐民眾知情權和資訊接近權的具體法案，是俄羅斯政府邁向資訊公開化、體制法制化和民主化的必須作為。由於今日新聞媒體已經具有多種型態，影響力龐大，新聞自由多引申自

---

[6]　Правовое поле журналиста. Настольная справочная книга. — М.: «Славянский диалог», 1997. （請參閱《記者法律總覽》，莫斯科：斯拉夫對話出版社，1997 年）

言論自由與出版自由的概念，先進國家則以資訊公開法來要求政府機關公開會議記錄以保障記者的搜集資訊和採訪權利以及公民的知情權利。所以，轉型中的俄羅斯傳媒法是一部充滿自由化理想的法律，它並沒有真正使人民的自由意見得以完整體現，反倒是政治人物、媒體精英與媒體寡頭意見集中體現與爭執的地方，傳播自由使得這些人首先得到發言的話語權，影響著俄羅斯政局發展的輿論走向。

俄羅斯國會－杜馬於 1995 年 1 月 25 日通過《關於資訊、資訊化與資訊保護法》，同年 2 月 20 日由總統葉利欽簽署生效。俄國的《關於資訊、資訊化與資訊保護法》第二十四條（保護接近資訊的權利）第一款中就提及，拒絕公開信息或是提供使用者明顯錯誤的資訊可以向法院提出申訴進入司法訴訟程式，同時該條法律第三款規定，國家政權機關的領導人或是其他公職人員非法接近資訊或是違反資訊保護法的規定，就必須負起刑事或是行政法上的責任[7]。

在九十年代的轉型過程中，俄羅斯媒體已漸發展成為獨特的階層，具有獨立的編輯權和經營權，儘管如此，不論從媒體權威的樹立或是市場版圖的佔領，媒體的存在來自於受眾的支援程度，亦即媒體的資訊內容必須與民眾的需求緊密結合，積極發揮以民為本的精神。然而，在市場競爭的機制之下，俄政府雖擺脫了媒體經營的盈虧負擔，但媒體對自然資源的取得則仍有賴於媒體與政府機關和政治人物之間一種亦敵亦友的戰略性夥伴的互動關係，媒體掌握了對公眾事務報導的主導權，政府機關或政治人物也無法完全操控媒體資訊內容的方向和尺度，政府與媒體之間產生的衝突有所增多，這有別於原蘇聯報業是具有完全黨性的機關和宣傳機制的獨特

---

[7]　Правовое поле журналиста. Настольная справочная книга. — М.: «Славянский диалог», 1997, с. 233～234.（請參閱《記者法律總覽》，莫斯科：斯拉夫對話出版社，1997 年，第 233-234 頁。）

性。因此，九十年代是俄羅斯民眾、媒體和政府關於資訊處理關係
建立的重要階段。

第三節　國有媒體報導公共事務的責任

　　俄政府相當注重國家廣播電視媒體在傳播領域中的主導地位，
《國有媒體報導國家政權行為秩序法》正是保障國家廣播電視臺在
宣傳政策的機制中佔據絕對的優勢。大眾傳播媒體（特別是國營媒
體）報導國家政權活動與政黨行為是保障社會大眾被告知關於公眾
事務的權利，透明與公正的報導能夠讓民眾瞭解國家機關是否有確
實保障公眾的利益以及政黨在國會殿堂中問政、審議法案的情況。
因此，國家行政與立法等權威機關有責任告知民眾他們解決社會時
弊的方案與途徑。

　　西方傳播學者戴逸區把政府與媒體之間的傳播鏈視為政府政策
的神經中樞，他認為唯有將所有關於政治活動的傳播行為模式化，
才能有效控制傳播[8]。此外，政治學家伊斯頓（David Easton）把政治
環境看作是一個輸入（inputs）與輸出（outputs）迴圈性的政治系統，
輸入是指被統治者對政府當局的要求或支援；輸出是指政府當局的
決策、政策和服務，政治系統的持久性取決於統治者施政表現和被
統治者支援度的關係[9]。伊斯頓認為，大眾傳播媒體是民眾與政府之
間一個重要的管道，其所形成的渠道（channels）是政治系統中不可

---

[8]　Deutsch, Karl. The Nerves of Government: Models of Political
Communication and Control, New York：Free Press, 1963.

[9]　Easton, D.. An Approach to the Analysis of Political System, New York:
World Politics, 1953、A System Analysis of Political Life, New York: Wiley,
1965、A Framework for Political Analysis, N.J.: Prentice-Hall, 1965.

或缺的結構[10]。此外，歐洲學者布姆勒（Blumler）認為政府、法律、政黨、利益團體、社團機構、媒體組織、公眾之間的互動關係構成政治傳播的主體，呈現政府、媒體、受眾之間以及媒體組織內經營者、編輯、記者之間的三角關係[11]。

公共事務大抵上包含了政府所屬的公共部門及有關的活動，即包含政府機關、立法機構、司法單位及其各種政治過程。「公共新聞」是有關於公眾事務的報導，如何正確與客觀地報導「公共新聞」的確能夠影響大眾的權益，因此，專業的媒體記者確實掌握對公眾事務的瞭解，才能滿足閱聽眾的需求。

俄傳媒法第三十八條關於記者獲取資訊的資訊接近權利，要求國家機關與機構、社會公眾團體以及相關公職人員要提供媒體編輯部詢問工作事宜的消息，資訊提供方式可以召開新聞發佈會、記者招待會、發送資料冊與資料材料或其他形式等等[12]。俄傳媒法三十九條諮詢資訊中提及，除了國家規定的機密而外，媒體編輯部有權詢問政府機關工作事宜的相關資訊[13]。若政府機關拒絕或延遲提供資訊，也必須一週或指定工作日內提供說明拒絕的原因，或是決定延遲提供資訊資料的日期，並且注明決定延遲的日期和主要負責決定者的主管姓名[14]。

---

[10] Easton, David. A System Analysis of Political Life, New York: John Wiley & Son, 1967, p. 118．

[11] Blumler. Western European Perspectives on Political Communications: Structures and Dynanmics. European Journal of Communication, Vol.5, 1990., p. 261-284.

[12] Закон «О СМИ», статья 38. Право на получение информации. （傳媒法第三十八條：資訊接近權）

[13] Закон «О СМИ», статья 39. Запрос информации.（傳媒法第三十九條：資訊諮詢）

[14] Закон «О СМИ», статья 40.Отказ и отсрочка в представлении информации.（傳媒法第四十條：拒絕與延期提供資訊）

　　俄傳媒法賦予媒體在監督政府政策上的主動權，不過，政府機關與媒體人的衝突就是來自於對傳媒法中關於傳播自由理解的差距。俄傳媒法中充滿了對於落實民主的保障，第一部傳媒法主要傳達的訊息就是，真正民主機制的政權必須要為民眾落實政治參與提供必要資訊來源的條件，有鑒於此，俄羅斯聯邦憲法第三十二條[15]為俄羅斯公民參與政治提供法制上的基礎。在民主法治的國家裏，全面且有效保障民眾知情權利有賴於大眾傳播媒體報導國家政權與政黨行為，以及媒體需具有維護政治多元化之公平且透明的機制。這是社會與國家民主發展進程中不可或缺的必要條件。換言之，若是民眾知的權利無法徹底地落實，那麼民眾參與管理國家事務的願望便無法實現，公民社會也就永遠不會到來。

　　俄羅斯憲法第三條[16]賦予公民行使政權的權利，法制上確保維護自由塑造社會輿論是人民自由行使政權的必要條件，也就是以立法的機制預防政治行為者利用媒體來操控社會輿論。保證自由塑造輿論的形式包括確保所有政治黨派和社會團體都有平等接近與使用媒

---

[15] 俄羅斯聯邦憲法第三十二條如下：
1. 俄羅斯公民有直接或是透過代表參與管理國家事務之權利。
2. 俄羅斯公民有選舉或被選舉進入國家與地方自治機關，同時參與全民公投之權利。
3. 被法院宣告無行為能力者，以及被法院判決羈押喪失自由者與被褫奪公權者，沒有選舉和被選舉之權利。
4. 俄羅斯公民有同等機會擔任國家公職。
5. 俄羅斯公民有參與司法審判之權利。
[16] 俄羅斯聯邦憲法第三條規定：
1. 俄羅斯聯邦主權所有者與政權唯一的來源是她的多民族全體人民。
2. 人民直接行使屬於自己的政權，以及透過國家政權機關和地方自治機關行使之。
3. 全民公投和自由選舉是人民政權最直接的表達。
4. 沒有人能夠在俄羅斯聯邦內侵佔政權。根據聯邦法，奪取政權或是侵佔政權的權力必須予以起訴追究。

體的機會，以及確保公民獲取足夠的關於政府機關、政黨和社會團
體資訊的權利。

　　俄羅斯憲法第十三條第一款規定：在俄羅斯聯邦內承認意識型
態的多元化。憲法第二十九條中也提及禁止檢查制度，確保每一個
人思想、言論和表達自由，以及每個人在合法範圍內自由搜集、獲
取、傳遞、製造或散播資訊的權利。此外，關於民眾有權知道政府
行為的部分，在俄羅斯聯邦法案《大眾傳播媒體法》第三十八條[17]中
提及，公民有權獲取正確客觀的資訊，以瞭解政府機關、社會團體、
政黨及其任職人員的一切活動行為。而立法上確保公民獲取政府機
關、社會團體和政黨資訊的落實機制，是於 1995 年 1 月 13 日由葉
利欽總統簽署施行的聯邦法《國有媒體報導國家政權行為秩序法》。
與此同時，《大眾傳播媒體法》中第二十一條也補充發行人在行使
自己的權利和承擔應有責任時，必須以《國有媒體報導國家政權行
為秩序法》為法律基礎。同時《大眾傳播媒體法》中第二十一條也
獲得補充條文，即根據《國有媒體報導國家政權行為秩序法》，國
有大眾傳播媒體必須刊登聯邦中央政府機關與地方自治主體機關的
公告和資料。如此一來，政府與媒體和民眾之間的資訊傳遞與取得
基本上獲得了法律保障的依據。然而，在俄羅斯立法體系中沒有規
定媒體告知公民有關於政府機關活動正確客觀消息的應有責任，除
了《國有媒體報導國家政權行為秩序法》第十一條中規定，以及在
一九九五年通過施行的《關於俄羅斯公民選舉權的基本保障》和《俄
羅斯聯邦公投法》，於 2002 年 5 月 22 日由杜馬合併通過、29 日聯

---

[17] 《大眾傳播媒體法》第三十八條資訊接近權，屬於傳媒法第四章規範大
眾傳播媒體與公民和組織之間關係的範疇。除了規定公民獲取關於政治
行為資訊的基本權力之外，還強調政府機關、社會團體包括政黨以及相
關人員，可以出版品、召開記者招待會或是散發宣導與統計資料等方式
向媒體告知自己的行為活動。

邦議會同意，然後6月12日由總統普京簽署生效執行的新聯邦法《關於選舉權的基本保障與俄羅斯公民參加全民公投的權利》第四十五條第二、四、五條款中都規定，在競選宣傳期間，在媒體中刊播的材料內容應該要客觀、真實，不應該違反候選人、選舉團隊和選舉黨派公平競爭的原則。

《國有媒體報導國家政權行為秩序法》在協調關於政府機關活動報導時基本上可有幾個範疇：第一，完全報導國家政權機關的行為，第二，國有媒體報導時必須確保政治多元化以及國會各黨派接近媒體使用的權利，第三，確保在國有電子媒體的新聞節目中的客觀性、真實性與公正性。

《國有媒體報導國家政權行為秩序法》第六條、第七條、第十一條中規定，關於報導國家機關行為的消息，國有媒體自行確定報導時間的長度或是版面篇幅的大小，但是，該法第六條中也規定了國有媒體必須報導的事務，其中包括了國家聯邦政權機關對人事職務的任命；關於進行全民公投的決定；國家杜馬選舉或解散；每年總統向國會發表的國情咨文；俄羅斯總統宣佈進入緊急或戰爭狀態的決定；國會決議彈劾總統辭職的相關舉動等。

《國有媒體報導國家政權行為秩序法》實際上為國家媒體的政策優先性鋪平道路，奠定國家電臺在自由市場競爭中的發展空間。在俄羅斯目前的傳播立法體系中，公民獲取政府資訊的權利仍未受到完全的保障。此外，資訊不平衡的問題也出現在媒體的競爭中，目前民營媒體與國有媒體在取得關於政府的資訊來源的管道方面並不平均，這也使得一旦在政府偏袒國有媒體的情況之下，民營媒體的政府與議會新聞資訊報導的市場競爭性大為減弱，因此，關於非國營媒體報導公眾關心的政府與議會議題的權利保障也應該受到重視。就俄羅斯立法部分可以在幾方面繼續得到發展與保障：

　　第一，由於國會是代表社會各個利益團體和組織爭取權益的立法機關，因此，在媒體接近使用的權利方面，也必要確保國會中各黨團和政黨一週至少一次或兩次有機會獲取免費使用國有電視媒體直播時間的權利。此外，在選舉投票前的一個月到三個月期間，讓各政黨候選人有同等機會和時間在電視媒體上曝光，藉此讓選民有足夠的資訊來認識候選人的從政經歷、競選政見和人格特質等，以符合民主機制下政治的多元化發展以及公民參政的有效落實。

　　第二，增加國有媒體現場直播報導聯邦議會和國家杜馬工作的新聞，以強化政府工作的透明化，以及有助於民眾瞭解政府工作的進度。這也符合俄羅斯聯邦法《國有媒體報導國家政權行為秩序法》中規定每周議會新聞報導不得少於一個半鐘頭的要求。

　　第三，確保聯邦國有電視媒體一個月至少一次轉播中央或地方政府和議會工作報告與進度的權利，以確保民眾對於事關切身利益的法案進行監督，也不至於增加國有媒體預算上的沈重負擔。

　　第四，規定國有電視媒體有責任在新聞性和政論性節目中，告知或討論公眾關心的議題以及各政黨的活動，確保政黨的代表能夠獲取同等媒體接近使用的權利，例如讓他們在電視節目中參與討論和辯論，或者接受媒體的採訪和訪問，以確保政治多元化的發展與深耕。

　　第五，在《大眾傳播媒體法》中規定，在新聞節目內容中，記者報導政府、政黨活動、社會利益團體要遵守公平、正確和客觀的原則，並且主持人在政論性和分析性的節目中必定要呈現和反映各種意見和觀點，而不特定偏好某個政黨和政治人物，同時也讓各個政黨和團體有平等參加節目的權利，不因媒體股份組成的比例而影響媒體近用權的落實以及危害民眾接近使用媒體權利和對公眾事務知情的權利。

第四節　各級權威機關對媒體報導的限制

上個世紀的九十年代，也就是俄羅斯媒體轉型的關鍵時期，在俄羅斯境內普遍存在著政府權威機關對媒體專業行為進行經濟與行政上的影響，甚至以各種行政和經濟的手段干涉媒體專業的採訪報導行為，這種干涉主要是建立在政府已經失去了對於媒體的控制權之後，政府與媒體之間的衝突陡然上升，當時俄羅斯杜馬一直在籌劃出檯第二部新聞法，俄羅斯政府高層希望通過法律來化解政府與記者之間的矛盾，但當普京執政期間第二部新聞法出檯之後，俄羅斯高層發現政府與記者之間建立的潛規則似乎比新聞法更有效，由此可見，在社會的公民意識還沒有發展到一定程度時，新聞法基本不能發揮它基本的效力，但我們中國的讀者經常會好奇提出，既然新聞法無法達到它基本的效力，那為何俄羅斯還要制訂新聞法，而且還制訂了兩部，作者在經過幾年的觀察之後發現，俄羅斯制訂新聞法的目的主要是給歐洲各國看，作為歐洲的成員，俄羅斯的政策更多的是關注歐洲國家的觀感與反應。

在俄羅斯政府放鬆媒體市場的管制之後，在一部極為放鬆的傳媒法規範之下，傳播領域中出現了新舊工作模式接軌的矛盾，意即兩者在是否應該進行新聞檢查出現了認知差距。一部不符合俄羅斯立國初期的傳媒法，導致了俄羅斯政府權威機關、媒體機構、媒體經營者與編輯部或是編輯與記者之間的衝突，其大體可歸納為以下幾個方面：

一、設置媒體事先審查機制

　　影響媒體編輯部的編採自主權反映在事先審查上，例如有些主管單位會要求編輯部可以報導的特定材料範圍，或是取消已經準備付梓待印的報導。例如，一名烏裏揚諾夫的印刷廠（ульяновская типография）經理，因為不滿定期報紙《大新伯爾斯克報》（Град Симбирск）的內容，而拒絕印刷該期報紙[18]。第二個例子是別爾斯克市，該市的文化與媒體委員會（комитета по культуре и СМИ）規定要求《別勒亞爾斯克新聞報》（Белоярские Новости）編輯部必須把每期即將刊載的內容事先拿到該委員會審查，委員會確定該報內容符合他們的標準之後才能出刊[19]。另一個例子是發生在克拉斯亞爾斯克邊疆區（Красноярский край）的舒申斯基區（Шушенский район），由於區領導不滿意電視節目「統一時間」（Единовременное）的製作內容，在播出前夕臨時命令停播該節目，甚至還拆除了該電視臺的轉播發射設備[20]。以上的例子說明了地區性媒體活動的艱難性，媒體在經濟和技術設備上仰賴政府相關的權威機關的情形下，媒體人的專業性、自主性和尊嚴性都受到了違反法律行徑的摧殘，這是地區性媒體生存的寫照。

　　所以，地方政府機關長期以來都是自行其事於中央之外，選舉前夕對俄羅斯境內媒體的整合工作至關重要，這促使了俄中央政府

---

[18] Нарушение прав журналистов и прессы на территории СНГ в 1995 году, -Фонд защиты гласности, М.: «Права человека», 1996.（1995 年的獨聯體境內記者權利與新聞違法情形）

[19] Нарушение прав журналистов и прессы на территории СНГ в 1995 году, -Фонд защиты гласности, М.: «Права человека», 1996.（1995 年的獨聯體境內記者權利與新聞違法情形。莫斯科：人權出版社 1996 年出版。）

[20] Ежегодник Фонда защиты гласности （отчет за 1997 год）, М.: «Права человека», 1998.（1997 年保護公開性基金會年鑒，莫斯科：人權出版社 1998 年出版。）

近年來不斷完善中央機關對媒體的管理工作。地方各級政府單位利用自身權威權力的職權，傷害了媒體行使新聞自由的權利，這種個人行徑不但違反憲法與傳媒法禁止事前審查制度的規定，並且不尊重法律的結果直接影響損害了廣大閱聽眾獲取資訊的知情權利。

　　事前新聞審查制度是被俄羅斯憲法[21]與傳媒法[22]所禁止的，此外，根據俄傳媒法第四十九條關於記者權利的規定，為了保護記者的言論自由，記者可以拒絕發佈沒有他個人的簽名或未經他本人確定同意的消息[23]。不論是政府機關或是與編輯部處於勞動合約關係的私人媒體經營者[24]，都無權干涉記者以他自身名義與編輯部決定專業報導的內容，除非法院做出相關的司法裁決。根據俄傳媒法規定，以任何形式名目要求編輯部刊登或播出特定圖利某個人或單位的材料或是取消媒體準備出刊播出的報導之類的事前審查制度，都構成違憲與侵害媒體權利[25]。因此，媒體可以針對干涉媒體編採之違法行為訴諸於法庭公平審判。

二、解除編輯與記者的職務

　　政府權威機關與媒體經營者對編輯部或總編輯對記者的施壓方式之一就是開除他們，這是一種媒體機構內部的爭鬥。記者對於這

---

[21] Конституция РФ, статья 29, часть 5: гарантируется свобода массовой информации. Цензура запрещается.（俄羅斯憲法第二十九條第五款：保障大眾傳播自由，禁止檢查制度。）

[22] Закон о СМИ, стать 3: «Недопустимость цензуры».（傳媒法第三條：禁止檢查制度。）

[23] Закон о СМИ РФ, статья 47. «Права журналиста», п.10.（傳媒法第四十七條：記者權利）

[24] Закон о СМИ РФ, статья 18. «Статус учредителя».（傳媒法第十八條：創辦者地位）

[25] Закон о СМИ РФ, статья 58. «Ответственность за ущемление свободы массовой информации».（傳媒法第五十八條：損害大眾傳播自由的責任）

種來自媒體經營高層的施壓，通常不是忍氣吞聲地按照指示辦事，
要不然就是選擇離開媒體另謀高就。然而，俄傳媒法第二十條規定，
編輯與全體工作人員的權利應該納入編輯部的規章當中，解除記者
職務的要求必須符合編輯與記者簽定的勞動合約關係中[26]。若以勞動
關係的角度而言，任何因為政治考量解除記者職務的動作都是違反
傳媒法的規定，記者有權訴諸於法院申訴。於 1993 年時，莫斯科薩
維羅夫斯基人民法院（Савеловский нородный суд Москвы）審理了
一項訴訟案，是關於《俄羅斯報》（Российская газета）副編輯與記
者共同控訴總編輯一下子開除 70% 報社工作人員的案件[27]。當時評論
者一般預料是政府與議會鬥爭造成內部記者立場壁壘分明的結果。
這是 1987 年俄共政治改革造成 1991 年的「8.19」事件導致俄羅斯
完成了民主派與共產黨人爭奪國家領導權的鬥爭之後，另一個俄羅
斯政府與議會爭鬥白熱化的一年。1993 年 4 月俄羅斯舉行全民公投
的結果，五成以上的民眾支援葉利欽的改革，最後葉利欽於 10 月炮
轟白宮，以武力解決了他本人與人民代表大會的僵持。當時《俄羅
斯報》在政府與議會政爭之中扮演的是人民代表大會的喉舌，但在
十月事件後就成為俄政府的戰利品。

　　另一個例子是關於俄中央政府於 1997 年 6 月時，當時任政府第
一經濟副總理的丘拜斯（Чубайс）解除了《俄羅斯聯邦雜誌》
（Российская Федерация）雜誌社總編輯赫列諾夫（Хренов）的職
務，原因是該雜誌主張俄羅斯在二戰時從德國那裏取得的文化珍品
應該歸還德國，關於文化珍品歸屬的問題惹腦了政府高層，還有該
雜誌對於俄羅斯與世界銀行互動關係的報導被認為是持反政府與反

---

[26] Закон о СМИ РФ, статья 20. «Устав редакции». См. «Правовое поле
журналиста».（傳媒法第二十條，編輯部章程。）
[27] Газета Коммерсант-daily, 26 мая, 1993.（《生意人日報》，1993.5.26。）

俄羅斯的異議立場，該雜誌社向當時政府總理切爾諾梅爾金（Черномырдин）抗議，結果總理下令封閉雜誌社停止繼續出刊[28]。

不過，俄羅斯傳媒法主張的是尊重勞動合同的勞資關係。根據俄傳媒法第十九條規定，編輯部與所有者或創辦者的關係是勞動合約關係，對編輯部的解職舉動必須合乎雙方締結契約的約定規章，若非如此，任何來自所有者對編輯部人員離職的要求都是侵害編輯部擁有專業獨立精神的權利[29]。

三、拒絕印刷刊物

後蘇聯時期地方政權與媒體的關係反映在媒體依賴來自政府的資金補助上，因此 90%以上的地區媒體的報導仍表達某個政府權威或媒體經營者的觀點[30]。地方上報業經常面臨的困難之一就是印刷廠以拖欠資金為由拒絕印刷刊物。

例如 1997 年 11 月 3 日切列姆霍夫印刷廠（Черемховская типография）停止印刷《切列姆霍夫工人報》（Черемховский рабочий），理由是報紙已經積欠印刷廠一年的債務[31]。俄傳媒法《國家支援媒體與聯邦書籍出版法》，負責協調企業私有化過程中保障

---

[28] Ежегодник Фонда защиты гласности（отчет за 1997 год），М.: «Права человека», 1998.（捍衛公開性基金會年鑑 1997 年，莫斯科：人權出版社。）

[29] Закон «О средствах массой информации» РФ, статья 19. «Статус редакции». (傳媒法第十九條，編輯部地位。)

[30] Российские средства массовой информации, власть и капитал: к вопросу о концентрации и прозрачности СМИ в России, М.: Центр «Право и СМИ», 1999. - 80 с. - （Журналистика и право; Вып.18）.（《俄羅斯大眾傳播資訊、政權與資金：俄羅斯媒體康采恩與透明化》，莫斯科：立法與媒體中心，1999 年，第 80 頁。該文同時刊載於《新聞學與立法》期刊第十八期。）

[31] Ежегодник Фонда защиты гласности (отчет за 1997 год), М.: «Права человека», 1998.（保護公開性基金會 1997 年年鑒，莫斯科：人權出版社。）

憲法賦予民眾獲取資訊的知情權利[32]。俄羅斯《國家經濟補助地方報紙法》規定，不允許國家機關或地方主管機關干涉從聯邦預算撥出經費補助地方報紙的專業行為[33]。

四、停止媒體活動

　　停止媒體的舉措被自由民主派媒體人所憎恨，他們認為這是俄羅斯民主進程中媒體改革的污點，是任何媒體經營者和新聞從業人員所不能容忍的，更是追求民主自由精神的人民所深惡痛絕的。相較於兩百年前美國總統傑弗遜所說的，若要在報紙和政府兩者之間做選擇時，他寧願選擇報紙的情操；當時俄羅斯媒體人在受到西方自由思想理論的洗禮之下，普遍認為葉利欽在追求民主改革時的政府舉措讓人民感覺相當粗糙。

　　1993 年 9 月 21 日葉利欽總統簽署 1400 號命令，下令禁止媒體活動，其中包括了《俄羅斯報》（Российская газета）、《俄羅斯司法報》（Юридическая газета России）、雜誌《人民代表》（Народный депутат）、《俄羅斯廣播電視－國會》（РТВ-парламент），同年 9 月 23 日出版與資訊部禁止印刷（Пресса）出版社印刷報紙[34]。1993 年政府與議會衝突中政府以禁止媒體活動的手段來掌控局勢，使得政

---

[32] Закон «О государственной поддержке СМИ и книгоиздания РФ», принят Госдумой 18 октября 1995 г., одобрен Советом Федерации 15 ноября 1995 г.. (國家支援媒體與出版法)

[33] Закон «О государственной поддержке СМИ и книгоиздания РФ», статья 7.Ответственность за нарушение настоящего Федерального закона. (國家支援媒體與出版法第七條：違反現行聯邦法責任)

[34] Преследование журналистов и прессы на территории бывшего СССР в 1993 году. М.: «Права человека», 1994. (追擊 1993 年前蘇聯境內記者和新聞，莫斯科人權出版社，1994 年。)

府與媒體站在俄羅斯民主改革同一陣線的合作關係下降至冰點[35]。然而，俄傳媒法第十六條規定，只有根據媒體經營者的決定，或是政府註冊機關經過提出訴訟程式，經過法院作出裁決後，才能停止媒體的活動。而媒體經營者要停止媒體事業也要根據經營者與編輯部的合約規定[36]。

看來葉利欽即使在民主法治的初步運行軌道中，個人的思維和行事風格仍習慣以自己個人的權力凌駕於立法權之上，也由於他本人慣以行政手腕來化解政治中出現的困難，這也為俄羅斯政治與行政權威機關對立監督遠超過協調溝通埋下引爆點。可想而知的是俄羅斯政治體制在權術的操作與不尊重立法程式的亂象之下，導致整個社會都跟著動盪不安，不但國家政策與建設置礙難行，而且外資不敢貿然大量與長期進入，民生經濟更是無從恢復起。因此，一部充滿西方自由民主思想的傳媒法，雖然極大限度地賦予媒體人權力，但是俄羅斯許多的政府公家機關的公務員根本不知道應該如何與記者交往，他們之間缺乏構通的衝突就經常成為西方國家關注俄羅斯民主化發展的焦點。

---

[35] Согрин В. Политическая история современной России 1985-1994: от Горбачева до Ельцина. М.: Прогресс-Академия, 1994. C.157.（索格林，《1985 到 1994 年俄羅斯當代政治史：從戈巴契夫到葉利欽》，莫斯科：成果－科學院，1994 年，第 157 頁。）

[36] Закон о СМИ РФ, статья 16. «Прекращение и приостановление деятельности».（傳媒法第十六條：終止和暫停活動）

第十章

車臣戰爭與俄羅斯媒體形態的轉變

　　1999 年 8 月～9 月，車臣分離主義分子利用俄羅斯當局忙於杜馬及總統大選之際，相繼在塔吉斯共和國布伊納克斯克市與莫斯科市連續製造了四起恐怖爆炸事件，造成近三百名平民死亡。車臣分離主義者製造爆炸事件的目的在於攪亂俄國政治局勢，同時攻打塔吉斯以取得靠海領土及控制俄羅斯石油管道，這些企圖基本上建立在新上任的普京總理乃為一弱勢總理的錯誤概念基礎之上。

　　車臣分離主義者的恐怖手段雖然一時間成功攪亂俄羅斯的政治注意力，但卻因其對民宅施以「炸彈爆炸」的攻擊平民的動作，而促使了俄羅斯全民的同仇敵愾，並激發了俄羅斯的民族危機意識。葉利欽一方面要徹底拔除車臣恐怖主義分子的分離勢力，一方面也為了 12 月俄國杜馬選舉考量，以反製作來應付對手——前總理葉夫根尼‧普里馬科夫與莫斯科市長尤里‧盧日科夫可能以此來操縱選情的競爭威脅。

　　俄羅斯新聞媒體在第二次車臣戰爭中扮演著至關重要的角色。自從俄羅斯聯邦的傳媒法明文規定廢除新聞管制，並且憲法明文規定保障不同意識型態的存在，以及保障人民自由獲取與傳播資訊的權利之後，俄羅斯新聞傳播媒體享受到空前的新聞實踐自由，新聞工作者無不以爭取新聞自由與獨立為標誌，以西方媒體監督政府的模式為藍本，希望在俄羅斯複製一套西方式的媒體生態環境。然而俄羅斯媒體工作者卻缺乏對於西方新聞自由的實踐經驗的瞭解，即新聞自由與國家利益尤其是在國家危難時如何適當地相輔相成一種

默契關係，國家應保障言論自由與新聞記者的權力，而媒體工作者應該是具有國家意識，並更應自律，不可濫用新聞自由而主張危害國家安全與極端主義的言論[1]。

第一節　車臣戰爭中的國家安全與新聞自由

筆者來到莫斯科後，從媒體報導與生活環境的氛圍當中，就目睹和感受到 1994 年至 1996 年第一次車臣戰爭的殘酷性。1999 年末，又再度爆發車臣戰爭，然而俄羅斯人與俄新聞媒體對兩次車臣戰爭卻持有截然不同的態度，對車臣人從同情轉為憤怒，是什麼原因讓俄羅斯人產生如此巨大的轉變？

1994 年末，俄羅斯爆發了第一次車臣戰爭，結果俄羅斯聯邦軍隊的戰士死傷慘烈，當電視播放出許多難民與大部分俄羅斯家屬哀號痛失親人的畫面時，許多士兵的老母親都痛斥政府為何發動車臣戰爭，使他們的兒子身歷險境甚至喪失生命。1994 年，俄國戰地記者在前線採訪到許多戰士都是缺乏作戰經驗的新兵，其中大多數士兵表示不知為何而戰。俄羅斯國會也為了龐大的戰爭預算而杯葛政府，戰爭後國會更是以發動車臣戰爭的罪名年年彈劾葉利欽總統。

1994 年～1996 年期間，俄羅斯聯邦軍陷入戰爭的泥潭，如同阿富汗戰爭一樣進退兩難。媒體、輿論與國會在全國掀起了激烈的反戰浪潮，政府在缺乏民意支援的困窘情況下，舉步維艱。直到 1996 年 5 月，即在 6 月俄羅斯總統大選前夕，國安秘書長，同時也是總

---

[1]　胡逢瑛，《車臣戰爭中的國家安全與新聞自由》，新加坡《聯合早報》，《天下事版》，1999 年。

統候選人之一的列別德將軍[2]，與當時車臣共和國總統馬斯哈托夫，共同簽訂了一項和平停戰協議，車臣戰爭才暫告落幕，但這個舉動被俄羅斯軍人及部分政府官員視為聯邦政府向車臣的投降行為。這是聯邦政府做的第一次妥協，此後，車臣獨立運動就沒有終止過。

　　第二次車臣戰爭爆發的導火線是在 1999 年 8 月，車臣分離分子入侵鄰國塔吉斯共和國，其目的在於試圖建立瀕臨裏海的伊斯蘭教國家，完全掌握由亞塞拜然的巴庫經俄羅斯到歐洲的油管，然後最終脫離俄羅斯完全獨立。1999 年 9 月在莫斯科連續發生三起民宅爆炸事件，三百多人喪生。根據俄羅斯國家安全局與內務部調查，是車臣恐怖分子所為，因此俄羅斯當時擔任總理的普京誓言要徹底消滅車臣恐怖分子，以維護國家利益與領土完整。

　　至今普京始終採取最強硬的態度，處理 2002 年與 2004 年莫斯科劇院和北奧塞梯別斯蘭中學的人質事件，這兩次事件一共造成上千人傷亡，從人權的角度而言，普京的不妥協政策是倍受質疑與批評的，從俄羅斯多民族共存的角度而言，要如何不傷害民族感情又能維護領土完整是一項艱鉅而任重道遠的道路。關於車臣戰爭的爆發與民族衝突的解決之道，與領導人的性格應該說是有相關的。試想，蘇聯的解體與各個共和國的獨立是在戈巴契夫手中發生的。那麼，戈巴契夫具有什麼特殊的民族性格呢?戈巴契夫出生在北高加索地區斯塔夫羅波爾省，這裏有 83％的俄羅斯人，其他的民族是卡拉恰耶夫人、切爾克斯人、奧塞梯人、希臘人、土耳其人、亞美尼亞人等等，根據他自己寫的回憶錄中寫到:「在多民族的環境下生活，可以養成耐心、相互禮讓和尊重的習慣。」他又寫到:「我不只一次讀到所謂在向新社會過渡的過程中暴力不但情有可原、而且必不

可免的高深理論觀點。革命中確實往往無法避免流血，這是事實。
然而如果把暴力當成解決任何問題的萬能手段，號召訴諸暴力，為
了達到所謂的高尚目的而對暴力推波助瀾，亦即再次砍光家庭、村
莊、民族，那就不可容忍的[3]。」

　　當時的俄總理普京攻打車臣的行動馬上獲得高度民意支持，因
為接二連三的民宅爆炸事件使得俄國居民處於極度驚恐與瘋狂狀
態。爆炸事件發生之後，居民若接到恐嚇電話或寫著將有爆炸物在
地下室的傳單，立刻就會傾巢而出，徹夜不眠，在屋外守候，等待
員警檢查之後才敢回家。人們紛紛組成居民自救隊輪流看守家園。
在伏爾加河頓市有一棟民宅，被內務部認定地下室的爆炸物無法即
時解除引爆，因此主動將整棟樓房炸毀，民眾看著自己的家被炸毀，
都忍不住落淚。全國人民無不對恐怖分子所為感到氣憤，因此俄羅
斯輿論不再同情車臣，反而轉向將第二次對車臣戰爭視為理所當然。

　　俄羅斯的新聞界此時也見識到了西方資訊戰的先進之處。俄羅
斯媒體深刻感受到西方媒體新聞自由主義理論的另一面，媒體的真
正實力建立在科技與經濟的基礎之上。例如在科索沃戰爭時，西方
媒體多播報阿爾巴尼亞族受塞族迫害的情況，以及西方援助阿族難
民醫療與物資的鏡頭，那麼塞族的難民呢？對於西方媒體一面倒的
主觀報導，俄羅斯媒體此時突然茅塞頓開，領悟到新聞自由之外還
有國家利益。因此他們一改與政府完全對立的立場，深入聯邦軍隊
報導，與西方媒體進行一場資訊戰，俄羅斯媒體也引發了俄國百姓
積怨已深的反美情緒。

　　1999 年以美國為主導的北約軍隊在科索沃發動的戰爭，凸顯了
俄羅斯人的反美情緒，當時俄羅斯政府以維護斯拉夫兄弟之名，派

---

[3]　戈巴契夫，《戈巴契夫回憶錄》上冊，北京：社會科學文獻出版社，2003
　　年，第 28-31 頁。（註：北京翻譯為戈爾巴喬夫，戈巴契夫是台灣譯法。）

遣維和部隊到南斯拉夫幫助塞爾維亞族斯拉夫兄弟，但最後美國還是贏得了勝利。令俄羅斯氣惱的是所有俄羅斯發起的維和行動的開銷卻靠著賣黑色及有色金屬才彌補回來，俄羅斯在經濟上與外交上並沒有獲得實質的好處，這次維和行動讓俄羅斯人感覺到再度受到孤立。

　　不同於前次車臣戰爭，俄羅斯媒體這次完全支持政府，不斷播報政府與軍隊堅決與有計劃攻打車臣的言論，俄羅斯戰地記者採訪前線將軍與戰士的作戰情形，與 1994 年車臣戰爭不同之處在於，俄軍皆表示這次對車臣作戰比以往更有經驗和信心。總理普京更飛往前線，發表與恐怖分子奮戰到底的演說，使得俄羅斯聯邦軍士氣振奮且鬥志高昂。此外，為了達到反車臣恐怖主義的目的，俄國電視還播放車臣恐怖分子砍下四名西方記者的頭放在路邊的雪地上以及法國記者被割下手指的殘忍實況錄影，該錄影是當時車臣恐怖分子錄下來作為談判籌碼。此後，在俄國反恐怖分子的情緒不斷地升高。

　　這次車臣戰爭，政府不允許俄羅斯記者進入首府格羅茲尼採訪，卻讓西方媒體進入採訪車臣災民的情況，其目的為贏取國際社會的聲援與減少對俄國政府的譴責。為此俄羅斯私營電臺獨立電臺的節目《全民之聲》，由俄羅斯名記者電臺新聞出版部經理葉夫根尼‧基辛廖夫主持，邀請俄國各大媒體記者與西方媒體，就車臣戰爭與媒體的客觀性進行辯論。外國記者一致性地批評俄媒體替俄政府服務，枉顧車臣平民百姓的生命；俄媒體人表示俄政府的主戰決策是完全正確的，不能讓無辜百姓的血白流，攝影棚內現場場面緊張，猶如東西陣營再現。

　　俄羅斯前外長伊萬諾夫曾表示：「車臣戰爭將是一場俄羅斯與西方的資訊戰。」而媒體的資訊戰猶如俄羅斯與歐美關係的縮影。俄羅斯內政部官員在莫斯科國際關係學院演講中提到，在這場九十年代國際傳播中的資訊改革與資訊戰中，俄國失敗了。簡言之，無

論是在西方世界或是伊斯蘭教世界，每個人所得到關於車臣戰爭的消息，都是來自西方媒體，部分涉及國家機密與安全的消息全部分媒體洩露出去，國家利益在俄羅斯媒體所奉行的新聞自由中，喪失殆盡。

自蘇聯解體以來，俄羅斯的政府、立法、司法基本實現三權分立的形式，而媒體居於監督的位置，但政府、立法、司法與媒體卻處於一盤散沙的窘境。「分權卻無責任」，國家在整個九十年代還沒有形成責任政治的環境。當危機事件發生時，不同人以不同的價值觀來進行評價，俄羅斯人的整體價值觀發生了扭曲。

俄羅斯政治評論家亞歷山大‧格爾茨認為，作為一名政治家，俄羅斯的第二位總統是從車臣戰爭的鮮血和泥潭中升起的，正是利用高加索戰爭作為萬能的選舉策略，才使普京避免採用議會選舉而廣泛使用各種骯髒的鬥爭手段，年輕人就是應該從代理人的困境中掙脫出來[4]。《獨立報》評論員亞歷山大‧格洛夫科夫指出，普京出任政府總理的背景是在塔吉斯剛剛發生的爆炸事件，普京由此得出結論：如果現在不儘快把它平息，俄羅斯作為完整的國家將不再存在。塔吉斯戰事的初期正是普京取得「光輝成就之時」，經過長期的期待，他終於成為了真正大規模「英雄」事業的領袖，而後來在群眾意識中出人意料地喚起很大的反響，新政府總理剎那間成為了振興全俄羅斯愛國主義和具有歷史意義的人物[5]。

直到 2000 年總統大選之前，對於普京所採取對車臣的軍事行動還分為贊同、中立與反對三股勢力。

自第一次車臣戰爭之後，車臣便陷入孤立與半敵視的包圍狀態當中。在 1996 年至 1999 年這段時間，車臣不僅開始逐步成為一個

---

[4] （俄）《Итоги》，《總結》週刊，2000 年 3 月 20 日，第 25 頁。
[5] 《獨立報》，2000 年 3 月 28 日。

極端的伊斯蘭教國家，而車臣極端分子所追求的國家此時只徒具其表，因為車臣共和國的經濟增長主要依靠扣留人質、敲詐勒索、走私貨物、販賣毒品等不法行為，同時極端分子已經成為國際恐怖組織的一員，這時的車臣已經成為周邊地區的主要威脅。

車臣的這種發展道路不僅不符合與其相鄰各州和各共和國的利益，而且也不符合車臣人民自己的利益，車臣人民已變成人質，為沒有統一中心、沒有統一領導、沒有統一政策的武裝集團所控制，狂熱者們和來自穆斯林世界的許多國家的雇傭軍成為車臣武裝集團的主體，這些雇傭軍主要來自阿富汗、巴基斯坦、埃及和科索沃，還有烏克蘭西部、波蘭和波羅的海國家。

普京對車臣極端分子不得人心的地方有著清醒的認識，普京曾經說，國家將把所有的恐怖分子都「用水嗆死」，如果有需要的話就把他們弄到「茅廁中淹死」。這都激發了俄羅斯民眾以及強力部門的鬥志，1999 年 10 月至 11 月對車臣的軍事行動獲得了不容置疑的勝利。不論是政府官員或是杜馬議員在媒體前皆表示支持聯邦軍在車臣的軍事行動。由於 1999 年底的杜馬選舉與 2000 年的總統大選，各黨各派人馬無不表示站在國家安全與利益的立場來對待車臣戰爭，目的是要博得民眾好感與贏得選票，但這並不意味著在俄國不存在反戰人士，事實上在全俄有三百個「戰士母親聯合會」，為幫助解決戰士家屬取得有關前線戰士的消息、維護戰士基本人權、解決政府非法徵兵或隱藏戰士死亡名單等問題。基本上戰士家屬是反戰的少數者。然而以俄羅斯的立場來說，在車臣戰爭期間，國家利益暫時凌駕於新聞自由之上是可以理解的，但是戰爭結束之後，維護俄羅斯國家利益，以及協調經濟寡頭和新聞媒體工作者的良性發展關係成為普京內閣的首要工作。

第二節　車臣戰爭解決國家內外矛盾

　　俄羅斯發動第二次車臣戰爭主要是為了重建第一次車臣戰爭扭曲的國家價值，調整外高加索石油經濟戰略，維護俄羅斯聯邦的主權和領土完整，重新部署國會及 2000 年總統大選後回歸正常的國家有機的一體管理。當時車臣戰爭的發展基本有兩種可能情況：其一，以戰促穩定，等到 12 月 19 日杜馬選舉後，團結黨在選舉中大有斬獲時，俄軍再發動攻勢逼迫叛軍棄械投降，重新建立親莫斯科的車臣新政府，並計畫遷都第二大城古德梅斯。其二，若戰爭陷入膠著狀態拖至 2000 年 3 月總統大選後，如果普京獲得勝利，會採取強硬手段，不惜任何代價，爭取勝戰，並且不會讓國際勢力介入，接受國際調停；若由溫和派當選，則會採取和解政策，雙方以談判確定車臣未來的政治地位問題。

　　1999 年發生的第二次車臣戰爭，對其他國家而言，車臣戰爭發生的相當突然，因為俄羅斯正處於內外交困時期。對外，由於俄羅斯高層涉及紐約銀行洗錢醜聞案，使得俄羅斯在爭取世界銀行貸款方面，進行得相當艱難，且更糟糕的是，這項尚未取得的貸款已被編列入俄羅斯 2000 年預算中；對內，由於 1998 年 8 月俄羅斯爆發金融危機，受創的俄國經濟仍處於調整與復甦階段。因此，這難免使人產生疑惑，俄羅斯如何籌錢，來應付車臣戰爭所需要的全部開銷。

　　許多研究俄羅斯問題的專家卻認為，這場戰爭是必定要打的，只是遲早的問題。對俄羅斯當權者而言，車臣戰爭應早打早解決，因為這將使得總統葉利欽派的競選班底有掌握全局的能力，葉利欽的權力因素能在大選中發揮最佳效果。換言之，如果車臣分離分子在大選期間進行一系列恐怖活動，選民必會遷怒政府無力處理車臣

問題，會再次勾起人民對第一次車臣戰爭不愉快的回憶，葉利欽的競選班子屆時將難以掌握全局。

一、車臣分離分子與恐怖主義

車臣分離主義者自 1996 年與列別德將軍（當時國安秘書長，後任克那斯雅爾斯克省長，後在一次空難中喪生）簽署了停戰和平協定之後，就從沒有放棄過謀求獨立的企圖。適逢 1999 年 12 月俄羅斯國家杜馬選舉與 2000 年 6 月總統大選，全國上下皆籠罩在選舉氣氛當中，當俄羅斯當局忙於選戰而無暇分散注意力之時，車臣戰地指揮官認為這時可以採取混水摸魚的方式，讓車臣趁機獨立。

車臣戰爭前夕，車臣分離分子在莫斯科及其周圍地區放置炸彈，一方面企圖攪亂俄國政治局勢及全國民心，使本已內外交困的俄羅斯當局更自顧不暇；另一方面則以精兵多路出擊，從不同方向攻打鄰國塔吉斯共和國。如果將塔吉斯併入車臣領土之後，車臣就不再是內陸國，而是靠海國家了。車臣佔領塔吉斯另一重要因素是完全控制從亞塞拜然的巴庫輸出到俄羅斯及歐洲的石油管道。俄羅斯當局曾經考慮讓石油管道繞過車臣境內，但是礙於經濟問題，則放棄了此一想法。現在石油管道經過車臣，俄羅斯當局必須定期向車臣繳納過境費用。

爆炸事件經過兩星期的事態發展後，全俄風聲鶴唳，人民談「炸」色變。俄羅斯人對車臣軍隊皆以「匪徒」相稱。巴薩耶夫與哈塔普也成為全國上下眾人皆知的匪首，同時俄羅斯高層對車臣總統馬斯哈托夫產生強烈不滿，認為他對手下的指揮官們管理不力，即是基本上默許爆炸事件的發生。

經過一系列爆炸事件之後，可以說這已經達到了車臣匪徒的預期目的。事實上，車臣匪徒們恰恰忘記了歷史上有多少強人在俄羅斯民族前栽跟頭。俄羅斯民族就其個人而言，缺乏團結意識且彼此

相互蔑視，並且具有大國沙文主義。在和平年代時人民相當渙散，勤勞與俄羅斯人也是無緣的。但是一旦有外族入侵時，點燃了俄民族的危機意識，那麼人與人之間就會變得團結起來，同仇敵愾，整個俄羅斯民族的個性更是在這時顯露出來。俄羅斯人以其驍勇善戰的特性、豐富的天然資源和廣闊無疆的土地，必然擊敗每個入侵者。

總而言之，對付俄羅斯這個民族，就是不要去觸動其人民的整體危機意識。在危機時刻，俄羅斯最容易產生強人與強人政府，因為俄羅斯人對強勢領導的依附程度相當的高。如蘇聯解體之初，儘管人民生活舉步維艱，但對總統葉利欽的支持是有目共睹的事實，人民內心中希望葉利欽能成為一個像沙皇彼得大帝式的強人，來拯救俄羅斯，而葉利欽本人也多次利用人民的希望來進行全民公投，用民意擊敗了政敵。

美國在冷戰後期中所有對俄的外交政策，基本上也保持著不去觸動俄羅斯民族的神經。當美國在對世界各國廣為推銷其人權至上的政策時，唯獨對俄羅斯雷聲大雨點小。如果俄羅斯結合其國家利益與自身現況發展出了一套自成風格的俄羅斯式民主人權，必將在世界上再次與美國衝突，因為俄羅斯在東歐，中東與高加索地區因歷史與地緣政治上的關係，使得俄羅斯必將在歐亞區域安全與經濟合作問題上扮演重要角色，尤其是前蘇聯國家彼此經濟依賴程度很高。即使在這次車臣戰爭中，美國也只是不斷地對俄國喊話，希望俄當局能夠停止攻打車臣，以和平手段與車臣談判，但是俄當局仍堅持己見，以維護國家安全與打擊恐怖分子集團為號召，獲得了高度民意支持，繼續與車臣進行實質上維護國家及政權利益的戰爭。

二、車臣戰爭與政壇效應

　　經過 8～9 月車臣武裝分子入侵塔吉斯及俄境內一連串的恐怖爆炸事件之後，受到驚嚇的俄羅斯人便發出了一致喊「打」的呼聲，希望把恐怖事件「打」出俄羅斯境內。

　　在廣泛的民意基礎之上，取得俄羅斯杜馬以最快速度通過了對車臣戰爭的基本草案，在解決車臣問題上，各政黨展現了空前難得的一致性。但是當時的第三大在野黨「蘋果黨」（又稱雅博盧黨）主席雅夫林斯基強調，對車臣的空襲是必要的攻勢，但他本人同時也表示，堅決反對派遣地面部隊進入車臣境內，以避免第一次車臣戰爭失敗的悲劇再度重演。1999 年由莫斯科市長盧日科夫成立的「祖國・全俄羅斯黨」，其黨領導人之一且是前總理的普里馬科夫表示，他也反對地面戰爭，因為他懷疑體弱多病的葉利欽是否有能力領導這場戰爭。

　　車臣問題必須解決，在各政黨討論聲此起彼落之際，俄政府卻已將大量的地面部隊投入了前線，展開了十分節制但卻很有效的攻勢。

　　葉利欽宦海生涯起伏不斷，而俄羅斯政治形勢變化連連，使得葉利欽本人經常捲進政治鬥爭當中，但在以往的政治鬥爭當中，葉利欽幾乎每戰必贏，唯獨 1994 年至 1996 年的車臣戰爭，俄聯邦軍隊陷入戰爭泥潭，進退不得。在 1996 年 6 月俄羅斯總統大選前夕，即 5 月中旬，葉利欽主動要求簽署和平協定，終止長達三年的車臣戰爭。葉氏本人也在公開場合及回憶錄中承認，車臣戰爭為其一生政治生涯中的一項重大錯誤。

　　2000 年總統大選即將來臨，葉利欽由於身體狀況的原因，卸任已成必然趨勢，但有關總統家庭成員的黑金醜聞卻接連不斷發生，先是獨立電視臺報導葉利欽女兒塔吉安娜利用公款在俄羅斯航空公司參股分紅的醜聞，後又馬上傳出葉氏的女婿也捲入紐約銀行洗黑錢的醜聞案中。按照媒體觀察家的判斷，醜聞都將是 2000 年總統

選舉後，對葉利欽家庭最大的威脅。現任莫斯科市長盧日科夫對於葉利欽家庭的行為並不完全支持。盧日科夫曾是 1996 年總統大選時葉利欽最大的助選夥伴，盧日科夫以百分之九十的選票當選莫斯科市長，擁有高度民意支持，在 1996 年總統大選競選期間，莫市街頭到處可見葉利欽與盧日科夫握手的競選大看板，而盧日科夫組建祖國黨後，對葉利欽的批評就不絕於耳。前任總理斯基巴申遭到解職後，新聞界與政界將此解讀為，總理斯基巴申未能有效地阻止普里馬科夫與盧日科夫的結合。可見葉利欽與盧日科夫的矛盾逐漸尖銳化。

　　普里馬科夫遭葉利欽自總理職務解職後 3 個月即加入盧日科夫組建的「祖國－全俄羅斯」黨，普里馬科夫與盧日科夫的政治結合目的在於準備進軍年底的杜馬選舉與 2000 年總統大選，普里馬科夫與盧日科夫希望能夠在杜馬取得多數席位，總統選舉該黨在執政後，杜馬與總統能有更好的配合，著手進行改革[6]。

　　葉利欽啟用一名名不見經傳的國家安全部長普京為總理，各黨派對普京的任命均不以為然，認為總統用一名特工來治理國家，是俄羅斯民主的倒退。葉利欽點名普京為自己的繼承人後，民意調查卻不捧場，普京只獲得了 2%的民意支持率。而當 1999 年 8 月 5 日，葉利欽召見普京時，葉利欽認為，「普京這屆政府將要在國家杜馬選舉中勝利，而普里馬科夫與盧日科夫所領導的祖國-全俄羅斯黨不斷壯大時的葉利欽總統本人深感不安。」普京本人表示他將服從總統的工作安排[7]。

---

[6]　蘇聯解體後，1993 年與 1995 年的杜馬選舉共產黨都贏得最多席位，而總統葉利欽卻是無黨派人士，在這幾年改革過程中，政府與杜馬經常成一對立局勢，使得許多政策無法在杜馬中獲得通過，延誤了改革進度。

[7]　羅伊‧麥德維傑夫，王桂香等譯，《普京時代－世紀之交的俄羅斯》，世界知識出版社，2001 年 8 月。

　　葉利欽在回憶錄中寫道：「8 月份正是俄羅斯放假的時節，對普京的任命將會像晴天霹靂一樣令人震驚。頓時一切都會變得極度緊張。當然，現在會出現連續數週的緩衝期，因為人們還不想從寧靜安樂的情緒中甦醒過來，參與到政治裏去。普京有時間做準備[8]。」

　　普京於今年 8 月上任後，首先對車臣分離分子的恐怖行動加以最嚴厲的批評，這在前五位總理中是絕無僅有的。政府提出對車臣採取空襲的軍事「外科手術」，杜馬也很快地通過決議。俄聯邦軍在二個星期的空襲行動後，再以地面軍隊進入車臣，以包圍夾擊方式南進，將車臣分離分子打出車臣首府格羅茲尼，當車臣分離分子不再控制車臣境內的石油管道時，在不影響俄羅斯的商業利益的前提下，俄羅斯聯邦政府軍隊就可專心對付分離分子。隨後在軍事上的初步勝利，使普京的民意調查如鹹魚翻身，從 2% 的支持率上升至 16%，在不到二個星期內，又從 16% 攀升至 30%，躍居所有總統候選人民意調查排名第一位。

　　事實上普京的行情上漲並非空穴來風，普京競選團隊的領導人就是葉利欽的小女兒塔吉安娜和總統智囊團親信之一的尤馬申，這兩人在 96 年俄羅斯總統大選時，將選前曾一度僅有 2% 支持率的葉利欽最後拉上總統寶座。塔吉安娜和尤馬申目前為普京帶來龐大的財政支持及打通繁雜人脈關係。俄羅斯主要的電視媒體均與普京展開合作關係，國家電臺「俄羅斯電臺」和擁有政府 51% 股份的「社會電臺」（現第一電視臺）在明處支持普京；最大私營電臺「獨立電臺」的董事長古辛斯基（「橋」銀行集團總裁，同時也是總統智囊班底中的一員）在金融上出現問題，為獲得總統財政支持，也在暗地裏支持普京；除了政府以外，傳媒帝國的兩大龍頭：皆是猶太

---

[8]　伯里斯・葉利欽，《總統馬拉松》，第 355 頁。

裔的古辛斯基和別列佐夫斯基（四大銀行集團總裁，前獨聯體秘書長，同時也是總統智囊班底成員）是葉利欽重要的親信。

媒體因素在政府出兵車臣的行動中發揮決定性的效應，電視螢幕前展現在老百姓眼前的是：俄羅斯聯邦軍雄心萬丈的作戰信心和其在車臣的節節勝利；總理普京在媒體前表示與車臣恐怖分子周旋到底的決心，這使得人民對普京的滿意程度也節節攀升。筆者當時判斷，電視臺所公佈的 30%的支持率基本有媒體炒作的成分，當時普京的實際支持率應當約為 22%至 25%。在普京支持率上升的各項因素當中，並不存在經濟因素，普京當政 4 個月中，俄羅斯的經濟並沒有好轉，人民並沒有從普京身上得到實質的好處，也就是說一旦俄軍在車臣戰爭中失利的話，那將會直接粉碎普京高支援率的短暫神話。

此外，克里姆林宮培養的另一個政治明星：國家緊急狀態與救難部部長沙耶古。在莫斯科發生的幾次爆炸事件中，緊急狀態部全力以赴，使受難居民死亡程度降到最低。沙耶古所作所為贏得了「救難英雄」的稱號，葉利欽總統於 9 月底親自頒授「英雄勳章」給沙耶古。沙耶古聯合了 13 州的州長，組建了「團結黨」（又稱熊黨，這主要是因為該黨黨旗上有一隻白色的北極熊），由於克里姆林宮背後的支持，使得「團結黨」的勢力範圍在一個月內擴及涵蓋了 22 個州。沙耶古清廉的政治形象尤為民眾所稱道，其本人在緊急狀態部任職十年期間，當歷屆總理重組內閣時，他是唯一未遭撤換的部長。沙耶古同時也是媒體寵兒，他的行蹤經常是媒體關注的焦點。俄記者在與沙耶古進行訪談時，經常提問他這樣個問題：「您是災難中的拯救者，您是否可成為一個拯救俄羅斯的民族救星？」可見媒體對沙耶古是欣賞有嘉的。

葉利欽的兩張王牌亮出後，俄大選的選情發生劇變，出局的黨更加明確，而留在局內的黨將在剩下的時間裏奮力廝殺。

民粹主義者日里諾夫斯基領導的「自由民主黨」，在 1999 年杜馬選舉中將失去第二大黨的地位。因為在歷次杜馬決議案中，日里諾夫斯基都以杜馬議題為籌碼，而為自己謀得最大利益。平日日里諾夫斯基螢幕形象一般為：在國會裏丟麥克風；電視訪談中用杯中的水潑人；與男女議員扭打一團或跳上主席臺破口大罵，醜態百出；上訪談節目時，喜歡答非所問與用非常民主色彩的辭彙刺激其他受訪人；日里諾夫斯基為了表現與年輕朋友親近，會去舞廳跳舞唱歌；1999 年白城州長選舉時，日里諾夫斯基以州長候選人身分，與前來參加集會的老先生、老太太破口相罵，此鏡頭畫面至今仍在全俄電臺廣為播放，成為日里諾夫斯基除了向對手潑水的另一花絮。但最令自民黨大傷元氣的是：陣前換將與更改黨名，因為選委會認為「自民黨」與犯罪集團有關，拒絕讓該黨參選，該黨的頭二號人物在選前資格審查中，皆出現問題，日里諾夫斯基因購買了一部與其經濟實力不符的名車，二號人物貝科夫（克那斯雅爾斯克鋁廠總經理）有犯罪嫌疑，後在保加利亞被捕，其他黨員也有嚴重偷稅的事實。日里諾夫斯基只好臨時更改黨名為「日里諾夫斯基集團黨」重新登記參選。

俄共由於近年來在杜馬的表現太拖泥帶水，真正為人民爭取到的利益是少得可憐，且俄共的票源正在減少，其競選經費來源也非常短少，雖然俄共以 20%的支持率居第一位，但它對於杜馬中另外50%的地區選票控制則少得可憐，只有 10 個小州而已，所以實際掌握的選票實力則居第二、三位。如果車臣戰爭無法見分曉的話，那麼俄共可再運用其最擅長的街頭運動，提高選前聲勢，取得第二或第一大黨地位。但是俄聯邦軍若贏得車臣戰爭的勝利，俄共仍會位居第二或第三位，其大黨地位會削弱。

「祖國－全俄羅斯黨」也由於盧日科夫在民眾印象中有與黑道掛鉤的嫌疑，民意調查持續走低，該黨在民意調查中居第一或第二

位，而普里馬科夫居第二或三位，與俄共黨主席久加諾夫互有高低。
而一旦車臣戰爭因素在選戰中發酵，則祖國黨會因為其居中立觀點
的優勢，大量吸收厭戰的左派與右翼的票源，可為其政黨議席取得
多數議席；並且在另一半行政區的議席中，拉攏能對選民影響的各
州長，使該黨在大選中一炮雙響，為總統大選鋪石墊路。祖國黨將
面臨背水一戰，與葉利欽聯合是不可能的事，只有站在葉利欽對立
面，才能鞏固票源，在杜馬選舉中保持第二或第一地位。

　　「團結黨」（也稱「熊黨」）儘管擁有葉利欽的支持，可利用
現有的龐大政治、經濟資源來進行選舉，該黨主席沙耶古自身的政
治魅力還是有些不足之處，但由於該黨地方勢力相當雄厚，可在政
黨議席中取得第三、四位之後，從地方議席中奪得第一位，即而成
為杜馬實際上的第二大黨。若車臣戰爭陷入膠著狀態的話，該黨會
滑落至第三、四位。

　　1999 年 12 月 19 日，俄羅斯第三屆國家杜馬如期舉行，約有 6000
萬選民參加了投票，投票率接近 60%。俄羅斯杜馬由 450 席次組成，
其中 225 名由選舉區選出（每區選出一名），另外 225 名則由各政
治黨派按比例制產生，並受得票率百分之五門檻的限制。12 月 19
日俄羅斯國會選舉初步的結果是（除車臣共和國明年戰後補選）俄
羅斯共產黨得票率 24.38%，占 111 席位。親克里姆林宮的團結黨得
票率 23.68%，將擁有 76 席次。祖國全俄聯盟黨 12.08%，總席次
62 席位。右翼勢力聯盟黨 8.71%，29 席位。蘋果黨 6.10%，22 席
位。選舉結果顯示俄國新國會出現改革主流的希望大增，而受克里
姆林宮支持的「團結黨」（2002 年，「祖國黨」與「團結黨」合併
之後成為「統一黨」）獲得第二高票的選民支持，意味著葉利欽的
繼任人選普京邁向總統之路更加平坦。

　　1999 年 12 月俄羅斯國會大選的重要性在於中央政治權力的重
新配置，影響日後政策制訂方向，大選結果亦將影響明年六月的總

統大選。此次俄國大選的兩個值得觀察的後續效應為：中央權力重組，可能引發後續政策更動；地方派系滲透中央，可能引發中央與地方之間權力分配問題。

　　俄新國會產生具幾項指標意義：一、右派力量聯盟蘋果黨、團結黨將在新國會中形成具有積極意義的多數集團，新國會將一改長年被共產黨席位占絕對優勢的新局面。二、中間偏左政治聯盟——祖國俄羅斯黨在選舉中受挫可能導致共產黨無法籌組中間偏左政黨大聯盟，對普里馬可夫決心參選總統受到嚴重打擊。三、中間派政團大有斬獲可能連帶改變俄國的政治面貌，並提高俄國持續經濟改革的可能性。換言之，大多數俄國選民願意接受某種形式的民主經濟改革。

第三節　普京媒體寵兒形象的建立

　　在 2000 年總統選舉即將來到時，普京開始不斷利用國家媒體替他宣傳，其中用得最頻密的就是俄羅斯國家電視臺，該電視臺時而報導他在各地的出訪，時而顯示他強壯的體魄。俄羅斯各大報評論員認為，普京原來就已在車臣之戰得分，按照現在的趨勢發展，選情將出現一面倒的情況，而俄羅斯國家媒體也將藉宣戰發展自身的影響力。

　　俄羅斯總統大選於 2000 年 3 月 26 日進行投票選舉，但選前的競選活動基本是步履蹣跚，緩慢地進入大選高潮期。對此，原因主要有二：一方面，俄羅斯經濟長期處於低迷疲軟狀態；另一方面，代總統普京自身已具備相對優勢可對選戰進行操控。尤以後者對選情影響為最，而這其中又以普京對媒體的控制和運用占最大的優勢，使得其他總統候選人只能望其項背，在望塵莫及之餘只能對月興歎了。

　　2000 年俄羅斯選戰的特色在於：普京在充分地運用國家資源的優勢前提下，與其他 11 名總統候選人進行所謂的公平競爭。國家資源包括克里姆林宮背後的利益團體、地方各州歸順的勢力集團、親普京的「統一黨」在地方上的椿腳以及中央對媒體的操控。而其中又以普京在 2000 年初對國營電視公司——全俄羅斯國家電視廣播公司的整編最引人注目[9]。

　　2000 年 1 月中旬，俄羅斯最大私營電視臺——獨立電視臺新聞部總經理杜伯羅傑耶夫受到普京徵召前往全俄羅斯國家電視廣播公司擔任總裁。普京這一舉動的目的有二：希望杜伯羅傑耶夫能以自身的經驗與實力，挽救國營俄羅斯電視臺（PTP）新聞節目的收視率；將來以俄羅斯電視臺作為普京選戰宣傳機器，以及推行與落實國家政策的宣傳筒。

　　在俄羅斯國家杜馬 1999 年 12 月 19 日舉行選舉的前半年期間，只有獨立電視臺與俄羅斯社會電視臺（OPT）兩家電視臺定期製作對於杜馬選前的民意調查，並且對選情進行預測與評估。在這方面的工作，俄羅斯電視臺就落居第三了，使得該台有關選舉新聞的可看性相對降低許多。

　　事實上，俄羅斯電視臺在俄國政壇上與權利爭鬥中扮演著實質與象徵的意義。俄羅斯電視臺是俄羅斯首任民選總統葉利欽於 1991 年 5 月向戈巴契夫爭取到的電視臺，也因此，俄羅斯電視臺在葉利欽爭取政權的過程中挑起大樑，專為葉利欽宣傳民主理念與博取民意的支持，最後葉利欽果然當選首任民選總統，成為俄羅斯政權的最高領導人。

---

[9]　胡逢瑛，《普京為何能致勝？》，新加坡《聯合早報》，《社論/言論/天下事版》，2000 年 3 月 28 日

　　在蘇聯時期，社會電視臺的前身奧斯坦丁基諾電視臺是國家唯一的電視臺，蘇聯解體後社會電視臺一直由人民代表大會最高蘇維埃所操控，在 1993 年 10 月炮轟白宮的政府與議會衝突事件後，葉利欽下令將社會電視臺改組為公私合營的股份有限公司，自此以後，金融財閥別列佐夫斯基就是幕後操控社會電視臺的主使人，這也顯示別列佐夫斯基與葉利欽家庭的緊密關係，因此對社會電視臺的形象與公信力有損。2000 年總統大選前夕，與葉利欽的手法相同，隨著葉利欽的辭職，普京需要的是一個完全屬於自己的電視臺，因此在選舉前夕，對於全俄羅斯國家電視廣播公司的整編與俄羅斯電視臺新聞製作的提升也就隨著因應而生了。

　　普京對電視媒體的運用主要表現在兩方面：媒體積極報導他視察的行程，另外一面是控制媒體對車臣戰事的報導。

　　普京積極視察的行動可以塑造他勤政親民的形象，藉著視察機會親自與民眾做第一類接觸，聽取來自各界最基層人民的聲音，普京也當著人民的面前做出各種允諾。事實上，這種親自微服出巡的方式最能博得選民的選票。此外，在運用媒體控制對車臣戰事的報導方面，在他的掌控下，1999 年發動的車臣戰爭不但未發生如同第一次車臣戰爭的反戰風潮，反而為他贏得了英明果斷的形象。再加上普京對西方國家強烈抨擊車臣戰爭也能應付自如，這也滿足了俄羅斯人民對國家尊嚴得以維護感到驕傲。在多次各項民意調查結果也顯示，普京的聲望正如日中天。根據 2000 年俄羅斯選舉預測與研究中心針對全俄 40 個聯邦主體、94 個居民點和 1500 個受訪者所做的最新民意調查顯示：普京獲得 60.4%的民意支持，久加諾夫23.1%，亞夫林斯基（蘋果黨黨魁）7.8%，圖列耶夫（卡梅他州州長）1.9%，契托夫（薩馬拉州州長）1.5%，其他候選人皆不到 1%的支持，他的民意支持率也能維持在 60%左右。

俄羅斯的平民百姓並不喜歡廣告，實在是因為貧富差距過於懸殊，大部分人民僅處於溫飽邊緣，國家又拖欠發放工資，若是普京再拿大筆鈔票做廣告，勢必適得其反。因此，普京利用視察的報導代替廣告的目的有二：一方面可以節省競選經費，不需多花錢做政治廣告；另一方面視察屬於國家元首的重要行程，可以利用電視新聞節目在全俄羅斯播放，效果更勝於廣告。這樣一來，用視察代替廣告做宣傳對普京而言便是兩全其美之事了。

普京擅於運用螢光屏塑造形象，可從普京的視察活動中看出來，普京不但展現了他強壯的體魄，還爭取到女性選民的青睞，更積極參加電視辯論會，與對手比政見、爭長短。自從俄羅斯人民飽受了葉利欽常臥病榻的統治之苦後，總統的健康狀況也就成為了選民關注的焦點。普京於 2000 年 2 月份走訪了中部經濟重鎮伊爾庫斯科與克拉斯那亞爾斯克，除了關心經濟發展外，普京還展示了其高山滑雪的高超技術。此外，普京在視察行經的路途中，居然在零下攝氏 30 度的冰天雪地中不戴帽子遮寒，普京面對鏡頭時回答記者對此的詢問，他僅簡短有力地回答：不覺得冷，所以不戴帽子。

由於俄羅斯女性一般對政治較不關心，為爭取更多的女性選民的支持，普京在三八婦女節前夕，普京不但在克里姆林宮的凱薩林大廳內頒發獎章給全國傑出女性，典禮後，普京立刻飛往伊萬諾夫州進行視察，在行程中也不忘對女性表示敬佩與肯定。當記者詢問普京對女性的看法時，普京表示，家中有妻子與兩個女兒，連愛犬也是雌犬，他自己就是完全被女性包圍。俄羅斯國家電視臺的新聞報導顯示許多俄羅斯婦女認為，儘管她們不懂政治，但是還是蠻喜歡普京本人的。

普京對於選情胸有成竹的態度也表現在他首先提出參加電視辯論的意圖。普京曾表示過，他願意與其他候選人在辯論中一較長短。2 月 29 日，俄中央選委會公佈了總統大選宣傳的規則，規定每位候

選人在 3 月 3 日至 3 月 24 日期間，可在各個電視頻道擁有 80 分鐘的宣傳機會，包括以錄影帶演講或現場辯論方式計算時間。3 月 26 日是投票選舉日，投票日前兩天禁止宣傳。其中選委會公佈的電視辯論日期最引人注目，因為這將是蘇聯解體之後，總統候選人與其政見首度在電視螢光屏前接受全國觀眾的檢驗。這項措施算是普京政權的創舉，況且對於普京而言，他需要的是選民積極地前往投票，使第一輪投票人數超過 50%以上，以爭取在第一輪投票中獲勝。而電視辯論正是吸引與鼓勵人民投票的興奮劑。

第四節　結論

自普京執政以來，便著力於政府與議會的合作，而國內新聞自由形勢日趨嚴峻；對外，他勤於走訪各國，為俄羅斯重新拓展新的外交空間，並且不忘與俄羅斯老盟友重續前情，加強恢復經貿合作與建立戰略夥伴關係。

當俄羅斯準備跨入 2001 年的前夕，普京向全國觀眾發表了 10 分鐘的談話，世紀之交的 12 點整時，從克里姆林宮傳來了悠揚的鐘聲，繼而飄然奏起原蘇聯時期的國歌，氣勢磅薄的旋律，鏗鏘有力的歌詞，激起人們心中澎湃的民族熱情，使人自然地聯想起強大的俄羅斯時代。舊國歌與新歌詞是普京獻出的年終大禮，事實上，採用亞歷山大羅夫的原蘇聯曲代替格林卡的古典音樂，可能包含雙重意義，即一方面凸顯了俄國本身已存在多年的意識型態矛盾的表面化，另一方面通過三色國旗與雙頭鷹的國徽法案也反映了普京的強勢作風，象徵著普京今後將帶領俄羅斯人民一同邁向復興之路。

在葉利欽執政末期，俄政局經歷劇變，面臨內外交困的窘境，並受到 98 年金融風暴的衝擊，俄經濟瀕臨瓦解，民眾對政府的信心

徹底崩盤，要求葉利欽下臺的呼聲就不斷升高。又因科索沃衝突，俄羅斯與北約各國立場迥異，國際情勢一度緊張，再加上俄當局對車臣發動戰爭，引起西方國家的揣測及抨擊，俄羅斯再度陷入國際孤立的狀態。

這期間，俄經歷了四次總理更迭，再者，葉利欽心臟數度動過手術，健康情形相當差，俄國人都有隨時看他入土的心理準備，俄羅斯基本上處於一片渾沌的無政府狀態，因此，當時葉利欽繼續參選總統連任已是不可能的事實。面對俄共傳統的勢力，以及普里馬科夫與莫斯科市長盧日科夫連袂競選所擺出來勢洶洶的架勢，克宮總統家庭有必要刻意將普京保留到最後適當時機推出作為殺手鐧，這一策略可保護普京過早登場而受到政敵太多的攻擊，結果是葉利欽宣佈提前退位而使總統大選提前舉行，打斷了主要政敵的陣腳。

一、臨危受命，內外兼及

普京這位前國安局官員，以政壇上默默無聞的黑馬姿態出現，臨危受命，擔任總理，接著發動車臣戰爭，力圖平息車臣恐怖分子給俄社會帶來的動盪。在葉利欽大力保護下，一躍成為葉利欽政權唯一的接班人選。為替自己的接班人執政鋪路，葉利欽幕僚策劃派出形象極佳的緊急救援部長沙耶古掛帥組成「團結黨」，積極爭取國家杜馬席位，團結黨果不負眾望，打贏了 2000 年總統大選的前哨戰，順利成為新國會的第二大政黨。繼之三個月內，在國家媒體強力的宣傳造勢下，在克宮班底雄厚財力助陣及右翼黨團強力抬轎的之下，普京如期當選了俄羅斯第二任民選總統。

普京當選總統以來，革故鼎新，力圖在政治、經濟、外交方面灌入自己的新思想與新作為，其各項舉措都格外引人注意。普京本身雖以無黨派身分執政，持超黨派政治立場，但他積極支援團結黨作為總統的政權黨，使它專為總統政策進行背書及遊說工作，由於

普京著重緩和與反對黨的關係，消除了葉利欽長期與俄共對立的政爭惡鬥，總統、政府與議會三權呈現多年來少有的和諧氣氛。政壇上各派英雄好漢如今已區分為支持普京或反對普京派，而不再以民主派或共黨派來劃分楚河漢界。普京上任以來，即主張秉持超黨派政治來團結努力，他支持俄共黨領袖之一的謝列茲尼奧夫擔任國家杜馬主席即是一例證，這也成功地杜絕了反對派祖國黨領袖普里馬科夫若擔任杜馬主席所帶來的威脅。

由於普京先發制人，他所營造炮口一致對外的政府與議會團結關係，將有助於整頓社會秩序與穩定國家發展。例如，普京向國會提名凱西亞諾夫為總理、各項有關國內國際法案均順利在國會通過，其中長達七年之久的第二階段削減戰略武器條約和《全面禁止核子試驗條約》也被迅速批准。

二、逐漸集大權於一身

普京為加強聯邦中央對地方的治理與控制，達到上通下達與有效運轉的統一體系，簽署了總統令修改違反俄憲法的地方法規，並下令將全國 89 個聯邦主體劃分組成七個聯邦行政區，由總統指派全權代表，並要求加強各聯邦主體的首腦參與國家政策作業。有輿論批評，普京這項舉措釋出了中央集權的訊號，儘管普京矢口否認絕非實施中央集權，而不斷強調必須要有效遏止各行政首長為所欲為，使地方利益不致抵觸中央利益，但政壇普遍嗅出中央強權的味道。

另外，拜國際石油價格上漲之賜，俄羅斯經濟形勢去年呈現好轉，一掃 1998 年金融危機與石油價格下滑所造成的陰霾，去年一年俄羅斯國內生產總值增加了 7%，物價與盧布價格趨於穩定。為了國家發展天然氣與電力市場，普京打著反能源壟斷的旗號，首先向統一電力集團開刀，對該公司進行重組，重新整頓能源體系，這也符合俄羅斯今後長期經貿發展戰略。

　　與此同時，普京也全力致力於改變俄羅斯的內外環境。俄羅斯曾為了科索沃戰爭、車臣戰爭與北約東擴等問題，與西方國家關係迅速冷卻而趨於緊張。在 2000 年 5 月普京正式宣佈就職總統後，旋即先後出訪英國、西班牙、義大利、法國等歐洲國家，法國列為最後是因為希拉克對俄羅斯發動車臣戰爭批評最激烈，令普京不悅，不過普京最後在巴黎與歐盟發表聯合聲明，希望進一步加強雙方的戰略夥伴關係。此外，雙頭鷹也不會忘掉東方，普京造訪了中國、朝鮮、日本。

　　俄羅斯與獨聯體國家發展戰略夥伴關係更是普京外交的側重點，為抵禦北約繼續東擴到前蘇聯加盟共和國，普京相繼出訪獨聯體國家，加強鞏固與獨聯體的經貿關係，與白俄羅斯、哈薩克斯坦、吉爾吉斯坦及塔吉克斯坦簽署《歐亞經濟共同體協定》，旨在逐步消除貿易壁壘，建立起單一貨幣市場，希冀將此協議繼續擴展推向其他獨聯體國家，促使這項協議逐步發展成為類似歐盟的大聯盟組織。普京也刻意走訪了古巴與加拿大，唯獨經過美國大門而不入。俄羅斯環顧四周，氣勢淩人，展翅待飛，普京在外交上積極部署，其想法就是希望在逐步將內外的大環境鞏固好之後，再繼續發展俄國的經濟與軍事科技之長期實力。

　　綜觀一年來的動向，俄羅斯過得並不平靜，但可以看見，它已經向恢復昔日雄風的重建之路邁進了，令美國與亞太地區周邊國家不能忽視與掉以輕心。雖然東西兩大陣營軍備競賽的冷戰時期已經結束，但對美國而言，俄羅斯處於經濟依賴但不崩潰的狀態比較符合美國的長期利益；對於緊鄰歐洲大陸的歐洲國家而言，俄羅斯社會的動盪會直接衝擊歐洲安全，所以，俄羅斯經濟平穩的發展對歐較有利；東北亞的中國、日本與韓國目前則以維持與俄羅斯區域內關係的和諧氣氛為主軸。

　　此外，普京也徹底打擊媒體寡頭參政，他對橋媒體集團總裁古辛斯基與另一媒體寡頭別列佐夫斯基發動的一波波攻勢，與其說是為了杜絕貪污腐敗，毋寧說是為加強新聞監控。要消除媒體壟斷集團干政，避免報導不利政府的消息，最迅速的方法就是抓住其罪證，進行打擊。在俄政府對古辛斯基發出國際通緝令之下，這位媒體大亨已在西班牙遭警方拘捕。而別列佐夫斯基已經被迫出讓媒體股份，如今其人身處國外，成為持不同政見的異議分子。所謂樹倒猢猻散，橋媒體集團旗下的獨立電視臺，在稅務警局與總檢察署的「法」下，當時面臨停播的危機。現在，俄政府名符其實成為了俄羅斯最大的媒體壟斷集團的主人。今後，寡頭參政一詞也被歷史洪流淹沒，將逐漸為人所淡忘。

第十一章

俄危機中電視媒體與總統電視演說的互動模式
——以別斯蘭中學人質事件為例

　　2004 年 9 月 1 日，在俄羅斯聯邦境內南部的北奧塞梯共和國別斯蘭市的第一中學，發生了舉世震驚的恐怖武裝蒙面分子挾持中學生作為人質的悲劇事件。整個事件僅持了三天，一直到 9 月 3 日莫斯科夜間時間大約 11:30 左右，才由這次解圍行動總指揮官安德烈耶夫宣告鎮壓恐怖分子的攻堅行動基本結束。隨後緊接著俄羅斯安全部門展開了一系列清剿城內恐怖分子殘餘勢力的搜捕行動。與此同時，傷者的醫療救助工作也已經全面展開。對於這一緊急突發事件，本文要關注的主要問題是：在人質事件爆發後一直到結束的整個過程中，俄羅斯電視媒體與中央政府對這一極端恐怖事件的危機處理方式，其中包括了俄羅斯媒體對於反恐事件報導的新聞原則、俄三大電視台在人質事件發生第一天的新聞收視率分佈狀況、以及中央政府在這次緊急危難事件中的媒體政策。此外，總統與媒體的互動關係體現在聯邦總統普京電視傳播表演藝術行為、總統權力與政治溝通的語言藝術關係，以及普京總統所做的政治溝通行為的電視演說內容分析等。

第一節　別斯蘭人質挾持事件綜述

　　根據新華社報導，2004 年 9 月 1 日上午 9 時 30 分左右，別斯蘭市第一中學的學生剛參加完開學典禮，一夥身穿黑色衣服、頭戴面罩的武裝分子突然闖入學校，將在校的數百名學生、家長和教師趕進學校體育館劫為人質，並在體育館中及周圍安放了爆炸物。俄安全部隊接獲消息之後將學校團團圍住，但是為了保證人質安全並進行解救人質的準備工作，俄政府派出代表與武裝人員展開談判。通過俄聯邦印古什共和國前總統奧舍夫的斡旋，劫持者 2 日釋放了 26 名婦女和兒童。這是第一階段的談判結果[1]。

　　北奧塞梯共和國總統亞歷山大‧札索霍夫說，綁架者提出的條件是要求俄羅斯軍隊撤離車臣，並允許車臣脫離俄羅斯獨立，這顯然是莫斯科根本無法接受的條件。在行動前，俄政府首先在學校周圍佔據有利位置，準備狙擊逃跑的武裝人員。同時有大批救護車隨時待命，各大醫院都準備出足夠的床位和醫療設備，準備搶救傷者。為避免車臣反政府武裝發動報復行動，俄羅斯全國都提高了戒備，尤其加強對學校的警戒。經過 50 個小時的對峙後，俄政府與武裝人員的談判徹底破裂。心理醫生羅沙耶夫在與武裝挾持者談判時要求帶藥品與食品，遭到拒絕。

　　震驚世界的俄羅斯人質危機在發生 52 小時後，被武裝分子佔領的俄羅斯南部北奧塞梯共和國別斯蘭市第一中學響起劇烈的爆炸聲，人質開始往外衝，恐怖分子開槍射殺，俄特種部隊迅速衝進校園，開始了解救人質的攻堅行動[2]。

---

[1]　http://www.xinhuanet.com.2004 年 09 月 04 日　09:56:33，來源：新華網。
[2]　同上。

　　北奧塞梯安全局長、行動總部指揮官安德烈耶夫被迫要回答特種部隊為何要強攻的問題。安德烈耶夫表示，原本和綁匪已經達成協定要先交出死者的屍體，當時特種部隊分為四個小組在原地按兵不動等待行動，希望繼續進行釋放人質的和平談判。不料 9 月 3 日 13 點左右，發出兩聲爆炸巨響，人質開始往外跑，綁匪開始向人質開火，特種部隊這時立即衝往裏面搶救人質，當地有武器的老百姓也往裏衝進去[3]。安德烈耶夫還表示，持槍居民的攻堅多少影響了特種部隊營救人質的效率，安德烈耶夫的言詞中透露出些許為意外攻堅造成人質死傷找藉口的意味。

　　新華網北京 9 月 4 日電綜合新華社駐外記者報導[4]：澳大利亞、義大利和朝鮮等國 3 日和 4 日對俄羅斯北奧塞梯發生的綁匪殘忍殺害大批人質事件表示震驚，強烈譴責這起恐怖主義行徑，並對這起事件中的遇害者表示哀悼。澳大利亞總理霍華德 4 日譴責說，這起事件十分邪惡而殘酷。綁架無辜兒童「充分表明了恐怖活動最邪惡的本質」。義大利總統在致俄總統普京的慰問電中說，義大利支持俄政府堅決打擊恐怖主義，總理貝盧斯科尼譴責製造這一事件的恐怖分子「缺乏起碼的道德和良知」，他表示，義大利政府願意向俄羅斯提供包括藥品、血液等必要的物質和技術援助。朝鮮外務省發言人 4 日強調，反對一切形式的恐怖主義，反對支持恐怖主義，這是朝鮮政府一貫的、堅定的立場。朝鮮政府支持俄羅斯政府為肅清車臣恐怖主義分子、捍衛領土安全與完整所採取的措施。

　　中國國務院總理溫家寶在 9 月 24 日訪俄期間，發表演說強調中國是患難見真情的朋友，在俄羅斯民眾遭遇困難時，中國政府與民眾願意向其提供力所能及的幫助。溫家寶強調：這次訪問中的一個

---

[3]　http://www.1tv.ru. 俄第一電視臺網站。

[4]　http://www.xinhuanet.com，2004 年 09 月 04 日 23:45:49，來源：新華網．

重要任務就是代表中國人民和政府，親自表示中方對恐怖襲擊事件的關注，向俄羅斯人民和政府表達中國對俄羅斯反恐鬥爭中的堅定支持，並對遇難家屬表示沈痛的哀悼，向受害者和其家屬表達深切慰問[5]。

值得關注的是，對於這次人質挾持事件，俄政府已經懷疑是車臣分離分子馬斯哈多夫與巴薩耶夫所為，並且正式將恐怖主義和車臣獨立運動直接鏈結起來。9 月 23 日，俄羅斯向聯合國安理會其他四個常任理事國提交了一份決議草案，要求安理會反恐理事會確定一連串涉嫌恐怖活動的個人與組織名單，並考慮對他們進行武器禁運和資產凍結。而目前安理會反恐理事會的名單只有與基地組織和塔利班政權有聯繫的個人和團體[6]。目前美英對俄羅斯反對車臣仍持有異議。

第二節　俄媒體反恐公約的實踐

俄羅斯媒體在 2002 年的莫斯科劇院人質事件之後即簽署了一份反恐公約，強調恐怖事件不能作為鉗制新聞自由的理由，但是媒體之間要發揮自律的精神，遵守媒體一致簽署反恐公約救人與人權先於任何公民權利與言論自由的原則。根據俄羅斯生意人報紙報導[7]，這次在別斯蘭爆發人質事件的第一天，也就是 9 月 1 日，俄羅斯媒體工會緊急在發表聲明，希望媒體能夠遵守兩年前媒體聯合簽署的反恐公約，並重申「在發生極端事件時，救人與保護生命的人權要先於任何其他權利與言論自由」的主張。

---

[5]　香港商報，2004.9.25。

[6]　同上。

[7]　Газета "КоммерсантЪ" №163（3002），03.09.04.（俄羅斯生意人報）

　　對於俄羅斯媒體在三天人質事件中的表現，事實上，筆者也上
網瀏覽俄羅斯的媒體網站，發現俄羅斯各大媒體網站都將人質事件
放在第一關注的焦點，頭條加上醒目的照片，還有專題報導。可以
說各媒體官方網站的主要頁面都是人質事件的連續報導，其中兩大
國營聯邦級電視臺─第一電視臺和俄羅斯電視臺的網站上也都加設
了許多視頻報導。

　　顯然地，相比於兩年前莫斯科杜伯羅夫劇院的人質事件而言，
這次媒體與政府對於新聞處理的方式可以看出是經過仔細考量的。
例如，俄羅斯媒體報導人質事件整體而言是及時、連續的，並且事
實陳述多於評論，媒體加大了現場家屬的畫面。俄中央政府在這次
事件中的媒體政策是採取部分資訊公開與放鬆媒體採訪權。由於這
次俄政府將現場封鎖線外的拍攝過程向記者開放，所以鳳凰衛視駐
俄記者盧宇光說，在最後兩天集中了三百多家國際媒體記者在事件
現場採訪報導，記者可以排隊等候將畫面上傳衛星[8]。總體而言，俄
國與來自世界各國的記者都是經過層層安檢才得以進入別斯蘭市區
採集最新消息。

　　相較於 2004 年的劇院人質事件，由於受到全世界媒體的高度關
注，俄政府北高加索行動總部也較為及時提供與更新人質數量的資
訊，也是比兩年前更加坦然與迅速，政府特種救援行為也快速展開，
儘管焦急的人質家屬早已不耐煩政府的慢動作。因為，在俄政府與
綁匪談判未果的情況下，人質的生命就多一分死亡的機率，這一點
人質家屬都無法完全諒解普京的堅決態度。家屬普遍認為，普京的
反恐的政治考量遠遠高過人質生命安全的人道考量。主流媒體報導
也不敢多做揣測。但對於遠在莫斯科的民眾而言，整體觀感是俄政

---

[8]　香港鳳凰網，2004 年 09 月 04 日　10:14。

府在救援行動上與電視台在報導篇幅上至少沒有表現冷漠與刻意隱瞞真相的意圖。

但考慮俄政府從資訊操作的正確性角度而言，求證事實與迅速通報在這裏陷入了嚴重的兩難境地。這種資訊公開化的傳播效益在於公開恐怖分子真實的殘暴行為，如此一來，可減少國際對俄羅斯當下災難發生時反恐的指責，並加強國際對恐怖主義全球化的警戒。因為俄政府倉促之間認為，首先反正政府與議會檢查俄羅斯國家電視臺的報導內容，這就可以減少對國內批評政府危機處理不當的負面影響力，其次才考慮到只要媒體不妨礙特種部隊的攻堅行動，拍攝現場的適度公開並不會暴露特種部隊或安全人員的作戰計劃，因為綁匪被團團圍住，也無法展開與同夥的串聯。不過，這也不能保證媒體現場採訪不會妨礙救援行動。我們也從多家電子媒體的新聞畫面中看到，俄軍攻堅行動中在災難現場並不平靜，甚至是混亂的，災難現場的公佈對於政府不喜歡暴露自己國家的弱點而言，的確是一種挑戰。因為全世界觀眾都將認為俄羅斯是恐怖活動頻傳的事故多發區，危險指數升高影響了外資投入的信心。不過，在國際上大國之間當時也形成了一股反恐力量。但當別斯蘭事件一結束之後，我們發現至少美國與歐盟對普京將車臣與恐怖分子鏈結的觀點並不支持。

對於俄媒體本身的自主性態度應值得我們特別關注，這次俄羅斯記者工會發佈了一項緊急反恐公約，對恐怖事件與新聞自由的關係再次下了定義：公約聲明新聞自由不因任何事件而有所阻礙，在堅持真相與言論自由的情形下，堅決反對恐怖分子殘暴的行為，發佈新聞時要考慮到人民的生命安全，以及不妨礙救助行動為優先考量，亦即救人與生命人權先於言論自由。筆者認為，關於人質事件，俄羅斯媒體的態度不等於政府的態度，也就是反恐不一定等於同意反車臣，支持普京打擊恐怖分子不一定等於支持恐怖分子等於車臣

民族，關於這點可以另一個主題再具體進一步分析探討。但就打擊恐怖分子的報導立場上，俄媒體會加入考慮國家利益與國家安全的概念進去，在俄政府打擊恐怖主義的前提之下，新聞報導主題的衝突性與接近性所產生的高收視效益會被電視臺先擱置在一旁。

第三節　俄三大電視臺人質新聞收視狀況

　　根據俄羅斯《生意人報》的報導，9 月 1 日發生在俄羅斯南方北奧塞梯共和國的恐怖分子武裝挾持別斯蘭第一中學學生的悲劇事件，在時間在進入第二天時，俄羅斯第一電視臺、俄羅斯電視臺和獨立電視臺對此一恐怖事件的報導成為俄羅斯民眾關注的中心焦點，當日三家晚間新聞時段的收視率急速攀升，甚至超過平日很受觀眾歡迎的連續劇[9]。

　　蓋洛普媒體調查俄 18 歲以上觀眾收看 9 月 1 日晚間至夜間新聞的結果顯示，第一電視臺新聞品牌節目「時代新聞」每一節的滾動新聞收視最高，其次俄羅斯電視臺的新聞品牌節目「消息」系列緊追在後，獨立電視臺的新聞品牌節目「今日新聞」的滾動新聞同樣具有強大的影響力。三家電視臺的收視率與收視份額如下表：

---

[9] Газета "КоммерсантЪ" №163（3002）от 03.09.04.（俄羅斯《生意人報》）

俄羅斯聯邦三家電視臺晚間與夜間新聞的收視率與收視份額比例

電視頻道	節目名稱	播出時間	收視率（%）	份額比例（%）
第一電視臺	時代新聞	21.00	13.26	32.56
	晚間	22.51	10.02	28.14
	新聞	00.00	4.9	25.77
俄羅斯電視臺	消息特別報導	20.00	10.02	27.8
	消息特別報導	21.59	7.96	20.12
	消息特別報導	22.59	6.42	18.42
	消息特別報導	23.59	3.78	19.17
獨立電視臺	今日新聞	19.00	5.86	19.71
	今日特別報導	19.57	10.03	27.97
	今日特別報導	20.55	10,29	26,72
	國家與世界	22.00	7.25	18.43
	今日特別報導	22.57	5.18	14.38
	今日新聞	0.30	2.37	20.31

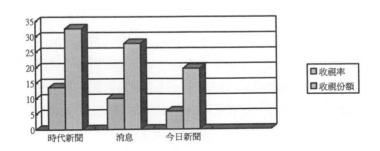

　　第一電視臺 20 分鐘的晚間「時代」新聞於每晚九點鐘播出，9月 1 日的「時代」新聞在播出後，收視率即出現 13.26%，占收視份額比例的 32.56%，20 分鐘的「夜間時代」新聞於十一點半播出，收視率為 10.02%，占收視份額比例的 28.14%，收視率高於另外兩台的夜間整點滾動新聞特別報導。俄羅斯電視臺的晚間新聞「消息」報導於每晚八點鐘播出，當天播出後的收視率攀升為 10.02%，占收視

份額比例的 27.8%，俄羅斯電視臺當天特別加開了至夜間的整點新聞「消息特別報導」，十點播出時收視率為 7.96%，占收視份額比例的 20.12%，但隨著夜深而呈現收視遞減。獨立電視臺的「今日新聞」在晚間七點鐘播出，播出後收視率為 5.86%，占收視份額比例的 19.71%，加播的「今日特別報導」整點滾動新聞在晚間將近八點和九點時的收視率分別達 10.03%和，10.29%，占收視份額比例的27.97%和 26.72%，之後隨著夜深而收視呈現遞減。基本而言，9 點是新聞收視的顛峰時刻。

　　三家電視臺新聞時段是分開的，這基本上分散了收視的強烈競爭性，而增加了新聞收看的延續性與比較性。「時代新聞」這個新聞品牌自蘇聯就延續下來，口碑一直相當穩定，雖然經蘇聯解體，電視臺多次更名，仍未能消滅第一電視臺「時代新聞」欄目長久所建立的新聞品牌。「消息新聞」是所屬俄羅斯聯邦政府的俄羅斯電視臺的主打品牌和資訊發佈的權威渠道，近幾年來新聞欄目收視穩定上升。獨立電視臺的「今日新聞」收視在「消息新聞」欄目競爭之下處於逐漸滑落的窘境，但欄目在媒體寡頭古辛斯基時期建立的新聞口碑還是保留下來，今日新聞一直是以快速、獨立與刺激著稱。這次在人質事件中獨立電視臺第一個發佈帶著嬰兒的婦人被釋放的消息，幾分鐘過後，以國家聯邦首席電視臺姿態出現的俄羅斯電視臺率先播放了事件的新聞畫面。俄羅斯電視臺近一年來也改以「俄羅斯」（ROSSIA，俄語發音）電視臺取代原來俄羅斯電視臺的縮寫（RTR），電視臺希望藉此繼續打響俄羅斯聯邦電視臺的形象和新聞品牌。第一電視臺「時代新聞」的報導則是按照往常時段播放新聞，並沒有開設其他的特別報導。

　　引人注目的是，獨立電視臺當日也取消原本預定在 9 月 1 日下午 3:40 晚上 10:40 對遠東烏拉爾西伯利亞地區以及莫斯科地區晚間的節目，該節目是由索羅維耶夫主持的「接近屏障」脫口秀節目，

節目原本要討論北奧塞梯恐怖事件，開播前好幾位受邀訪談的來賓都在攝影棚內到齊了，但臨近拍攝時，主持人突然接獲電視臺主管指示，公開說明根據節目製作人列文與總經理庫李斯堅科的要求，決定取消節目的錄製工作。獨立電視臺這個突然的舉動，表明了電視臺立場上暫時不對事件進行評論的資訊安全動機，而決定以新聞特別報導的方式集中在事件本身的現場報導。這裏可以看見在緊急事件發生之際獨立電視臺新聞評論性節目在媒體政治操作上加入國家安全考量的元素在裏面。這是普京執政後要求媒體在國家化與專業化之間取得一個平衡點與達成基本共識的體現之一。

　　兩千年後，俄羅斯國有資本進入的獨立電視臺的新聞運作模式，已經與媒體寡頭古辛斯基管理時代的新聞報導模式大相逕庭，原來在九十年代中期後出現的大量反對俄羅斯政府發動車臣戰爭的攻擊式新聞報導狀況此時已經大為改觀。古辛斯基所倡導的攻擊式報導曾經讓世界各國都相信和紛紛指責俄政府違反人權的行為。當時俄羅斯媒體為了追求百分之百的新聞自由，對於俄羅斯面臨的民族衝突、國家分裂、毒品走私或是恐怖活動的國家安全等嚴重問題都處於束手無策的窘境。衝突與危機報導被記者簡單地理解成為公眾人物隱私的揭祕行為；捕風捉影的政治解密也被片面理解成政治民主與新聞自由。畢竟俄羅斯的前身是被西方國家視為危害西方國家安全的那個擁有核子武器的蘇聯「鐵幕帝國」。二十世紀九十年代，處於轉型中的俄羅斯政治與媒體，對於在聯邦國家安全和新聞自由領域之間的拿捏及在實踐新聞自律的過程中還不是十分堅定與自信。1996 年時，在西方國家強烈反對出兵車臣共和國之際，最後葉利欽總統在損兵折將佔領車臣首都格羅茲尼之後，還與車臣叛軍簽署不符合俄羅斯國家利益的屈辱協定。

　　這次俄羅斯聯邦電視媒體的表現基本上令中央政府比較滿意，當然這對於許多國家喜歡看見或報導批評俄政府的負面聲音就顯得

不那麼刺激與具挑戰性。不過俄羅斯網路媒體，如俄羅斯報紙網站仍對普京處理人質事件的政治動機提出自己的看法與質疑。其實這次事件本身就已經是一齣悲劇，若是挾持人質事件過程中媒體過多的評論反而會分散了事件本身呈現給全世界的衝擊性，攻擊式新聞只會體現媒體想爭取的只是炒熱事件本身，藉以此來吸引觀眾的目光，這時民眾參與媒體事件報導成為必然，但媒體此時更加關注的只是收視效益，媒體背後的利益集團、國家政府、受眾成為相互影響的三角關係，到時引起的輿論將使俄政府處於相對被動的狀態。這一逆反現象恰恰是俄政府在社會秩序陷入危機時刻最不願意看見的事情，同時對民眾的生命安全保障也不見得是好事。

　　無論如何，經過十年發展的俄羅斯媒體已經具備基本新聞自由的權利與實踐經驗，在報導恐怖事件中俄羅斯電視記者表現出很高的新聞專業水準。人質事件發生期間的報導，事實陳述多於批評討論，在俄羅斯媒體反恐公約的自律約束之下，電視媒體基本上是持先報導後討論的態度，以及救人與生命人權先於言論自由的原則，看來俄羅斯聯邦級電視媒體現在在緊急狀態時處理國家安全與媒體自由報導之間的關係已經取得一定的默契了。值得我們關注的是，俄聯邦級三家電視臺都沒有開設新聞頻道，一方面資金與資源有限，另一方面更重要的是：俄政府至今仍不放鬆對空中信號發射權的開放，這是中央政府對國營和商營電視媒體內容審查所保留的最後控制權。畢竟，俄政府對於俄羅斯電視臺和其他的國營電視臺或私營電視有著不同程度的要求。

　　在這次人質事件中，俄羅斯政府採取的媒體政策是部分資訊公開以及沒有嚴格限制記者拍攝。記者多半在封鎖線外與北高加索行動總部取得最新消息，或是在現場週邊拍攝人質救助與特種部隊部署的畫面，筆者也看見最驚險的畫面莫過於記者自己跟著特種部隊在坦克車進行攻堅時，以坦克車作掩體跑著拍攝現場攻堅的鏡頭。

記者常常會為了拍攝刺激畫面而冒著生命危險採訪，這也大大增加了戰地前線或危險地帶特派記者現場採訪報導的權威性。

　　相較於兩年前的莫斯科劇院人質事件，這次媒體報導的自由度是有提高的，在當時莫斯科文化宮人質事件中，報導多強調家屬們是多麼的堅強，這基本轉移了觀眾的注意力，掩飾媒體報導中沒有人質的現場畫面，新聞報導沒有不斷發佈更新人質的數目，顯然媒體受到政府消息的刻意封鎖以及播放畫面的限制。在文化宮劇院人質事件中，俄羅斯政府與媒體多受到刻意隱瞞資訊的指責，這次別斯蘭人質事件中，政府顯然採取公開的態度。按照新聞原則，只有新聞公開才最接近真相，而真相會讓全世界明白事情的悲劇性，世界關注焦點才會都投注在危機的解決與人道的關懷層面上。例如，別斯蘭人質危機事件中，多國元首與外交官員對恐怖分子的殘忍發表了斥責的聲明，這暫時免除了西方國家對俄政府蔑視人權的斥責。俄羅斯媒體工會也在 9 月 1 日聚集了各大電子與平面媒體的領導主管，重申兩年前（在）莫斯科杜伯羅夫劇院發表的反恐公約，聲明「在極端事件中救人與人權先於其他權利與言論自由」的主張。俄羅斯聯邦級三家電視臺新聞時段一如往常是分開的，基本上分散了收視的強烈競爭性，而增加新聞收看的延續性與比較性。第一電視臺並沒有為了與另外兩家電視臺爭取廣告收入而特別刺激收視率的做法。這次電視臺的做法基本上是不要炒作話題，而冷靜面對極端事件中政府的作為。

第四節　俄總統的電視傳播表演藝術

　　俄羅斯總統普京在 9 月 4 日凌晨，飛往俄羅斯南部北奧塞梯共和國的別斯蘭市，抵達後立刻前往醫院探視傷員，隨後又與處理這次別

斯蘭第一中學人質挾持攻擊的行動總部領導官員談話，俄羅斯電視臺與第一電視臺都播放了先前錄製的這一段現場拍攝畫面。筆者也從第一電視臺上看到了這一段影音錄影[10]。

電視畫面內容是普京抵達別斯蘭市之後，首先前往北高加索醫院探視受傷患者，其中包括了別斯蘭第一中學的校長，醫生表示她目前情況穩定應無大礙。接著普京又趕往兒童醫院探視受傷學童，此時媒體報導孩子們已經入睡。

事實上，筆者從鏡頭前可以看見普京探視時輕輕撫摸一名孩童，露出關心與憐憫的面部表情，不過，早已疲憊不堪的孩童感覺到被打擾，轉身過去繼續睡覺。這一幕沒有背景解說，讓人感受到現場真實的情景，只聽到多部相機拍照取鏡的聲音。這時在鏡頭前的普京有些黯然神傷的樣子，低頭走出病房。

再來就是普京對行動總部領導官員的經典談話，筆者整理如下：

牽動全俄羅斯的恐怖事件：普京指出北奧塞梯雖然不是第一次遭遇到恐怖攻擊，但是這次恐怖攻擊卻有著它的不尋常之處，就是恐怖分子居然開始對小孩下手。普京轉頭對北奧塞梯共和國總統扎索霍夫說：亞歷山大‧謝爾蓋維奇，全俄羅斯為你們感到痛苦，與你們一樣感到屈辱，全俄羅斯要感謝你們並為你們祈禱。

對恐怖主義分子下定義：普京認為這次行動的目的是散播國際仇恨與蓄意破壞高加索地區的穩定，因此只要有類似事件的參與者或是協作者都被視為恐怖分子或是恐怖主義的同路人。普京下令封鎖北奧塞梯交通道路與國界，全面徹底清剿綁匪。

提供任何醫療救助：普京表示，會派俄羅斯緊急救難部長沙耶古留下來繼續協助處理運送傷患人質與提供緊急救助的事宜。普京又叫了一次扎索霍夫的名字與父名，亞歷山大‧謝爾蓋維奇，普京

---

[10] http://www.1tv.ru. 俄第一電視臺網站。

說道：我們會盡全力救助孩童，幫助他們恢復健康，只要您認為需要以任何方式運送受傷孩童前往治療，我們會在最短的時間之內完成，只要能幫助孩童恢復健康。不論是大人或小孩，只要能讓他們恢復健康，我們提供全國任何一個可以救助的醫療場所。

北奧塞梯總統扎索霍夫說：人民在這幾天的悲劇事件中受苦，在恐怖分子手中犧牲的生命已經不可挽回，我們都感到痛苦並與人民感同身受，不過我們感受到弗拉吉米爾‧弗拉吉米拉維奇您的支持。

筆者認為，根據扎索霍夫參與談判的過程來看，扎索霍夫對普京這短短一段話，似乎埋藏了一絲絲對俄羅斯政府處理人質事件中犧牲無辜生命行為的怨言。例如，扎索霍夫並沒有一開始就感謝領導的關心，而將其放在話語的末尾，一開始是強調人民事實上是受苦了，他暗示醫療也無法讓死者的生命復生。扎索霍夫發出些許不滿的聲音，這中間當然涉及俄羅斯政府處理的態度，比如說與恐怖分子談判的授權問題等等。

普京也聽出來扎索霍夫的不滿，不過普京也認為特種部隊在拯救人質的過程中亦犧牲了多人的性命。這是二十多年來特種部隊處理恐怖危機事件中傷亡最慘重的一次，因為這次事件發展就像風暴一樣迅速到來，而俄羅斯內務部特種部隊在行動中展顯了他們的勇敢精神。普京認為罪在恐怖事件本身，而在這次災難中特種部隊同樣遇到前所未有的犧牲。當天有兩架緊急救難部的飛機送傷員到莫斯科治療。看來普京在善後問題的救助醫療上全力以赴，這是彌補這次事件中政府對恐怖主義持不妥協政策卻犧牲人質的最大補救措施。

事實上，這次政府媒體的策略很清楚，之前在俄羅斯媒體以大篇幅現場報導人質事件中，政府並沒有採取限制現場拍攝的壓迫手段。如第一電視臺一名女記者在現場採訪中，雙方就開始交火起來，現場我們就發現女記者頭髮被槍彈飛射、掃動過以及記者和人群在槍林彈雨中而被迫立刻蹲下的緊張畫面。普京的媒體策略很明確：

災難現場搶救的資訊完全向全世界公開。一方面，俄政府可以展現
不干涉新聞的氣度，另一方面，又可以讓全世界看見恐部分子泯滅
人性的暴行，以及特種部隊的三天攻堅或人質搶救的辛勞。這使得
美國及其北約成員國都無法立刻對俄羅斯政府的當下行為有任何批
評，他們只能先表達同情與協助援助的意願，對車臣戰爭的政治、
種族對立問題只好先放一邊不談。不過美國政府隨後接見車臣恐怖
分子的舉動引起普京的不滿，俄美對車臣內戰與恐怖主義的立場基
本上是大相逕庭的，利益取向完全不同。

第五節　普京總統的電視演說全文

　　9 月 4 日傍晚六點鐘，各個俄羅斯主要電視臺都播放了俄羅斯
總統普京發表的電視講話，普京以難掩悲憤的語氣和嚴肅的神情向
全俄羅斯人民發表了一段約十五分鐘的電視講話，這是普京在 9 月
1 日至 3 日別斯蘭人質事件結束之後，首次正式發表的電視演說。
筆者根據第一電視臺網路上刊登的文本，特地將普京電視講話的俄
文全文翻譯成中文，內容如下：

　　　「非常難以啟齒和痛苦，在我們的土地上發生了可怕的悲
　　劇。這些天來，我們每一個人都備受煎熬，我們的心情隨著俄
　　羅斯城市別斯蘭的事件而沈浮。在那裏我們不僅碰到殺人兇
　　手，他們還用武器攻擊手無縛雞之力的無助孩童。現在首先我
　　想對那些失去孩子與親人之寶貴生命的人表示我的支持和感
　　同身受。請你們追念在這些天從恐怖分子手中喪生的兒童與
　　大人。

　　在俄羅斯歷史上有過不少悲創的篇章與沈重的事件。我們
活在巨大國家解體之後的複雜環境中，由於這個偉大的國家已
經在世界快速發展的過程中逐漸失去了它適應生活的能力。但
是無論多麼困難，我們仍成功地保留了蘇聯這個巨無霸的核
心，我們稱這個新國家為俄羅斯聯邦共和國。

　　我們都在期待轉變，希望越變越好。但是對於在我們生活中
很多改變的事情，我們似乎沒有完全準備好，這是為什麼？我們
生活在經濟轉型的狀況之下，這沒有辦法配合我們政治體系中社
會發展的狀態與水準。我們活在內部衝突尖銳和多民族對立的情
況之下，這在從前其實是被國家領導的意識型態所壓制下來。

　　我們停止了將注意力放在國家安全問題上，放任貪污腐敗
侵蝕我們的司法和法務機關體系。此外，我們的國家曾經是保
護我們國界的強大體系，頃刻之間卻似乎從東方或西方都我們
沒有辦法保護自己。

　　對於建立新現代的實際邊界保護已經進行很多年了，這需
要數十億盧布。但是我們可以更有效益，如果我們及時和專業
地執行它。

　　總體而言，我們必須要承認，我們沒有充分地瞭解國內與
國外所發生事件的過程的複雜性與危險性。在任何情況下，我
們沒有及時對其做出反應。我們展現了弱點。而敵人正在打擊
這些弱點。有些人覬覦油水想分一杯羹，有些人火上加油。想
必是因為俄羅斯是核武大國之一，被認為對他們構成威脅。因
此我們要消除對這種威脅的疑慮。

　　恐怖主義實際上是他們為達到目的的手段。如同我多次地
提到，我們不止一次遭到危機暴亂和恐怖攻擊。現在發生的恐
怖分子罪行是泯滅人性和史無前例的殘忍。這不僅是對總統、
政府、國會的挑戰，而且是對全俄羅斯人民的宣戰。

這是對我們國家的攻擊。恐怖分子認為他們比我們強，認為他們能夠用自己的殘忍來威嚇我們，認為能夠瓦解我們的意志和崩解我們的社會。看樣子，我們現在只有一個選擇，反擊他們或是同意他們的主張。投降，讓他們毀滅或是竊取俄羅斯以期望換取他們最終給我們的寧靜。

身為俄羅斯最高行政首長的總統，作為一個宣誓要捍衛國家領土完整的人以及俄羅斯的公民，我堅信我們已沒有其他的選擇。因為站在我們面前的人是在敲詐與恐嚇我們。我們現在面臨的問題不是個別恐怖分子的攻擊，而是來自國際恐怖主義對俄羅斯的威脅。在這場總體殘暴的大規模戰役中，一次又一次地奪走了我們同胞的生命。

世界經驗顯示，這種戰爭很遺憾地不會很快結束。在這樣的狀況之下我們真是不能夠也不應該再像以前一樣沒有警惕意識地生活著。我們必須要建立更加有效的安全防禦體系，要求我們的法務機關要發揮積極相應行動的水準與氣魄處理新出現的威脅。但是更重要的是動員全民應對危險，各國的實踐都顯示反擊恐怖分子最有效的方法就是強大的國家結合所有組織團結在一起的公民社會。

親愛的同胞，那些派遣綁匪來製造可惡罪行的人，擺明了目的就是要來腐蝕我們的民族、恐嚇俄羅斯的公民、展開北高加索地區血腥的內亂。與此同時我想說以下幾點：

第一，在不久的時間內俄羅斯政府將準備一套總體措施，防範恐怖事件的發生，並加強國家的整體團結意識。

第二，我認為必須要建立一些新的武力系統，並使得原有的安全系統與新的部門構成互動體系，以此形成真正負責落實控制北高加索地區的安全局勢。

第三，必須建立有效的危機處理機制，原則上包括處理法務機關行動的新方法。

在此特別強調所有的執行措施都會完全符合國家憲法的規定。

親愛的朋友們，我們在一起經歷了非常艱難與屈辱的時刻，我想感謝所有展現忍耐精神與公民責任的人們。我們過去和永遠都會以自己的道德、勇氣和人類的精誠團結展現比他們更堅強的精神。我今晚再次看到這股精神。在別斯蘭，即使不幸與痛苦包圍了我們，但人們仍是互相關心與支持對方。不畏生命的危險安慰他人，即使在最沒有人性的情境下，人們展現了之所以為人的精神。不能屈服於失去親人的痛苦，綁匪的企圖使我們彼此更加親近，迫使我們重新評估許多事。今天我們應該站在一起，唯有如此，我們才能戰勝敵人。」

總體而言，普京的演說透露了俄羅斯國家安全危機的存在，以及建立新安全體系的必要性和重建危機處理機制的意圖。普京總統的電視演說、俄羅斯三大聯邦電視臺的報導模式與政府對危機事件資訊公開的原則，都讓俄羅斯暫時緩解了自 1998 年金融風暴以來累積的最大政治信心危機。普京自上任後，俄羅斯恐怖事件頻傳的危機對普京的威信與形象打擊很大，對俄羅斯整個民族國家的傷害更大。

媒體與政權互動關係自蘇聯解體以來不斷受到俄國傳媒界與學界的高度關注。相信這次俄羅斯電視媒體，尤其是聯邦級的電視臺，已經重新與政府建立反恐的默契關係，會在未來俄羅斯解決國內與國際安全衝突時發揮全民團結一致的有效粘合劑作用。俄羅斯媒體的自律與自由表現也相當值得肯定。不過，就普京總統演說而言，筆者感覺到普京使用許多感慨和沮喪的用詞，尤其這是發生在 8 月

24 日與 25 日莫斯科里加地鐵爆炸案和兩架圖飛機墜毀事件之後，一連串恐怖事情的發生對普京個人信心的打擊應該很大。演說中他也安撫全國同胞在面對困難的環境中要堅強起來，以及面對恐怖分子絕不妥協的堅決態度。關於普京的語藝結構安排與使用動機，筆者會在下文中繼續分析探討。

第六節　總統權力與政治語藝的聯繫

在總統制的國家當中，總統角色極為重要。Denton 與 Hahn 於 1986 年出版的《總統的政治溝通》（Presidential Communication）一書，從九種途徑來研究總統的角色：憲法－法規的、制度的、多元的、精英的、行為的、決策的、系統的、政治過程的以及符號－認知的層面，以這九種層面來研究總統制的核心與權力的核心。而總統政治溝通則以符號－認知的部分最為重要。

政治傳播學者寧謀（Dan Nimmo）說：政治就是談論。社會大眾從談論中認識政治人物，也從政治人物的言論中，認識一個政治人物。大眾傳播媒體無時不在注視政治人物與政治團體的談論與活動。一位顯要的政治人物所說的每一句話都是新聞，有時不說話也是新聞。David Bell 在《Power, Influence and Authority》一書中，認為至少有三種談論方式具有政治意義：[11]

1. 權力談論（Power talk）：這是用威脅或承諾來支配他人行為。
2. 影響談論（Influence talk）：這是用聲望或名譽影響他人行為。
3. 權威談論（Authority talk）：這是以命令語氣支配他人行為。

---

[11] 祝基瀅，《政治傳播學》，臺北：三民書局，1995 年，頁 9-10。

　　政治談論與政治之間的政治溝通就是政治語言符號的運用。政治語言的傳播有三個要素：符號、符號所代表的事物、對符號的解釋。Ogden 與 Richards 於 1923 年在《The Meaning of Meaning》一書中將三者關係解釋如下圖[12]：

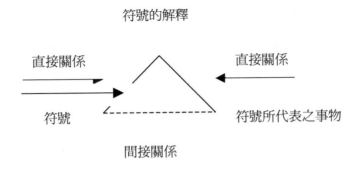

符號的解釋

直接關係　　　　　　　　　　　直接關係

符號　　　　　　　　　　符號所代表之事物

間接關係

　　Allen Smith 與 Kathy Smith 在 1990 年出版的《政治制度的語言藝術》（The Rhetoric of Political Institution）一書中提到，美國總統基本上就扮演著辭辯的角色。Denton and Hahn 也認為辭辯藝術是政治上最高的原則，民主社會中辭辯或語藝的功能最為明顯。總統的語藝與他的政治溝通活動是至高無上權力的來源。這種權力可以去界定、合理化、合法化、說服勸說以及啟發。總統說的話或作為都隱藏或溝通了什麼，每一個行為、話語、修辭都需經過計算與衡量效果，每一種場合、情境也都需要言詞的發表。語藝研究追溯到古希臘哲人亞裏斯多德的《語藝學》，他直接界定語藝是在「不同情況之下，挖掘可說服途徑的能力」。強調曉之以理、動之以情、服之以德的手段。

---

[12] 同上，頁 11－12。

Richard Neustadt 在《總統權力：領導的政治學》（Presidential Power：The politics of Leadership 1964）中認為：在政治分權制衡的體系中，總統權力即是一種說服權力。因為在總統的所有權力中，總統通過媒體是最快澄清與解釋決策的方式。總統在其他政治權力制衡與媒體批評時，最常做的就是利用辭辯溝通建立專業的威望與贏得公眾的認同支持，以利總統決策的順利執行。

Denton ＆ Woodard（1985）在《美國的政治溝通》（Political Communication in America）一書中綜述，總統應有的重要人格特質與公眾形象是：正直、成熟、熱忱、果敢、注重尊嚴與心智穩定，同時具備智慧、對國家前景的前瞻、提供解決問題的能力以及掌握豐富知識和做出判斷。

在下文中我們要對普京的演說內容做出分析。在他的演說中，我們可以看出總統的辭辯，也看出他對語言符號的運用和演說內容結構的安排。

第七節　普京電視演說的內容分析

1993 年美國著名語言傳播學者 Kenneth Burke 以 96 歲高齡辭世，他曾表示：除了說我是個語言傳播研究的人才外，恐怕沒有更適當的描述了。他在《Language as Symbolic Action》一書中認為，傳播者有兩種洗滌罪惡的方式。一是通過自我責難和期許，二是轉嫁罪行。國家政府可能會藉由苦行方式讓人民產生自我期許而更加努力，最後除去之前所產生的一切罪惡而重獲新生；或者國家會設法找出替罪羔羊，這個塑造出來的對象將成為眾所唾棄的出氣對象。Burke 同時還認為替罪羔羊的好處可以創造民眾的共同敵人，減少內部分歧。這個

觀點提醒我們歷史上曾不斷出現創造共同敵人而取得公眾一致認同的例子。[13]

根據這個苦行和歸罪二元論點，我們分析普京這次於九月四日莫斯科時間晚間六點所發表的電視演說內容。

一、自我責難和期許的部分

（一）自我責難的部分

在俄羅斯歷史上有過不少悲創的篇章與沈重的事件。我們活在巨大國家解體之後的複雜環境中，由於這個偉大的國家已經在世界快速發展的過程中逐漸失去了它適應生活的能力。但是對於在我們生活中很多改變的事情，我們似乎沒有完全準備好，這是為什麼？

我們生活在經濟轉型的狀況之下，這沒有辦法配合我們政治體系中社會發展的狀態與水準。我們活在內部衝突尖銳和多民族對立的情況之下，這在從前其實是被國家領導的意識型態所壓制下來。我們停止了將注意力放在國家安全問題上，放任貪污腐敗侵蝕我們的司法和法務機關體系。

此外，我們的國家曾經是保護我們國界的強大體系，頃刻之間卻似乎從東方或西方我們都沒有辦法保護自己。在任何情況下，我們沒有及時對其作出反應，我們展現了弱點。

（二）自我期許的部分

現在首先我想對那些失去孩子與親人之寶貴生命的人，表示我的支持和感同身受。請你們追念在這些天從恐怖分子手中喪生的人

---

[13] Burke, k. 1969, A Rhetoric of Motives, Los Angeles: University of California Press.

們。但是無論多麼困難，我們仍成功地保留了蘇聯這個巨無霸的核心，我們稱這個新國家為俄羅斯聯邦共和國。

我們都在期待轉變，希望越變越好。對於建立新現代的實際邊界保護已經進行很多年了，這需要數十億盧布。但是我們可以更有效率，我們可以及時和專業地執行它。身為俄羅斯最高行政首長的總統，作為一個宣誓要捍衛國家領土完整的人以及俄羅斯的公民，我堅信我們已沒有其他的選擇。因為站在我們面前的人是在敲詐與恐嚇我們。在這樣的狀況之下，我們真是不能夠也不應該再像以前一樣沒有警惕意識地生活著。

我們必須要建立更加有效的安全防禦體系，要求我們的法務機關要發揮積極相應行動的水準與氣魄處理新出現的威脅。但是更重要的是動員全民應對危險，各國實踐都顯示反擊恐怖分子最有效的方法就是強大的國家結合所有組織團結在一起的公民社會。

親愛的同胞，那些派遣綁匪來製造可惡罪行的人，擺明了目的就是要來腐蝕我們的民族、恐嚇俄羅斯的公民、展開北高加索地區血腥的內亂。與此同時，想說以下幾點：

第一、在不久的時間內將準備一套總體措施，以加強國家的整體團結。

第二、我認為必須要建立新的武力與聯繫互動體系，負責執行控制北高加索地區的情勢。

第三、必須建立有效的危機處理機制，原則上包括處理法務機關行動的新方法。

在此特別強調所有的執行措施都會完全符合國家憲法的規定。

親愛的朋友們，我們在一起經歷了非常艱難與屈辱的時刻，我想感謝所有展現忍耐精神與公民責任的人們。我們過去和永遠都會以自己的道德、勇氣和人類精誠團結展現比他們更堅強的精神。我今晚再次看到這股精神。在別斯蘭即使不幸與痛苦包圍了我們，但

人們仍是互相關心與支持對方。不畏生命的危險安慰他人，即使在最沒有人性的情境下，人們展現了之所以為人的精神。不能屈服於失去親人的痛苦，綁匪的企圖更使我們彼此更親近，迫使我們重新評估許多事。今天我們應該站在一起。唯有如此，我們才能戰勝敵人。

二、歸罪部分

　　非常難以啟齒和痛苦，在我們的土地上發生了可怕的悲劇。這些天，我們每一個人都備受煎熬，我們的心情隨著俄羅斯城市別斯蘭的事件而沈浮。在那裏我們不僅碰到殺人兇手，他們還用武器攻擊手無縛雞之力的無助孩童。而有人在打擊這些弱點。有些人覬覦油水想分一杯羹，有些人火上加油。想必是因為俄羅斯是核武大國之一，被認為對他們構成威脅。因此我們要消除這個威脅的疑慮。恐怖主義實際上是達到目的的手段。

　　如同我多次地提到，我們不止一次遭到危機暴動和恐怖攻擊。現在發生的恐怖分子罪行是泯滅人性和史無前例的殘忍。這不僅是對總統、政府、國會的挑戰，而且是對全俄羅斯和人民的宣戰。這是對我們國家的攻擊。

　　恐怖分子認為他們比我們強，認為他們能夠用自己的殘忍來威嚇我們，認為能夠瓦解我們的意志和崩解我們的社會。看樣子，我們現在只有一個選擇，反擊他們或是同意他們的主張，投降就是讓他們毀滅竊取俄羅斯，以期望換取他們最終給我們的寧靜。

　　我們現在面臨的問題不是個別恐怖分子的攻擊，而是來自國際恐怖主義對俄羅斯的威脅。在這場總體殘暴的大規模戰役中，一次又一次地奪走了我們同胞的生命。

三、總統演說內容架構

政治演說被視為公眾傳播的一種，可分為說服演說、告知演說、娛樂演說。由於公眾演說多是演講者一對多用語言和非語言的傳播方式，藉著媒體的大眾傳播工具，使演說的影響力比沒有通過媒體還大得多。Haper N 於 1979 年在《Human Communication Theory》提到語藝的公眾傳播可包含五個過程：構思、排列、措辭、記憶和發表。

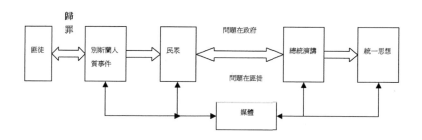

（總統演說的二元概念在媒體、民眾與政府之間的作用）

筆者將普京演說的內容結構基本上分為四個部分：歸罪－自責－歸罪－期許，包括簡短歸罪引題、對災難發生的自責、詳細歸罪、期許結尾。整個演講的特色在於：結構簡單方便記憶，措辭立場分明，對敵人堅定和對國人充滿憐憫和承諾。演講發表時間是在恐怖事件結束的第二天，同時也是在探視受災地點之後，顯示了普京的積極性與魄力決心。

第一部份歸罪：第一句話歸罪引題。普京提到：「非常難以啟齒和痛苦，在我們的土地上發生了可怕的悲劇。這些天我們每一個人都備受煎熬，我們的心情隨著俄羅斯城市別斯蘭事件而沈浮。在

那裏我們不僅碰到殺人兇手，他們還用武器攻擊手無縛雞之力的無助孩童。」

　　第二部份自責：主要是自責，穿插期許。自責的同時又穿插幾句期許的話鼓勵大家，頗有自我勉勵、除去罪惡、重新出發的感覺。普京說：「我們活在巨大國家解體之後的複雜環境中，由於這個偉大的國家已經在世界快速發展的過程中逐漸失去了它適應生活的能力。但是對於在我們生活中很多改變的事情，我們似乎沒有完全準備好，這是為什麼？我們生活在經濟轉型的狀況之下，沒有辦法配合我們政治體系中社會發展的狀態與水準。我們活在內部衝突尖銳和多民族對立的情況之下，這在從前其實是被國家領導的意識型態所壓制下來。我們停止了將注意力放在國家安全問題上，放任貪污腐敗侵蝕我們的司法和法務機關體系。此外，我們的國家曾經是保護我們國界的強大體系，頃刻之間卻似乎從東方或西方我們都沒有辦法保護自己。在任何情況下，我們沒有及時對其作出反應，我們展現了弱點。」

　　第三部份歸罪：詳細歸罪，劃清敵我界限。例如普京說：「這是對我們國家的攻擊。恐怖分子認為他們比我們強，認為他們能夠用自己的殘忍來威嚇我們，認為能夠瓦解我們的意志和崩解我們的社會。看樣子，我們現在只有一個選擇，反擊他們或是同意他們的主張。投降，讓他們毀滅或是竊取俄羅斯，以期望換取他們最終給我們的寧靜。」

　　第四部份期許：主要期許，少部分自責。期許放在最後部分的目的是：提出政府解決問題的構想，以挽回人們對政府沒有事先防範恐怖事件發生的無能印象。再輔以安慰，翻開同仇敵愾的一頁，普京演說的最後一句是：「今天我們應該站在一起。唯有如此，我們才能戰勝敵人。」

第八節　歸結危機中電視媒體與總統的互動關係

從別斯蘭悲劇事件中可以看出在緊急事故中，俄羅斯電視媒體與總統操作媒體的互動模式的建構，筆者將其歸納為幾點結論：

1. 電視媒體陳述事件多於評論。例如事件第一天獨立電視臺臨時取消「接近屏障」脫口秀節目，該節目原本要討論北奧塞梯恐怖事件。尤其在媒體簽署的反恐公約約束之下，媒體必須自律遵守「在發生極端事件時，救人與保護生命的人權要先於任何其他權利與言論自由」。但是政府不能以此為由限制新聞自由。筆者認為，關於人質事件，俄羅斯媒體的態度不等於政府的態度，電視台在危機過程中主要堅持的是事實陳述先於評論的原則，例如獨立電視台在事態不明的情況下暫停播出一檔政治脫口秀節目。不過這也造成媒體不被政府處罰的自我設定的態度，媒體寒蟬效應儼然出現。

2. 電視媒體沒有刻意競爭炒作新聞事件。俄羅斯聯邦級三家電視臺—第一電視臺、俄羅斯電視臺和獨立電視臺在 9 月 1 日當天晚間新聞時段的收視率急速攀升。但是三家電視臺新聞時段維持平日分開的時段：「今日新聞」欄目在晚間 7 點開播，「消息新聞」欄目在 8 點欄目，「時代新聞」欄目則是 9 點，這基本上分散了收視的強烈競爭性，而增加新聞收看的延續性與比較性。此外，俄羅斯電視臺與獨立電視臺都在晚間至夜間開播整點「特別新聞快報」，第一電視臺「時代新聞」欄目的報導則是按照往常播放新聞的時段，而沒有開設其他的特別報導，顯然，第一電視臺並沒有為了與另外兩家電視臺爭取廣告收入而有特別刺激收視率的做法。這次電視臺的

做法基本上是不炒作話題，而冷靜面對在極端事件中有關政
府的任何作為。

3. 國營與聯邦電視臺的緊急職責。無論如何，經過爭取新聞自
由的俄羅斯媒體，總體而言，仍是表現出對報導災難事件的
新聞專業水準。人質事件發生期間的報導，事實陳述多於批
評討論，在俄羅斯媒體反恐公約的自律約束之下，俄羅斯媒
體基本上是持先報導後討論的態度以及救人與生命人權先於
言論自由的原則。看來俄羅斯媒體處理國家安全與媒體自由
報導的關係在緊急狀態時已經取得一定的默契了。俄聯邦級
三家電視臺都沒有開設新聞頻道，一方面資金與資源有限，
另一方面更重要的是：俄政府至今仍不放鬆對空中發射權的
開放，這是中央政府對國營和私營電視媒體內容審查所保留
的最後控制權。畢竟，俄政府對於俄羅斯電視臺和其他的國
營電視臺或私營電視有著不同程度的要求。

4. 放鬆現場媒體接近採訪權。雖然俄政府對於別斯蘭事件採取
資訊公開的方式，允許國際媒體在災難現場的拍攝採訪工
作，但是對記者進入現場依然百般刁難。俄羅斯政府對於媒
體政策的鬆綁自葉利欽時期就開始了，媒體政策的鬆綁使得
世界媒體能夠成功地向世人展現了恐怖主義的可惡，但在現
實環境中俄羅斯同樣面對來自各個國家不同意見的批評壓
力。關於平時緊急事件發生後媒體如何使用接近權，俄羅斯
媒體發展的問題就在於媒體常常處於國家政權機關爭鬥的緊
張關係中，媒體自由與國家安全常常發生衝突，而保護國家
安全成為俄羅斯政府統一思想的黏合劑。

5. 普京電視傳播的表演藝術。普京在人質事件鎮壓之後的 6 小
時之內，飛往俄羅斯南部北奧塞梯共和國別斯蘭市，一下飛
機後立刻前往醫院探視傷員，隨後又與處理這次別斯蘭一號

中學人質挾持攻擊的行動總部領導官員談話。普京當機立斷利用電視媒體傳播效益的作用，向人民展示魄力。普京希望能以親臨災區的實際行動，減少他在危機中對於解救人質的無能為力。

6. 普京政治溝通的語言藝術。9 月 4 日傍晚 6:00，各個俄羅斯主要電視臺都播放了俄羅斯總統普京發表的電視講話，展示了他總統辯論的言語藝術，演說內容藉著刻意安排的內容架構，以民族激情為基調，爭取國內百姓對他決策的支持，並且將俄羅斯出現的問題找出原因，使得民眾找出對事件悲傷和憤怒的原因，以求凝聚最大的團結力量。普京認為在安全體系的機制之下，更重要的事情就是動員全民應對危險，美國「9‧11」恐怖事件發生後，各國政府的反恐經驗顯示反擊恐怖分子最有效的方法就是強大的國家結合所有組織團結在一起的公民社會。

7. 國家政權與恐怖活動的關係。普京在演說中指出了貪污腐敗與恐怖活動的直接關係，並且指出民族對立與意識型態的關係。普京說：「我們活在內部衝突尖銳和多民族對立的情況之下，這在從前其實是被國家領導的意識型態所壓制下來。我們停止了將注意力放在國家安全問題上，放任貪污腐敗侵蝕我們的司法和法務機關體系。」

8. 普京反恐決策的宣示。普京藉著電視演說，直接向人民公佈反恐措施。普京宣示三點計劃方向：第一，在不久的時間內將準備一套總體措施，加強國家的整體團結意識；第二，必須要建立新的武力與聯繫互動體系，負責落實控制北高加索地區的情勢；第三，必須建立有效的危機處理機制，原則上包括處理法務機關行動的新方法。

9. 悲劇之後依然存在的問題。誠然，普京在這次人質事件中可以說是積極利用媒體塑造形象與影響輿論，9 月 6 日與 7 日俄羅斯政府為受難者舉行的哀悼儀式和聚集在莫斯科中心紅場前的十萬人反恐示威抗議，可以說將俄羅斯人的悲情與憤怒推到最高點。

本文是以極端事件作為電視媒體與總統互動模式的研究背景，並不能代表俄羅斯媒體與政府長期的互動關係，可以說俄羅斯媒體與政權是複雜而值得探討的問題之一。此外，車臣與俄羅斯之間在歷史、文化、種族上複雜的恩怨情仇是傳播模式不能表明的，但這並不代表它可以被忽視。在西方學者的眼中，普京無力化解發動車臣戰爭後所帶來的民族對立與國家安全危機，這是西方想進一步瓦解俄羅斯的初衷，因為在宗教、文化、資源上俄羅斯是有絕對實力與西方抗衡的，儘管現今在俄羅斯內部很多人並不同意回到冷戰時代，但這並不代表西方對於俄羅斯的認識會改觀。就普京本人所言，俄羅斯的民族問題處理不好會成為國家的弱點，有人在打擊這個弱點。車臣分裂主義顯然為車臣本地區的人民和俄羅斯人民帶來苦難，但同樣地，俄羅斯中央的反獨立戰爭又何嘗不為自己的社會帶來了動盪與不安？

在反恐與國家主權完整的大前提之下，普京顯然將車臣與恐怖主義鏈結，這有可能成為車臣人與俄羅斯人民族對立的鴻溝。與此同時，俄羅斯媒體在反恐公約的約束下，在這次事件的三天中的確沒有刻意炒作新聞，但是，俄媒體對俄政府在這場總體戰爭中的監督第四權力卻隱藏著，例如，俄政府發動車臣戰爭後對車臣人的人道關懷無法受到公開監督，這也是一種新聞不平衡。或許我們也可以這樣定義，在反恐的神聖戰役中，任何人道關懷的公民權力要先於其他權力與言論自由，如果俄羅斯媒體的社會責任沒有秉持同一

個審視標準，那麼車臣人與俄羅斯人的對立仍將是一個難解的問題，而這樣的問題依然可能在不同時間、不同事件的刺激下而爆發。

第九節　別斯蘭後續效應：政權與媒體新聞自由之爭

一、《消息報》總編遭解職

　　9 月 6 日，《消息報》總編輯沙基羅夫被解除職務，理由是沒有正確報導別斯蘭人質事件。沙基羅夫與總統熟識也無法挽救職務。根據這位前任《消息報》總編輯沙基羅夫本人的說法，遭革職是因為與波羅夫－媒體（專業傳媒）集團（Проф-Медиа）領導層意見分歧。他認為自己是一位易動情的人，報紙開放的編輯方針使領導高層立場陷入尷尬，最終導致分道揚鑣。波羅夫－媒體集團屬於媒體人與銀行家波坦寧旗下，現在波坦寧已經掌握了《消息報》的主要控股權，他決定將沙基羅夫解職[14]。消息報另一大股東是國營魯克石油企業公司。

　　波坦寧是第一位以媒體人身份擔任前總統葉利欽政府管理經濟政策的第一副總理職務的人。看來普京政府又一次拿媒體人開刀，殺雞儆猴的意味濃厚。國營能源企業入主媒體是普京執政後的一大趨勢，可以填補媒體寡頭所遺留下來的資金空缺。這次別斯蘭人質事件的報導紛爭，又造成許多媒體人遭殃，國家化與專業化之爭在普京執政後一直處於相互角力的狀態。在這次《消息報》總編輯遭革職事件中，高層處理的方式將為政府未來反恐事業設定報導方針的強硬模式。

---

[14]　http://www.newizv.ru/news/?id_news=10885&date=2004-09-07.

　　事實上，特派記者也遭殃。俄羅斯其他媒體的特派記者在前往
北奧塞梯途中，許多媒體人都受到聯邦安全局人員的刁難與阻撓，
例如俄自由電臺的美籍俄羅斯記者巴比茲基就被扣留兩天問訊。無
獨有偶，《新消息報》特派記者戈爾波娃與謝美諾娃也遭到別斯蘭
警察滯留一小時後才放人[15]。

　　關於恐怖事件中電視報導是否會導致民眾產生心理影響，俄羅斯
議會下院杜馬資訊政策委員會意見不一。9 月 23 日，俄羅斯議會下院
杜馬資訊政策委員會討論了祖國黨議員克魯托夫（Крутов）提出的關
於一項禁止電子媒體報導恐怖挾持人質事件報導的提案，一直到恐怖
事件被完全鎮壓為止。克魯托夫的理由是恐怖報導會影響人們的心
理，使人們感到痛苦與壓力，還有就是杜絕不真實的訊息。該提案沒
有獲得資訊政策委員會的通過，該會決定要請心理醫生專家代表參與
討論這個問題再做出決定[16]。看來，媒體與政權關於新聞自由與專業道
德之爭還會持續下去。

二、俄記協強調新聞正確性的重要

　　根據《新消息報》的報導，俄記者協會代表亞辛・扎蘇爾斯基
（Ясен Засурский）、韋內季可托夫（Алексей Венедиктов）、特列
季亞科夫（Виталий Третьяков）、古列維奇（Владимир Гуревич）、
列文科（Евгений Ревенко）聚在一起開圓桌會議[17]。此次媒體會議目
的是討論媒體在當代俄羅斯的角色。這當然與在別斯蘭事件中俄媒
體態度與立場有關，與會者還有美國前副國務卿泰波特以及布魯金
斯研究院的研究員。美國專家在會上並沒有發言。總體而言，會議
的宗旨都是在強調記者堅持真相的專業素養：第一，言論自由與新

---

[15] http://www.newizv.ru/news/?id_news=10885&date=2004-09-07.
[16] 俄《新消息報》的官方網站，2004.年 9 月 24 日。
[17] 俄《新消息報》網站，，2004.年 9 月 14 日。

聞的快速性並不能優先於新聞的正確性，堅持事實查證與報導真實性是俄羅斯媒體近期發展的首要原則；第二，不要因為謊言而刺激恐怖分子。

獨立報的總編輯特列季亞科夫率先發言，他表達了「言論自由」應區別於「新聞自由」的觀點，尤其是在緊急事故中更要堅持這一原則。莫斯科回聲電臺的總編輯韋內季可托夫直接表示，在別斯蘭人質事件一發生時，電臺立刻出臺三項禁令：不要直接轉播恐怖分子的聲音、不要描述軍事行動者的移動位置、不要污辱恐怖分子。韋內季可托夫認為在恐怖事件發生後，記者不要發佈道聽途說與未經查證的新聞，因為這可能會激怒恐怖分子。

莫斯科大學新聞系主任扎蘇爾斯基表示認同韋內季可托夫遏止謊言的見解。他認為，這次事件中部分媒體的報導充滿了不實的消息，與其要強調公民自由，不如先防止謊言的產生，因為充滿謊言的新聞只會助長恐怖分子的聲勢與成功的機率，這會傷害俄羅斯政權和新聞界的形象。

《新聞時報》總編輯古列維奇表示，非常愉快地看見外國電視臺已經轉變了報導別斯蘭事件的方式，對此，俄羅斯電視卻遲遲沒有轉播。第一電視臺消息新聞欄目的資訊部門副總經理列文科對此回應，俄羅斯媒體應當承擔起保護國家電視臺名譽的義務，俄羅斯現在正處於非常時期，如果電視臺要確定一些消息來源，媒體此時還要向反恐怖總部確定一些有爭議性的消息，如：人質的人數、恐怖分子的實質要求。俄羅斯媒體此時的要求是否恰當，是否會影響解決人質問題的進程，媒體與政府還沒有經驗，不過處理危機的官員應該要主動向記者公佈確切的消息，這樣記者就不會在危機事件中憑空揣測。對於外界認為俄媒體受到政權的壓力，他認為，他自己沒有感覺有來自政權的壓力，只感覺媒體人要有自律的堅持，但媒體如何自律及自律的程度是不好掌握的。

三、普京對新聞自由的看法

　　2004 年 9 月 24 日，普京在莫斯科全球通訊社大會開幕會上發表演說，表達了對新聞自由的看法。普京認為，在全球恐怖主義威脅的情況下，媒體不應該只是旁觀者，我們不能漠視恐怖分子利用媒體與民主加強心理與資訊壓力的詭計。明顯地，恐怖主義不能成為損害新聞自由與新聞獨立的藉口。資訊社會中媒體同樣也可以自己形成一種有效的工作模式，讓媒體在打擊恐怖主義這場戰役中有效發揮工具的功能，杜絕恐怖分子利用媒體施壓，媒體的報導不能傷害受難者的情感。新聞自由是民主基石之一，保障民主發展的獨立性。無疑地，媒體對各級政權的批評是有利的，雖然有時這些批評非常不客觀，並時常帶有感情色彩，不被政權機關領導所喜愛。如同俄羅斯民間諺語所講，打開窗戶很吵，關上窗戶很悶。實際上，俄羅斯在建構透明化與公開化政權的法制環境。但是媒體也應該要被要求承擔責任和報導真相。政權與媒體兩者之間必須相互完成他們應有的任務[18]。

　　對於俄羅斯總統普京現在的媒體政策，在一年前我們總結為國家化與專業化之爭的問題之爭，但這只是問題的表面現象，俄羅斯媒體從業人員的高素質是顯而易見的，但媒體對於如何宣傳國家、政府、議會的政策是沒有太多經驗的。在前蘇聯時代，蘇聯媒體主要通過意識型態來統一思想，而蘇聯意識型態的核心就是媒體是政黨的核心，但其實質的功能卻是，政黨進入媒體，並參與媒體的運營，也就是說政黨精英是媒體的實質主宰者。美蘇冷戰結束，蘇聯隨之解體之後，政黨精英退出媒體，俄羅斯媒體是否可以靠剩下的專業媒體人來支撐呢？在俄羅斯媒體十年餘的發展當中，我們更多看到的是專業媒體人向金融寡頭的投靠，專業媒體人並沒有堅持自

---

[18] 俄《新消息》報官方網站，2004.9.27。

己的專業精神。在俄羅斯經濟還沒有轉到正常軌道上來之前，私營企業進入媒體肯定會使媒體發展遇到瓶頸。蘇俄媒體經過意識型態政治化、完全自由化、專業化、國家化等幾個階段之後，現在在普京倡導之下，俄羅斯媒體終究要回到憲政體制之下的媒體，這樣的媒體特點就在於，媒體完全按照法律執行。普京強調要為俄羅斯建構公開與透明的法制環境。在沒有法律規範的情況下，政府與議會將主導與媒體協商具體的辦法。過去媒體精英與政黨的結合，現在已經轉變為媒體經營者與政府的結合，此時，俄羅斯媒體的政治化色彩依然沒有轉變，這表示俄羅斯已經進入蟄伏期，它在等待恢復強權國家的時機。

附錄

俄羅斯報業集團營銷排行榜

俄羅斯銷售前十位的報紙

名字	出版集團	發行額(千)	讀者數(千)	價格(盧布)	價格(美元)	版式	整版的花費(黑白版，美元)	整版的花費(彩色版，美元)
先鋒真理報	—	712	1,781	5.73	0.20	小報版	14,000	—
消息報	—	235	420	7.15	0.25	大版	23,650	—
蘇維埃運動報	—	117	493	7.85	0.27	小報版	6,160,	7084
生意人日報	生意人報集團	97	271	8.20	0.28	大版	25,740	—
Ruk V Ruki	Pronto集團	—	2,954	12.10	0.41	小報版	3,500	—
莫斯科先鋒報	編輯報集團	—	—	5.89	0.20	大版	25,100	—
運動特快報	運動特快報集團	—	551	9.38	0.32	大版	12,700	—
俄羅斯報	俄羅斯報集團	—	334	6.32	0.22	大版	14,685	—
Trud	編輯報集團	—	—	5.73	0.20	大版	18,530	—
Zhizn	Zhizn集團	—	—	5.95	0.20	小報版	4,210	—

資料來源：GIPP.National Circulation Service.TNS Gallup Media.Unicon, MediaGuide
在表格中，發行額的資料主要來源於：National Circulation Service
其他主要資料來自：TNS Gallup Media
版式主要以每星期五的報紙為準

2003 年俄羅斯報業集團排行榜（前十位）

	包涵媒體數目	零售範圍	發行範圍	讀者數
專業傳媒	108	3 個國家，48 地區	3 個國家 54 個地區	8,976,000
討論與事實	70	—	58 個地區，莫斯科周邊，1 個國家	6,899,000
莫斯科先鋒報	66	莫斯科地區	65 個地區	3,489,500
莫斯科真理報	84	莫斯科地區	83 個地區	2,954,200
特別媒體	5	—	莫斯科周邊，3 個地區	1,894,700
國際媒體集團	43	2 個地區	40 地區，莫斯科周邊	824,400
體育特快	1	1 個國家		551,000
經濟報	9	—	3 個國家，6 個地區	437,500
俄羅斯報集團	4	1 個國家	3 個國家	334,300
生意人報集團	1	1 個國家		270,800

以上資料來源為：蓋洛普媒體調查

國家圖書館出版品預行編目

透視蘇俄傳媒轉型變局 / 胡逢瑛, 吳非著. –
一版. -- 壹北市：秀威資訊科技, 2005[民
94]
　　面；　　公分. – (社會科學類；AF0017)

ISBN 978-986-7263-10-0(平裝)

1. 大眾傳播 - 俄國　　2. 媒體 - 俄國

541.83　　　　　　　　　　94002867

社會科學類　　AF0017

透視蘇俄傳媒轉型變局

作　　者 / 胡逢瑛　吳非
發 行 人 / 宋政坤
執行編輯 / 賴敬暉
圖文排版 / 張慧雯
封面設計 / 李孟瑾
數位轉譯 / 徐真玉　沈裕閔
圖書銷售 / 林怡君
網路服務 / 徐國晉
出版印製 / 秀威資訊科技股份有限公司
　　　　　　台北市內湖區瑞光路 583 巷 25 號 1 樓
　　　　　　電話：02-2657-9211　　傳真：02-2657-9106
　　　　　　E-mail：service@showwe.com.tw
經 銷 商 / 紅螞蟻圖書有限公司
　　　　　　台北市內湖區舊宗路二段 121 巷 28、32 號 4 樓
　　　　　　電話：02-2795-3656　　傳真：02-2795-4100
　　　　　　http://www.e-redant.com

2005 年 2 月 BOD 一版
2007 年 1 月 BOD 二版
定價：460 元

讀 者 回 函 卡

感謝您購買本書，為提升服務品質，煩請填寫以下問卷，收到您的寶貴意見後，我們會仔細收藏記錄並回贈紀念品，謝謝！

1.您購買的書名：＿＿＿＿＿＿＿＿＿＿＿＿＿＿＿＿＿

2.您從何得知本書的消息？

　　□網路書店　□部落格　□資料庫搜尋　□書訊　□電子報　□書店

　　□平面媒體　□ 朋友推薦　□網站推薦 □其他＿＿＿＿＿＿

3.您對本書的評價：(請填代號　1.非常滿意 2.滿意 3.尚可 4.再改進)

　　封面設計＿＿＿　版面編排＿＿＿　內容＿＿＿　文/譯筆＿＿＿　價格＿＿＿

4.讀完書後您覺得：

　　□很有收獲　□有收獲　□收獲不多　□沒收獲

5.您會推薦本書給朋友嗎？

　　□會　□不會，為什麼？＿＿＿＿＿＿＿＿＿＿＿＿＿＿＿＿＿

6.其他寶貴的意見：＿＿＿＿＿＿＿＿＿＿＿＿＿＿＿＿＿

＿＿＿＿＿＿＿＿＿＿＿＿＿＿＿＿＿＿＿＿＿＿＿＿＿＿＿

＿＿＿＿＿＿＿＿＿＿＿＿＿＿＿＿＿＿＿＿＿＿＿＿＿＿＿

＿＿＿＿＿＿＿＿＿＿＿＿＿＿＿＿＿＿＿＿＿＿＿＿＿＿＿

讀者基本資料

姓名：＿＿＿＿＿＿＿＿＿　年齡：＿＿＿＿　性別：□女 □男

聯絡電話：＿＿＿＿＿＿＿＿　E-mail：＿＿＿＿＿＿＿＿＿

地址：＿＿＿＿＿＿＿＿＿＿＿＿＿＿＿＿＿＿＿＿＿＿＿

學歷：□高中(含)以下　□高中　□專科學校　□大學

　　　□研究所(含)以上 □其他＿＿＿＿＿＿＿＿

職業：□製造業 □金融業 □資訊業 □軍警 □傳播業 □自由業

　　　□服務業 □公務員 □教職　□學生 □其他＿＿＿＿

To：114

台北市內湖區瑞光路 583 巷 25 號 1 樓

秀威資訊科技股份有限公司　　收

寄件人姓名：

寄件人地址：□□□

(請沿線對摺寄回,謝謝!)

秀威與 BOD

BOD（Books On Demand）是數位出版的大趨勢，秀威資訊率先運用 POD 數位印刷設備來生產書籍，並提供作者全程數位出版服務，致使書籍產銷零庫存，知識傳承不絕版，目前已開闢以下書系：

一、BOD 學術著作—專業論述的閱讀延伸
二、BOD 個人著作—分享生命的心路歷程
三、BOD 旅遊著作—個人深度旅遊文學創作
四、BOD 大陸學者—大陸專業學者學術出版
五、POD 獨家經銷—數位產製的代發行書籍

BOD 秀威網路書店：www.showwe.com.tw
政府出版品網路書店：www.govbooks.com.tw

永不絕版的故事‧自己寫‧永不休止的音符‧自己唱